北方民族史译丛

明代蒙古史论集

[日] 和田清／著　　潘世宪／译

（上）

内蒙古人民出版社

图书在版编目(CIP)数据

明代蒙古史论集：全2册 /（日）和田清著；潘世宪译.
—呼和浩特：内蒙古人民出版社，2014.10(2017.5重印)
（北方民族史译丛）
ISBN 978－7－204－13153－2

Ⅰ.①明… Ⅱ.①和… ②潘… Ⅲ.①内蒙古—
地方史—明代—文集②蒙古族—民族历史—中国—明代—
文集 Ⅳ.①K292.6－53②K281.2－53

中国版本图书馆 CIP 数据核字(2014)第 244018 号

明代蒙古史论集(上下)

著　　者	（日）和田清
译　　者	潘世宪
选题策划	樊志强
责任编辑	樊志强　李向东　段瑞昕
责任校对	王　瑶
封面设计	宋双成
出版发行	内蒙古人民出版社
地　　址	呼和浩特市新城区中山东路 8 号波士名人国际 B 座 5 楼
网　　址	http://www.impph.com
印　　刷	呼和浩特市达思特彩色印务有限公司
开　　本	720mm×1000mm　1/16
印　　张	49.25
字　　数	627 千
版　　次	2015 年 6 月第 1 版
印　　次	2017 年 5 月第 2 次印刷
印　　数	1501－3500 套
书　　号	ISBN 978－7－204－13153－2
定　　价	108.00 元(全 2 册)

图书营销部联系电话:(0471)3946299　3946300
如发现印装质量问题,请与我社联系。联系电话:(0471)3946120　3946173

译者的话

这本书是日本东京大学教授和田清(1890—1959)研究明代蒙古史的专著,在日本颇受东洋史学界的推崇。此书原名《东亚史研究·蒙古篇》,与其姊妹篇《东亚史研究·满洲篇》,均系他的成名之作。这是他的大学毕业论文《内蒙古各部落之起源》和后来所写的有关明代蒙古史的十余篇论文汇集而成的。为了使标题明显,并鉴于它是由若干篇论文汇集而成,故译者将书名改作《明代蒙古史论集》。

和田清在读高中时,就受到了史学家箭内亘的熏陶,入大学后,又得到市村瓒次郎、白鸟库吉的教导。尤其是入大学后,在市村教授的指导下,进一步打下了钻研中国历史及汉籍史料的坚实基础。他不仅饱览了日本国内各大图书馆所藏的丰富资料,而且遍索我国北京、沈阳、大连等地图书馆收藏的有关史料,对于各种善本秘籍,如数家珍。因此,他能够在本书中,征引史料达一百八十余种。其资料之丰富,长期为史学界所称道。

和田清在高中毕业后,曾到朝鲜和我国东北三省旅行,作"学术考查"。后来他的足迹进而远至北京、武汉、长沙、广州以及南京、上海等地,遍谒我国著名史学家柯劭忞、陈垣、王国维、梁启超、罗振玉以及康有为、吴昌硕等,对于他学术上的长足进步,得益匪浅。他特别留意中国蒙古史的研究状况,例如他在一九三二年发表的《中国满蒙研究之发展》一文,即曾吸收了我国史学家研究的成果。他对历史地理颇感兴趣,在各地考查中,既做了大量的实地勘察,同时也极力搜集各种文物资料。据此,他曾协助箭内亘增订了《读史地图》。特别是在本书《明初的蒙古经略》、《关于兀良哈三卫的根据地》、《关于丰州天德军的位置》等论文中,能够得心应手地对当时的地理方位做缜密的研究,这些都得力于他的实地调查经验。

关于明代蒙古各部落的起源、分布和变迁,一些重要首领的年代、世系等问题,由于史料欠缺和记载歧异,长期给治史者带来困难。和田清在本书中,第一次较深入地、系统地提出并探讨了这些问题,有很多独到之处,不少问题可以说得到了圆满的解决,对于治明代蒙古史者提供了很大的帮助。正因为此书取材繁富,精于地理考证,提出并解决了一系列重要问题,所以在今天仍不失为足资参考的著作。

当然也应该看到,其史观与方法论是不能轻易苟同的。本书中就充满了"为历史而研究历史",及仅依文献做烦琐考证的毛病。他没有也不可能站在历史唯物主义的高度去观察与认识历史,因此虽然在若干点上取得了一些成果,而一旦涉及历史发展的规律方面,就显出无能为力。在运用史料上,本书也有取舍失当,因而出现结论软弱无力或前后颠倒错乱以致考证失于主观臆测的现象。同时对于蒙文史料的利用也很不够。这些都是本书的不足之处。还需要指出的是,和田清生前曾有浓厚的军国主义思想,他的研究历史,不可避免地存在着为日本帝国主义的侵略行径妄寻所谓"历史根据"的问题,这在我们阅读本书时,是不应掉以轻心的。

这本书的翻译是在六十年代初完成的。在"文革"期间被搁置起来。虽然时间过了近二十年，但迄今为止，我们还未能发现一本在各方面显然胜过它的著作，特别是鉴于我国对于明代蒙古史的研究尚显薄弱的情况，因此决定还是将译稿修订出版。限于译者水平，错误一定不少，深望有关专家和读者予以指正。书中有些我国旧省、县名，现已裁并或改名，在《辞海》等综合性辞典可以查到，故未一一注出。书中所附《清代蒙古地图》等地图边界线的画法有严重错误，与当时边界线有很大出入，我们在地图下标有"按原图译制"。希望读者注意这些问题。

潘世宪识

内蒙古大学蒙古史研究所

一九八二年八月

序（原序）

　　我以前曾编写过一本《东亚史研究·满洲篇》。那本书虽然挂一漏万，但总算大致论述了从汉代到明末清初这一时期有关满洲史的问题。可是，这次编写《蒙古篇》，回想起来，不但没有叙述汉、唐、宋各代，即元代与清代也都没有涉及，仅叙述了有明一代的蒙古。这是由于我能力有限，感觉十分惭愧，但也无可奈何。

　　回忆四十多年前，大正四年（1915）四月，我的毕业论文的题目是"清初的蒙古经略"。由于能力所限，我所探讨的只限于明末内蒙古的情况。承恩师市村瓒次郎博士推荐，大正六年五月，作为《奉公丛书》之一问世的《内蒙古各部落之起源》一书，就是那次研究的成果。本来，我对于蒙古问题并没有多大兴趣，也不太努力钻研；但在探讨过程中，逐渐发觉明代蒙古情况却是一个尚待钻研的领域，而有关史料又格外丰富。后来，我接受南满铁道株式会社的委托撰写《满鲜地理历史研究报告》时，专门写了明初的蒙古，原因即在于此。本书第一、二、三、四篇，就是那时的成果，内容相当于《内蒙古各部落之起源》的前编。后来，我就离开蒙古史研究工作了。

　　由于这类书很少，后来经常听到要求再版《内蒙古各部落之起源》的呼声。但因为写得极不成熟，每逢听到这种呼声就都拒绝了。这次《东洋文库》社决定出版《东亚史研究·蒙古篇》，这回就只好修订那本不成熟的《内蒙古各部落之起源》了。本书第五、六、七、八篇各章，便是修订的《内蒙古各部落之起源》。然而，这个课题我已经放下三十多年，现在又重新拿起来，在这期间有许多史料和问题已经遗忘了，尤其因为出版时间仓促，没有来得及做充分的整理与思考，结果还是粗草不堪，根本没有进行仔细考察，只就查到的史料，提出了一些肤浅意见。但是，我却觉得这已经基本上阐述了我对明初到明末这段时间的一些想法了。

本书第九、十以下各篇是我随时写的有关蒙古的一些零星论文，其中包括一部分极不完整的拙劣文章；宛如鸡肋，舍不得割弃，也就收录在本书中了。此外，还有《关于元代蒙古的封禁》、《明代的蒙古与满洲》及《析津志》、《〈北虏纪略〉、〈译语〉及〈中山闻见录〉的作者》等篇，都是些没有什么价值的东西，已收入另一本《东亚史论薮》里了。

遗憾的是，由于作者努力不够，有些本应纳入明代蒙古范围以内的有关外蒙古的瓦剌（卫拉特）、新疆及青海、西藏（土番）等问题，都只提到一笔，没有深入探讨。只好希望将来别的专家学者来对这些问题进行研究。

对作者的研究给予最大鼓舞的是原田淑人先生的《明代的蒙古》〔明治四十一年(1908)出版〕和中岛竦的《蒙古通志》〔大正五年(1916)出版〕。原田先生是我国考古学界的大家，他的毕业论文就是《明代的蒙古》。那篇论文发表在当时的《东亚同文会报告》（第108—112期）。在我国首次认真涉猎了《明实录》，因而纠正了明朝郑晓、叶向高等人的若干错误说法。中岛是一位民间学者，他熟读并刻苦钻研了当时难读的通行本《蒙古源流》（当时找不到好的版本），好歹总算为明代蒙古史建立了一个脉络一贯的体系，功绩是很大的。我所以被吸引到这个问题上来，是因为要追随这两位苦心钻研的前辈。其次，给我很大影响的是箭内亘、池内宏两位博士。这两位博士都是我的恩师，都曾讲授过有关明代蒙古的课题。我所以对满洲、蒙古历史地理深感兴趣，完全是这两位博士教导的结果。我国还有翻译所谓喀喇沁本《蒙古源流》的藤冈胜二博士，将《蒙古黄金史》译成日文的小林高四郎博士，译出《蒙古喇嘛教史》的桥本光宝等人，都给了我们一些鼓舞。此外，如译注《蒙古源流》的江实、编纂并刊行《明代满蒙史料》的村田实造、专门研究新疆历史的羽田明、佐口透、岛田襄平及其他研究东部蒙古的鸳渊一、山本守、青木富太郎、田中克己、荻原淳平等人，都是和我趣味相投的同道。

西方学者对蒙古史也有颇浓的兴趣。这方面的研究者也不少，但涉及明代东蒙古的人却不多。作为仅有的少数人中的代表人物，我这里只举出俄国的施密特（I.J.Schmidt）、布雷特施奈德（E.Bretschneider）和英国的伟大学者霍渥特（H.H.Howorth）。我从这几位学者的名著，如《东蒙古史》（Geschichte der Ost-Mon-golen.St.Peterburg,1829），《中世纪研究》（Mediaeval Researches.London,1910）;《蒙古史》（History of the Mongols.London,1816—1888）等获得教益很多。英国帕克（E.H.Parker）的《成吉思汗统一后、清朝建国前的蒙古》（Mongolia after the Genghizides and be-fore the Manchus）（JNCBRAS, XLIV, 1913）过于简略；俄国波科季洛夫（Д.3.Покотилов）的《明代东蒙古（1368—1634）》（History of the Eastern Mongols during the Ming Dynasty from 1368 to 1634.St.Peterburg,1893）是一部取材分量比较均衡的名著，我早就听说有这本书，但因我对俄语不敢问津，所以一直没有读过。现在已由洛文特耳（Rudolf Loewenthel）译成英文，战后（1947年）在成都出版，我才得以阅读。该书大致以《明史》的《鞑靼传》《瓦剌传》

等为依据，叙述非常得体。尤其德国佛兰克（Wolfgang Franke）所附《补遗与勘误》（Addenda and Corrigenda），可以说是锦上添花。

以上所举大都是已故学者的著作。德国的蒙古史学迄今未衰，尚有上述的汉堡佛兰克及领导着哥丁根亚细亚研究协会（Göttingen Asiatische Forschungen）的海希施（Walter Heissig）等人在继续进行研究。英国的鲍登（C.R.Bawden）和赛鲁依斯（Henry Serfuys）等人的研究工作也颇活跃。后起的美国，已由哈佛大学出版了诸如《蒙古文献》（Scripta Mongolia）等名著。

在中国方面，明朝的郑晓、叶向高及清代的祁韵士、张穆等的史料，姑且不论。近人陈寅恪、张尔田的《蒙古源流》研究及余元盦的《内蒙古历史概要》等都具有相当的学术水平。关于我所受到以上各位学者的著作的教益，都在本书相应地方分别一一注出。不过，正如前面已经说过，本书是一部粗漏草率的作品，衷心希望读者给予恳切的批评。

作者关于蒙古语的知识和解释，最初曾专赖恩师白鸟库吉博士的指导，后来主要受教于东洋文库的松村润及冈田英弘。关于本书的编辑和体裁，蒙东洋文库的斯波义信给予很大帮助；关于校订、索引与英文提要各项，又蒙东洋文库的松村润、冈田英弘二位大力协助；连同不断克服印刷上困难的开明堂鞍智宣章及借给我贵重图书的榎一雄的厚意，于此一并深致谢意。

本书全靠文部省昭和三十三年度拨给财团法人东洋文库补助费的一部分才得以出版，因此，对文部省和东洋文库当局，深表谢意。

昭和三十四年三月

和田清

（地图多采自《武备志》的附图，书后所附清代蒙古地图，因印刷关系，错误很多，请读者原谅。）

目　　录

一、明初的蒙古经略——特别是它的地理研究

前　言

明朝兴起取代元朝，这不只是汉族以反抗北方民族压迫的势力恢复了南宋时代所丧失的中原地方，而是扭转唐末以来汉族的被动地位，完全夺回汉、唐最盛时代直到北疆的一次巨大运动。当时各将领都充分体会了这种意义，进行了奋斗。这在明朝高岱撰述北伐事迹的《鸿猷录》等书中有明确记载。[①] 这样，现在的河北、山西北部，所谓燕云十六州故土，固不待言；更深入到内蒙古，完全占领其南部地方，东起辽东，西抵甘肃，南到安南、缅甸，全都划入了自己的版图。不仅这样，其威力所及，竟使东北从黑龙江口，西南到非洲东海岸、波斯湾各国，东南从朝鲜、日本、琉球、吕宋，西北到中亚北方的阿速（Asud）、卜里牙（Bulgar）、乞儿吉思（Kirghiz）各国，都遣使来贡。

明初国势如此强盛，其经略颇为雄伟，其中关于如何控制北邻的劲敌元朝的残余势力，却是国初各代皇帝最苦心积虑的。太祖、太宗（成祖）的方略是：从东、西、南三面进行包围、压制。即首先经略东方的满洲女真族地区，更进而收服东蒙古地方，在这里设置泰宁、福余、朵颜各卫，[②] 以切断敌方左翼，隔绝它同朝鲜、女真联系的

①《鸿猷录》（卷五）《北伐中原》，《克取元都》。
② 和田清：《关于兀良哈三卫的根据地》（《史学杂志》第四十编第六号），原书第107—149页。

通路。同时,在西方,招抚现在的西藏各族,在青海地方设置罕东、安定、阿端、曲先四卫,①更进而羁縻北方通往西域孔道上的各部族,在那里设置赤斤蒙古、沙州、哈密等各卫,以切断敌方右翼,消除沟通西藏方面的祸患;从左右两翼加以压迫,迫使陷于困蹙。然后大明劲旅从中路出击,反复数次扫荡大漠南北。关于东西两边各卫,容待专文论述,这里只想就中路明军出击蒙古地方的行动,特别是关于它所蹂躏的地区范围,逐步加以探讨,因为这是探索明代蒙古形势的一个重要关键。

上篇　洪武朝的经略

1.洪武三年战役

洪武元年八月,明军攻陷大都,赶走元顺帝。二年六月,大举平定现在热河地方,进而攻陷现今滦河上游多伦县西北的元上都开平,再逼顺帝北走。这是明军的第一次出征蒙古。关于这次战役,前曾有所论述,②最近还想另写一篇订正其中若干论点的文章,这里暂且从略。顺帝逃出上都后,心里还留恋中原,没有立即跑到更远的外蒙古根据地和林方面去,仍驻在现在内蒙古阿巴哈纳尔(Abaghanar)部的达里泊(Dal Naghur)西南岸附近的应昌府。洪武三年四月病死;他的儿子昭宗爱猷识理达腊(Ayu Śridara)嗣帝位。明将李文忠攻陷应昌时,正是这两个皇帝交替的时期。

据《实录》载:洪武三年春正月癸巳(三日),明太祖担心元将王

---

① 岑仲勉:《明初曲先、阿端、安定、罕东四卫考》,《金陵学报》六卷二期,第151—172页。W.弗兰克:《明初原畏吾儿安定、阿端、曲先、罕东四卫的形势》,《新闻科学研究所二十五周年纪念刊》,京都大学,京都,1959年,第121—128页。
② 和田清:《兀良哈三卫的研究》上(《满鲜地理历史研究报告》第十二册),原书第173—174页。

保保还要顽强扰乱西北边疆,便命令大将军徐达从潼关出西安,捣定西,以取王保保;并命左副将军李文忠出居庸,入沙漠,追击元主。采取了使敌人彼此自保、无暇应援的方略。王保保就是肩负支持残余元室命运的好汉扩廓帖木儿(Kökö Temür)的别名,当时正在进攻明将张温据守的兰州城,听说明援军大举来攻,便进而固守兰州东面的定西。四月,常胜将军徐达的部队在定西县北沈儿峪,全歼王保保军。王保保仅以身免,得流木渡黄河,遂由宁夏奔至和林。但《实录》等记述此事说:"保保至和林,爱猷识理达腊复任以事",①其实,这是稍后的事。这时,元帝还在应昌。

这且不提。指向蒙古的左副将军李文忠军,二月,由兴和出察罕恼儿;五月,到开平,接着就攻陷了应昌。《实录》洪武三年二月条末尾载:

> "是月,左副将军李文忠率师至兴和,元守将举城降。复进兵察罕恼儿,遂擒元平章竹贞。"

又五月丁酉(九日)条载:

> "左副将军李文忠、左丞赵庸败元太尉蛮子、平章沙不丁、朵儿只八剌等于白海子之骆驼山。遂进次开平,元平章上都罕等降。"

兴和是现在万全边外的兴和城。② 察罕恼儿(Chaghan Naghur)按蒙古语是白海子的意思,可能是指北边小咸湖一带。③ "白海子(即察罕恼儿)之骆驼山"必定也在附近。骆驼山这个名字,也出现在后来金幼孜的《北征录》里。相传永乐八年随成祖北征的著

---

① 《明实录》洪武三年丙寅条。
② 参看箭内亘:《元代的东蒙古》(《蒙古史研究》第 636—637 页)。
③ 参看箭内亘:《察罕恼儿考》(同上,第 752—768 页及附图)。又《读史方舆纪要》卷十八《开平故卫》条载:"白海子在卫西南大青山之北,亦曰长水海子,土人因其四望白沙,呼为插汉恼儿;插汉译言白,恼儿译言海子;又西即骆驼山也。明初李文忠自万全出师,北至察罕恼儿地,进败元兵于白海子之骆驼山,即此。"

者金幼孜曾在这山里迷了路。金志章的《口北三厅志》(卷二《山川》)曾引证这项记载,断言:"当是察哈尔正白旗境内,土人呼博索特门山者是也。"

总之,如果肯定白海子的骆驼山就在察罕恼儿附近的话,上述进攻察罕恼儿是在二月间,那么,攻克骆驼山是否需要迟到五月里,颇值得怀疑。我想上述《实录》五月丁酉条是军队进到开平的日期,在那以前的记载是否是追叙以前发生的事情呢? 至少,清谷应泰的《明史纪事本末》(卷十《故元遗兵》)载:"五月丁酉,左副将军李文忠、左丞赵庸师出野狐岭,擒元平章祝真,进败元太尉蛮子、平章沙不丁、朵儿只八剌等于白海子之骆驼山。遂次开平,元平章上都罕等降。"把这些都写在五月丁酉条里,当然完全是杜撰。谷应泰肯定是依据明陈建的《皇明资治通纪》(或者是因袭它的沈国元的《皇明从信录》)等。① 明尹畊的《两镇三关通志》(卷三《宣府纪》)的记载稍有不同,叙述此事如下:

"文忠与大将军达,分道北征,率诸将赵庸、廖美、孙恭、武慰、肖寿、韩政、李荣,出野狐岭,进师察罕恼儿,禽元平章祝真,追败太尉蛮子、平章沙不丁、朵儿只(八)剌等于骆驼山。

---

① 《明史纪事本末》,除《实录》外,专从《皇明通纪》一类书籍中取材,这是明显的事实。本条在《通纪》卷二,洪武三年条下,没有写明月日,叙述此事说:"文忠等师出野狐岭。降其守将。至察罕恼儿,擒其平章祝真。次白海子之骆驼山,元太尉蛮子、平章沙不丁、朵儿只八剌等拒战败溃。进攻红罗山,杨思祖等一万余人皆请降。遂进次开平,获元平章上都罕等,云云"。沿袭《皇明通纪》的《皇明实录》卷二和《从信录》卷五等的记载几乎完全相同。后者除两三处文句不同外,唯一差别就是把它写在四月条下面。平章祝真就是《实录》的平章竹贞。上年正月在大同,遭明猛将常遇春驱逐。从出现《实录》里没有看到的祝真和野狐岭等字样来看,《纪事本末》确是根据《通纪》编写的。唯据《实录》所载,上述红罗山,杨思祖等一万人皆请降,(孙世芳的《嘉靖宣府镇志》卷二十六《征战考》等,也犯了这样的错误。)实是这次战役归途中的事,是远在这以后的事;所以,参考了《实录》的《纪事本末》的著者,特意删除了此事,而又依照《实录》在开头随便添上了"五月丁酉"四个字。至于脱漏兴和、察罕恼儿等地名,与其说是故意窜改,不如说必定是出于疏忽遗漏。再者《资治通纪》等的原始根据,恐怕必定是下面所引的董伦的《李文忠神道碑》之类。这个《神道碑》已载入焦竑所辑的《国朝献征录》卷五。有关的一条是"三年春正月,授征虏左副将军,总兵北伐。二月,出野狐岭,降其守将。进师察罕恼儿,擒其平章祝贞。夏五月,克应昌。"

遂次开平,获平章上都罕,以五月至应昌,攻城克之。"
把五月说成是攻克应昌的日期是正确的。平章祝真(Chu-chên)就
是平章竹贞。其余除《实录》里没有见到的野狐岭地名以外,还列
举了随征各将领的姓名,应该看作是它的一个特点。

总之,单凭上述资料记载,可见当时明军是越过野狐岭直指上
都的,而且所费时间是从二月到五月。至于李文忠从兴和进到开
平,为何竟费时几个月呢? 这是个一时难以解决的问题,我想可能
是因为当时还忙于击败附近的余贼吧。《两镇三关通志》(卷三《宣
府志》)洪武三年春二月条载:"参政华云龙来取云州"。注释说:

> "云龙率诸将廖美、孙恭取云州。万户谭济出居庸,夹击
> 之,克其城,获元平章火儿忽答、右丞哈海。"

还载:"平章汤和来取宣德。"注里说:"追元兵至察罕恼儿,获其将
虎陈。"《实录》也在同年二月乙酉(二十五日)条载:"指挥金朝兴取
东胜州,获元平章荆麟等十八人。"《明史纪事本末》(卷十)《故元遗
兵》条,简略记载这几件事,说:

> "二月,北平守御华云龙克云州,获元平章火儿忽答、右丞
> 哈海等。大同指挥金朝兴克东胜州,获元平章荆麟等。大同
> 都督同知汪兴祖克武州、朔州,获元知院马广等。"

云州是现在独石口南面的云州堡地方。① 宣德就是河北省宣化
县。② 东胜州在现在山西省朔平(右玉)边外的托克托县附近。③
武州和朔州分别是现在山西北部的五寨县和朔县。④ 当时各军几
乎完全肃清了边境一带地区。廖美、孙恭是李文忠的直属部下,华
云龙、金朝兴、汪兴祖等也应该看作是受他节制的将领。

---

① 《大清一统志》卷二十四、《宣化府古迹·云州故城》条。
② 《大清一统志》卷二十四、《宣化府建置沿革》、《宣化县》条。
③ 《大清一统志》卷一百二十四、《归化城六厅古迹》条。
④ 《大清一统志》卷一百八、《宁武府五寨县》,卷一百十一、《朔平府·朔州》条。

李文忠的部队不仅扫荡了沿边附近地区,还分路直捣贼巢。《实录》洪武三年五月丁酉条里,在上述引文之后,接着说:

> "都督孙兴祖及燕山右卫指挥平定、大兴左卫指挥庞裡等兵次三不剌川,遇胡兵力战,皆殁于五郎口。海宁卫指挥副使孙虎率兵至落马河,与元太尉买驴战,死之。"

此外,《皇明资治通纪》(卷二)在结束这次战役的纪事时说:

> "又至苦脱孙,追太尉蛮子军,擒元平章伯答儿,获马驼无算。大军所至,朔庭遂空。是役也,指挥孙虎率兵至落马河,与元太尉买骡战,死之。事闻,进封安乐郡伯。"①

关于三不剌川、五郎口,《读史方舆纪要》(卷六十二)《陕西·靖远卫》条载:"三不剌川在卫北境,其西为五郎口。明初,孙兴祖战死于此。"《实录》洪武九年五月条末尾也载有宁夏边外的三不剌,②这显然是同名异地。这里所说的三不剌川当然应该在上都开平方面,绝不会在陕西边外。关于开平方面的三不剌川,《读史方舆纪要》(卷十八)《开平故卫》条却说:"三不剌川在卫境,元主铁木耳立于上都,狩于三不剌川之地,以董文周谏,遂还大都。"③仅这条记载,还颇不得要领。《口北三厅志》(卷三《古迹》)特别记载卄不剌川即散不剌川事说:

> "卄不剌川,在上都西北七百里外,见元王恽《秋涧集》诗。案卄音撒。吴莱《渊颖集》中有:得大人书,喜闻秋末自散不剌复回大都诗,今并载艺文。"

该书(卷十五)《艺文》条收载了元吴莱、王恽等的诗。王恽七言绝

---

① "指挥孙虎"《皇明资治通纪》明万历余仙源刻本、卷二、第四十一页,作"指挥孙倪",又"进封安乐郡伯"作"追封安乐郡伯"。——译者
② 《大明实录》洪武九年五月条末尾说:"是月,故元国公九住,寇陕国塔滩之地,陕西都指挥司发兵击之,追及于三不剌,获九住及平章不答失里等四十人,余众遁去。"塔滩在宁夏边外。
③ "董文周",据《元史》卷一百四十八,应作"董文用"。——译者

句自序里说:"卄不剌川在上都西北七百里外,云云"。① 上都西北七百里外,大约相当于现在库尔察罕泊(Kür Chaghan Naghur)北方阿巴嘎札萨克府方面。看来该地风景非常幽美,元时曾是帝王游幸的处所。如后所述,明初,洪武七八年间,该地曾屡遭侵伐。又落马河,正像已经说过的那样,就是现在热河省赤峰北面的伯尔克河。② 由此可见,当时明军曾大张左右两翼,同时并进。关于苦脱孙,《读史方舆纪要》(卷十八《开平故卫》)载:"苦脱孙,地在应昌东北,李文忠败元处也。"我想可能是攻陷应昌以后的战场。

出边后,迟迟进抵开平的李文忠军,自开平很快到达了应昌。五月丁酉(九日)到开平,几天以后,就进逼应昌,很快就攻克该城,获得了如下的大捷。《实录》在前述引文之后,接着说:

"辛丑(十三日),左副将军李文忠师趋应昌,未至百余里,获一胡骑。问之,曰:'四月二十八日,元主已殂,今日(自)应昌往开平,报国丧'。文忠即督兵,兼程以进。癸卯(十五日),复遇元兵,与战,大败之,追至应昌,遂围其城。明日克之,获元主嫡孙买的里八剌并后妃宫人暨诸王省院达官士卒等,并获宋元玉玺金宝一十五、宣和殿玉图书一、玉册二、镇圭大圭玉带玉斧各一,及驼马牛羊无算,遣人俱送京师。惟太子爱猷识理达腊与数十骑遁去。文忠亲率精骑追之,至北庆州,不及而还。"

在这以前,开平曾经遭受红巾贼蹂躏而荒废,应昌还算玩固,因此,元人据守在这里,明军包围、攻陷了它。至于新帝爱猷识理达腊不逃往和林方面而向北庆州即今巴林(Bagharin)的察罕城方面逃去,使人有些难以理解;以及李文忠凯旋归来,在今热河地方收容余贼

---

① 四部丛刊本、王恽《秋涧先生大全集》卷三十二里,也见到这首诗,其中,把"卄不剌川"误作"甘不剌川"。

②《大清一统志》卷二十七《承德府》的《山川·伯尔克河》条。

数万等,已有另文论述。① 此外,关于上述本文,再没有需要解说的地方了。

2.洪武五年战役

在这以前,洪武三年四月,沈儿峪大捷之后,太祖曾派使臣和元主通问;特别在应昌战役之后,还接连写信给元主和各将领劝通好;同时还曾派大将邓愈等从临洮攻取河州,以招谕吐番,并派使臣去抚慰辽东官民等。因为他们都是元朝的属民,还不能立即屈从明廷的威令。后来招抚逐渐收到效果,洪武三年九月,接受故元宗王札木赤等来降,在大同边外设立官山等处军民千户所。四年正月,在甘肃设立河州卫。又接受故元枢密都连帖木儿等自东胜来降,设立失宝赤、五花城、斡鲁忽奴、燕只、瓮吉剌等五个千户所。这些都是《实录》记载的事实。

在西番地区设立河州卫一事,暂且不谈。官山在今平地泉西面马盖图、西营子附近。② 失宝赤等五个千户所的位置,并不清楚,不过,斡鲁忽奴(Olkhunud)、翁吉剌(Onggirad)显然是从元代就已著名的蒙古部族的名称,失宝赤(Shibaghuchi)原义是鹰匠,后来不久似乎就成了部族名称。现在鄂尔多斯(Ordos)部落里有一部分部族叫作锡包沁(Shibaghuchin)。《蒙古源流》曾有记载,有时也写作锡巴郭沁;明郑晓的《皇明北虏考》等写作失保嗔。当然,要论证这些名称一定是同一个部族,还必须另做详细探讨,不过,后来黄河套内锡包沁部的名称,是出自这个失宝赤千户所,这一点几乎没有疑问。关于五花城这个名称,只在张雨《全陕边政考》(卷七)等

---

① 参看前引《兀良哈三卫的研究》上,原书第 175、182 页。昭宗不往漠北根据地逃,先逃往巴林地方,
我想一则由于李文忠追击很紧,二则远渡大漠有困难。
② 参看前引《兀良哈三卫的研究》下,原书第 310—311 页。

书里见到。据章潢的《图书编》（卷四十七）所载《延绥边图》，在木瓜园堡正北标注"五化城"，可见它确在河套东北边附近。①

又据《实录》洪武三年十二月戊辰（十三日）条载：

> "延安卫指挥李恪、绥德卫指挥朱明等追败故元残兵于燕山只斤，擒获五百余人。又攻阿不剌思寨，获马三百余匹。"

九年三月条末尾又载："是月，胡兵屯山西燕只斤之地，云云"。我想这个燕山只斤一定是燕只斤，即简称燕只的衍误；这次征伐的结果，造成了第二年（四年）正月都连帖木儿等的投降。延安（今肤施）、绥德（今同名）都是陕西东北的要冲，所以这个卫的守军出击的燕只斤地方，也就大致可以推测出来，仍没有越出现在河套东北边地区。因此，《明史·地理志》的编者把这五个千户所附记在东胜各卫之后，应该说是很确切的。翁吉剌、斡鲁忽奴原本出自同一个部落，驻在现在呼伦贝尔（Kölön Buir）北边地方，元初受封迁到西喇木伦（Shira Müren）上游地方，②经过明初的动乱，就窜到这方面来驻了。

又据《明史》（卷四十）《地理志》载：开平卫始建于洪武二年；东胜卫建于洪武四年正月。大力经营开平各卫是在洪武三十年③左右。我想二年六月，明军才攻下开平，四年正月，都连帖木儿等自东胜州来降，因此所谓大力经营恐怕就是指这段时间。虽然还不能马上接受这种说法，但应该承认，大约从这时起，明廷才开始经略这些方面。此外，故元辽东行省平章刘益等拿着辽东州郡地图并登记兵马钱粮之数，奉表来降，也是四年二月的事。当时负责经略北边重任的大将军徐达不断把山后沙漠遗民迁到边内。到七月

---

① 据说在五花城附近另有所谓武花城。《全陕边政考》卷七说："武花城在沙壕西。"我想武花城或许是五花城的音讹，但不能肯定。又，五花城这个名字，可能像日本的"五棱廓"，是个具有特殊形状的城。附近据说还有十二连城等。这一带可能是受到西域方面的影响，兴建了一些特殊城郭。

② 参看箭内亘《元代的东蒙古》（《蒙古史研究》第595—606页）。

③ 从上下文来看，"三十年"的"十"字，可能是衍误。——译者

间,北平镇守淮安侯华云龙等又出独石边外,征剿热河赤峰方面。这次征剿的经过,已另著文论述过,①这里从略。

　　总之,接近边塞的地区已经基本上平定了,明军不久便大举出击漠北。这时是克复应昌后的第三年,即洪武五年。据《实录》载:是年春正月,太祖欲取盘踞和林的王保保,出动十五万大军,分三路进击。大将军徐达出中路,由雁门趋和林;左副将军李文忠出东路,由居庸至应昌;征西将军冯胜出金兰取甘肃。各将兵五万。二月丁未(二十九日)条载:

　　　　"大将军徐达师至山西境,遣都督兰玉,先出雁门。于是,玉军进至野马川,遇胡寇,追至乱山,寇反兵接战,玉击败之。"

又三月丁卯(二十日)条载:

　　　　"都督兰玉兵至土剌河,与王保保遇,击败其众,保保遁去。"

野马川这个名字经常出现在《元史》里,《明实录》永乐十年七月壬寅和八月庚辰等条里也看到这个地名,可是它的位置都没有记载明白。《口北三厅志》(卷二《山川》)引《译语》说:野马川在"宣府西路膳房堡口外",但因这位置稍偏东些,也和《永乐实录》所说野马川在甘肃边外一样,是同名异地,恐怕不是这里所说的野马川。②所谓乱山的位置也不明确。总之,兰玉是中路徐达军的急先锋,由他进军的日数可以推断:出山西雁门后就一直冲向土剌(Tula)河

----

① 参看前引《兀良哈三卫的研究》上,原书第 173—177 页。当时是仅根据《明史纪事本末》来论述的,但可能接近原始典据有《两镇三关通志》卷三(《嘉靖宣府镇志》卷二十六)等所载:"秋八月,北房寇云州,参政云龙击破之,遂取开平诸塞。"这里的注解如下:

　　"房平章僧家奴、北牙头以兵寇云州,云龙侦知之,潜以精兵迎击,突入其营,禽僧家奴,并获驼马四百余。遂分遣裨将赵端等,追击至开平大石崖北,分攻刘学士诸寨,克之。端中飞石,伤左腿右臂甚重,督战不置,复追驴儿国公,破其军。"

　　又,当时元将驴儿驻军的长峪,位置不明,也没有考证。长峪就是常峪,即今宣化县东北常谷口。《读史方舆纪要》卷十八《万全都司》条说:"长谷口堡,司西北四十里,云云。"

② 据金幼孜的《后北征录》载:从今多伦诺尔方面前往克鲁伦河上游的路线上,在离该河南面三四天路程的地方,有个地名叫野马泉,这里所说的野马川或许就是该地,也未可知。

畔。在最初的前哨战中,明军好像相当占优势,但被诱深入以后,徐达的主力军竟在岭北和林发起的最后会战中一败涂地。

国初佐命大功臣、一代名将徐达竟在岭北惨败,这是明人讳莫如深的事。诸如陈建的《皇明通纪》(卷三)和沿袭它的记载的沈国元的《从信录》(卷六)等,都夸耀说:这时"每路兵十余万,共四十万",且掩饰败绩说:"徐达等兵入沙漠,粮运不继,师疲而还。"①就连坦率记载此事的《实录》也只说:"大将军徐达兵至岭北,与虏战失利,敛兵守塞。"叙述非常简略。其他如叶向高的《四夷考》、朱国桢的《皇明大政记》、何乔远的《名山藏王享记》和《明史》的《本纪》和《鞑靼传》等,虽都记录了这件事,但大都过于简略,抓不到要领。传述稍详的只有下列王世贞的《弇州史料》(前集卷十九)《徐中山世家》里的一节,说:

> "达抵山西境,都督兰玉为前锋,败其游骑于野马川,复败扩廓于土剌河。扩廓遁,与贺宗哲合,而拒我师于岭北。时,师数发颎,而心易虏,骤与之战,不利,死者万余人。达固垒而收之,故彻侯功臣无死者,虏亦不敢入塞。而偏将军汤和遇它虏于断头山,亦败。"

在这以前,贺宗哲在元末纷乱时,曾在齐、燕、晋、秦等地区奋战。他是扩廓即王保保倚为股肱的骁将,所以,在这里和扩廓合兵打败明军,并不稀奇。清谷应泰的《明史纪事本末》(卷十《故元遗兵》)完全抄袭了上述记录,但《纪事本末》把这些事都写在三月条下面,照例是不着边际的杜撰。据《实录》载:徐达到山西境内,兰玉攻克野马川,是在二月间,土剌河战役是三月丁卯(二十日),岭北战败是在五月壬子(六日)。最后,偏将汤和在断头山战败是在七月丙辰(十一日)。

---

① 《皇明通纪》明万历余仙源刊本、卷三、第6页——译者。

　　问题只是所谓"死者万余人"这个数字是否太大了些呢？据《明史》(卷百二十五)《徐达传》叙述三大将各领兵五万骑出塞后说："达遣都督兰玉，击败扩廓于土剌河。扩廓与贺宗哲合兵力拒，达战不利，死者数万人。帝以达功大，弗问也。"本传所说的显然是依据《徐中山世家》的说法。不过把死者万余人改成数万人，想必另有根据。又查同时代的史学家叶子奇的《草木子》里，有如下一段：

　　　　"高帝谓天下一家，尚有三事未了。一：少传国玺；一：王
　　　　保保未擒；一：元太子无音问。分三路出讨，至漠北大败，死者
　　　　先后约四十余万人。"①

据《实录》载，出征时，徐达曾有"得兵十万足矣"的豪言壮语。太祖强调说："兵须十五万"，并分为三路进兵。②《徐中山世家》也载有"将各五万骑，转饷私役者不与焉"的话。因此，在十余万人中，绝不会有死者四十余万人的道理。但这条记载的前半段，在《皇明通纪》(卷三)里也有，说："议征沙漠。上谓诸将曰：今天下一家，尚有三事未了，其一，历代传国玺在胡未获；其二，统兵王保保未擒；其三，前元太子不知音问。今遣汝等，分道征之。"这不仅显然和《草木子》所传是同一事实，而且接着也正像上述那样，说："每路兵十余万，共四十万"。错误的根源想必就在这里。莫非误传为各路十五万，共四十余万，竟然全军覆灭了不成？总之，这类数字毕竟不

---

① 《草木子》，中华书局 1959 年合校本，没有这句话。引文见《皇明通纪》明万历余仙源刊本，卷三、第6页。——译者。

② 《实录》洪武五年春正月庚午条说："上御武楼，与诸将士筹边事，中书右丞相魏国公徐达曰：今天下大定，民庶已安，北虏归附者相继，惟王保保出没边境，今复通居和林，臣愿鼓率将士，以剿绝之。上曰：彼朔漠一穷寇耳，终当绝灭，但今败亡之众，远处绝漠，必死自卫。困兽犹斗，况穷寇乎？姑置之。诸将曰：王保保狡猾狙诈，使其在，终必为寇，不如取之，永清沙漠。上曰：卿等必欲征之，须兵几何？达曰：得兵十万足矣。上曰：兵须十五万，分三道以进。于是，命达为征虏大将军，出中路。曹国公李文忠为左副将军，出东路。宋国公冯胜为征西将军，出西路。"写得好像太祖起初不愿出征，这可能是为了以后记述失败的伏笔。其实，在这以前，太祖就赐给三大将"交趾弓五十、彤弓百"，鼓舞他们的雄心斗志了。

足信凭。尽管这样,从所以产生如此夸大的传说来看,当时明军失败如何之惨,也可以想象得到。

偏将军汤和在断头山打了败仗这件事,还见于《实录》洪武五年秋七月丙辰(十一日)条:

> "中山侯汤和等兵至断头山遇虏兵,与战不利,平阳左卫指挥同知章存道死之。"

汤和是中路的副将,可能是防御乘胜追来的敌兵,在这里打了败仗。上引《实录》的下文接着记载章存道的略传,说:"至是,从和(汤和)守北征哈敦不剌营,遂力战死。"哈敦不剌营就是断头山,可以推测两地相距一定很近。据《实录》永乐二年九月壬寅(四日)条载,由大同总兵官接纳从哈敦不剌来降的鞑靼知院马剌沙,可见哈敦不剌几乎是在大同边外。但这还是个棘手的困难问题,为方便计,容待以后再详细探讨。① 总之,明代记录里一再出现断头山这个地名,恐怕是在大同、宁夏中间边外通往漠北的要道上,因而应该在今归化城北面的山隘中去寻找这个地方。

大将军徐达的主力军虽然一下子就败了,其余两支友军未必都是这样。左副将军李文忠军曾深入朔北,直捣敌人的根据地,这据《实录》洪武五年六月甲辰(二十九日)的下述记载,就很明确。它说:

> "左副将军李文忠率都督何文辉等兵,至口温之地。虏闻之,夜弃营遁,获其牛马辎重无算。遂进至哈喇莽来,虏部落惊溃。复进兵,至胪朐河。文忠谕将士曰:'兵贵神速,宜乘势追之,千里袭人,难以重负。'于是,留部将韩政等守辎重,命士卒人持二十日粮,兼程而进。至土剌河,虏将蛮子、哈喇章觇知之,悉骑渡河,结阵以待。文忠督兵与战。战数合,虏稍却。

---

① 参看前引《兀良哈三卫的研究》下,原书第314—315页。

复进至阿鲁浑河，虏兵益众，搏战不已。文忠马中流矢，急下马，持短兵接战。从者刘义直前奋击，以身蔽文忠。指挥李荣见事急，以所乘马授文忠，自夺虏骑乘之。文忠得马，气益厉，据鞍横槊，麾众更进。于是，士卒鼓勇，皆殊死战。虏遂败走，获人马以万计。追至称海，虏兵又集。文忠勒兵据险，椎牛享士，纵所获马畜于野，示以闲暇。居三日，虏疑有伏，不敢逼，乃遁去。文忠亦引还。夜行失故道，至桑哥儿麻，士卒无水渴甚。文忠默祷于天，忽所乘马跑地长鸣，泉水涌出，人皆以为天助云。是役也，宣宁侯曹良臣、骁骑左卫指挥使周显、振武卫指挥同知常荣、神策卫指挥使张耀俱战殁。"

董伦的《李文忠神道碑》(《国朝献征录》五)和王世贞的《歧阳王世家》(《弇州史料》前集卷二十)及《明史》(卷一二六)《李文忠传》等所载比较简略；郭造卿的《卢龙塞略》(卷五《开国经略》)和《皇明通纪》(卷三)、《从信录》(卷六)、《明史纪事本末》(卷十)等的记述，大致与此相同，其中显然不同的是最后一段。例如《纪事本末》叙述各将领的奋战经过说：

"是役也，顾时与文忠分道入沙漠，粮且尽，遇元兵，士卒疲乏，不能战。时奋勇，独引麾下数百人，跃马大呼，击败之。掠其辎重牛马还，军复大振。曹良臣至阿鲁浑河，孤军深入，败殁。骁骑卫指挥使周显、振武指挥同知常荣、神策卫指挥使张耀俱死焉。"

顾时和韩政、曹良臣都是李文忠军的裨将。我想上述《实录》一条肯定是根据李文忠的战报之类的文件来的，《通纪》和《纪事本末》的末段不过是根据别的史料(如《顾时传》之类)补充的。因此，《皇明通纪》、《从信录》等把这件事写在正月，当然是错误。不过，《实录》所记六月甲辰(二十九日)，恐怕是军报到达京师的时期，而七月己未(十四日)，押送的俘虏看来也到了京师。据《实录》同日条下接着说:"左副将军李文忠,以所获故元官属子孙及军士家属一千八百四十余人,送至京师,云云"。①

口温,《李文忠神道碑》写作"可温",《皇明通纪》等作"可温河"。《读史方舆纪要》(卷十八)《开平故卫》条载:"可温河在应昌府西北,又西北地名哈喇莽来,乃渡漠处也。明洪武四(五?)年,李文忠讨元遗众,取道于此。"后来,太祖就把蒙古的降人安插在这里。哈喇莽来,正像后面所说的,②是位于今外蒙古最南边多伦诺尔到库伦大道上的一个地方,所以,出居庸、应昌到此途中的口温这个地方必定在今库尔察汉泊(Kür Cchaghan Naghur)附近。不过,按《安维利(D'Anville)的地图》和清《内府秘图》等看来,③该湖西面附近有个名叫衮(托罗海)泊(Gün Tologhoi Omo)的湖沼。口温(K'ou-wên)或可温(K'o-wên)河的名字,必出源于衮(Cün)泊。所谓胪朐河是克鲁伦(Kerülen)河的古名。土剌河就是图拉(Tula)河。拉鲁珲河是鄂尔珲(Orkhon)河,这些都无须论述。

称海,《神道碑》、《歧阳王世家》、《通纪》和《纪事本末》等都作聘海,还是称海对,如果不是今乌格依泊(Ügei Naghur),那就在它东面的鄂尔珲河附近。称海这个名字,在《元史》里一再出现,据《元史》的《本纪》和《地理志》(卷五十八)等载:成宗元贞初,在和林

---

① 据《实录》洪武五年二月乙巳(二十七日)条说:"诏发河南卫兵二万人,从征西将军冯胜北征,人给布二匹为行帐,复诏大都督同知何文辉,领山东步骑二万八千人,从左副将军李文忠出应昌,云云。"(《明实录》影印国学图书馆传抄本、第十二册、卷七十二、第4页。——译者)由此可见左军也和中军、右军一样,二月末就出境了。但郑晓的《皇明北虏考》叙述这事说:"四月,又败虏于阿鲁浑河。"(隆庆海盐刊本、第十六册、第1页。——译者)又《卢龙塞略》把这次战役全部记述在四月甲辰(二十七日)条下面,不知它根据什么。由其他情况推测,前者可能是无心的错误,后者却可能是六月甲辰的讹误。

② 参看原书第55—58页。

③ 清《内府秘图》,最先出版的是满洲金梁氏的《满汉合璧清内府一统舆地秘图》,后来由民国故宫障物院雕印《乾隆十三排铜版中国图》。两者都见有"衮泊"这个地名。安维利(D'Anville)地图(Nouvel Atlas de la Chine,de la Tartarie Chinoise et du Thibet. La Haye,1737.)还曾作为杜·阿尔德(Du Halde)所著《中华帝国全志》的插图。现在根据它的译名,这里所提到的湖名是"Kouentolohoei Omo"。Omo是满语,Naghur是蒙古语,都是汉语湖泊的意思。

置称海屯田,并记述了该处屯田万户府等兴革无常的缘由。又据《元史》(卷百二十)《镇海传》载,元太祖曾命镇海在阿鲁欢屯田事,说:"命屯田于阿鲁欢,立镇海城,戍守之。"阿鲁欢当然是阿鲁珲(Orkhon)的异译,所以,似乎从这屯田中心的镇海(Chên-hai)城而产生了后来称海(Chêng-hai)屯田的说法。如果真是这样的话,就恐怕是离图拉河不远的鄂尔珲河一带,距和林稍偏北的地点。因为由图拉河畔西进,有顺流向西南直趋和林方面和渡河向西北先出鄂尔珲河下游地域的两条路,而当时明军可能走的是后一条路,这一点,从明军到达阿鲁珲河和称海而没有触动和林,大致就可了然。据元张德辉的《岭北纪行》载,当日张德辉大致就是沿这条路,从浑独剌即图拉河畔到吾竭脑儿即乌格依泊的。[①] 最后,归途中的桑哥儿麻,这个名字虽和克鲁伦河上游的一条支流僧库尔河有些相似,但是否是它不详。《李文忠神道碑》、《皇明通纪》等都作哥儿麻思。

综合以上所述,左副将军李文忠军大致是沿着今多伦——库伦大道前进,从克鲁伦河上游出图拉河流域,进而从鄂尔珲河到达称海,奋战而回。而这次战绩并不太好,伤了许多将领和士卒,仅免于问罪,没有获赏。王世贞的《歧阳王世家》载:"文忠军虽名为全,而所失多,得不足偿。"《明史·李文忠传》载:"是役也,两军胜负相当,而宣宁侯曹良臣、指挥使周显、常荣、张耀俱战死,以故赏不行。"最后剩下的疑问是当时中路军和东路军的联络如何?从情

①《岭北纪行》载:"复临一河,深广加禽陆连(Kerülen)三之一,鱼之大若水之捕法亦如之。其水始西流,深急不可涉。北语云浑独剌,汉言兔儿也。遵河而西行一驿,有契丹所筑故城,可方三里,背山面水。自是水北流矣。由故城西北行三驿,过毕里纥都,乃弓匠积养之地。又经一驿,过大泽泊,周广约六、七十里,水极澄澈,北语谓吾竭脑儿。自泊之南,至西,分道入和林城,相去约百余里。"〔四部丛刊本、《秋涧先生大全文集》卷一百,《玉堂嘉话》八,"吾竭脑儿"作"吾误竭脑儿"。又《天下郡国利病书》第四十八册,原编第三十四册《九边四夷》第40页。文与秋涧文集同。满蒙丛书本第一册《口北三厅志》卷十三《艺文》载(第512—513页)《岭北纪行》一文中,"鱼之大若水之捕法亦如之"句,作"鱼之大若禽陆连水中者,捕法亦如之"。——译者〕

形来推测,恐怕是取捷径的中路军先轻进而败退,后来迂回远路的东路军不知道它退却,而深入朔北。当时蒙古方面的军队也分成两军,王保保、贺宗哲等率领主力军打败了敌人中路,乘势南下,后来遭到敌方东路军的意外袭击,哈喇章、蛮子等别军赶来才勉强抵挡住了。

明军所以没有能够攻到和林,可能是由于蒙古军防御得体。而害怕和敌军肉搏的蒙古军,此后是否暂时把都廷迁往西边遥远的金山(阿尔泰山)之阴,还属可疑。这就是《实录》洪武八年八月己酉(二十二日)记述王保保之死条所说的:

> "故元将王保保卒。先是,保保自定西之败,走和林,爱猷识理达腊复任以事,后从徙金山之北。至是,卒于哈剌那海之衙庭。其妻毛氏亦自缢死。"

哈剌那海可能在今科布多(Khobdo)方面。[①] 当时随着爱猷识理达腊迁到这里的王保保,除有意要经营西北蒙古以外,必另有回避和林的理由。这是否和上年明军的锐锋有关系呢? 总之,徐达、李文忠这次出击,确是明代征伐蒙古的最深入的一次。

中路军、东路军全失败了,独获全功的是指向甘肃的征西将军冯胜等一军。《实录》洪武五年六月戊寅(三日)条,记述如下:

> "征西将军冯胜、左副将军陈德、右副将军傅友德率师至甘肃,故元将上都驴降。初,胜等师次兰州,友德先率骁骑五千,直趋西凉,遇元失剌罕之兵,战败之。至永昌,又败元太尉朵儿只巴于忽剌罕口,大获其辎重牛马。进至扫林山,胜等师亦至,共击走胡兵,友德手射死其平章不花,追斩其党四百余人,降太尉锁纳儿加、平章管著等。至是,上都驴知大军至,率所部吏民八百三十余户迎降。胜等抚辑其民,留官军守之。

---

① 参看前引《兀良哈三卫的研究》上。本书 157 页注①。

遂进至亦集乃路,元守将卜颜帖木儿全城降。师次别驾山口,
元歧王朵儿只班遁去,追获其平章长加奴等二十七人及马驼
牛羊十余万。友德复引兵至瓜沙州,又败其兵,获金银印马驼
牛羊二万而还。"

从字面上看,正像《纪事本末》解释的,六月戊寅是甘肃行省陷落,
上都驴投降的日期,战役是在这时前后进行的,全军凯旋则是同年
十月末。《实录》洪武五年十月丁酉(二十四日)条说:"征西将军宋
国公冯胜等自甘肃班师至京。"兰州就是皋兰,也就是今甘肃省治。
元代的西凉州后称凉州,即今武威县;永昌路就是今永昌县。忽刺
罕口和扫林山都不知道在哪里,不过,上都驴投降的甘肃行省治所
是后来的甘州,即今张掖县。亦集乃路即今额济纳(Ejinei)河上游
右岸、索果泊(Sokhok Naghur)东南的黑城。别驾山,陈建的《皇明
通纪》(卷三)和郑晓的《吾学篇》(异姓诸侯传·冯胜·陈德传)等
都作别力笃山,王世贞的《宋国公冯胜传》也作别笃山。并不是汉
名别驾山,蒙古名别力笃山似乎正确,但它的位置不详。不过,我
想正像忽刺罕口和扫林山必定在从东南永昌方面进入甘肃途中的
今峡口附近,别力笃山在以东北亦集乃黑城方面靠近肃州北面的
今牌楼山附近,大致没有疑问。又瓜州是今安西县,沙州是敦煌
县,这是不待言的。①

如果真是这样,那么,当时冯胜、傅友德等的西路军,从兰州平
定甘肃,取得了通西域的孔道,一下子就从额济纳河流域进到了安
西、敦煌。这年十一月,所以在甘州地方设置了甘肃卫,在永昌地
方设置了庄浪卫,必定是这次征伐的结果。然结局主将冯胜坐贪

---

① 《读史方舆纪要》卷六十三、《甘肃镇》条,叙述这事说:"明初,冯胜出兰州,略甘肃,先破元兵于别力
笃山(在凉州北塞外),取西凉,至永昌,下甘州,又败元兵于虎刺罕口(在甘州西北),进拔肃州,又
进至扫林山(在肃州北),取亦集乃路,次别驾山(在肃州西塞外),抵瓜沙州,分布戍守,扼塞关隘而
还。"但这段叙述和考证,都很混乱,无法参考。

黩,这一军也没有得到赏赐。《明史》(卷一百二十九)《冯胜传》说:
"是役也,大将军达军不利,左副将军文忠杀伤相当,独胜斩获甚
众,全师而还。会有言其私馽驼马者,赏不行。"又《傅友德传》说:
"是时,师出三道,独友德全胜,以主将胜坐小法,赏不行。"这或许
是性好猜忌的太祖,因宠将徐达、李文忠都失败,有意抑制冯、傅两
将自身的跋扈,也未可知。[①]

3.其后的经略

总之,洪武五年的大举远征可以说没有获得战果而告终,向来
以破竹之势进攻的明朝常胜军,这时初次受到一次挫折。谨慎的
明太祖由此吸取教训,完全改变方针,从此以后尺进寸取,专事经
营沿边地区,向辽东和青海方面延伸,而暂时避免孤军长趋朔北地
方。此后蒙古方面,在洪武八年八月,丧失了大将王保保,十一年
四月,元主昭宗又逝世,但明军还不敢乘机大举。洪武四年以后,
连年经略辽东,在定辽都卫(后改辽东都司)之下,增设了卫所州
县。六年正月,设西宁卫于甘肃,七年二月,设立大同前卫和歧宁
卫,六月,在今青海地方设立撒里畏兀儿四卫。在这期间,不断枚
平边寇,五年十一月,击退入寇辽东牛家庄的纳哈出;六年五六月
间,又击退进犯武、朔、雁门等地的王保保军;六年八月,大将陈德、
郭子兴等进军答剌海口即现今达里泊畔,打败元兵;十月,副将军
李文忠出塞打败北虏;都指挥宋晟从凉州追敌到亦集乃地方;十一

---

① 涂山《明政统宗》卷三、总评这次战役说:
"是举也,大将军所遇劲敌,败失士马,数不可考,然孤悬塞外,而能还保塞,诸将无所亡失,盖一败
而能整敌耳。左副将军虽名为胜之,敢于深入,失亡过当,几至丧师。征西将军所遇,靡敌全胜,而
右副将军功最多,然赏罚俱不行。史谓达与诸将故违北征,恐未必然也。前是月余,上特召达、文
忠、胜,赐之交趾弓五十,彤弓百,而不及邓愈,无何,三将并命,实上意也。故不得而罪之。宋公与
指挥千百户皆不赏,而赏止旗军,则以其有私驼马之议耳。"

月，又击溃进犯大同的王保保军、入寇辽阳的纳哈出等；七年四月，都督兰玉攻取兴和；左副将军李文忠也四路出兵讨伐元余党，一军到三不剌，掳获元平章陈安礼、木屑飞等；另一军到黑城子等处，擒获故元太尉卢伯颜不花等。尤其是七年七八月间，李文忠曾亲自带兵经略今热河省赤峰、乌丹城方面和绥远省归化城方面。第二年（八年）正月，大将军冯胜平定了大同边外散不剌地方。[1] 散不剌就是三不剌，在今阿巴嘎札萨克府方面。上年李文忠军别部也曾讨伐这个地区，就是明将孙兴祖战殁的地方。

七年七月所置察罕脑儿卫、十年所设凉州卫和八年升格的官山卫等，也都是这次经略的结果。察罕脑儿就是以前李文忠擒元平章竹贞（祝真）的地方，在今张家口边外小咸湖附近；官山是前几年设立官山千户所的地方，相当于今大同边外的平地泉西面。凉州卫在今武威县，后来曾为明朝经略西北的根据地。又西边的东胜卫，如前所述，是洪武四年正月设立的。当时实际上把这些地方都看作和内地一样，这从《实录》洪武五年八月甲辰条载，胡兵入侵云内城，被击退；洪武六年十月，为躲避虏寇入侵，把东胜、丰州、云内等州的人民都迁到安徽去；洪武七年五月，大同都卫的兵肃清了丰州、云内等地区从这些事实都可以了解。[2] 丰州在今归化城东白

---

[1] 以上完全依据《实录》，并参看《两镇三关通志》、《纪事本末》、《明史》等书。六年十月宋晟进讨亦集乃是根据《纪事本末》的。六年六月武朔州之寇和第二年四月李文忠部去征讨三不剌，《两镇三关通志》和《纪事本末》分别记在四月和正月，但现在根据《实录》加以订正。大将郭子兴的名字，《纪事本末》等作郭兴，实际是同一个人，后来改名的。郭兴是武定侯郭英之兄（参看《国史考异》卷五、第十条），他和太祖初期的保护者滁阳王郭子兴是同名的两个人。又关于洪武七年七八月李文忠的出征，已经另写文章叙述并考证过了（原书第176—177页及本书152页注①）关于八年正月冯胜的出征是根据《殊域周咨录》（卷十六）《鞑靼》条所说："八年春正月，征虏大将军冯胜出大同塞击虏，定未下散不剌地，逾月而还。"又关于这事，在《两镇三关通志》（卷九）《大同纪》和王世贞《弇州史料》（前集卷二十三）《冯宋公传》等书里，也有记述。

[2]《实录》洪武五年八月甲辰条说："胡兵侵云内，突入州城，同知黄里与其弟得亨率兵民与战，里死之，得亨亦被重伤。会应州同知王长贤率众来援，胡兵遂遁去。"六年十月丙子条说："上以山西弘州、蔚州、安定、武朔、天城、白登、东胜、丰州、云内等州县，北边沙漠，屡为胡虏寇掠，乃（转下页）

塔尔镇。云内州在它西边的萨拉齐附近。①

此后，明朝的经略范围日益扩大，蒙古诸王将士也相继投降归附。其中最显著的是：洪武八年十二月，打败大举入寇辽东的元将纳哈出；十二年夏秋之间，著名都督马云再入大宁，肃清了今热河地方；同年九月，西平侯沐英大破西番各部；十三年三月，转兵攻取甘肃边外亦集乃路即今额济纳河畔的黑城；十四年四月，大将徐达、傅友德等再次平定全宁地方，蹂践了今东蒙古的巴林方面等。其中辽东和西番暂且不论，热河和巴林方面，前面已经阐述了，这里从略。②

关于十三年亦集乃战役，《实录》洪武二十九年夏四月条末尾所附《左都督宁正传》说："十三年，从西平侯沐英征，北至和林，擒元平章脱火赤、知院爱足，部众万余人。"郑晓的《吾学篇·皇明北虏考》也说："虏脱火赤屯和林，沐将军讨擒之。"王世贞的《弇州史料》（前集卷二十一）《西平王世家》说："复率所部荡和林，转略亦集乃。云云。"《明史》（卷三二七）《鞑靼传》也载："十三年春，西平侯沐英师出灵州，渡黄河，历贺兰山，践流沙，禽脱火赤、爱足等于和林，尽以其部曲归。"因袭《皇明通纪》（卷三）的《明史纪事本末》（卷十《故元遗兵》）记载最详。说：

> "十三年春三月，元国公火脱赤、知院爱足屯和林，为边患。命西平侯沐英，总陕西兵讨之。由亦集乃路渡黄河，历贺兰山，涉流沙，至其境。去营五十里，英下令分军为四，一袭其背，二掩其左右，英率骁骑当其前，夜衔枚以进，合而围之。火

（接上页）命指挥江文，徙其民居于中立府（安徽凤阳），凡八千二百三十八户，计口三万九千三百四十九，官给驴牛车辆，户赐钱三千六百及盐布衣衾有差。"七年五月辛未条说："大同都卫遣兵出丰州、云内等处，捕获鞑靼六百九十五户，计一千九百九十三人。"

① 参看和田清的《关于丰州天德军的位置》（《史林》第十六卷、第二期、第194、196页），原书第905—922页。

② 参看前引《兀良哈三卫的研究》上。原书第175—179页。

脱赤等骇惑,不知所措,皆俯首就擒,获其全部以归。"
他把脱火赤误作火脱赤,且不管它。根据这些记载,沐英当时似乎
早已远出漠北,到了北边的和林,然而事实并不是这样。据《实录》
同年二月壬申(十一日)条说:

> "上以故元国公脱火赤、枢密知院爱足率众万余,屯于和
> 林,恐为边患,命西平侯沐英率陕西兵往讨之。"

过了四十天,三月壬子(二十一日)条又说:

> "西平侯沐英师至灵州,遣侯骑侦知脱火赤等兵次亦集乃
> 路,英遂率师渡黄河,经宁夏,历贺兰山,涉流沙,凡七日夜,至
> 其境。去穹庐五十里,分军为四道,至夜,衔枚而进,合围之。
> 擒脱火赤、爱足等,尽获其部曲以归。"

沐英当时刚刚平定西番,驻军陕西,所以才受命出征。由灵州即今
灵武县渡黄河,经过宁夏,越过贺兰山,涉渡流沙,行军的方向是指
向正西。由这里经过七昼夜所到的地方,恰好相当于今额济纳河
口的黑城附近,不会是遥远的朔北和林。至于亦集乃地方,于前洪
武五年、六年都曾遭到明军的讨伐,是塞外要冲,突然被和林方面
余众占据了,所以才发动讨伐。据《实录》洪武十七年五月丙寅(二
十九日)条说:明将宋晟等这时也正率兵经略亦集乃路。[①]

总之,《吾学篇》、《弇州史料》、《纪事本末》、《明史·鞑靼传》等
所以会误作和林,显然是仓促读了上引《实录》二、三月的记载而误
解了,都不足取。与此相比,《明史·本纪》洪武十三年三月壬子条
所载"沐英袭元将脱火赤于亦集乃,禽之,尽降其众"最简明可取。
《国朝献征录》所载《黔国公沐英传》、唐愚士的《西平惠襄公沐春行
状》以及《明史》(卷一二六)《沐英传》等书的记载,当然也是依据这

---

① 《实录》洪武十七年五月丙寅条载:"命凉州卫指挥使宋晟等,率师讨西番叛酋,兵至亦集乃路,擒故
元海道千户也先帖木儿、国公吴伯都剌赤、平章阿来及其部属一万八千七百余人,收其壮士九百八
十人,余悉放还。"

些正确资料的。附带说一句，《明史》的《本纪》主要是以《实录》为依据；反之，《列传》却博采了其他资料，其中特别显著的事实是，出自依据《鸿猷录》和《通纪》编写的《纪事本末》等之处很多，像上述《本纪》和《列传》的矛盾，可以说恰好是反映了这种情况的一个绝好例子。

4.洪武二十年和二十一年战役

从此以后，明廷不断努力经略辽东方面。当时辽东边外还有以今长春、农安为根据地的蒙古勇将纳哈出，拥众几十万人，不断伺机企图倾覆新兴的明朝势力。尤其是洪武五年十一月，攻陷牛家庄，烧毁仓粮十余万石，杀伤军士五千多人；又如八年十二月，大举进犯辽东，越过辽、沈、海、盖，直逼金州城，明军竭尽全力才勉强打退。① 纳哈出是元太祖佐命功臣木华黎国王的远裔，和从前在辽东兴起而占据开原的也先不花同族。元刘佶在《北巡私记》里，曾把这纳公看作是"知兵善战，辽东贼皆为之殄"的豪杰。他的势力范围虽由于明军的压制而一天天缩小，但还能控制从东蒙古到北满洲一带；更有西连元主、东制朝鲜的趋势。所以，只要明朝想征服蒙古，那么，这个人就是必须首先消灭的大敌。

看来，明军在洪武七年、十二年、十四年等，反复扫荡今热河省南部地区，可能一方面是作上述征伐的准备，也未可知。后来，更加积极经略辽东。洪武十五年以后，女真各部接连投降，时机逐渐成熟。十九年冬，便大举出动远征军，在今喜峰口外地方，建筑宽

---

① 《实录》洪武五年十一月壬申条说："纳哈出寇辽东，劫掠牛家庄，烧仓粮十万余石，军士陷没者五千余人。都督佥事仇成失备御，降为永平卫指挥使。"八年十二月的事，该月末条记述极详。这事在《明史纪事本末》（卷十《故元遗兵》）里也有。还须另写文章来探讨，这里暂且从略。据《实录》洪武二十三年春正月辛卯条载招抚故元丞相咬住、太尉乃儿不花等的敕令说："纳哈出在辽东，前后杀掠守御官军二万余人。"

河（宽城）、会州（平泉县南的察罕城）、富峪（平泉县北）、大宁（老哈河河源的黑城）等城，授给大将军冯胜等二十万大军，令他进攻。冯胜等在洪武二十年二月，首先攻取今巴林地方的庆州，六月，遂由大宁出发，在今农安、扶余方面招降纳哈出。这大概是纳哈出害怕明大军压境的威力，不战而降了。据传投降者有二十多万，辎重摆了一百余里。关于这次战役的经过情形，已有另文阐述，这里略而不谈。①

纳哈出势力的崩溃，使满洲东蒙古的形势发生了巨大变化。由此明朝便开始着手在热河地方设置永久性的设施，这年（二十年）九月设置大宁都司（后改北平行都司），逐渐连结驿道，增加卫所。不久，设置帝室的屏藩宁王府于大宁，设辽王府于广宁。② 但影响最直接而又显著的还是二十一年夏，元主脱古思帖木儿的精锐十万多人，在今呼伦贝尔地方，被明军歼灭了。

脱古思帖木儿是昭宗爱猷识理达腊之弟。③ 洪武十一年四月，兄昭宗死后嗣立，登上蒙古大汗之位，兢兢业业继承亡兄遗志，并未立即丧损国威。昭宗以英明之资，善用名臣王保保、蛮子、哈喇章等，挽回元室即倒的颓势，并曾一度迎击明朝大军，把它打得大败，已如上述。在王保保死、昭宗逝世以后，脱古思帖木儿的统治范围也还从东面的满洲直到西面的中亚，俨然是明朝的劲敌，明朝也未敢轻易侵犯、兼并他的地方。然而隐忍了十五年之后，洪武二十年，在北满招降纳哈出的明军便趁势在第二年突然击溃脱古思

---

① 参看前引《关于兀良哈三卫的根据地》原书第 114—115 页。和田清《明初的满洲经略》（载《东亚史研究·满洲篇》第 305—310 页）。

② 参看前引《兀良哈三卫的研究》上，原书第 180 页。郑晓《皇明北虏考》（上），在《兀良哈》项叙述这个地方说："元为大宁路，户四万六千，口四十四万八千。国初割锦义建利诸州隶辽东，设都司于惠州，领营兴卫二十余卫所，所谓北平行都司也。"

③ 脱古思帖木儿一般认为是爱猷识理达腊之子，实际应该是他的弟弟。我已经论证过了（原书第 196—201 页）。

帖木儿,至此元室便完全覆亡了。

据《实录》载:洪武二十年六月,明太祖降伏纳哈出以后,责备凯旋的大将军宋国公冯胜在战阵中违法乱纪而罢免了他,立即在军前任命右副将军永昌侯兰玉为征虏大将军、延安侯唐胜宗、武定侯郭英等为副将,令其讨伐北元的残余,并鼓励他们说:"肃清沙漠,在此一举。"①当时元主脱古思帖木儿正在黑山鱼海之间,即今喀尔喀(Khalkha)河流域地方游牧。脱古思帖木儿为什么离开和林根据地而到东部的呼伦贝尔(Kölön Buir)地方来驻牧,原因不明,可能是前去救援纳哈出未能及时赶到,便停留在那里收抚他的残余。

现在只摘录这次战役的经过。《实录》洪武二十一年三月条末尾载:

> "是月,大将军永昌侯兰玉等率师十五万,由大宁进至庆州,闻虏主脱古思帖木儿在捕鱼儿海,从间道,兼程而进。"

又四月条载:

> "癸丑(九日),大将军永昌侯兰玉等师次游魂南道,无水泉,军士渴甚。其地有小山,在鞑官观童所居营,忽闻有声如炮,玉使人祝之,则四泉涌出,士马就饮,得不困乏,余流溢出如溪,众咸欢呼曰:'此朝廷之福,天之助也'。先是,上尝梦殿西北隅有小山,流泉直下,至御足所履而止。至是,小山泉涌,适与梦符。(中略)乙卯(十一日),大将军永昌侯兰玉师至百眼井,去捕鱼儿海尚四十余里。哨不见虏,欲引兵还。定远侯王弼曰:'吾等受朝廷厚恩,奉圣主威德,提十余万众,深入虏地。今略无所得,遽言班师,恐军庬一动,难可复止,徒劳师旅,恃何以覆命。'玉深然之,戒诸军皆穴地而爨,毋令虏望见

---

① 见《实录》洪武二十年九月丁未条。

烟火,师遂进。丙辰(十二日),黎明至捕鱼儿海南饮马,侦知虏主营在海东北八十余里。玉以弼为前锋,直薄其营。虏始谓我军乏水草,必不能深入,不设备,又大风扬沙,昼晦,军行,虏皆不知。虏主方欲北行,整车马皆北向。忽大军至,其太尉蛮子率众拒战,败之,杀蛮子及其军士数千人,其众遂降。虏主脱古思帖木儿与其太子天保奴、知院捏怯来、丞相失烈门等数十骑遁去。玉率精骑追之,出千余里,不及而还。获其次子地保奴等六十四人及故太子必里秃妃并公主等五十九人。其詹事院同知脱因帖木儿将逃,失马,窜伏深草间,擒之。又追获吴王朵儿只、代王达里麻、平章八兰等二千九百九十四人,军士男女七万七千三十七人,得宝玺图书牌面一百四十九、宣敕照会三千三百九十道、金印一、银印三,马四万七千匹,驼四千八百四头,牛羊一十万二千四百五十二头,车三千余辆。聚虏兵甲焚之。遣人入奏。遂班师。"

这必定是根据兰玉公报所做的记录,《卢龙塞略》、《从信录》以至《纪事本末》、《明史》等,都依据这个记录,字句几乎没有不同。故太子必里秃即蒙古记录里所说的必力克图汗(Biliktu Khan),也就是昭宗爱猷识理达腊。在明人的记录里,唯独这里出现了这个名字。游魂南道和百眼井的方位都不详。既然说是从大宁、庆州即今热河、巴林方面到捕鱼儿海即贝尔泊(Buir Naghur)以南,那么,这次进军的路线大致可以推测。不过,没有依据《实录》记述的《皇明资治通纪》(卷三),和这个记载稍有不同。它说:

"四月,兰玉等进兵至哈剌哈河,前锋探知虏营不远,来报。玉等帅轻骑,衔枚卷甲,倍道而进,出其不意,直捣虏营。虏主脱古师帖木儿大惊,帅十余骑,溃围走。其时,蛮子木(太)尉来拒,我师奋击擒之。获两营辎重金宝及马四万余,俘其众五万余人。复追至捕鱼儿海,生擒虏将咬咬司徒、十不剌王子及后宫后妃等四万余人，马驼万五千匹，牛羊辎重无算。都督俞通渊、何福又帅师，至曲律运河，招降平章阿晚木等，人口马驼亦万计，乃旋师。是役，方大军之追虏也，进次游魂南道，无水，军士渴甚，至一小山下，忽闻有声如炮，使人祝之，则四泉涌出，士马就饮，得不困乏，余流溢出如溪，众咸欢呼曰：'此朝廷之福，天之助也。'先是，上尝梦殿西北隅有小山，流泉直下，至御足所履而止。至是，泉涌悉与梦符。玉等还至京献俘。上大喜，颁赐褒之，进封兰玉凉国公，食禄三千石。赏郭英白金千两，钞八百锭，彩缎四十四。余有差。"①

这里除游魂南道的"泉涌适与梦符"一段和《实录》是同出一源以外，其余都不相同。② 哈刺哈河就是流入捕鱼儿海的喀尔喀(Khalkha)河。曲律运河是曲律速河之讹，就是克鲁伦(Kerülen)河。照这样说，明军是从东南喀尔喀河方面前进，过贝尔泊，到达西北的克鲁伦河河边的。

我想，这两种记载乍一看来似乎截然不同，其实，这是出自随军报告人员的看法不同，绝非根本不同的传说。综合两种记载，大体可以认为：从贝尔泊东南方面衔枚疾驰，到达喀尔喀河北曲点，即贝尔泊东北八十里的地点，在那里摧毁了敌人的根据地，追击逃敌，从贝尔泊北面一直追到克鲁伦河流域。《实录》也说："主将蓝玉率精骑追之，逐虏主千余里。"那么，其余各将领进抵克鲁伦河

---

① 据《皇明资治通纪》明万历余仙源刻本、卷三、第 39 页载。"虏主脱古师帖木儿"作"虏主脱古思帖木儿"，又"俘其众五万余人"作"存其众五万余人"，"平章阿晚木"作"平章阿脱木"，"人口马驼亦万计"作"获人口马驼一万计"，"士马就饮，得不困乏"作"士卒就饮，得不困之"，"颁赐褒之"作"颁敕褒之"，"余有差"作"将余有差"。——译者

② 《皇明实记》卷四的记载几乎完全与《通纪》相同。《读史方舆纪要》卷十八《开平故卫》条所载："曲律运河近漠北，明初愈通海分道追元兵，驻师于此。"可能就是根据这条说的。一般认为《纪要》里采取《通纪》的记载不少。又据《实录》载：兰玉等还京奏捷是在五月甲午(二十一日)，从捷表里所说"此皆陛下圣德神威被于四表，故不费寸兵，以收其效"来看，可以说当时明军似乎没有什么损伤。

畔,并没什么不合理。又如俘虏的数目,后者是分开记述的,前者是概括汇报的;为了补足其不足的数目,《实录》另有:"是月,大将军永昌侯蓝玉破故元将哈剌章营,获其部下军士一万五千八百三户。马驼四万八千一百五十余匹"一条。这时,哈剌章似乎稍微离开了他的主人脱古思帖木儿,在另一个地方驻牧。不过,前者记述较后者更多了一些修饰,却是事实。

又,当时明军曾在哈剌哈河畔作战一事,证据颇多。① 那么,并非引据大将军公报的《皇明通纪》的记载,是从哪里来的呢?我想那必定是依据下面所引的碑传一类的记叙辑录的。永乐、宣德年间的名臣杨荣所作的《武定侯郭公英神道碑》已辑入焦竑的《国朝献征录》(卷七)和程敏政的《皇明文衡》(卷七十七)。其中提到这次战役说:

> "戊辰,出讨北虏,至捕鱼儿海,逻骑侦虏营不远,公乃令诸军少憩饮马,衔枚卷甲,倍道而驰,直抵虏营。虏王觉,乃率十余骑,溃围出。其将蛮子太尉来拒我师,公手刃之,获两营所积金宝珍玩图书,降其众五万余人,生擒虏将咬咬司徒、乃囊家太尉、爽古达儿、古不达剌王子等四万余人,马驼万五千匹,牛羊辎重无算。师还,赐白金千两,钞八百锭,彩币四十匹。"

戊辰是洪武二十一年。这段文字不是和《皇明通纪》很一致吗?本来,明代《实录》,最初还不许一般人阅览,因此,普通历史家就尽力博采异闻,以补阙遗。高岱、陈建、郑晓、王世贞等早期史家的作品里记载了比较丰富的、不见于《实录》的史料,道理就在这里。可是后来到了晚明,已经可以利用《实录》了,人们便被它的权威所压倒,不是摘抄《实录》,就是专门祖述过去的成书,无暇顾及其余了。

① 参看前引《兀良哈三卫的研究》上,原书第156—157页。

后来的纂述里所以绝少《实录》以外的新事实,大概就是这个缘故。现在即使涉猎残存的碑传琐记之类,自然也难超过陈建、郑晓等以上。这就是应该把《通纪》和《吾学篇》看作不朽名著的理由。[①]

5.洪武二十三年以后的五次战役

洪武二十年纳哈出的投降和后来二十一年捕鱼儿海、哈剌哈河的鏖战,是决定元、明对立命运的事件。满蒙天地为之震撼。从此以后,北元根本不能和大明对抗了。残败的元主脱古思帖木儿仅以身免,心想逃往和林,奔往土剌河畔,遭到逆臣也速迭儿袭击,和太子天保奴一起被害。也速迭儿是世祖忽必烈的叛弟阿里不哥的后裔。这时正纠结西北蒙古新兴的斡亦剌惕(Oirad、瓦剌),想杀害败残的元帝、自己取而代之。[②] 于是,东蒙古势力完全瓦解,脱古思帖木儿的亲信知院捏怯来、丞相失烈门等都失掉依靠,仓皇投明;元室东藩辽王阿札失里等也不得不相继和明通好。明乃于洪武二十二年四月在现今巴林地方设立全宁卫,安置捏怯来等。又于五月在今洮南附近设立泰宁卫,以辽王阿札失里为指挥使;在今齐齐哈尔方面设立福余卫,以海撒男答奚为指挥同知;在今洮儿河上游设立朵颜卫,以脱鲁忽察儿为指挥同知。更于七月在今达里泊湖畔设置应昌卫,安插失烈门等。这时正当也速迭儿的金院安答纳哈出的势力逐渐向东北伸展,竟扩张到了敖嫩、克鲁伦两河下游地方,于是失烈门立即附和他,八月间背叛明朝,杀了全宁卫指挥使捏怯来等,掳掠而去。因此,全宁、应昌两卫的设置,只是一个

[①] 高岱的《鸿猷录》的序里说:"则取国朝往谍纵观之,其历代实录藏诸石渠天禄者,秘不可得见。惟是诸先臣之纪述传志暨诸书疏案牍无不参质考订,后稍稍得要领。"据这序言看来,《鸿猷录》是嘉靖丁巳(三十六年)成书的。

[②] 参看前引《兀良哈三卫的研究》上,原书第183页。

很短的时期,而泰宁、福余、朵颜三卫,却在这以后还继续存在,在整个明代都左右着兴安岭以东的形势。这就是著名的兀良哈三卫。①

这时候,叛去的不仅是失烈门等,他的同伙还相当多,明于是再兴讨伐之师。《实录》洪武二十三年春正月丁卯(三日)条载:

> "上以故元丞相咬住、太尉乃儿不花、知院阿鲁帖木儿等将为边患,诏晋王、今上,各帅师往征之。"

丞相咬住在捕鱼儿海战役时,曾留守和林,因来迎败走的脱古思帖木儿,被也速迭儿赶跑了,曾一度投降明朝;太尉乃儿不花也曾投降明朝,任官山卫指挥;而都当时窥伺形势,又改变了态度。明先派使臣诏谕,不听,就派兵进行讨伐。晋王是太祖第三子,名棡,洪武三年封为晋王,十一年以后就藩,居太原。② 今上是指他的弟弟,也就是后来的成祖永乐帝,当时称燕王棣,就藩北平。关于这次征伐的经过,《实录》洪武二十三年三月条载:

> "乙丑(二日),今上率师出古北口,征虏。前将军颍国公傅友德、左副将军南雄侯赵庸、右副将军怀庆侯曹兴等,各以所部从……癸巳(三十日),今上率师至迤都,故元太尉乃儿不花、丞相咬住、忽哥赤、知院阿鲁帖木儿等皆降。"

还详述燕王的英明和主张沙漠行军应该远派哨骑以及立即发现迤都敌营,在大雪中进攻,以谋略招降敌方全体部众的经过以后,结尾说:"遣人报捷京师。晋王出塞,不见虏而还。"迤都是后述的禽

---

① 以上的概述和一般通说颇有不同,参看拙稿《关于兀良哈三卫的根据地》(原书第 118—136 页)和《兀良哈三卫的研究》(原书第 184—185 页)。又前稿里说三卫的根据地是在北边,除代表了这种卓见明末陈组绶的《皇明职方地图》外,只举出清乾隆敕撰的《热河志》,其实,上述卓见的最详细的论证却在清初顾炎武的密友潘柽章、吴炎所撰《国史考异》(卷四、第七条)里(依据陈组绶说),这里特别提出,以表彰前人的功绩。
② 参看《明史》卷一百十六、《太祖诸子传》。

胡山,位于今多伦到库伦的大道上、近内外蒙古交界的地方。① 当时燕王三十一岁,第一次出征塞北就来到这么远的地方,并运用谋略收服了倔强的大酋咬住、乃儿不花等。太祖得到捷报后,高兴地说:"清沙漠,燕王也。朕无北顾之忧矣。"②据《国朝献征录》(卷七)所载杨士奇的《永康侯追封蔡国公谥忠烈徐忠神道铭》记述当时情形说:"庚午(洪武二十三年)运兵饷数十万解赴温口,遂从征乃儿不花,大败虏众,俘获其人口万余,总兵遣公护送入关,公悉心抚郸,俘如为归。"《实录》洪武二十三年二月甲辰(十四日)条里也载有当时往口温和上都运输粮饷事。上述温口,肯定是口温两字颠倒了。当时大军出古北口,是经过了上都和口温的。

如前所述,洪武二十一二年间东蒙古各部酋的投降,是继纳哈出势力之溃灭及脱古思帖木儿汗之覆亡而来的大动荡的余波,因此,当这次动荡稍一平息,他们又各自叛去。兀良哈三卫部众也不例外,叛去后,又来进犯明的边境。洪武二十四年春夏之交,明朝终于出动大军蹂践三卫地方。《实录》偶然遗漏,没有采录这事,而陈建的《皇明资治通纪》(卷三)却有如下记载,沈国元的《从信录》(卷九)、方孔炤的《全边略纪》(卷六)和清谷应泰的《明史纪事本末》(卷十)等几乎完全原封不动地继承了这种说法。

"三月……故元辽王阿札失理寇边,屯朵颜山。命傅友德、郭英总兵讨之。五月,至哈者舍利王,友德遽下令班师,虏闻之以为然。越二日,复趣师深入。六月,至黑岭鸦山等处,次洮儿河,获人口马匹数多。七月,还金鞍子山,复征黑岭寒山,至磨镰子海、打兰尖山,追虏酋札都,遂征黑松林之北野人

---

① 参看前引《兀良哈三卫的研究》上,原书第 184 页。
② 捷报到达京师是同年闰四月癸亥朔。《实录》在该日条下说:"今上平乃儿不花捷奏至,上喜,谓群臣曰:清沙漠者燕王也,朕无北顾之忧矣。"

所居熊皮山,追达达兀剌罕,掩袭虏众,大获人马而还。"①
这些都已经考证过了。② 哈者舍利王是辽王阿札失理的异译。朵
颜山是洮儿河源头的一个山名。黑岭的鸦山和寒山可能都是洮儿
河附近的兴安岭的支脉,因此,金鞍子山必定是《蒙古游牧记》(卷
三)所说的:札鲁特右翼旗西北二百二十里,阿鲁科尔沁旗东北二
百六十五里,"有马盂山,蒙古名阿尔坦额默尔,辽史上京临潢府有
马盂山"。蒙古语阿尔坦额默尔(Altan Emel)山,就是汉语的金鞍
子山。其他地名都不详。磨镰子海恐怕是洮儿河下游的湖泊,黑
松林,我想是在现今呼兰河上游绥化、庆城方面。看来这次战役是
先从西方兴安岭方面出洮儿河流域,一度佯装退向西南金鞍子山
方面,然后又前进越过嫩江,进攻到绥化、海伦地方。③ 这年夏四
月,明室各皇子如庆王棚、宁王权、岷王楩、谷王穗、韩王松、安王楹
等全都列封到北边要地。

明朝虽然结束了对三卫的征服,但为要完全控制三卫,只这样
还不够,还必须粉碎它东西两面的羽党。二十五年夏,便派大将周
兴等,进兵敖嫩、克鲁伦两河地方。二十八年春夏之交,更会讨伐
兴安岭东面的兀者女真地区。关于前者,《实录》洪武二十五年三
月甲申(三日)条载:

"遣使敕令上曰:朔漠虽平定,而残胡散处绝塞,聚必为

---

① 《皇明资治通纪》明万历余仙源刻本、卷三、第 44 页。"故元辽王阿札失理寇边"余刻本作"敕下,辽
　王阿札失理寇边",又"至哈者舍利王,友德"余刻本作"至哈百令降,傅友德","越二日"作"越三
　日","六月"作"五月","获人口马匹数多"作"获人口马匹甚多","还金鞍子山"作"还至金鞍子山",
　"追达达兀剌罕"作"追达达兀札剌罕"。——译者
② 参看前引《关于兀良哈三卫的根据地》,原书第 124—126 页和第 130—135 页。但当时没有追溯到
　《皇明通纪》,仅据《纪事本末》等论述。尤其关于金鞍子山的位置,没有考证出来,这里加以补正。
　试把《纪事本末》同它原来所依据的《皇明通纪》加以比较,可知前者有不少脱漏讹误。现在避免烦
　琐,不详论述。《通纪》的依据是《国朝献征录》(卷七)所载倪谦的《丰城侯李彬传》等类文献,固不
　待言。
③ 这方面,参看拙稿《关于兀良哈三卫的根据地》,原书第 124—126 页。

患。其选北平都司并护卫骑兵之精锐者六七千人或万余人，间以乃儿不花等所部军士，列为队伍，各裹糇粮，命北平都指挥使周兴为总兵官，远巡塞北，搜捕残胡，以弭绝边患。其乃儿不花部曲谙知地形，令为响导，必多擒获。"

接着，夏四月戊午（七日）条载："北平都指挥使周兴总兵出居庸关"，又八月庚申（十一日）条，记述如下：

"总兵官都指挥使周兴遣人送停胡兵至京。先是，兴率师至斡难河，转至兀古儿札河，按视安达纳哈出之地，见车马迹，遂追至兀者河，得空车百余辆。将还，适永平卫百户汪广报言，哨遇胡兵，与战败之，追奔八十余里，胡兵弃辎重溃去。兴乃遣燕山左护卫指挥谢礼，率轻骑疾追之，至彻彻儿山，又大败之，生擒五百余人，获马驼牛羊及银印、图书、银字铁牌等物，悉送京师。上令择胡兵有可用者卯罕、阿鲁温沙二人，赍榜北还，招谕虏将阿札失等。"

斡难河当然就是敖嫩（Onon）河。兀古儿札河是它南面的乌里褚（Ughulja）河。① 当时明军首先从西面出斡难河一带，转向东南到兀古儿札河畔，再向东进。兀者河不详，别的类似名称也没有看到过，或许是今乌尔顺（Urshighun）河的异译也未可知。② 彻彻儿山，后来洪武二十九年燕王也曾亲自到过那里，或作扯克彻儿，或作者者额尔等，在《元秘史》、《亲征录》、《元史》等书里时常见到，都在当时塔塔儿部的驻地以内，位置在从今旱（Gen）河、得尔布尔（Delbür）河方面到克鲁伦河上游的路上。因此，那珂博士估计在

---

① 参看箭内亘《蒙古史研究》第 555 页。（中译本《兀良哈及鞑靼考》商务印书馆 1933 年版，第 29 页——译者）

② 《大明一统志》（卷九十）《鞑靼》项把兀者河写成元者河，这当然是文字上的讹误。

今呼伦池西南方面,大体可以信服。① 那么,当时取道出居庸关的明军是向西北越过大漠,直抵敫嫩河边,转向东南,从乌里裸河出乌尔顺河畔,再转向西方,到达彻彻儿山的。

这时的敌方是安达纳哈出。这个安达纳哈出是也速迭儿的部下。《大明一统志》(卷九十、《鞑靼》)记述这事说:"脱古思帖木儿为也速迭儿所弑,其部属皆散来附。洪武二十五年,遣将周兴往讨其罪,追至彻彻儿山,大破之。自是,不敢近边者十余年。"《皇明通纪》(卷三)、《从信录》(卷十)都沿袭这个记载。由此可见,当时也速迭儿的势力已经到达这方面,而他的东邻便是三卫之长的辽王阿札失里等。上引《实录》记述的最后所谓遣使招谕的虏将阿札失,必定就是这个阿札失里。

洪武二十八年春夏之交,都指挥周兴和都督宋晟、刘真等合兵,大举包围了兀者女真大酋西阳哈。他们蹂躏今哈尔滨东北呼兰、绥化、巴彦方面和松花江以南今宾县地方的经过,已经详细论述过了。② 但这次征讨并没有能够堵住胡寇,使它不敢近边。二十九年春,大宁的宁王权很快就报告边警,北平的燕王棣便率师北征了。郑晓的《皇明北虏考》只简单记述这事说:"二十九年成祖出大宁塞,周世子有燉出北平塞,捕虏。"《实录》的记述稍详细些,这年

---

① 以上,参看《成吉思汗实录》第39—44页和第195页。然那珂博士是依据俄国地图,拟定在克鲁伦河以北,另外没有其他根据。又,这个问题在拙稿《关于兀良哈三卫的根据地》(原书第137—138页)一文里,也曾谈到。

② 前引《兀良哈三卫的研究》上,原书第160—167页。《皇明通纪》(卷三)记述这次战役说:洪武二十七年"十二月,女真部野人寇辽东,命都督宋晟、刘真率兵讨之。"(明万历余仙源刻本、卷三、第51页。"十二月"余刻本作"十月"。——译者)二十八年"四月,宋晟兵过恼温江,分兵为三道,遂至锁儿口,与虏战,大败之,斩与获千余人。又逐北路野人,皆败遁去,乃旋师。"(明万历余仙源刻本、卷三、第51页。"宋晟兵过温恼江",余刻本作"宋晟等兵过温恼江"。——译者)温恼江是恼温江的倒置,锁儿口就是《实录》的戳卢口。又据《皇明文衡》(卷七十五)所载杨士奇的《张公神道碑》叙述当时裨将张玉的事说:"辛未(二十四年)逐北虏之侵边者,至鸦寒山而还,调燕山左护卫。癸酉(二十六年)追虏至黑松林。甲戌(二十七年)征虏人等处,升都指挥同知。"郑晓的《吾学篇·皇明名臣记》的《河间张忠武王》条,也因袭了这种说法,然这必定是杨士奇没有仔细考究所产生的年代上的错误。二十六七年间,恐怕不会有这类征战。

二月辛亥(二十三日)条载:

> "宁王权言:'近者骑兵巡塞,见有脱辐遗于道上,意胡兵往来,恐有寇边之患'。上曰:'胡人多奸,示弱于人,此必设伏,以诱我军,若出军追之,遂恐堕其计'。于是,敕今上,选精卒壮马,抵大宁、全宁,沿河南北,觇视胡兵所在,随宜掩击。仍敕周王㭎,令世子有燉,率河南都司精锐,往北平塞口巡逻。"

过了十三天,三月甲子(七日)条载:

> "今上率诸军,北至彻彻儿山,遇胡兵与战,擒其首将字林帖木儿等数十人,追至兀良哈秃成,遇哈剌兀,复与战,败之,遂旋师。"

周王㭎是太祖第五子,燕王的亲弟,居藩河南开封。[①] 这时,燕王率兵出大宁、会宁,北平留守无人,所以命世子有燉担任警备。

所说燕王"抵大宁、会宁,沿河南北,觇视胡兵所在"的河,就是潢河,即今西剌木伦(Shira Müren)。彻彻儿山,上面已经说过,在现今呼伦泊西南附近。因此,兀良哈秃城必定是兀良哈的驻地,即今洮儿河上游地方。哈剌兀可能是敌酋的名号。[②]《国朝献征录》所载倪谦的《丰城侯李彬传》说,李彬在这一年"征哨泥河,营黑松林,至哈剌还"。必定是这个时期的事。泥河、黑松林也都出现在后来金幼孜的《北征录》里,在今兴安岭中。[③] 哈剌可能是哈剌哈,即喀尔喀河的脱漏。综合两者来看,明军这次也是从今巴林方面越过兴安岭,出呼伦贝尔地方,转向东方,从喀尔喀河流域,到兴安岭中作战。战役从二月辛亥开始,到三月甲子,仅十多天,可见用兵的神速。燕王可能在这以前早已来到北边。《明史纪事本末》

---

① 参看《明史》卷百十六、太祖诸子传。
② 参看前引《关于兀良哈三卫的根据地》,原书第133—134页和第138—139页。
③ 参看前引《关于兀良哈三卫的根据地》,原书第141—144页。

(卷十)完全抄袭了上引《实录》的记述,只把兀良哈秃成改作兀良哈秃城;孛林帖木儿改作索林帖木儿;哈剌兀改作兀剌兀海。前一改作是对的,但后二改作恐怕是文字的讹误。[①]

再看,洪武初年,明军专门尽力攻略近边各地,到中叶以后,才渐远出朔北,扫荡胡虏。上述燕王、周兴、宁王等所谓巡塞,警戒地区很远,如后所述,洪武三十年、三十一年间,燕王率领代、辽、宁、谷各王和杨文、郭英等将领,就专任开平以北的警备了。不过,洪武年代的东蒙古经略就到此告终,以后就转入永乐年代的经营了。但论述这些之前,还必须回顾一下洪武年代西南蒙古和河西方面的形势。

6.都督濮英的河西经略

明朝一方面经略辽东东蒙古,压迫蒙古左翼,同时,另一方面经营甘肃、青海,威胁敌人右侧。这是它的根本方略。因而在经略东方蒙古的同时,也颇努力经营甘肃西方所谓河西地区和更西边。洪武五年,冯胜、傅友德征讨的结果,在十一月设立甘肃、庄浪两卫;更于七年十月,在今武威县地方设置凉州土卫,九年十月改为本卫;十二年正月,在庄浪卫城设立陕西行都司。后来,就把这些作为根据地,逐步进行这方面的经略。[②] 特别是十三年春,西平侯沐英自宁夏出塞外,攻取亦集乃路;可能与此相呼应,甘肃都督濮英也向塞内[③]进兵,不断开拓通往西域的孔道。《实录》洪武十三年

---

① 这些记载不见于陈建的《资治通纪》,而首次出现在沈国元的《从信录》·卷十)。这里的兀良哈秃城和索林帖木儿与《纪事本末》相同;而兀剌兀海却和《实录》相同,作哈剌兀。兀剌兀海可能是搞错了;索林也可能是孛林,这是蒙古的普通人名。又《国朝献征录》(卷十)所载王伟的《永宁伯谭广行状》说,谭广在洪武末年"又征驴驹河、黑松林、朵颜山等处。"与这次战役是否有关,不详。
② 参看《明史》(卷四十二)《地理志·陕西行都指挥使司》条。
③ 原文作"向塞内","内"字恐讹误,似应作"向塞外"。——译者

夏四月甲申(二十四日)条载:

> "都督濮英练兵西凉,袭虏故元柳城王等二十二人,民一
> 千三百余人,并获马二千余匹。遣使以所获符印来上。"

又四月丁亥(二十七日)条载:

> "都督濮英复请督兵略地。开哈梅里之路,以通商旅。上
> 赐玺书曰:报至,知所获人畜。略地之请,听尔便宜。但将以
> 谋为胜,慎毋忽也。所获马二千,可付凉州卫。"

就是说,四月二十四日报捷的同时,略地的请求也到了南京。铨议
的结果,在二十七日发给回敕。都督濮英是勇猛有余的一介武夫,
因此,命令他注意"但将以谋为胜,慎毋忽也"。故元柳城王的名字
来源于今土鲁番东面的鲁克沁即柳城。西凉就是凉州。柳城王等
当时可能特意靠近明边,当了俘虏。濮英擒获这批俘虏以后,才心
想打开通往西域的哈梅里的道路。哈梅里就是后来的哈密
(Khamil)。于是,濮英军逐步拓地,一直到了甘肃西边的关外。
《实录》洪武十三年五月壬寅(十二日)条载:

> "都督濮英兵至白城,获故元平章忽都帖木儿。进至赤斤
> 站之地,获故元齫王亦怜真及其部属一千四百人,金印一。"

又七月甲辰(十六日)条载:

> "都督濮英兵至苦峪,获故元省哥失里王,阿者失理王之
> 母、妻及其家属,斩部下阿哈撒答等八十余人,遂还兵肃州。"

白城就是《实录》洪武二十九年九月庚申条记陕西行都司所说:"白
城子去肃州百有余里,北通和林、亦集乃路,当冲要,云云";也就是
《大清一统志》(卷二百十二《肃州古迹》)所引《肃镇志》中"白城子
在(肃州)卫东北一百二十里"的白城子。赤斤站是今嘉峪关外赤
金硖站。苦峪在它西方二百里,可能在今布隆吉尔(Bulunggir)城
附近。《明史》(卷三百三十)《西域传·赤斤蒙古卫》条,记述这方
面的里程颇详,说:

"出嘉峪关,西行二十里曰大草滩,又三十里曰黑山儿,又七十里曰回回墓,墓西四十里曰骟马城,并设墩台瞭卒。城西八十里即赤斤蒙古,汉燉煌郡地,晋属晋昌郡,唐属瓜州,元如之,属沙州路。洪武十三年,都督濮英西讨,次白城,获蒙古平章忽都帖木儿。进至赤斤站,获鬮王亦怜真及其部曲千四百人,金印一。师还。复为蒙古部人所据。"

《大清一统志》(卷二百十三)《安西府·关隘》条载:"赤金硖站,在玉门县西二十里,其东四十里至赤金湖,又东七十里至回回墓,又东九十里至嘉峪关。又自赤金硖西一百里至靖逆卫。又西七十里至柳沟,皆设马站。"①又该书《古迹》条载:"苦峪城在渊泉县东南,去嘉峪关四百二十里,去赤金所二百里。"②并简略叙述了明宣德、正统间修筑这座城,在这里收容沙州卫、哈密卫逃亡来的人们的经过。里数虽难免有些出入,但由此不难看出它的大体方位。

都督濮英是曾到了苦峪城,然这次征略的规模较以前冯胜、傅友德的大讨伐小得多。从上引《明史》所说:"师还,复为蒙古部人所据。"而且不久,永乐初年,又设立羁縻外卫的赤斤蒙古卫,很明显,这次进讨的地区和上次一样,一撤军又弃给虏了。但进讨也并非完全没有效果。据《实录》洪武十四年五月乙酉朔条载:"哈梅里回回阿老丁来朝贡马,诏赐文绮,遣往畏吾儿之地,招谕番酋。"《明史》(卷三百三十)《哈梅里传》却说:"哈梅里地近甘肃,元诸王兀纳失里居之。洪武十三年,都督濮英练兵西凉,请出师略地,开哈梅里之路,以通商旅……遂进兵,兀纳失里惧,遣使纳款。明年五月,遣回回阿老丁来朝贡马。云云。"如果真是这样,濮英的志愿也算达到了,后来撒马儿罕的驸马帖木儿的通贡,实际也多少是这次讨

---

① 按《大清一统志》丛刊本,第六十七册,卷一百七十一,第4页。《静逆厅·关隘》条:"在玉门县西二十里"作"在赤金所西二十里","又西七十里至柳沟"作"又西七十里至柳沟卫"。——译者
② 按同上,卷一百七十,第9页。《安西厅·古迹》条,"在渊泉县东南"作"在柳沟卫东南"。——译者

伐所促成的。濮英在苦峪俘虏的"阿者失里王之母妻"的名字,很像东边的阿札失里王,但是否果真有什么关系尚不详。

7.洪武二十四年征伐哈密

濮英之经略哈梅里,后来由于濮英调任东边,不久,在洪武二十年征伐纳哈出的归途中阵殁,便作罢了。在这期间,十七年五月,如前所述,凉州卫指挥宋晟也曾征讨西番叛酋,平定亦集乃路;同年闰十月,故元国公抹陀等自沙州来降。在这同一时期,作为元主脱古思帖木儿麾下的大酋,和纳哈出、哈剌章、蛮子等并列,还出现了哈梅里王阿纳失里(即兀纳失里)的名字,然只止于此而已。①洪武二十一年,元主脱古思帖木儿在捕鱼儿海战役中逃窜、被杀以后,明朝就把哈梅里王兀纳失里看作是残元的一大势力,开始进行招抚。《实录》洪武二十二年二月甲子(三十日)条载:

> "上以故元兀纳失里大王居和林之西,因命来降太子八郎、镇抚浑都帖木儿,往招谕之。"②

二十三年五月乙未(三日)条记述如下:

> "哈梅里王兀纳失里遣长史阿思兰沙、马黑木沙来贡马。"

这可能是乘脱古思帖木儿灭亡后,叛臣也速迭儿施展威力,致使元宗室哈梅里王等无所适从才这样做的。《实录》二十四年春正月戊

---

① 《实录》洪武十七年闰十月乙未朔条载:"故元国公抹陀等四人自沙州来归。诏赐衣服文绮钞锭。"又十一月丙寅条载:"江西布政使司参政吴昱言,纳哈出窃据金山,恃强为患,元嗣君帖古思帖木儿孱弱不能制,纳哈出名虽元臣,其实跋扈,然其麾下哈剌章、蛮子、阿纳失里诸将,各相猜忌,云云。"(影印国学图书馆传抄本、第二十三册、卷百六十八、第1页。"参政吴昱",影印本作"参政胡昱"。——译者)帖古思帖木儿就是脱古思帖木儿,阿纳失里是兀纳失里,大概没有什么争论。

② 诏谕文说:"(上略)群雄悉定,故元番将降附者接踵而至。凡两遣兵,直抵漠北。时称帝者脱古思帖木儿奔往也速迭儿之地,遂遇害。其余土马,为知院捏怯来、国公老撒、丞相失烈门三人所有,今已悉来降附,朕处于美水草蕃畜牧之所,俾乐生安业。朕今主宰天下,遣使告谕尔兀纳失里大王知之。如有所言,使还日,具闻,朕有以处之。"这岂不清清楚楚地说明了当时的形势了吗?

申(二十日)条还有沙州王子阿鲁哥失里等遣使通贡的记载。①

当时哈梅里王的势力还很强盛,一时很难立即屈从明朝。《实录》洪武二十三年九月戊申(十九日)条的记载就是证明。该条载:

> "上以哈梅里王兀纳失里与别部互相仇杀,遣使谕都督宋晟,训练凉州、甘肃等处兵马,备之。"

又,二十四年二月戊午朔条载:

> "西域哈梅里王兀纳失里遣使,请于延安、绥德、平凉、宁夏,以马互市。陕西都指挥使司以闻。上曰:'夷狄黠而多诈,今求互市,安知其不觇我中国乎?利其马,不虞其害,所丧必多,宜勿听。自今至者,悉送京师。'"

和哈梅里互争的别部,可能是也速迭儿的属下之类,哈梅里王立即把敌方压服下了,扩展到了甘肃河西边外。延安、绥德,在今陕西北部,平凉、宁夏在甘肃东部。当时急于北征的明朝,非常需要马匹,确是事实,从上引太祖的话里也可以看得出来。然而哈梅里王兀纳失里这种深入明境内地要求互开马市的势力,必定扩展到今河套西套地方。如此风靡四邻的哈梅里,更进一步,便妨碍了西域各国与明通贡。

像这类残元别部,乘明军平定朔北、扫荡西边的机会,反来压迫明边,明军绝对不会长此容忍下去。果然,明朝在拒绝这次通商的建议以后,就在洪武二十四年正月,命都督刘真先创建甘肃城池,加备军马屯种。同年秋,出其不意攻陷哈梅里王城。但关于这事有两种不同的传说。先据《实录》洪武二十四年八月乙亥(二十一日)条载:

> "命左军都督佥事刘真、宋晟,率兵征哈梅里。先是,西域

---

① 《实录》的原文说:"沙州王子阿鲁哥失里等遣国公抹台阿巴赤、司徒苦儿兰等贡马及璞玉。"又参看《明史》(卷三百二十九)《哈密卫传》和(卷三百三十)《哈梅里传》等,可知哈梅里王是元的宗室。

> 回纥来朝贡者,多为哈梅里王兀纳失里所阻遏,有从他道来
> 者,又遣人邀击之,夺其贡物。上闻之,乃遣真等往征之。真
> 等由凉州,西出哈梅里之境,乘夜直抵城下,四面围之。知院
> 岳山夜绝城降。黎明,兀纳失里驱马三百余匹,突围而出。我
> 军争取其马,兀纳失里以家属随马后遁去。真等遂攻破其城,
> 斩幽王列儿法帖木儿、国公者阿朵儿只等千四百人,获王子别
> 列怯部属千七百三十人,金印一,银印一,马六百三十四。"

《明史》(卷三百三十)《哈梅里传》的记述,除上述列儿法帖木儿作
别儿法帖木儿、者阿朵儿只作省阿桑儿只以外,其余都只是抄录
《实录》的文句而已。其次,《皇明资治通纪》(卷三)的记载是:

> "八月,命都督宋晟、刘真,统兵征哈密。哈密去肃州千余
> 里,虏所城也。九月,晟等兵至其城,破之。擒其伪王子别列
> 怯、幽王桑里失哥、知院岳山等,杀其国公阿朵只,俘获虏众千
> 三百人及金印一、银印二。悉送京师。"

后来,《从信录》(卷九)、《纪事本末》(卷十)等书所载,几乎完全与
此相同。稍微不同的是,《纪事本末》把八月条改成"哈密寇边,命
都督宋晟、刘真率师讨之"一点。这恐怕也是那种任意窜改,无足
轻重。

现在拿两者来比较,在日期方面有八月和九月的差别,就史料
性质来说,当然应该放弃《通纪》而相信《实录》。最大的差别是前
者有"斩幽王列儿法帖木儿",而后者却说"擒其伪王子别列怯、幽
王桑里失哥",相差很大,颇难判断孰是孰非。但我想,这个幽王一
定是前一年都督濮英所擒获的"故元幽王亦怜真"的后嗣,他的名
字桑里失哥,恐怕是桑哥失里的颠倒错置,是否就是当时称作"故
元省哥失里王"的异译?[①] 至少,列儿法帖木儿是别儿怯帖木儿的

---

① 参看前引《兀良哈三卫的研究》原书第157页。又据《元史》(卷一百〇七)《宗室·世系表》,旭烈兀大王的裔孙中有幽王出伯和嗣忽里父子的名字。

讹误,我想不外是王子别儿怯。因此,《实录》的文句,不能读作"幽王列儿法帖木儿",应该读作中间漏掉了"桑哥失里"名字的"幽王和别儿怯帖木儿"。《通纪》说"擒",《实录》说"斩",必定是先擒后斩,因而两歧了。其余,《通纪》所说国公阿朵只,可以看作是《实录》的国公者阿朵儿只的脱误,这样,除了俘虏数目稍有不同以外,并无很大的矛盾。数字的不同可能是公报和传闻之间的不同。总之,两者只是以两种报告为依据的不同记录,事件本身并没有什么可怀疑的。明军突然袭击,攻占了哈密城,带着很多俘虏回师,这也不会错。

这次战役的结果,到二十五年,屈服了的哈梅里王就来朝贡了。《实录》二十五年十二月辛未(二十五日)条载:

> "哈梅里兀纳失里王遣回回哈只阿里等来,贡马四十六匹、骡十六只。诏赐使者白金文绮有差。"

《明史·哈梅里传》却说:"二十五年,遣使贡马骡请罪,帝纳之,赐白金文绮。"又据《实录》载,在这次战役前后,洪武二十四年秋七月癸丑(二十八日),别失八里王黑的儿火者,也就是哈梅里西邻的东察合台汗国的 Kizr Khoja 王,遣使入贡。九月丁酉朔,明又派遣主事宽彻、监察御史韩敬、大理评事唐钲等带着敕书去别失八里(Bishbalik),嘉奖他的"事大之诚"。从文意来看,这是随着送捕鱼儿海战役中捕获的西域人回国的使臣来朝的。[①] 总之,自从这次战役以后,西域孔道大通,确是事实。在这以前,洪武二十三年正月,

---

① 《实录》洪武二十四年秋七月癸丑条载:"别失八里王黑的儿火者,遣其千户哈马力丁、百户千鲁撒等来朝。贡马十一匹,海青一。诏赐其王彩缎十表里。哈马力丁二表里,银一百两,千鲁撒等各二表里、银十两、钞十锭。从者各银五两、钞五锭。先是,大军征捕鱼儿海,得撒麻儿罕贾人数百。命鞑靼王子刺刺等送还本国,归至别失八里之地,黑的儿火者,遂遣使随刺刺来贡。"(影印国学图书馆传抄本,第二十八册,卷二百一十,第5页,"钞十锭",影印本作"钞千锭"。——译者)哈马力丁是这个国家的著名大酋 Kamar-eddin。(参看 E.布列茨施奈德尔《中世纪史研究》(Bretschneider, Mediaeval Researches)卷二、第 226 页注)。

明朝也曾把许多投降的胡人送到西凉收容。二十五年五月,派凉国公蓝玉到今青海东部,大败罕东各蕃。又在二十九年二月,讨伐陕西边外的失剌罕、失包赤等地,收容鞑靼降众。三月,派行人陈诚到今青海腹地撒里畏吾儿地方设立安定卫。① 这些事的细节这里从略。

洪武年代的西边经略,到此结束。经过下一代建文年代几年内讧,到永乐初年,成祖又重新经略西方,使哈密等都成了明廷的羁縻地区。在设立赤斤蒙古、沙州各卫的同时,又设立了哈密卫。《明史》的编者由此产生误解,把前一个哈梅里和后一个哈密看成完全不同的两个地方,分卷各立专传,这在缜密的《明史》里,不能不说是一个不相称的漫不经心。

洪武年代的北边经略,到末年更前进了一步,新设的大宁都司的新城、富峪、会州、木榆、营州、兴州各卫,是洪武二十年以后建立的,自不必说,即辽东的三万、铁岭、辽海、广宁各卫,山西大同的各属卫,山西边外的云州、玉林和东胜的各属卫,直隶宣府的万全、宣府各卫,大都是洪武二十一二年到二十五六年间建立的;至于陕西西边的甘州、肃州、山丹各卫则建于洪武二十三、二十五年到二十八九年间;而万全全边外的开平各屯卫则都是洪武二十九年设立的②明太祖封他的爱子秦王㭎于西安、晋王桐于太原、燕王棣于北平,虽都较早,但到了洪武二十四年四月,又把少子庆王㮵(宁夏)、宁王权(大宁)、岷王楩(岷州)、谷王橞(宣府)、韩王松(开原)、安王楹(平凉)等列封于北边各要地。二十五年三月,又把中间的三个兄弟——豫王桂改封代王镇守大同,汉王橞改封肃王镇守甘州,卫王植改封辽王镇守广宁。这些王子不久都即就封藩国、燕、晋各王

① 参看《实录》洪武二十三年春正月甲申,又二十五年五月辛巳朔,又二十九年二月壬子和三月壬午等条。
② 参看《明史》(卷四十到四十二)《地理志》和《实录》各该年月各条。

都节制各该方面的军队。① 太祖如何苦心经营北边,由此可以完全推测出来。

又据《实录》说:洪武三十年夏,太祖一再担心北虏寇掠,下敕戒饬各王。据说晋王和燕王率领各将领出边,巡逻到离开平几百里以外的地点。三十一年四五月间,燕王、辽王等都大力增强开平方面的防务。② 同年闰五月十日,太祖崩,皇孙建文帝嗣立。不久嗣帝和他的叔父燕王失和,三十二年(建文元年)七月,燕王最终举兵。三十五年(建文四年)六月,建文帝败死。燕王即永乐帝代之。众所周知,这整整三年期间,是在所谓靖难的内战中度过,几乎无暇外顾。③

下篇　永乐朝的经略

1.初年的绥抚时代

明初经略外藩所遭到的最大不幸是在太祖逝世的同时立即发生了内讧,好几年间完全无暇外顾。因此,直到太祖晚年煞费苦心所建立的对外威力,一下子丧失罄尽。到了成祖永乐帝即位,又不得不重新苦心经营。成祖以整整三年的战争,终于完全打倒了建文帝。把建文一代创建的事迹加以革除,立即自承乃父洪武帝,创

①《明史》(卷二、三)《本纪》和(卷百十六到百十八)诸王传。
② 参看《实录》洪武三十年夏四月乙酉、辛卯,五月己巳、辛未,六月庚寅,三十一年夏四月乙酉,五月戊午、乙亥、乙酉,和《两镇三关通志》(卷三)《宣府纪》等。又,中国记录里虽都没有见到,而朝鲜《李朝实录》太祖戊寅七年(洪武三十一年)六月甲寅条载:"辽东被虏人金松逃来,告曰:'蒙古军向辽东,燕府王率师攻击,败之。辽王领兵将行,予亦充军,而行,中路逃来。赐衣食安业。'"
③《明史》(卷四)《恭闵帝本纪》。关于建文帝最后时期,中国史料有不同说法,据《李朝实录》太宗壬午二年(建文四年)九月戊申条载:"通事康邦祐来自辽东至平壤。西北面都巡问使飞报:邦祐言:六月十三日,燕王战胜,建文皇帝命焚奉天殿,而自缢于殿中,后妃宫女四十人自死。是月十七日,燕王即皇帝位,云云。"当时,建文皇帝焚死宫中,不会有错。

立了永乐朝。起初,新帝的权威还没遍及边陲,他的对外政策专赖招抚,还不能立即出去征讨攻伐。因此,从洪武末期到永乐初年,结束了靖难的内战以后,暂时还没有大举出塞远征,只是努力招抚兀良哈三卫和鞑靼、瓦剌等。关于绥抚三卫的经过,已另著文论述,这里从略。①

据《实录》载:成祖不仅招徕三卫各部,并已在靖难内战时期,建文二年二月癸丑(十八日),告谕鞑靼可汗坤帖木儿和瓦剌王猛哥帖木儿等。结果是三年十一月辛亥(二十七日),"鞑靼可汗遣使来输款";四年六月,内患平定以后,八月丁丑(二十六日),即"以即位,遣使赍诏,谕和林瓦剌等处诸部酋长"。② 所谓"和林瓦剌"并不意味和林的瓦剌,应该读作和林和互剌。因为当时,蒙古的所谓鞑靼部酋长还在占据和林,西蒙古的瓦剌还远在它的西边。这是对上文的率直解释,尤其根据永乐七年时,瓦剌贡使还必须经过亦集乃、哈密这一事实,也可以证明。③ 因为如果瓦剌当时已经占领和林,向明朝贡,就不会再迁回西边的亦集乃、哈密了。

永乐元年,成祖一方面在二月间诏谕鞑靼可汗鬼立赤和太师右丞相马儿哈咱、太傅左丞相也孙台、太保枢密院知院阿鲁台等,另一方面在四月闻派遣镇抚哈答帖木儿往谕瓦剌酋长马哈木、太

---

① 参看前引《兀良哈三卫的研究》上,原书第 191—192 页。

② 但是,看来这时明朝还不免受到窥伺它的疲敝的北虏的侵寇。《实录》建文二年二月癸丑条说:"谍报,胡寇将侵边。上遣书,谕鞑靼可汗坤帖木儿,并谕瓦剌王猛哥帖木儿等,晓以祸福。"这时的诏谕,实在就是由于这个缘故。又《李朝太宗实录》壬午二年(建文四年)三月己丑条,载出使明朝南京回国的贺圣节使崔有庆的话说:"燕兵势强,乘胜远斗,帝(建文帝)兵虽多,势弱,战则必败。又有鞑靼兵,乘间侵掠燕辽之间,中国骚然。"成祖在靖难之役中,为了求得北虏的输款,或许采取了相当屈辱的态度,也未可知。《明政统宗》(卷六)洪武三十三年(建文二年)二月丁未条所载:"鞑靼可汗坤帖木儿、瓦剌王猛哥帖木儿率众归北平。"无疑是《实录》同一天的那条记载"鞑靼国公赵脱列干、司徒赵灰邻帖木儿、司徒酋哈剌帖木儿自沙漠率众来归,赐赍有差"(按影印国学图书馆传抄本、第三十三册,永乐实录卷五、第1页,"酋哈剌帖木儿"作"刘哈剌帖木儿"。——译者)的讹传。

③ 《实录》永乐七年六月丙寅条说:"遣敕谕瓦剌使臣暖答失等曰:本雅失里、阿鲁台为马哈木等所败,尔等可取道由亦集乃归,毋经哈密。如亦集乃不便,即他道驰归。"通往瓦剌,亦集乃路最方便,但过去因受东蒙古鞑靼(本雅失里和阿鲁台)势力阻挡,似乎曾经通过哈密。

平、把秃孛罗等。二年四月,再次诏谕这两方面。六月,封哈密王忽纳失里(兀纳失里)的嗣弟安克帖木儿为忠顺王。十月,设立赤斤蒙古千户所,又设沙州卫。接着,四年三月,创置哈密卫,用汉官周安、刘行等做忠顺王的长史、纪善等官。八年八月,改赤斤蒙古千户所为卫。① 从建文以来到永乐初年,大宁、开平、东胜等各边卫都废弃了;成祖特别热心羁縻外卫,便又设立泰宁、福余、朵颜等兀良哈三卫;再建安定、阿端、曲先、罕东等青海西宁各卫;更进而在辽东女真地区开设著名的建州、兀者等许多新卫所;在东蒙古鞑靼地方也创立了坚河卫、海剌儿千户所、密阵、卜剌罕、苏温河各卫等。② 这些是东蒙古各卫所中位置略稍明确的,此外还有方位不明的许多鞑靼卫所。

据《实录》载:永乐四年二月甲申(二十三日)置斡难河卫;五年五月乙亥(二十二日)阔伦么连的鞑靼头目把秃不花等,十一月戊寅(二十九日)哈剌可兰地方的鞑靼头目安名等又七年三月壬戌(十九日)鞑官百户可脱赤,分别从土剌河来朝贡马。这个阔伦么连可能在今呼伦泊(Kölön Naghur)附近。哈剌可兰是哈剌和林(Khara Khorun)的异译。斡难河、土剌河肯定是敖嫩(Onon)河、图拉(Tula)河。③

---

① 参看《实录》永乐元年二月己未、夏四月壬子、二年夏四月辛未朔、六月甲午、冬十月辛未、又四年三月丁巳、八年八月壬戌等条,《明史》(卷三百二十九)《哈密卫传》、(卷三百三十)《赤斤蒙古卫传》、《沙州卫传》等。

② 参看前引《兀良哈三卫的研究》上(原书第157—159页、第192页)和《明史》(卷三百三十)《西番诸卫传》等。又割泰宁卫地所设的苏温河卫,或许是由流经今拜泉地方的双阳河而得名,也未可知。

③ 参看前引《兀良哈三卫的研究》上,原书第244页(注12)。又,位置不明的鞑靼各卫中,有《实录》所见永乐四年八月甲辰条的竦和儿河千户所;九月甲子条所见的只陈千户所等,他如五年二月己丑来贡的"哈安温都儿只青么连等处鞑靼头目阿里罕",六月癸卯的"考忒卜河等处鞑靼头目苦烈儿",六月丁巳的"札木哈地面鞑靼头目他阿察儿",乙亥的"托堂哥山火乃苦因河好兀等处鞑靼头目一里哈"以及冬十月己酉的"温突儿么连等处鞑靼头目苟史得"等。从这些名称看来,显然都是蒙古人,但他们的地方现在很难考证出来。

当时蒙古的情形究竟怎样呢？洪武二十一年，脱古思帖木儿死后，叛王也速迭儿等一时曾在东方逞威，但不久似乎就被瓦剌势力打倒了，结果，瓦剌的实力者便在和林拥立元室嫡统脱古思帖木儿的遗孤。《蒙古源流》（卷五）载：特克斯特穆尔（脱古思帖木儿）之后，他的两个儿子恩克卓里克图（Enzke Joriktu）、额勒伯克（El-bek）两汗相继嗣立；建文初，后者被弑，他的长子琨特穆尔（Gün Temür）嗣汗位。琨特穆尔就是成祖最初与之通好的坤帖木儿。但这坤帖木儿似乎不久也灭亡了，永乐元年二月，成祖即位后通问的鞑靼可汗，已不是坤帖木儿，而是鬼力赤了。所谓鞑靼可汗鬼力赤其实并不是东方鞑靼部酋，而是西方瓦剌即卫拉特（Oirad）的别酋——乌格齐哈什哈（Ügechi Khashagha），是驻牧在蒙古西部的；而后来威振于东北蒙古的却是阿鲁台，即阿苏特（Asud）部的阿鲁克台（Aruktai），这事已另行论证过了。[①] 不仅东方鞑靼部是这样，西北的瓦剌部部长猛哥帖木儿，也不知何时死了，代之而起的是大酋马哈木、太平、把秃孛罗等兰人。

2.永乐七年战役前后

当时，蒙古失去了首领，鞑靼、瓦剌两部酋长相互激烈斗争。北虏相继投降明朝。永乐六年，故元嫡裔坤帖木儿的亲弟本雅失里从撒马儿罕（Samarkand）回来继承汗位以后，鞑靼对明的态度立刻强硬起来。这或许是因为本雅失里以自己是大元嫡统而自负，加上在驸马帖木儿跟前彻底养成了对明的反感。[②]《实录》永乐七年春正月戊午（十五日）条载："时，虏人多来归者，言本雅失里新

[①] 以上都参看前引《兀良哈三卫的研究》上，原书第201—211页。
[②] 关于本雅失里曾在帖木儿那里和帖木儿特别憎恶明朝这点，参看前引《兀良哈三卫的研究》上，原书第214页。

立,众情不附。"这是当时的实情,本雅失里、阿鲁台等也连年苦于瓦剌的侵扰。尽管如此,自负是元室嫡脉,不能立即屈服于明朝,因而断然拒绝成祖一再的温和诏谕。《实录》永乐七年闰四月辛未(二十九日)条所载成祖给皇太子的敕书说:"近得北虏二千余人,遣使送还本雅失里,与之讲好,云云。"①成祖竟把敌人遣送回去,可见用尽一切手段来招致本雅失里。然而本雅失里竟把他的使臣杀了。反之,瓦剌大酋马哈木等却对明廷颇有好感。六年十月,三酋使臣联袂来朝。七年五月,成祖有意做给本雅失里和阿鲁台看,分别册封为顺宁王(马哈木)、贤义王(太平)、安乐王(把秃孛罗)。而当明朝在七年四月,派遣最后的招抚使都指挥金塔卜歹、给事中郭骥等使虏庭,六月得报被杀,便又出现了断绝已久的明军进讨漠北的事。②

　　成祖本意想乘这时鞑靼的汗位还没有稳定、蒙古内部正在动摇的机会,一举立威定霸,同时也想以此来抚慰国内乱后的不平。这一年三月,已从南京来到北京,积极备战。现在摘引记述简明的《明史·本纪》所载:永乐七年三月"壬戌(十九日)至北京,癸亥(二十日)大赉官吏军民,丙寅(二十三日)诏起兵。时,将士及北京效力人民,杂犯死罪咸宥之。充军者,官复职,军民还籍伍……五月乙未(二十四日),封瓦剌马哈木为顺宁王、太平为贤义王、把秃孛罗为安乐王"。在这期间,四月,所以派郭骥等出使蒙古,如果不是

---

① 按《明实录》影印国学图书馆传抄本、第四十三册、《永乐实录》卷六十二、第121页,"近得北虏二千余人"作"近得北虏二十余人"。——译者

② 参看《实录》永乐六年冬十月丙子、七年夏四月丁丑、五月乙未等条,和《明史》(卷六)《成祖本纪》。《实录》永乐七年六月辛亥条说:"百户李咬住及鞑靼伯兰等归自虏中言,给事中郭骥、金塔卜歹奉使至虏中,骥为本雅失里所杀。伯兰复言:本雅失里、阿鲁台为瓦剌所败,今在胪朐河,欲驱败散之卒,掩袭兀良哈诸卫,遂袭边境。上怒曰:朕以至诚待之,遣使还其部属,乃执杀使臣,欲肆剽掠,敢肆志如是耶? 逆命者必殄除之耳。命边将整卒兵士,敕泰宁、朵颜、福余、兀者诸卫,皆严备之。"(影印国学图书馆传抄本、第四十四册、《永乐实录》卷六十四、第5页。"骥为本雅失里所杀,伯兰复言,本雅失里、阿鲁台为瓦剌所败"句,影印本作"骥为本雅失里、阿鲁台为瓦剌所败"。——译者)在这以前,郭骥曾出使到帖木儿那里,被拘留很久。郭骥可能早就和本雅失里相识。

为了冀求万一侥幸诏抚收效,也只是为了获得出兵的借口。六月十日得到死讯,七月三日,便派遣大将军丘福等,发出大军十余万北征。

《明史·本纪》载:"秋七月癸酉(三日),淇国公邱福为征虏大将军,武成(城)侯王聪、同安侯火真副之,靖安侯王忠、安平侯李远为左右参将,讨本雅失里。八月甲寅(十五日)邱福败绩于胪朐河,福及聪、真、忠、远皆战死。"①说的就是这次北征。据《实录》载,当时,本雅失里、阿鲁台等方被瓦剌打败,逃窜到胪朐河即克鲁伦阿河畔据守。而西南鬼力赤的故地、河西、西套的余众都相率投降明朝,这已另文阐述。② 丘福侮敌轻进,不纳各将领的谏阻,深入胪朐河以北,陷伏,全军覆没。丘福战败的经过情形,《实录》等有详细记录,但关于覆没地点相当于今什么地方,还不清楚。朝鲜《李朝实录》里传,当时明朝发动二十万大军北征,遭到蒙古军抵抗而战败,"鞑靼皇帝将重兵屯关中口子外,总兵官沂国公、武城侯御之,败绩,全师被掳。"这种传说未必确实,且关中口子的位置也不详。③然据《实录》永乐七年七月癸酉(三日)条载成祖戒饬出师的丘福的话来看,可以想象,军队通过了开平即上都,从后来《北征录》的记述可以推断,他的覆灭地点,大约在克鲁伦河下游,即今鄂努呼西方附近。

正因为预期必胜而得到明军战败的报告后,成祖非常愤懑。

---

① 邱福应该是丘福,因为清朝避孔子讳,把丘字都改成邱字。《明史》里凡丘姓都改成了姓邱。武成侯王聪,在《明史·鞑靼传》里作武城侯,是正确的。但该传误把安平侯李远写成了李达,可能是依据叶氏《四夷考》,显然是错误。又,关于这次战役,《实录》、《通纪》、《明史》等都出自一传,全是传闻的集成,偏于琐碎末节,重要关键问题反而不详,这里就不详论了。

② 参看前引《兀良哈三卫的研究》上,原书第222—223页。

③ 《李朝实录》太宗九年(永乐七年)冬十月庚戌(十二日)条。八月壬戌条说:"沂国公丘胜将兵二十万北征,云云。"这里所说的沂国公丘胜,实是淇国公丘福,兵也没有二十万,不过约十万。《明史·鞑靼传》说:"将精骑十万北讨。"又,丘福因为这次战役惨败,身负污名,竟失专传,其实是当时第一流的名将。《国史考异》(卷五)第三条曾为他辩解。

立即决定第二年二月亲征,大修战备。《明史·本纪》也说:这年九月"甲戌(五日),赠北征死事李远莒国公、王聪漳国公。遂决意亲征。丙子(七日),武安侯郑亨率师巡边。壬午(十三日),成安侯郭亮备御开平。冬十月丁未(九日),削丘福封爵,徙其家于海南。"又说:"八年春正月辛未(四日),召宁阳侯陈懋,随征漠北。"九月甲戌,丘福麾下的败残将士逃回来,才传来这次战败的战报。当时成祖立即决意亲征。献策未被采纳而死难的各将领李远、王聪,受到追赠,丘福是个刚愎自用误事丧师的大将,因而死后予以追罚。宁阳侯陈懋当时是宁夏总兵官,是成祖亲信的第一宠将。《实录》永乐七年秋七月癸酉,成祖在戒饬出征的丘福的同时,在给敌酋本雅失里的信里说:"今命征虏大将军,率师往问杀使者之故。朕明年必亲率大军,往正尔罪。云云。"那当然是行军的先声,故作恫吓,并非真正的决意。到这时候,他才不得不认真实践说过的话。

看来,倾国十万大军一旦消失沙场,对明朝这样大国来说,的确也是相当沉重的打击,为战胜者鞑靼带来了不得了的生气。明人的记录里几乎隐讳了这件事,但邻国朝鲜的记录,却记述得极为详尽。据《李朝实录》太宗九年(永乐七年)十一月甲戌(六日)条载:

> (1)"时通事孔明义回自北京言:鞑靼军去京不远,皇都危窘。西北面都巡问使亦上言:人有自辽东来者言:王师畏鞑靼,尽入城堡。"

又戊寅(十日)条载,辽东边散军不断逃入朝鲜境内;又十年(永乐八年)春正月辛巳(十四日)条载:

> (2)"通事李子瑛回自辽东。子瑛言:达达军盛行于开元、金山等处。官军遇之辄败,共巡哨军,于正月初二日,攻辽东北门不克,掠城外居民而去。"

同月癸未(十六日)条又载:

50

（3）"义州通事李龙，自辽东还，言：辽兵一万赴北京，遇达达军于山海卫，与战大败，死伤过半。辽东自正月初二日，严兵守城，昼夜不懈。"

明《实录》永乐七年九月甲午（二十五日）条载：

"敕辽东都司都指挥巫凯等，以广宁右屯卫并入瑞州广宁前屯卫，抚顺千户所并入沈阳中卫，左千户所并入铁岑卫，各令固守城池。如法操练。其驿传铺舍，但存车马递送，其人畜悉入城，毋为胡寇之利。"

又同年十二月丙辰（十九日）条载：

"敕辽东都司都指挥储钦等曰：近有人自虏中回言：虏人有居金山，与辽东切近者，宜严饬各卫所，固守城池，无以边隅晏安，而忘武备。"

这些都是和上引《李朝实录》的（1）（2）条相对应的，而明《实录》里却没有北虏迫近、皇都危窘、八年正月辽东遭到蹂躏等记述。

据朝鲜记录所传，只是辽东的形势，但危机当然并不限于辽东，恐怕大同、山西等北边一带都是这样。明《实录》永乐七年九月戊子（十九日）条只载：

"敕镇守大同江阴侯吴高及山西行都司曰：今新附鞑靼赛罕脱尔赤等言：本雅失里、阿鲁台欲来掠边，亟将各屯粮食，悉收入堡，深掘壕堑，严固守备。"

只是到了第二年二月，明军完成出征准备，北虏远离边境时，这种戒严状态才稍稍缓和。《李朝实录》太宗十年（永乐八年）二月癸卯（六日）条载："通事朴茂回自辽东。茂言：鞑靼兵稍息，辽东无城守之警，军民牛羊畜牧郊野，无异平日。"

3.永乐八年战役

在这以前,太祖在洪武五年战败以后,不得不隐忍十余年。成祖在永乐七年明军覆灭以后,立即决意第二年亲征,这当然要有相当的准备。清魏源的《圣武记》(卷十一)载:"出塞之师,首重运饷,永乐亲征,初至斡难河乏食,再次清水源班师。盖荒外之地,不能因粮于敌,而筹运之事,则视乎其人。云云。"但这一半并非事实。当时成祖怎样煞费苦心地征发运饷,《实录》记载最详。这里只举一例。永乐七年九月己丑(二十日)条叙述征发近畿以外地方兵员说:

> "敕永康侯徐忠等选练南京各卫及睢阳、归德、武平、镇江等二十五卫步骑三万。宁阳伯陈懋选练陕西属卫及庆、秦二王府护卫步骑万九千。江阴侯吴高选练山西及晋王府护卫步骑万五千。仍命中都留守司、河南、湖广、山东三都司,周、楚二王府护卫,选步骑四万五千,临洮、河州、岷州、西宁、平凉诸卫,选善战士兵五千。各赐钞、给行粮。皆以来年二月至北京随征。"

又冬十月己亥朔条记述议定北征方略之后,提到运饷事说:

> "于是,夏原吉等议,自北京至宣府,则于北京在城及口北各卫仓,逐程支给。宣府以北,则用武刚车三万辆,约运粮二十五石,踵军而行。遇十日程,筑一城,再十日程,又筑一城。每城斟酌贮粮,以俟回军,仍留军守之。如虏觉而遁,即躡其后,亦如前法,筑城贮粮。上然之。名所筑之城,曰平胡、杀胡。"

这就是例证。这次出征作战完全是按预定方略进行的,非仅征发大江以北的全国兵丁,除上引各条记述以外,从《实录》永乐八年八月乙卯等条所记载的赏建州卫夷酋等从军之功的事实来看,也可以知道西边征调到洮岷的西藏士兵,东边发动到满洲的女真军。① 还不只是满洲,甚至曾大量征发朝鲜军马,还想征召朝鲜士兵。前述《李朝实录》太宗九年冬十月庚戌条所载明军败绩的报告下面接着说:"皇帝征兵诸路,将以明年二月北征。时国家闻黄俨出来,未知其故。或传言:请兵十万、将帅二人,由东北面,挟攻鞑靼。故有是命。"同月己未、十一月戊寅、十年二月庚戌、三月癸酉等条载,将一万军马,分成十九运输纳。可见已征发军马,但征兵却是虚传。文中所称国家是朝鲜自称,黄俨则是明廷使臣的名字。

起初,成祖得到丘福覆灭报告后,立即派遣使臣去瓦剌,告诫他们不要堕入本雅失里的奸计。② 完成出征准备以后,永乐八年春正月己卯(十二日),向天地宗庙社稷祭告亲征胡虏事,二月丁未(十日),祭太岁旗纛,由北京出发。同月壬戌(二十五日)过德胜关,来到兴和。兴和可能是这次远征的出发点,成祖在这里决定了各军的部署。《实录》永乐八年三月丁卯朔条载:

> "命清远侯王友督中军,安远伯柳升副之。宁远侯何福督左哨,武安侯郑亨督右哨,宁阳侯陈懋督左掖,都督曹得、都指挥胡原副之。广恩伯刘才督右掖,都督马荣、朱荣副之。"

第二天戊辰条又载:

> "命都督刘江等,充游击将军,督前哨。都督薛禄、冀中等充骠骑将军,都指挥侯镛、陈贤等充神机将军,都督金玉等充膺扬将军,都指挥李文等充轻车将军。"

---

① 《实录》永乐八年八月乙卯条说:"升建州卫指挥释家奴为都指挥金事,赐姓名李显忠,千户咎卜为指挥金事,赐姓名张志义,赐百户阿剌失姓名李从善,可挈姓名郭以诚,俱为正千户。释家奴者,指挥阿哈出之子,皆以从征有功也。"还可参看池内宏的《鲜初的东北境与女真的关系》(《满鲜报告》第五册,第317—318页)。

② 《实录》永乐七年九月壬午条载:"遣使谕瓦剌顺宁王马哈木等,以丘福败绩之故,且戒之曰:或本雅失里得福军旗帜衣甲,诈以攻王,慎勿堕彼奸计。来春,朕亲率兵征之。因赐马哈木等彩币等物。"

于是,三月七日从兴和出发,午间到达鸣銮戍。第二天,在这里接待瓦剌的贡使。又过了一天(九日)举行大检阅,显示军威。《实录》载:"乙亥,上大阅誓师,时军阵东西绵亘数十里,师徒甚盛,戈甲旗旄,辉耀蔽日,铁骑腾跃,钲鼓钧震。瓦剌使者望之骇愕,曰:天兵如此,孰敢婴其锋者。云云。"第二天,派指挥保保等送瓦剌使臣回去,还厚赐顺宁、贤义、安乐三王。瓦剌使臣后来又在四月壬子(十六日),来禽胡山谒见成祖。当时,他们非常关心明军的出征,当是事实,但并没有另派一支军队和明军呼应的情况。

三月十日,明军从鸣銮戍出发。四月十六日,经过禽胡山,十九日,驻宿广武镇,然后渡过大漠。五月初一,才到达饮马河上的平漠镇。饮马河是当时成祖赐给胪朐河即克鲁伦河的雅名。《实录》里也记载了这次进军的路线。当时扈从随征的金幼孜的《北征录》记述最详。这几十处地名,大半都是当时所用的雅称,现在颇难考证,[1]这里只探讨以下各问题。关于从北京到兴和之间的驿站名,兴和城和其附近的沙城等,已详见箭内(亘)博士的研究论文,这里从略。[2] 关于其余的驿程,《北征录》记述如下:

"初七日早发兴和,行数里,过封王陀,今名凤凰山。山西南有故城,名沙城,西北有海子⋯⋯过此海子,又度数山冈,午次鸣銮戍。上指示山,谓幼孜三人曰:此大伯颜山,共西北有小伯颜山。指其东北曰:此去开平⋯⋯初十日早发鸣銮戍⋯⋯行数里,平山渐尽,东北有山颇高,如诸山。上曰:此即大伯颜山。西北有山甚长,隐隐如云雾,间如海波层叠。上曰:此即小伯颜山,望之若高,少焉至其下;则又卑矣。由是地平

① 现在还不能勉强求得解释。金幼孜的《北征前后录》版本很多。其中,明沈节甫的《纪录汇编》本和罗振玉新刊的东方学会本是足本。查《皇明经世文编》(卷十九),有胡俨所作《金谕德·北征诗集序》,可知《北征录》的作者还另有《北征诗集》。
② 参看箭内亘《蒙古史研究》第636—640页。

旷……又行十余里,过凌霄峰,即小伯颜山也。"
《口北三厅志》(卷二《山川》)载:"大伯颜山,镶黄旗牧厂境内,昂吉立泺东北十余里。"照现在的地图来看,[①]离兴和半日路程的地方是鸣銮戍,可能就是现今的后义合滩一带,它的东北有标高 1370 米的山,恐怕就是大伯颜山;它的西北标高 1430 米的哈西兰特鄂博,当是小伯颜山。据《实录》正统三年春正月丙申条载:"游击将军都指挥佥事杨洪奏:比因达贼犯边,臣率兵剿捕,至伯颜山遇贼,奋击,生擒贼首指挥也陵台等四人,余贼悉溃。既而追至宝昌州。"又正统六年十一月乙未条载:"左参将都督佥事黄真等率兵巡哨,至伯颜山,遇虏骑百余,击走之,获其马八匹。明日至闵安山,复与兀良哈三百余骑遇。"据箭内博士研究:这个宝昌州是今白城子,明安即闵安,在今上都河上店附近。[②] 由此可知,这里的伯颜山自然就是今后义合滩的北山。

越过伯颜山以后的地名多不详。关于广武镇,仅见"有土城基,问人云:国初征和林时所筑,屯粮于此。"金幼孜的《后北征录》说:"即哈刺莽来。"所谓"国初征和林时"是指洪武五年李文忠远征漠北的时候。当时曾看到哈刺莽来的名字,从应昌进军胪朐河的明军,过口温以后,曾在这里宿营。其后,《实录》永乐十一年十一月甲申、正统四年十一月辛酉、景泰三年九月辛亥等条,都看到这个地名。这些都是瓦剌大酋从克鲁伦河以北往内蒙古时,途中驻屯放牧的地方。其中,景泰三年十一月丙戌条载:前军右都督杨俊叙述瓦剌太师也先的事,"闻其妻孥辎重俱在哈刺莽来,去宣府才数百里,其精壮屯于沙窝,尤为至近。云云。"明确记载哈刺莽来距

---

① 现在的地图,只能依据陆地测量部发行的《东亚舆地图》和《东亚大陆图》等。以下同。新版《东亚舆地图》图形正确,但地名每每旧版好,尤其是历史地名是如此。

② 参看箭内亘《蒙古史研究》(第 638—639 页、第 760 页)和池内博士《鲜初东北境与女真的关系》(《满鲜报告》第五册、第 358 页注 11)。

宣府边外仅数百里。①

再查《大清一统志》,其中《喀尔喀蒙古·古迹》(卷四十一)条题为《度漠驿站》,说明了这次永乐帝北征的路程;并叙述清康熙三十五年圣祖兴师亲征厄鲁特的噶尔丹,三月丁卯(十一日),出独石口,兼程北进。说:

> "四月戊戌(十三日),出喀伦边,次苏德图。己亥(十四日),次呼鲁苏台插汉脑儿。辛丑(十六日),次喀喇芒鼐哈必尔汉。癸卯(十八日),次席喇布里图。丙午(二十一日),次西巴尔台。壬子(二十七日),次察罕布喇。五月丙辰朔,次拖陵布剌克。庚申(五日),次阿敦齐陆阿鲁布剌克。辛酉(六日),次枯库车尔。壬戌(七日),次西巴尔台。癸亥(八日),抵克鲁伦河。"

喀伦是满洲语 Karun,意思是卡哨。这里是指内外蒙古的边界线。时期也是四五月时候。在当时缩印的实测图——著名的安维利(D'anville)地图上,也记有这次康熙帝的北征路线。参照该地图,上述各地名都分别标出来了。像 Soudetou chery(苏德图—Südetü);Houloussoutaitchahan Omo(呼鲁苏台插汉脑儿—Khulusutai Chaghan Naghur);Kara-manni abirhan chery(喀喇芒鼐哈必尔汉-Khara Mangnai Khabirghan);Sira-pouritou Omo(席喇布里图—Shira Büridü);Chibartai Chery(西巴尔台—Shjbartai);Tchahan Poulac(察罕布喇—Chaghan Bulak);Tourin Chery(拖陵布剌克—Töing Bulak);Aduntsilo arou Poulac(阿敦齐陆阿鲁布剌克—Adughun Chilaghu Aru Bulak);Coucoutchol Omo(枯库车尔—Kököchel)等,位置完全没有疑问。上述哈喇芒鼐哈必尔汉就

---

① 杨俊这句话,亦见于《国朝献征录》(卷十)所载他父亲《昌平伯赠颖国公洪传》后面所附的《杨俊传》。这里依据年月记录清楚的《实录》,不过《实录》里有"闻其子挐辎重"一句,意思很难理解,兹依《献征录》改正。

是这里提到的哈剌莽来，几乎没有疑问。因为哈剌莽来（Khaha Mangnai）就是黑额（山头）的意思，蒙古有许多这样的地名。这里提到的地方，正是在从多伦到库伦的大道上，是内外蒙古交界附近的一个大草原，最符合上面所说的哈剌莽来的条件。①

广武镇就是哈剌莽来，在今多伦诺尔到库伦大道上、外蒙古南边，内外蒙古接壤的地方。禽胡山在往前走一天路程的地方，它的位置也就可以大致推测出来。据《实录》永乐十二年五月乙亥条载："驻跸禽胡山，上念在潜邸时，尝禽虏寇乃儿不花于此，遣礼部尚书吕震，祭其山川之神。"这里就是从前洪武二十三年成祖还是燕王的时候，第一次出征塞外到这里收降虏酋咬住、乃儿不花等的迤都。因此，改名叫禽胡山。《北征录》载："十六日午，次禽胡山，营东北山顶，有巨白石，上命光大（胡广），往书禽胡山灵济泉大（六）字，及御制铭纪行刻石。"《实录》载："壬子，车驾次禽胡山，上制铭刻石曰：瀚海为镡，天山为锷，一扫胡尘，永清沙漠，赐其泉名灵济。"又，"甲寅，车驾次广武镇，赐其泉名清流，上制铭刻石曰：于铄六师，用歼丑虏，山高水清，永彰我武。"成祖的得意可以想见。这些碑铭到今天或许还保存着，也未可知。②

成祖大约是沿着现在的多伦—库伦大道进军的，所经过的饮马河畔平漠镇的位置，也大致可以推测出来，可能和后来清圣祖进

---

① 这个哈剌莽来地方或者就是今达里冈崖牧厂地区。再查安维利（D'Anville）地图，在这地方记有"Inscription Chinoise sur L'expedition de L'Empereur Yong-lo contre les Mongous（关于永乐帝远征蒙古的中国人记载）。"塞北的路程受水脉限制，明永乐帝和清康熙帝都是由这同一路线前进的。

② 但广武镇铭刻，据《北征录》说，因受风雨所阻，未能完全刻成。当时刻铭的地方是禽胡山，禽胡山前面有清水源和玄石坡。广武镇后面有捷胜冈等。关于清水源，《实录》永乐八年三月戊午（二十二日）条说："车驾次金刚阜，敕游击将军都督刘江曰：清水源虏所往来之处，恐彼有伏，汝等乘夜速往掩捕之。如不见虏，即先据山顶泉源以俟。"又同月丙申（三十日）遂次清水源，会有甘泉涌出，赐名神应泉。《北征录》有四月二日进《神应泉铭》的记述。据《后北征录》说：它的蒙古名叫马塔马。玄石坡在清水源以北两天路程、禽胡山前面两天半路程的地方。《北征录》详细记述了纪行刻石的情况如下：

（转下页）

军的路线大体相同,肯定是今塔尔集尔集(Targilji)河汇流处附近。① 这就是说,成祖是先出鞑靼部西边,确是由这条路一直沿河东进了。据《实录》及《北征录》载:五月三日,从平漠镇出发,由这里向东走两天,抵苍山峡,首次捕获敌谍;五月八日,来到环翠阜,侦知敌军内讧。传说敌众分为二部,阿鲁台向东奔跑,本雅失里向西跑到兀古儿札地方去,想投靠瓦剌。《实录》记述如下:

"甲戌(八日),车驾次环翠阜,指挥款台等获虏人询之。言:本雅失里闻大军出塞,甚恐,欲同阿鲁台西走,阿鲁台不从,众遂乱,互相贼杀。本雅失里已西奔,阿鲁台东奔,余部落亦离散。今本雅失里至兀古儿札之地,将奔瓦剌矣。时日已暮,上令诸将,悉渡饮马河驻营,议分兵追本雅失里。"

成祖于是就在克鲁伦河畔筑杀胡城,驻屯留下的兵。五月九日,亲自挑选精锐骑兵北进。十二日,到达兀古儿札地方,敌人已远遁无踪。把兀古儿札河改名清尘河,当夜倍道追赶敌人。十三

(接上页)"次玄石坡,见山桃花数丛盛开,草莽中忽睹此,亦甚奇特,上登山顶,制铭,书岁月,纪行,刻于石,命光大书之。并书'玄石坡立马峰'六大字,刻于石。时无大笔,用小羊毫笔,钩上石,勒成,甚壮伟可观。晚,有泉跃出于地,如神应,泉足饮人马,名曰天赐泉。"

时间是四月七日。这座山似乎就是所谓赛罕山。据《实录》说:其铭文曰:"维日月明,维天地寿,玄石勒铭,与之悠久。"如本文所述,永乐帝刻铭的清水源,在兴安岭西侧还有一处,但两处都不是皇帝粮尽退兵的地点。本文所引魏源的《圣武记》的话,肯定有什么误解。按《北征录》纪程计算,清水源大致在兴和与广武镇中间。捷胜冈在广武镇以北两天路程的地方,这里是入大漠的要道。《北征录》载刻石的经过说:四月二十一日,"次捷胜冈,有泉涌出,名曰神献泉,上令光大书捷胜冈三大字于石。山多云母石,并书云石山三字刻于石。"这里所说的光大是和金幼孜同时随军扈从的胡广的别号。《明史·胡广传》说:"广善书,每勒石,皆命书之。"这块刻石实还保存。据柯萨凯维奇报告"禽胡山"的刻石上说:"维永乐八年,岁次庚寅,四月丁酉朔,十六日壬寅,大明皇帝征讨胡寇,将六军过此。"题为"御制铭"的铭文,是"瀚海为镡,云云"。

① 《北征录》记述饮马河前面两天路程的地方,过元氏诸王坟墓的古梵场以后,又记述了饮马河畔的情形,说:"度一冈,遥见胪朐河,又过一冈,上揽辔,登其顶,四望而下。又行数里,临胪朐河,立马久之。赐名曰饮马河。河水东北流,水迅疾,两岸多山,甚秀拔,岸旁多榆柳,水中有洲,多芦苇、青草,长尺余,传云不可饲马,马食多疾。水多鱼,顷有以来进者,驻营河上,地名曰平漠镇。"(按古今说海本、第20页,"登其顶,四望而下。"作"登其顶,四望如下。"又按《豫章丛书》本,作"登其顶,四望始下。"按豫章丛书所刊《明人小史总目》称:《北征录》是据古今说海本付误,用《历代小史》复校,但在《北征录校勘记》里说:十三叶"四望如下",两本皆作如,似以作"而"为长。——译者)

日,追到斡难河岸,大败本雅失里军。这时,金幼孜驻在克鲁伦河畔的杀胡城,因此,《北征录》没有记载这些事,《实录》记述如下:

> "戊寅(十二日),车驾至兀古儿札,虏果先遁,乃驻兵河上,赐兀古儿札河名清尘河,夜倍道追虏。己卯(十三日),车驾至斡难河,追及虏,虏拒战。上登山布阵,麾先锋逆击,一呼而败之。首虏本雅失里苍黄穷迫,以七骑度河遁去。俘获男女辎重孳畜。仍命游击将军刘江、骠骑将军梁福等追之。上驻跸灭胡山。"①

灭胡山是给会战地区起的雅名。成祖还祭祀斡难河的山川,赐名玄冥河。于是班师。十七日,抵清尘河,二十日,回到饮马河畔,颁布平胡诏,派使臣去报知留守京师的皇太子。②

明军又为了剿平已经往东逃奔的阿鲁台,二十二日,从杀胡城出发,沿饮马河向东走了五天,二十六日到达定边镇。在这里祭祀上年覆没的丘福等军的将士。《北征录》没有记述这件事,但《实录》载:"壬辰(二十六日),车驾次定边镇,遣都督梁福,谕祭去年陷没将士。癸巳(二十七日),车驾次双清源,前从丘福陷虏中军士,闻上亲征,至是多脱归。"从这里又往东走了五天,六月二日,到达阔滦海子即现今呼伦泊畔,赐名玄冥池。

现在来考证上述各个地名。成祖所到的克鲁伦河畔肯定是塔尔集尔集河汇流处附近,所以,由这里向东走六天路程的杀胡城,可能是今外蒙古喀尔喀东路车臣汗部的盟所在地巴拉斯城附近。

---

① 按《明实录》影印国学图书馆传抄本、第四十五册、永乐实录卷七十、第3页。"赐兀古儿札河名清尘河"作"赐兀古儿札河名清澄河"。——译者
② 这里,《实录》说:"丙戌(二十日)车驾次饮马河……遂遣都指挥李文、中官海寿赍捷书,谕皇太子遂下诏班师。诏曰:云云。"下面是"丁亥(二十一日)车驾次杀胡城"。捷书和班师诏书似乎都是二十日发的,但据《北征录》说,二十一日,成祖到杀胡城后,金幼孜始"至营中见上,与语良久,命写平胡诏,"二十二日出条发说:"是日,发平胡诏及书敕谕数道。甚忙迫。"金幼孜是起草这类诏敕的从臣,因此,他的话确实可靠。这个平胡班师之诏,《明实录》和《李朝实录》太宗十年秋七月丙子条里都记载了全文。

明军从这里转向西北,出乌里褵(兀古儿札)河和敖嫩(斡难)河畔。兀古儿札地方在兀古儿札河畔,不会有异论。据《实录》永乐八年五月丁丑(十一日)条载充向导的靼鞑百户的话,说:"兀古儿札四塞之地",由此可以推测它是该河上游地区,又从杀胡城走三天路程到兀古儿札,再走一天路程到达斡难河岸的距离来计算,这项记录也可以证实。① 从巴拉斯城往东走五天,距离呼伦泊西方五天路程的定边镇,肯定是今通往南北大道所过的鄂努呼西方附近。丘福等明军可能是从南面沿这条大道北进,到克鲁伦河畔后,全军覆灭的。据《北征录》载:成祖的军队二十六日从临清镇出发,②午后离开饮马河,走入山中,晚上到达定边镇。第二天从定边镇出发,午间渡河,傍晚到达双清源。按现在的地图看,鄂努呼上游,克鲁伦河显著向北弯曲,东西往返应该从布拉汉都桂通过锡拉锡巴台,由南面的捷径直达鄂努呼,唯有这里河同往返路径离开,完全和以上记述吻合。成祖大军肯定是从这条东西走向的捷径进军的。

六月二日,通过阔滦海子,并赐名玄冥池。成祖的军队在这里作为临敌的准备,东进过玉带河、清胡原、澄清河、苍松峡、黑松林、飞云壑等地,九日,在可能是兴安岭顶峰的静房镇打败了敌酋阿鲁台,又循兴安岭东坡沿川向东南行,十三日,到达广漠戍。从这里折回西南,二十五日再到兴安岭西的永宁戍,二十七日,到达今达里泊南方的通川甸,七月二日,过开平,八日,过独石,十七日,回到

① 《大明实录》永乐八年五月丁丑(十一日)条载:"车驾次平房塞,用靼鞑百户为响导。上指示山川,谕之曰:今径趋兀古儿札,虏岂坐待于彼,虏闻朕来,必西走,大军东北行,则与虏相左,若西北要之,虏何所遁。今径往,我一程虏已二程,恐难及也。百户曰:兀古儿札四塞之地,彼何所往,至则擒之矣。云云。"由此可见,明军似往东北走,到达兀古儿札。现在叶氏的《四夷考》(卷五)等就是这样解释的。总之,平房塞位于从杀胡城往西北走两天路程所到的地方,兀古儿札就在兀古儿札河上游无疑。

② 其实,罗本《北征录》说:"二十五日发蟠龙山,雨意未止。晚次临清镇,午后离饮马河,取便道入山中,晚次定边镇,是程无水,载水为早炊。二十七日发定边镇,午至河,午食后渡河,云云。"午后两字上面脱漏"二十六日"四字,现在依文意订正。(古今说海本,第23页。又豫章丛书本,第14—15页。两本"午后"二字上,都有"二十六日"四字。——译者)

了北京。这个玉带河就是乌尔顺河（Urshighun），清胡原是捕鱼儿海（Buir Naghur）东北的古战场，苍松峡、黑松林等都在喀尔喀（Khalkha）河上游，广漠戍在今洮儿河上游的苏鄂公爷府附近，永宁戍恐怕是今西乌珠穆沁王府方面。这些地方都已说明过了。①

成祖所以这样变更行军路线，由东面迂回回来，是因为预先已从杀胡城分兵运粮，令赴应昌、开平等候；成祖所以从兴安岭东再折回兴安岭西，理由实际就在这里。而大将王友、刘才等违令走错了路，以致许多军士饿死沙场，颇受到成祖的斥责。《实录》在五月丁亥（二十一日）记述成祖将东行的一条载：

> "车驾次杀胡城，敕成安侯郭亮、督馈运赴应昌。命清远侯王友、广恩伯刘才，以所领将士，先赴开平休息。时，谍报虏伪知院失乃干溃散，西走至广武镇，欲率众来降，遣指挥廓廓帖木儿等招之。仍命王友等，途中若遇失乃干降，须善抚绥，不降即掩击之。敕尚书吴中、都指挥章安，督馈运赴禽胡山。"

六月庚申（二十五日）记归途出兴安岭西永宁戍的一条载：

> "车驾次永宁戍。时，清远侯王友等至禽胡山，与失乃干相距一程，友等迂道，避往应昌，致军士乏食，多死者。上闻之，震怒"。②

以下辛酉、壬戌、癸亥等条，接连叙述严责王友、刘才等。秋七月丁卯（二月）记述到达开平的一条说："命都督张远等，于平胡城运军饷还开平。"这次征伐的结果是，本雅失里投靠瓦剌后被杀，阿鲁台也在同年十二月屈服来降，他的属下兀良哈三卫也服罪归顺。

---

① 参看前引《关于兀良哈三卫的根据地》原书第145—146页。但当时认为通川甸在今达里泊的东岸，现在移到了南面很远的地方，因而永宁戍的位置，也应该稍向南移。

② 这是王友等恐怕失乃干不降，因躲避反而迷了路。失乃干是九年春正月庚辰条所说："鞑靼失捏干剽掠黄河东岸。"又夏四月庚申条所说："虏寇失捏干谋袭大同，其众约五千，能战者不过三千"的失捏干。参看原书第262页（注118）及本书198页注③。

4.永乐十二年战役

永乐八年一役,粉碎了东方鞑靼部的势力,但由此得到实际利益的并不是明军,乘两虎相争筋力疲惫而占伧夫之利的却是西蒙古的瓦剌部。本来就显示出兴旺的瓦剌势力,趁鞑靼蹉跌的机会,突然猖獗起来,占领和林,杀了残败的本雅失里,拥立他的儿子答里巴,称霸于蒙古,动辄显示看不起明廷的气势。尤其永乐十一年七月,阿鲁台被封为和宁王以后,特别抗拒明廷命令。这时成祖迫切感到必须膺惩瓦剌了。永乐十一年四月,成祖从南京来到北京,七月,册封阿鲁台。十一月,听说瓦剌的马哈木等率兵渡过饮马河,驻军哈剌莽来,有南窥的趋势。于是,便再次征调全国大军。到十二年三月,又踏上亲征之途。①

《实录》永乐十一年十一月甲申(八日)条载:命令各将领巡行边境,简练士马。并集陕西、山西和潼关等兵于宣府,会中都(安徽凤阳)、辽东、河南三都司及武平、归德、睢阳、淮安各卫兵于北京。十二年春正月条还叙述运饷问题说:

> "庚子(二十五日),命北京、山东、山西、河南、中都、直隶、徐州等卫,不分屯守,各选军士,以指挥千百户率领,都指挥总率,随军运粮。辛丑(二十六日),发山东、山西、河南及凤阳、淮安、徐、邳民丁十五万,运粮赴宣府。其运粮民丁悉给行粮及道里费,仍免差徭一年。"

同年二月庚戌(六日)条记述部署各军如下:

> "命安远侯柳升领大营,都督马旺、陈翼、程宽、全玉副之。

---

① 以上,参看《明史·本纪》和前引《兀良哈三卫的研究》(原书第218页)。关于瓦剌的罪,《实录》永乐十三年春正月丁未,记述瓦剌三王谢罪辞说:"数年以来,仰载皇上大恩,如天罔极,前者不能约束部属,致犯边境,且拘留使臣舍里撒哈尔等,实非本心,皆为左右所误,致负大恩。云云。"

武安侯郑亨领中军，兴安伯徐亨、都督马瑛、章安副之。宁阳侯陈懋领左哨：襄城伯李隆、都督朱崇副之。丰城侯李彬领右哨，遂安伯陈瑛、都督费瓛、胡原副之。成山侯王通领左掖，保定侯孟瑛、都督曹得副之。都督谭青领右掖，新宁伯谭忠、都督马聚副之。都督刘江、朱荣等为前锋。会和宁王阿鲁台使至，言马哈木今遣乞塔歹率骑卒至兴和，侦朝廷动静。于是，命刘江等先往兴和，营于城之西，出兵哨瞭。又命谭青率右掖兵，往兴和操备。"

在这以前，和宁王阿鲁台一再遣使报告瓦剌的动静，请求明军出动。于是，成祖便在前一天（五日）举行大检阅，在他使臣面前夸耀明军武威。十一日，送还使臣。

这样，三月十七日，成祖便亲率步马官军五十余万从北京出发。二十九日，过野狐岭到兴和。《实录》和金幼孜的《后北征录》都详细记述了行军的经过。四月甲辰朔，明军在兴和举行大检阅。五日，由这里出发，所经之路几乎和上次相同，路上收服降虏，五月二日，到禽胡山，八日，到广武镇。二十三日，到饮马河，沿河西行，六月三日到达双泉海。① 以上所记的宿营地都曾驻军数日。

双泉海就是撒里怯儿，相传是元太祖的发祥地。《后北征录》叙述这事说：

"（三日）晚，次双泉海，即撒里怯儿，元太祖发迹之所，旧尝建宫殿及郊坛，每岁于此度夏。山川环绕，中阔数十里，前有二海子，一咸一淡。西南十里，有泉水海子一处，西北山有三关口，通饮马河、土剌河。胡人常出入处也。"

元太祖建造宫殿的撒里怯儿地方，就是《元史·太祖本纪》所说的

---

① 但到广武镇以前，和上次行程大致相同，以后就转向东北，不出塔尔集尔集河口方面，径向西北进发，直出托诺山下。这不仅是往土剌河方面的当然路线，即就前后出现在《北征录》的宿次地名来看，也可以推测这里完全不同。安维利（D'Anville）地图里详载了这条分往东西的路线。

"萨里川哈老徒之行宫"所在的地方，也就是今克鲁伦河上游右岸噶老台湖（Khalaghutai Naghur）附近。① 由以上所引，可以明确当时的形势。明军在这里遇到了敌军前锋，又前进到康哈里孩、苍崖峡、忽兰忽失温，和敌军主力进行了决战。

《实录》和《后北征录》都详细记载了这次作战的经过。根据公报记述的《实录》和金幼孜的私人记叙，各有特点，互相对照，颇有兴趣，并能互相补充。这里先摘引《后北征录》于下：

> "初五日晴，午发双泉海，暮至西北三峡口，即康哈里孩。无水。是日前哨马与寇相遇，交锋杀败，胡寇数百人宵遁。初六日晴，晨发三峡口，午次苍岩峡。初七日晴，晨发苍崖峡，午次急兰忽失温。贼首答里巴同马哈木、太平、把秃孛罗，扫境来战。去营十里许，寇四集，列于高山上，三万余人。每人带从马三、四匹。上躬擐甲胄，帅官军精锐者先往，各军皆随后至，整列队伍，与寇相拒。寇下山来迎战，火铳四发，寇惊，弃马而走，复集于山顶。东西鼓噪而进，寇且战且却。将暮，上以精锐者数百人前驱，继以火铳，寇复来战。未交锋，火铳窃发，精锐者复奋勇向前力战，无一人不当百，寇大败，人马死伤者无算，寇皆号痛而往，宵遁至土剌河。上乃收军回营，已三鼓矣。遂名其地曰杀胡镇。"②

《实录》里记载自双泉海以后，屡次打败敌人的前哨，最后戊申（七日）条载：

> "戊申，驻跸忽兰忽失温。是日，虏寇答里巴、马哈木、太平、把秃孛罗等率众逆我师。见行阵整列，遂顿兵山岭不发。

---

① 参看箭内亘《蒙古史研究》第 672 页。

② 《后北征录》古今说海本、第 4—5 页。上引文中，凡有符点的字是古今说海本所无。又"列于高山上，三万余人"句，古今说海本作"列于高山上，可三万余人"。"已三鼓矣"作"已二鼓矣"。——译者

上驻高阜,望寇已分三路,令铁骑数人挑之,虏奋来战。上麾安远侯柳升等,发神机铳炮,毙贼数百人,亲率铁骑击之,虏败而却。武安侯郑亨等追击虏,亨中流矢退。宁阳侯陈懋、成山侯王通等率兵攻虏之右,虏不为动,都督朱崇、指挥吕兴等直前薄虏,连发神机铳炮,寇死者无算。丰城侯李彬、都督谭青、马聚攻其左,虏尽死斗,聚被创,都指挥满都力战死。上遥见之,率铁骑驰击,虏大败。杀其王子十余人,斩虏首数千级,余众败走。大军乘胜追之,度两高山,虏勒余众复战,又败之。追至土剌河,生禽数十人,马哈木、太平等脱身远遁。会日暮,未收兵。皇太孙遣骑兵,四出觇视,知虏已败走,上始还帐中。"

前者的急兰忽失温,当然应按后者改作忽兰忽失温。据《国朝献征录》(卷九)所载罗亨信的《武进伯朱公荣神道碑铭》载,朱荣两次从军出征漠北说:"公随征至玄冥河,追逐虏酋本雅失里,至红山口静虏镇……复征和林、苍崖峡,冲入贼阵,大破雅剌之众。"八年追虏酋本雅失里至玄冥河,确是事实;但如果说追到静虏镇,或说十二年曾出征和林,并非属实,可见这叙述并不精确。说八年到红山口,恐怕也有误,是否应改作在十二年"复征于苍崖峡、红山口,云云"? 雅剌当然是瓦剌的异译。据《国朝献征录》(卷九)所载归有光的《兴安伯徐祥世家》,叙述徐祥之子徐亨从征的经过说:"十一年,亨从驾北征,至红山嘴,败瓦剌于苍嵫峡。"这里的十一年是十二年之误。苍嵫峡是苍崖峡之讹,叙述也不免稍不精确,但红山嘴这个词,却没有错,就是前述《朱荣神道碑铭》里的红山口,也就是蒙古语的"忽兰忽失温"的译名。蒙古语忽兰忽失温(Hulan Khushi-ghun)正是红鼻子(山嘴)的意思。又据《元史》(卷三十一)《明宗本纪》载:明宗从漠北回漠南途中,由秃剌河即土剌河出撒里怯儿间,曾驻跸叫作忽剌火失温的地方。这个忽剌火失温自不必说,《元史》(卷百六十二)《孛忽兰吉传》里的合纳忽石温,恐怕也是指这同一个地点。从上引《后北征录》的叙述看来,可知这地方就是克鲁伦、图拉两河分水岭的顶点,瓦剌兵据守这个要害,试图击退明军。

当时的班师诏书叙述战争的结果说:"朕不得已,躬率六师以讨之。师至撒里怯儿之地,贼兵逆战,一鼓败之。迫至土剌河,贼首答里巴、马哈木、太平、把秃孛罗不度智能,扫境而来。兵刃才交,如摧枯朽,追奔逐北,兽弥禽戮,杀其名王以下数千人,余虏霄遁,遂即日班师。"①《明史》(卷三百二十八)《瓦剌传》等也沿袭《实录》的记述,说是明军大获全胜,然而事实未必是这样。试想明白远征漠北各役,大都没有见到一决雌雄的大会战而告终,唯独这次战役和洪武五年的远征相提并论,显得是取得了辉煌胜利的决战。战役经过在上引《北征录》和《实录》里记述甚详。明军打败了瓦剌军,但同时自己的军队也受了重创,已经没有追击敌人的余勇了,所以《实录》也说:"诸将请追寇。上曰:寇穷矣,何用远追。遂议班师。云云";②战争结束以后,九月、十月间,还不断修筑临边城塞,力防瓦剌。又据朝鲜的《李朝实录》太宗十四年(永乐十二年)九月己丑(十九日)条载,除上引班师诏书外,还提到当时辽东的风传,说:

> "又辽东人皆云:王师与北人交兵,北人伏奇兵,佯败而走,王师深入,奇兵绝其后,围数重,帝以火药突围而出,倍日而还。"

仿佛明军只靠敌人没有而自己独有的新锐武器才得了救。可见《明史纪事本末》(卷二十一《亲征漠北》)所载:"时,瓦剌虽大创去,

---

① 《大明实录》永乐十二年六月己巳(二十八日)条和《李朝实录》太宗十四年(永乐十二年)九月己丑(十九日)条等,都载有班师诏书,文字稍有异同。现依据《永乐实录》。

② 引用文句,见于《大明实录》永乐十二年六月己酉(八日)条。又参照《实录》同年秋七月丙子(五日)、九月癸未、甲午、丁酉,闰九月壬戌、丁卯,冬十月壬午等条,又虽然和本论题没有直接关系,关于这次战役,《国史考异》(卷六)第九条里,也有一段考证。

然杀伤亦略相当。"应该说是持正之论。明军靠这种新输入的神机铳炮,打败剽悍的北敌,不仅是在这次战役,去年在静虏镇打败阿鲁台时,也是这样。《实录》和《北征录》都清楚地记载了这事。又《李朝实录》世宗二十三年(正统六年)六月戊辰条所载给咸吉道都节制使的谕旨中也说:"火炮最御敌之利器也。尝闻中朝于北征之时,非唯放射人赍持,或驮载于马,或使一人赍持从之,随其射尽传授。故御敌之际,甚有利益,云云。"

又,《实录》和一般史料,都说当时明军曾到达土剌(图拉)河畔,但就《后北征录》的文义来看,成祖的兵似乎并未进到土剌河,仅在忽兰忽失温地方逗留两三天以后,就收兵回师了。不过,忽兰忽失温似乎离土剌河很近,明大军前锋某部曾进抵该地,而身居后队的文臣金幼孜,可能知道这种情形而没有记述。这未免也是一种记录上的掩饰,很难设想,成祖的班师诏书里会点出没有到过的地名来。明军在六月十日从忽兰忽失温班师,第二天过三峡口,扫荡了残余敌寇,晚上到达双泉海,循去时的原路回来。七月四五日,经过广武镇、禽胡山,二十一日自兴和入万全,八月一日回到北京。

据《实录》载,在这中问,六月十日到回流甸的时候,成祖遣使把打败马哈木的情况通知阿鲁台。十七日,驻跸三峰山西南,接受阿鲁台使者都督朵儿只、昝卜来朝。又命中官王安带着敕书去慰劳阿鲁台。同月十九日到饮马河西岸,听取都督锁住报告他主人阿鲁台因病不能亲自来朝见的情况,特派指挥徐晟等,赐米百石、驴百匹、羊百只,另赐他的部属米五千石。又,二十五日到野马泉时,和宁王阿鲁台派人来谢恩,同时谢因疾不能亲朝之罪。看来,阿鲁台曾因马哈木强横,感到苦恼,遣使向明廷诉苦说:"请发兵讨之,愿率所部为前锋"。① 而到这时候却称病不来,驻扎在距离明军

---

① 这话出自《大明实录》永乐十一年五月庚子条。

只有几天路程的地方，观望形势。他的根据地无疑是在今呼伦贝尔地方，①他的前哨可能在暗中窥探明军的行动。据《实录》永乐十二年五月丙子(四日)条载，在这次决战开始以前，成祖在禽胡山告诫前锋都督刘江等说："骑士哨瞭，若遇寇东走，即瓦剌之人诣阿鲁台者，西走即阿鲁台部下往瓦剌者，须并执之。盖虏情多诈，不可不察。"成祖所以不逼阿鲁台反而安抚他，不外想羁縻他罢了。

5. 永乐二十年战役

忽兰忽失温战后，瓦剌畏惧，归附了明朝。永乐十三年正月，三王同时遣使入朝谢罪。此后，与鞑靼和宁王阿鲁台竞送入贡，顺事明廷。十四年春，阿鲁台乘势打败马哈木，不久，马哈木死了，瓦剌的势力顿时衰落。十五年年中，似乎曾在兀古者河(乌里杂河)河畔，一度打败阿鲁台。但十七年再度被阿鲁台打败。从那以后，瓦剌受阻于阿鲁台，似乎未能照例向明廷朝贡。这样，逐渐恢复了势力的阿鲁台，便对明廷显出骄蹇的态度。到十九、二十年，竟至威胁起明边来了。② 其中，明人的记录里只说到二十年三月阿鲁台侵犯兴和，守将都指挥王唤阵殁。③ 其实，被侵犯的地方不止兴和，北边一带都遭到了侵扰，特别是阿鲁台属部三卫侵掠辽东的惨状，尤其厉害。

《李朝实录》世宗三年(永乐十九年)十一月辛巳(二十二日)条

---

① 关于阿鲁台的根据地，似乎是在呼伦贝尔方面，可以参看前引《兀良哈三卫的研究》上。原书第220—221页。
② 参看《兀良哈三卫的研究》上。原书第219—220页。
③ 陈建《皇明通纪》(卷五)记这次入侵事说："三月，阿鲁台寇兴和，杀守将都指挥王焕。"郑晓的《皇明北虏考》说："二十年三月，虏攻围兴和，守御都指挥王祥战殁。"《明史纪事本末》(卷二十一)也写作王祥，然《明史·本纪》却说：三月"乙亥，阿鲁台犯兴和，都指挥王焕战死。"据《实录》永乐二十年三月辛巳(二十四日)条载，应作王焕。王祥是后来出名的他的嗣子。

载,当时由辽东回朝鲜的大获军宣存义报告说:"三卫鞑贼摽掠辽东,杀三堡人,都督巫凯等率兵逐之,又签军防御。"十二月辛丑(十二日)条,记述此事如下:

> "仇敬夫还自辽东言:鞑靼兵四十万屯于沈阳路,辽东城门昼不开,易换马送北京,中路见虏四百余匹。"

又世宗四年(永乐二十年)二月庚子(十三日),从北京回来的正朝使通事孔蒉说:"达达侵扰边鄙,道路不通。"又,五月辛巳(二十五日)条载:

> "贺节日使吴升、马籍、赍进官许眈等回自京师,言:达达布满辽东广宁、山海卫等处,掠夺不已,以故昼则登山四望,夜乃潜行。传闻,北京以北及西北甘肃等处,皆被其害。三月二十二日,皇帝亲率大军北征,诏诸路,益发军马会行在所。"

这里所说的辽东之寇,就是《明实录》永乐二十年春正月壬午(二十四日)条所说:

> "礼部尚书兼都察院事吕震劾奏:总兵官都督朱荣镇守辽东,不谨斥堠,致虏乘间犯边,杀伤军民,劫夺孳畜,荣及辽东都司官并广宁备御都指挥王真、周兴等,俱合付法司治之。上命姑记其罪,令立功以赎。"

朝鲜的报道虽然有些夸大,但明人记录自己的失败,总是极尽掩饰之能事。

总之,这时,成祖又感到必须讨伐阿鲁台了。于是,永乐十九年六七月间,就不断征调辽东、山东、河南、山西各卫的兵马。命令襄城伯李隆督运粮秣二十万石到口外,部署将领,并准备亲巡北边。适值阿鲁台听到消息就逃跑了,退到遥远的北方去了,成祖因而也就中止了这次讨伐。[①] 阿鲁台虽暂时北迁,但绝非由于势挫而

---

① 参看《实录》永乐十九年六月丁巳、戊午、庚申,又秋七月癸亥、乙丑、己巳、戊子等条。

屈服于明廷,因而,成祖终于决定再次大举亲征。把一度动员的兵士暂时遣回,改定第二年二月,大举征集天下兵马。《实录》永乐十九年秋七月庚寅(三十日)条载:

> "敕山西行都司都指挥李谦、盛全、率所领军还大同。俟明年二月,至万全。"

又八月各条所载,即属此事:

> "癸巳(三日),敕辽东总兵官都督朱荣,山东都指挥王真、河南都指挥张祯、山西都指挥朱铭等,率所领军马还卫,俟明年二月至北京。"

> "庚子(十日),敕后军都督佥事章安,罢遣所领官军还各卫,候明年二月赴宣府。"

> "甲寅(二十四日),敕西宁、庄浪、平凉、巩昌、岷州、河州、临洮、洮州诸卫,选精锐土军,不限名数,令土官都指挥李英、指挥鲁失加、刘芳、赵安、千户哈剌苦出、董暹、张永等领之。以明年三月至北京。"

> "丙辰(二十六),敕镇守宁夏宁阳侯陈懋,选步骑六千五百,以明年春,率兵至北京。"

> "丁巳(二十七日),敕陕西都司,中都留守司、直隶徐、扬、邳、宿、沂、淮安、武平、归德、睢阳九卫,西安三护卫,通选步骑一万四千三百,都司各委能干指挥,各卫委能干指挥率领,以明年春,至北京。"

前三条是一度征调而又遣还的,后三条则完全是新征发的。

这样,成祖拒绝了各大臣的谏阻,大兴馈运。二十年三月乙亥(十八日),听说阿鲁台兵又犯兴和,即于戊寅(二十一日),急急忙忙由北京出发,辛巳(二十四日)到达今保安西北的鸡鸣山,听到敌人已经逃遁,就说:"虏非有他计能,譬诸狼贪,一得所欲,即走。追之徒劳。少俟草青马肥,道开平,逾应昌,出其不意,直抵窟穴,破之未晚。"便暂在宣府、独石等地巡边。夏四月初,命武安侯郑亨带领兵卒一万人修筑龙门道路。辛丑(十五日),到龙门。乙卯(二十九日),驻跸云州,举行大检阅。五月辛酉(五日)端午节,经过独石,严格操练营阵之法。乙酉(二十九日),到开平。六月己丑(四日),经过通川甸。壬辰(七日),经过清平镇。这时曾听说虏侵犯万全,也不去理睬,一路北进。七月己未(四日),到达阔滦海即呼伦泊以北的杀胡原。①然阿鲁台已把他的全部马驼牛羊辎重弃在阔滦海这边,带着家属逃遁了。于是,成祖便召回前锋都督朱荣、吴成等,派兵收集虏所弃的牛羊驼马、焚其辎重,说:"朕非欲穷兵黩武也。虏为边患,驱之足矣,将士远来,亦宜休息。"遂命旋师。但是,就这样回去,可能觉得不够万里远征的意思。当夜又召集各将领,说:"所以羽翼阿鲁台为悖逆者,兀良哈之寇。今阿鲁台狼狈远遁,而兀良哈之寇尚在,当还师剪之。"便掉转马头指向东南,先选步骑二万人,分五路进发,迂回捣毁敌人的根据地,亲自率领精锐数万人,跟在后面,命武安侯郑亨、成山侯王通、阳武侯薛禄率领大营各军走在最后。成祖军辛酉(六日)到清水泊,庚午(十五日)到达兴安岭东的屈裂儿河畔。在这里遇到根据地已被捣毁而西走的兀良哈的大部队,予以歼灭,并在这个月月末以前,平定屈裂儿河南北地方,俘获数千人,颁赐军士们牛羊马驼十余万只,复又回到兴安岭西边。八月辛丑(十七日),过开平,由独石、云中入关,九月八日返抵北京。②

　　清水泊可能是今贝尔泊(Buir Naghur),屈裂儿河不外是洮儿

①《北征前后录》八年、十二年,《北征记》二十二年各处都没有这次战役的记录。以上所说都是依据《实录》。关于当时的营阵法,《实录》永乐二十年五月癸酉(十七日)条说:"下令军中,牧放樵采,皆不得出长围之外,时营阵,大营居中,营外分驻五军,建左哨、右哨、左掖、右掖以总之。步卒居内,骑卒居外,神机营在骑卒之外,神机营外有长围,各周二十里,云云。"由此可知行军用心周密的情形。

② 这条亦皆依据《实录》,故日期都用《实录》的干支表示。

71

河上游的一个支流归勒里（Güiler）河。① 关于这次战役的经过情形，池内博士已有研究，我也曾有过论述，②这里从略。据《实录》宣德二年九月乙未（十日）条所载安远侯柳升的简历，说："扈从北征，至苍崖峡，鬼力儿河、庆州，皆与有劳，云云。"苍崖峡是十二年忽兰忽失温战役时的地方。鬼力儿河肯定是屈裂儿河的异译，庆州也可能这次去征讨过。明朝经略庆州即今巴林的察罕城方面，洪武年间曾屡次见到，唯在永乐年间记录绝没看到。但据《明史稿》（卷一百三十六）、《明史》（卷一百五十四）的列传说：柳升起自燕王麾下燕山护卫的百户，成祖出塞时每次随从立功，但洪武年间似并没有北征。所以，《宣德实录》里所见到的庆州，必定是这次征讨屈裂儿河时到过的地方。③

再者，这虽不是柳升的事，但当时分别派遣的那些将领之中，似乎确有没到兴安岭西成祖麾下，而直接从东路回北京的。《实录》永乐二十年八月戊戌（十四日）条载：

> "诸将先受命征兀良哈者奏云：已入寇穴，寇悉众来敌，大败之，斩首数千级，余众溃而西走，尽收其人口孳畜。先道大宁，入喜峰口俟驾。"

又九月壬午（二十八日）条载："监察御史王纲等劾奏都督吴成等随征之时，奉命往征兀良哈，不赴行在复命，径从东路还京。云云。"④

---

① 箭内亘《蒙古史研究》第 592 页。

② 池内亘《鲜初的东境与女真的关系》；拙稿《关于兀良哈三卫的根据地》，原书第 147—148 页。

③ 据焦竑的《国朝献征录》（卷九）所载归有光的《兴安伯徐祥世家》叙述这时徐祥之子徐亨从征的事，说："二十年，至渠列儿河、天城等地。"天城的地位不详，渠列儿河是屈裂儿河、鬼力儿河的异译。《实录》宣德四年六月乙酉条载，左军都金事吴守义，永乐时"复从征至鬼里列儿及拾敦之地，皆有功。"这个鬼里列儿也是同一条河。又，元代把这条河也写作贵烈河、贵列儿河、龟剌儿河、曲列儿河等。（参看箭内亘《蒙古史研究》第 592 页。和田清《内蒙古各部落的起源》第 268 页）。

④ 《实录》在这段文字下面，接着说："及上飨从征将士，成等以有过，不与上列，径自趋出，无人臣礼，不治之，无以警众，上曰：御史言当，然成等功过相等，姑宥之。"《明史》（卷百五十六）、《明史稿》（卷百四十四）有《吴成传》，说他原是辽阳房人买驴之后，可能不习中国礼仪。

从屈裂儿河方面分路经大宁入喜峰口的军队,毫无疑问,这时候曾去征讨庆州,因为兀良哈寇当时已进到这方面。因此,成祖的本部军马,下一步是先出独石口,沿着兴安岭西坡向北进军,一直进到呼伦泊以北,从这里转锋东南,从喀尔喀河上游到达洮儿河,在那里平定了岭东的余寇,又折回岭西,由开平入独石。另一部分军队则沿着兴安岭东坡南下,由庆州、大宁入喜峰口返回。本部军马之所以从岭西返回,必定和前次一样,有必要和留在后方的辎重等取得联络。《实录》七月甲申(二十九日)条载:"敕开平备御成安侯郭亮,发官军馈运赴行营。"八月乙酉朔条载:"命新宁伯谭忠等,往开平趣馈运。"

试看当时输送辎重的部分情形。《实录》永乐十九年十一月甲申(二十五日)条叙述国内馈运的情形说:

> "上将亲征阿鲁台。于是,命侍郎张本、都御史王彰等,分往山西、山东、河南三布政司,直隶应天、镇江、庐州、扬州、淮安、顺天、保定、顺德、广平、真定、大名、永平、河间十三府,滁、和、徐三州,督有司造车,发丁壮挽运,期明年二月,至宣府馈运。"

又,二十年二月乙巳(十八日)条,说明塞北输送的情形最详,记述如下:

> "命英国公张辅等,同六部官,议北征馈运。辅等议分为前后运,前运随大军行,后运稍后。前运合用总督官三人,隆平侯张信、尚书李庆、侍郎李昶。车运驴运各分官领之。领车运者二十六人。泰宁侯陈瑜、都督张远、吴颙、都御史王影、侍郎张本、伏伯安,指挥十人,郎中、员外郎、主事五人,监察御史五人。领驴运者二十五人,镇远侯顾兴祖、都督章安、尚书赵羾、侍郎崔衍、都指挥李得,指挥十人,郎中、员外郎、主事五人,监察御史五人。后运惟车辆,合用总督官二人,保定侯孟

瑛,遂安伯陈英。为之副者二十七人,侍郎郭敦、都指挥陈景先,指挥十人,监察御史五人,郎中、员外郎、主事十人。仍命孟瑛、陈英,率领马军一千,步军五千护送。前后运共用驴三十四万头,车十一万七千五百七十三辆,挽车民丁二十三万五千一百四十六人,运粮凡三十七万石。从之。"①

《明史纪事本末》(卷二十一《亲征漠北》)也简述此事,并说:"运粮三十七万石,并出塞分贮"。② 又据《李朝实录》和《大明实录》载称:这次和前次及上前次一样,也曾征发朝鲜的马匹,并命建州毛怜等女真的兵从军。③

这样反复花去繁难的准备和耗费巨大的军费,纵令那样的明朝一定也要感到疲敝,明代军民也和唐代诗人一样深感征戍的痛苦。《李朝实录》太宗十二年(永乐十年)冬十月戊辰条载:因为"困于鞑靼之戍",辽东人李哲、金禾等,率父母妻子弟侄逃到了朝鲜国昌城境内。又十四年(永乐十二年)九月己丑条载从明朝京师(南京)回来的通事元闵生的报告说:

> "帝还京,将赴征时,逃军及从征军士之妻妾奸他夫者,每日亲决,斩首于阙门外,数至百余。"

由此可见,成祖该是多么憎恶逃军,反之,又是多么同情忠实从军的士卒。同时,不也可以由此推测厌战的男女为数相当之多吗?明人的史料里几乎没有这类的记载,不过,当这二十年的出征时,

---

① 按《明实录》影印国学图书馆传抄本、第五十二册、永乐实录卷百二十二、第3页,"吴�"作"吴颙",又"章安"作"张安","遂安伯陈英"作"遂安伯陈瑛","为之副者二十七人,侍郎郭敦、都指挥陈景先,指挥十人"作"为付者二十七人",无"侍郎郭敦"等十四字。——译者

② 《实录》和《纪事本末》,往往文字不同。其中,如《纪事本末》里,保定侯孟瑛写作孟谟,又如车十一万七千余辆,写作车一十七万七千余辆,必定是错误。其他,想是《实录》钞本误写的地方,也相当多。那些显然错误的,这里都订正了。

③ 《李朝实录》太宗十年(永乐八年)三月癸酉,又十三年(永乐十一年)秋七月乙未,又世宗四年(永乐二十年)春正月辛未等条,以及《大明实录》永乐八年八月乙卯,又十六年春正月己未,又二十年夏四月庚寅等条。

所有当朝大臣都曾一起表示反对,却是最引人注意的史实。现据简明的《明史纪事本末》(卷二十一《亲征漠北》),略举如下:

> "上命大臣集议。户部尚书夏原吉等共议:'宜且休养兵民,严敕边将备御'。未奏,会上召兵部尚书方宾。宾言:'今粮储不足,未可兴师'。遂召原吉,问边储多寡。对曰:'仅给将士备御之用,不足以给大军'。且言:'频年出师无功,戎马资储,十丧八九。灾眚间作,内外俱疲。况圣躬少安,尚须调护,勿烦六师'。上不怿。令原吉往视开平粮储。既而刑部尚书吴中入对,与方宾同。上益怒,宾惧,自缢。命锦衣官,取原吉还……及至,上问亲征得失,具对如初。上令同中系于披庭狱。"

这是永乐十九年十一二月间的事。夏原吉是当时知名的大臣,方宾、吴中都因才干取得成祖的信任,而且都是上年扈从北征参与机密的宠臣。这时竟获忤旨之罪。方宾自缢后还把尸体的头割下来,夏原吉、吴中也长期被关在狱里,直到下一代仁宗时期才获赦。[①] 成祖这次出征,在边塞梭巡很久,没有轻率长驱,原因之一恐怕也是由于经济的情况吧。

6.永乐二十一年战役

永乐二十年征伐阿鲁台的战役,最初虽然遭到在朝各大臣的反对,但结果仍然远征漠北,既没有遇到敌酋,其进讨的效果也不会很理想,因而成祖又继续计划新的出征,以竟全功。《实录》永乐二十一年秋七月戊戌(十五日)条载,因传来阿鲁台来侵的战报,成祖赶紧召集各将领,谕曰:"去秋寇犯兴和,朕躬率师,捣其巢穴,寇

---

① 《明史》(卷百四十九)《夏原吉传》、(卷百五十一)《方宾、吴中传》等。

仓皇远遁，遂尽收其马牛辎重，复东剿贼党兀良哈之众，禽戮其人，获其马驼牛羊，寇之穷甚矣。今必以朕既得志，不复出，故敢萌妄念，朕当率兵，先驱塞外以待之。虏不虞吾兵已出，而轻肆妄动，我因其劳而击之，可以成功。"即日部署各将领，特"命宁阳侯陈懋等居前锋，先驰攻虏之西。"于是，二十四日就由北京出发，三十日到宣府（今宣化），八月二十七日到万全边外的沙城，九月十日驻万全西边的西阳河。在这里得到了阿鲁台已被瓦剌打败的报告。《实录》永乐二十一年九月癸巳条载：

> "虏中伪知院阿失帖木儿、古纳台等率其妻子来降。备言：'阿鲁台今夏为瓦剌顺宁王脱欢等所败，掠其人口马驼牛羊殆尽，部落溃散，无所属'。又曰：'彼若闻天兵复出，疾走远避之不暇，岂复敢萌南向之意'。"

脱欢是顺宁王马哈木的儿子。当时乘阿鲁台与明失和的机会，打败了他。

成祖仍然驻扎在边塞上，前后接受许多寇虏来降。其中成问题的是十月七日驻在今万全以北上庄堡时，接受也先土干的投降。关于也先土干归降的经过，《实录》同一天的一条里载：

> "甲寅（七日），驻跸上庄堡，宁阳侯陈懋等奏：'迤北鞑靼王子也先土干来归'。时，懋为前锋，探知虏在饮马河北，为瓦剌所败，追至宿虿山口，遇也先土干率妻子部属来归。懋遣人驰奏，仍附进也先土干奏书。"

他的奏书里书有因与阿鲁台不和而来降的情由，最后说明："也先土干者，在虏中以黠桀自豪，故尤为虏人所忌云。"接着，同月己巳（二十二日）条记述宁阳侯陈懋等带领也先土干和他的部属入见，成祖大喜，说："远人来归，宜有以旌异之，"立即封也先土干为忠勇王，赐姓名为金忠。并以他的来降为借口，决定结束这次毫无结果的出征，班师而回。这样看来，也先土干似乎是从漠北来投降的。

在郑晓《皇明北虏考》等书里有："十月，先锋将陈懋至饮马河北，遇鞑靼王子也先土干率其妻子部落来归，封为忠勇王，赐姓名金忠。"但事实绝不是这样。

首先，据李贤的《宁阳侯赠浚国公谥武靖陈懋神道碑》记述陈懋当年的武功说：

> "二十一年，诏公统陕西、宁夏、甘肃三镇兵，出剿叛虏。公率众，直抵贺兰山，捣其巢穴，尽收其酋长也先土干部落及其牛马驼羊数万，凯还。上大悦，宠赉有加。"

又邓廷瓒的《伏羌伯赠伏羌侯谥武勇毛公忠传》里记述毛忠的战功如下：

> "年二十，代父领兵，进征夏宁，而贺兰山后，擒番王也先土干并部众马驼以归。"①

当时，成祖始终没有离开万全、宣府边境。陈懋是前锋，确曾抵挡西面的敌虏。综合这些情况看来，也先土干显然是在贺兰山后被陈懋等擒获的，绝不是从饮马河即克鲁伦河以北来降的。关于宿嵬山，虽然《读史方舆纪要》（卷十八《开平故卫》）里载："又有宿嵬山在兴和北，亦曰宿嵬口，度漠处也。永乐二十一年北征，遣先锋陈懋追阿鲁台，至宿嵬山，不及而还。《北征录》云：宿嵬口在饮马河北，成祖追元兵至此。"可是，《北征录》里当然并没有这段文字，这种解释很荒谬。《实录》所说的："宿嵬山口"，肯定就是《大清一统志》（卷四百八之一）《乌喇忒部·山川》条所说"宿嵬山在旗东一百一十里，蒙古名札拉。云云"的宿嵬山山口，地近今包头方面。所以，这里所说的"贺兰山"是颇为广义的。陈懋等军出宁夏，绕过黄河，到了阴山山下，也先土干等应该是在这里擒获了。

---

① 《宁阳侯陈懋神道碑》载在焦竑《国朝献征录》（卷七）和程敏政的《皇明文衡》（卷七十八）里，《伏羌伯毛忠传》也载在《国朝献征录》（卷九）里。（按明万历徐象乾刻本、卷九、第56页"而贺兰山后"作"至贺兰山后"。——译者）

黄河以北、阴山以南本是残败的北虏逃亡的地区。这时,阿鲁台被瓦剌脱欢打败,肯定是他的残党也先土干逃到这里,成了陈懋等的俘虏。因此,《实录》说自漠北来投,也并不是没有几分道理。不过,它叙述得暧昧,以至使人把它理解成几乎是来自漠北,这可能另有原因。试看也先土干这个名字,自从出现在《实录》永乐十四年三月壬寅(十日)条以后,十七年五月庚申(十六日)、十八年春正月己未(二十日)、特别是这次征伐前不久的二十一年秋七月戊子(十日),都曾数次遣使来朝,是和阿鲁台并列的大酋,确是事实,但并没有把他说成"鞑靼王子",是蒙古王族的证据。反之,据《实录》宣德六年八月辛酉条叙述也先土干之死说:"太保忠勇王金忠卒。忠初名也先土干,元太保不花六世孙。云云。"可见显然是元臣的后裔,而不是蒙古的宗室。然而,把他勉强称作"鞑靼王子",赐给他前后无与伦比的降者的王号,倒是这问题的关键所在。盖成祖当时发动无名之师而毫无战功,在边境上停留了好几个月,正苦于没有理由班师。恰在这时,擒住了也先土干。他是虏中的大酋,就夸大说成是"鞑靼王子",把他的投降捏造成无比重大事件,用来作为差强人意的面子,找到班师的口实。《明史》(卷一百五十六)《金忠传》明确叙述说:"时,六师深入,寇已远遁,帝方耻无功,见其来归,大喜,赐姓名,封忠勇王。"正因为含有这样一个花招,所以才产生了像《实录》记述那种暧昧不明的情形,以至引起了《皇明北虏考》等书的误解。成祖这次还京是永乐二十一年十一月七日。据《实录》宣德二年五月丙申条载:当时也曾征调朝鲜马两万匹。

7.永乐二十二年战役

成祖恐怕因匮粮不继,没能深入漠北,永乐二十年、二十一年两次都白白地让敌酋逃脱了,没能达到目的。因此,二十二年,又勉强率领亲征大军出发,在路上"犯二竖",崩于蒙古沙漠之中。《实录》和杨荣的《北征记》等书都详细记述了经过情形。但《实录》唯有有关各条,只是割裂分录了当时扈从随征的大学士杨荣所著《北征记》的文句,并无突出的价值。[①] 现在为了方便,参考两者,简略叙述这次战役的概况。最初,由于忠勇王金忠等的劝诱,决定再度北征的成祖,得到这年正月阿鲁台来犯的报告,立即征发山西、山东、河南、陕西、辽东五都司的兵,三月二日举行大检阅,决定各将领的部署。四月四日从北京出发。二十五日出独石,到隰宁,捕获敌方间谍,得知阿鲁台等在答兰纳木儿河附近。《北征记》的记述如下:

> "庚午(二十五日)发独石,次隰宁。忠勇王所部指挥同知把里秃等获虏谍者言:'虏去秋闻朝廷出兵,挟其属以遁。及冬,大雪丈余,孳畜多死,部曲离散。比闻大军且至,复遁往答兰纳木儿河,趋荒漠以避。所以遣谍者,虑闻之不实耳。'上曰:'然则寇去此不远。'遂命诸将速进。"[②]

隰宁距离独石口北三十七华里,在今石头城子左近。[③] 答兰纳木儿河是现在的喀尔喀(Khalkha)河的支流纳墨尔根(Nemergen)河。[④]

于是,明军于五月五日到达开平。十三日从开平出发,十六日到威信戍,十七日过通川甸,二十二日过清平镇,六月十七日到达目的地答兰纳木儿河。但敌人早已逃走,只看到荒尘野草,并没有

---

① 《实录》和《北征记》互为母子关系,是一目了然的。但哪个是初本?哪个是模本?一时颇难肯定。但如后所述,《北征记》的文句稍长而详尽,《实录》的文句简赅而有缺漏。这就是我所以记录内容虽像《实录》那样,但以《北征记》为蓝本,而以《实录》为摘抄本。我想记述这些塞外事情,可能缺乏资料,所以《实录》的编者就暂借大学士杨荣的笔记,加以补充了。正统临戎时期,也有这类事例。

② 这条,《实录》和《北征记》间,除两三处文字不同外,无太大差别。不过,《实录》说:"复度答兰纳木儿河,趋荒漠以避。"却不如本文所说"复遁往",前后较能呼应。

③ 参看池内博士的《鲜初的东北境与女真的关系》(《满鲜报告》第五册、第358页)。

④ 参看前引《关于兀良哈三卫的根据地》原书第144—146页。又,叶氏的《四夷考》等,把答兰纳木儿河写作答口兰纳木儿河,显然是衍误。

北虏的踪影。因此,成祖在附近梭巡几天,便分派各将领搜索山谷。周围三百里内,并无一人一骑的踪迹。远到白邙山的前锋宁阳侯陈懋、忠勇王金忠等也空手回来。二十一日,便决意班师。杨荣的《北征记》叙述经过情形如下。《实录》的文句也只是把这段文字精减了一些而已。

"庚申(十七日),次天马峰,上以大军继进,行数十里。懋等遣人奏言:'臣等已至答兰纳木儿河,弥望惟荒尘野草,虏只影不见,车辙马迹亦多漫灭,疑其遁已久。'上遣英国公张辅、成山侯王通等,分兵山谷大索,仍命宁阳侯陈懋、忠勇王金忠,前行觇贼。车驾进驻河上以俟。壬戌(十九日),发河上,次苍石冈。英国公张辅等相继引兵还。奏曰:'臣等分索山谷,周回三百余里,一人一骑之迹无赌,必其遁久矣。'癸亥(二十日),次连秀坡,宁阳侯陈懋、忠勇王金忠还。奏曰:'臣等引兵抵白邙山,咸无所遇,以粮尽故还'。于是,英国公张辅等奏曰:'愿假臣等一月粮,率骑深入,罪人必得。'上曰:'今出塞已久,人马俱劳,虏地早寒,一旦有风雪之变,归途尚远,不可不虑。卿等且休矣。朕更思之。'甲子(二十一日),次翠云屯,召英国公张辅等谕曰:'昨日之言,朕思之,不可易也。古王者制夷狄之道,驱之而已,不穷追也。且今孽虏所存无几,茫茫广漠之地,譬如求一粟于苍海,可必得耶?吾宁失有罪,诚不欲重劳将士。朕志定矣。其旋师。'"①

① 这条《实录》记述如下:(加·号的是《实录》有、《北征记》没有,带〔 〕号的是《北征记》有,而《实录》缺的字。)

"庚申,车驾次天马峰,〔上以大军继进〕,复行数十里,守阳侯陈懋等遣人奏〔言〕:臣等已至答兰纳木儿河,弥望〔惟〕荒尘野草,虏只影不见,车辙马迹〔亦多〕皆漫灭,疑其遁已久。上遣英国公张辅、成山侯王通等,分兵山谷大索,仍命〔宁阳侯陈〕懋及忠勇王金忠,前行觇贼。车驾驻〔进驻〕河上〔以俟〕。壬戌,车驾〔发河上〕次苍石冈,英国公张辅等〔相继引兵还,奏曰:臣等分索山谷,周回三百余里,无一人一骑之迹〔迹无睹,必其遁久矣〕。癸亥,车驾次连秀坡,宁阳侯陈懋、忠勇王金忠〔还奏曰:臣等引兵抵白邙山,咸无所遇,以粮尽〔故〕还。(下略)"
(转下页)

可见明军从答兰纳木儿河上出发,更向苍石冈、连秀坡、翠云屯等地移动。但这些地方究竟在哪里现在还弄不清楚。《李朝实录》世宗六年(永乐二十二年)九月乙未(二十三日)条所载当时成祖的班师诏里曾说:

> "进兵至答兰纳木儿河,穷搜极索,直抵白邙山,四望肖条,旷无人迹。遂移师东行,逾屈裂儿河,复涉涛温河,捣贼尊党,阅其巢穴,悉以倾荡,耕牧之地,尽为荒墟。是用班师还京。"①

这时也和二十年战役时一样,移师东行,扫荡了敌人的同党兀良哈的巢穴屈裂儿河、涛温河流域,破坏了他们的耕牧地就走了。《明实录》宣德四年二月甲午条说:亦马剌、兀者、弗提、屯河等女真各卫,遣使来朝,说:"昨大军至兀良哈,诸卫皆恐怖,虑不自保。"明宣宗答复说:"兀良哈有罪,则朝廷讨之,岂肯滥及无罪。尔等但安分守法,即长享安乐,何用恐怖",就是这次的事。② 屈裂儿河当然就是归勒里(Güiler)河,涛温(Taghun)河必定是它的本流洮儿(Taghur)河。北魏时代曾出现过太鲁水(洮儿河)的名字,是这一带有名的大河。③

六月二十一日,明军遂决定班师。把军队分成两路,成祖亲自率领骑兵往东走,武安侯郑亨等率领步卒往西走,决定会于开平。二十三日,成祖从翠云屯出发,到苍玉涧,第二天过清流峡,七月七

(接上页)《实录》的文句,有很多脱落,而《北征记》文字前后连贯。《实录》还有把每天的记述独立起来的倾向。如果《北征记》是抄袭《实录》的,那么,就应该有这种文字上的不同了。白邙山,《李朝实录》写作白邙山。这里是照《实录》和《北征记》写的。

① 《明实录》永乐二十二年秋七月戊子条也有这次北征班师的诏书。诏曰:"朕亲率兵至答兰纳木儿河,穷搜极索,直抵白邙山。四望萧条,旷无人迹。因念王者之伐夷狄,驱之而已,遂用班师。"

② 这也可解释为或许是宣德三年秋宣宗亲征,在会州宽河讨伐兀良哈。但亦马剌、兀者、弗提、屯河等各卫是松花江中流以下的部族,所以不会对会州宽河的讨伐战有戒心。还是应该把它理解为永乐二十二年的征伐战。宣德四年是永乐二十二年后五年。

③ 《魏书》(卷百)《勿吉传》作鲁太水,《元史》等也作塔兀儿河。涛温水这个名字,也作为今松花江的支流屯河出现过(参看《满洲历史地理》二册,第408—409页)这里的涛温河当然不是屯河。

日,驻扎在清水源,磨数十丈石崖勒功,云:"使万世后,知朕亲征过此也。"①十六日到苍崖戍,突然患病,十七日移至榆木川,十八日就死了。② 关于这件事,明人的记录里别无秘闻。朝鲜《李朝实录》世宗六年(永乐二十二年)九月癸酉朔条,记述辽东传来的皇帝讣报以后,载有种种传说,有的说:"皇帝与鞑靼相遇交兵,阿录大战死。"有的则说:

> "忠勇王(金忠)自请招安鞑靼,扈驾而行,未知去向。皇帝行在所雨冰如瓦,军人或打臂,或碎头而死,马亦多折项而死,皇帝以此劳心而崩。"

阿录大可能就是阿鲁台。传说他被打死了,和皇帝与鞑靼交兵,这些都是虚构。然说行军途中遭到大雨雹、皇帝劳心而死,或者有几分属实。《李朝实录》世宗七年二月丁巳(十七日)条,还载有明廷使臣内官尹凤传告朝鲜总制元闵生的话,说:

> "其时,事不可说。北京距榆木川不迩,自榆木川以北,奚止八九倍,銮舆入幸逐中山王,阿禄太王使人曰:'予自昔受赏与爵,不可以拒大军。自东逐我,则我乃西走;自西逐我,则我乃东走。'终不与战。不幸皇帝病亟,还而至榆木川而崩。崩后大军与三卫兀良哈再战,我军被虏不知其几千人也。"

"銮舆入幸逐中山王"一句,颇难理解。阿禄太王就是和宁王阿鲁台,中山王也许是和宁王的讹误,文意必定是"銮舆入漠,逐和宁王"。③ 总之,阿鲁台东奔西走躲避战争,确是事实。最后所说"崩后大军与三卫兀良哈再战,我军被虏不知其几千人也",或许有些

---

① 《北征录》说:"庚辰(七日)次清水源。道旁有石崖数十丈,命大学士杨荣、金幼孜,刻石纪行,曰:使万世后,知朕亲征过此也。"《实录》里,庚辰下加车驾二字,"石崖"下面加了个高字,"万世后"三字作后世二字。
② 榆木川,《实录》和罗本《北征记》写作榆林川。两者都是有榆树原野的雅名,今取义文义通顺者,按通行本作榆林川。《李朝实录》叙述当时事件,也作榆木川,如以后所引证那样。
③ 所谓中山王,实是徐达的王号,但这里不应该出现徐达。

影子,也未可知。

在明人的记录里当然见不到这类事。成祖崩后,大学士杨荣、内臣马云等秘丧急驰。二十七日,过通川甸,二十九日到武平镇,和先前分别前进的武安侯郑亨等所领步军会合,八月一日过开平,入陨宁、云州,十日到达北京。据《实录》永乐二十二年三月壬辰等条说:这次战役也曾有女真毛怜卫酋从军。总之,成祖的远征到此结束,同时明初对蒙古的积极经略,也到此告终了。

现在考察一下上述地名。这次征伐的路线和二十年时的路线几乎相同。关于开平以南的地名,已有箭内、池田两博士的研究,①大概没有什么问题。反之,开平以北,在沙漠地带的宿次,却完全不清楚,并没有考证的余地。只是答兰纳木儿河以东,成祖所经过的苍石冈、连秀坡、翠云屯等处,无疑就是今洮儿河、归勒里河上游地方。从翠云屯折回时,途经苍玉涧、清流峡,从这些地名来看,可以设想是在兴安岭里面。其次到了富平川、长清戍,才走出兴安岭以西,沿岭西坡南下。清水源的磨崖碑应该在这方面寻找。成祖崩殂的地方——榆木川,必定也在这方面。从所说"由开平北行十一日程"来看,想来必定是今乌珠穆沁部东南一带。据《北征记》所述来计算,②从翠云屯到开平大约是二十四、五天路程,因此,开平往北走十一天路程的榆木川,应当在它南面的三分之一路程的地方,而由翠云屯大约十二天路程的清水源,必定在它北面的三分之一路程的地方。

还有一个问题就是通川甸和清平镇的位置问题。这是因为据金幼孜的《北征录》载:"通川甸,即应昌东二海子间,云云。"应昌的遗址在今达里泊西南岸,因此,所说其东二海子间,正应当在它东

---

① 箭内亘的《蒙古史研究》第752—768页,池内宏的《鲜初东北境与女真的关系》(《满鲜报告》第五册、第307—308页和第358—390页)。

② 因为时常在某地停留,所以进军旅程同单凭日数计算就不一致了。

面并列的达里泊和汪牛泡子之间,但据《实录》和杨荣的《北征记》载:"清平镇即元之应昌路,"而且通川甸和清平镇之间,还隔着长乐镇、香泉泊、环翠冈、永宁戍等几处宿营地。应昌,明初也常有往来,至今还留有遗迹,所以当时成祖一行绝对不会弄错了。而且二十二年班师诏书里也有"师驻应昌,前锋获虏声息,云云"。① 往征途次,驻于应昌无疑,因而,首先必须相信《实录》和《北征记》的"清平镇即元之应昌路"这句话。反之,《北征录》所说"通川甸即应昌东二海子间",并不是说到过应昌,只不过是听到的说明。而且这还是在永乐初次亲征的时候,对漠北情形还不十分清楚。因此,可能是传闻之误,完全不足凭信。据《北征记》载,通川甸距开平北只有急行一天多的路程。《李朝实录》世宗六年(永乐二十二年)六月丁卯条所载奏闻使总制元闵生的信也说:"五月十六日,臣及到开平迤北一百余里行在所,皇帝引见,云云。"所说"开平迤北一百余里行在所",是指通川甸正南的威信戍,通川甸大约在开平以北不到二百里的地方,这样就太近了,绝不会到达里泊湖畔应昌以东。又据《北征记》载,这次征伐往返都曾经经过通川甸,而清平镇却只有去时经过,回程并没有路过该地。这是因为清平镇就是应昌,位置偏西,所以归途急驰的成祖军队没有经过这里,再和永乐八年从兴安岭以东回来的军队只经过通川甸而没有经过清平镇合起来看,这种推测就可得到证实。因此,我在这里采取"清平镇即元之应昌路"的说法,觉得理应舍弃《北征录》所说"通川甸即应昌东二海子间"的说法。②

在这以前,永乐十六年,瓦剌马哈木之子脱欢承袭父位任顺宁

---

① 《大明实录》永乐二十二年秋七月戊子条。《李朝实录》世宗六年九月乙未条,也载有此诏书,并说:"师驻应昌",云云。

② 我尝根据《北征录》的脚注立论,(原书第145—146页)这次改正说法,多少有些需要更正。然全都是考证战场上不著名的地方,也无关宏旨,现在为了避免麻烦,暂且不论及这事。

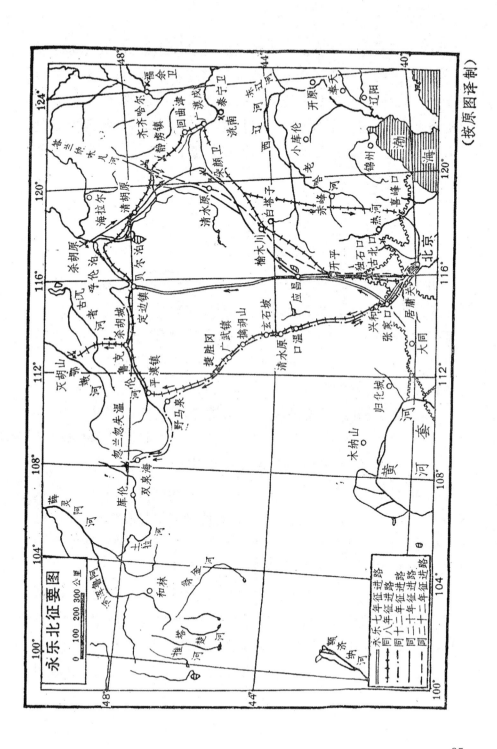

（按原图译制）

王,然同贤义王太平和安乐王把秃孛罗都衰微不振,在这几次战役中,可能都采取了远离旁观的态度。到永乐末年以后,才又逐渐继续向明廷朝贡。阿鲁台也在成祖死后立即与明通款,获得赦罪后经常通贡了,但逐渐被瓦剌所压倒。洪熙、宣德以后,明朝也只是尽力招抚而已,不久就放弃开平卫,筑长城以自守,再也没有主动地出军经略它去了。

结 束 语

明初的蒙古经略,看来是有一定方针的。这从反复用兵所经的路线就可以看得很清楚。太祖、成祖二帝的兵马,虽曾几次征伐兀良哈,但绝不从蓟北直接北上,而必迂回独石、宣府。出兴安岭西,从西方向虏进攻。这确是为了防止败窜的敌人逃往西方与大虏会合。在明初整个北方经略里,始终贯彻执行了这种方针。这样,最初经略满洲时,就直抵长白山北麓,首先切断朝鲜和北元、女真的联系;接着,逐渐从辽河流域进到松花江流域,努力把满洲同蒙古分开。征伐纳哈出时也是由西方大宁迂回逼近,后来便极力经略满蒙边境上的呼兰地方,然后切断三卫和鞑靼边界;进而征伐本雅失里、阿鲁台时,也是出鞑靼部的西境,防止它和瓦剌联合。至于从今安西、敦煌经略哈密方面,当然是为了截断蒙古和西藏的联系。这是太祖、成祖两代一贯奉行的大方针。

二帝之间,方针上显著不同的是:太祖采取稳步前进主义,踏踏实实地开拓边境;而成祖则专喜远征,徒然多设羁縻卫,并不努力维持边卫。那珂博士尝称赞成祖的功业说:"昔汉武、唐宗等,虽屡破北狄,但均系遣大将而非亲征。汉人天子远渡沙漠者,唯成祖一人。"①诚然是这样，不仅是汉人天子，就是北狄出身的天子，一旦入主中原而实行这类亲征的，也只有此前的魏太武帝和此后的清圣祖而已。所以，明人盛赞成祖的五出（沙漠）、三犁（虏庭）。成祖之所以这样不惮艰险，固然是由于身为燕王时代的锻炼，但也由于他那种好大喜功的性格所使然。在他的亲征途中屡次刻石勒功的铭文辞句里，也表现出来他的这种意图。② 因而他的行动豪华，也正因此却多无益的奢费，感到太祖没有体会到的馈运辎重的困难。二帝用兵的数目，太祖洪武五年是十五万，二十年是二十万，二十一年又是十五万，这是最大限度，其余多次是用少数奇兵，袭敌之虚。然而成祖，永乐七年就给丘福兵十余万；八年和十二年亲征时，号称各五十余万，朝鲜记录里竟传说是一百万。二十年、二十一年和二十二年亲征，因为兵缺饷乏，似乎没有达到这样的数目，但还是超过了几十万。纵使这些数字一时难以凭信，但把这样的大军派到沙漠地方去，不能不说是汉、唐以来罕见的用兵了。

再者，成祖征伐的特点是，倾注全力专门讨灭东方的鞑靼阿鲁台。永乐七八年鞑靼、瓦剌对抗时，所以先伐鞑靼是因为它威胁着明的北边，且自负是元室后裔，轻易也不屈服。但此所产生的结果，却是瓦剌的跳梁。于是，十二年就又征伐瓦剌。结果，阿鲁台的势力又复兴起来了。所以，永乐二十年，不听各大臣的劝阻，再次讨伐阿鲁台，并不是没有理由的。阿鲁台开始就有些受瓦剌的压制，二十年以后尤其衰弱，根本无力和明军对抗，然皇帝一定要灭掉他。二十一年、二十二年接连两次逼迫他。究竟为什么宁愿兴无名之师而窘逼如此的弱者呢？用意不外是要除掉他，安定东蒙古地区，置东部内蒙古地方于完全受他支配之下。成祖放弃大宁、东胜地域，置之度外，我想也是出于这种远略的缘故。成祖的名

① 那珂通世：《东洋小史》第215页。
② 参看原书第57—58页及本书57页注②。

言说："今灭此残虏,惟守开平、兴和、宁夏、甘肃、大宁、辽东,则边境可永无事矣。"①大概就是这种意思。然而倾注毕生精力的宏伟事业,即将垂成而身先死,雄图大略再也无法实现了,儿孙庸劣不能继承遗志。煞费苦心经略的结果,反使渔人得利。瓦剌就乘它疲敝的机会,突然兴起,不仅奴役了鞑靼、三卫,不久竟控制了皇帝的儿孙。

昭和七年三月三十一日稿

《满鲜地理历史研究报告》第十三册

昭和七年(1938)六月

补　记

德国 W.弗兰克的《永乐朝的蒙古远征》(《Yunglos Mongolei Feldzüge》刊载《汉学杂志》,第Ⅲ期,1—54 页,北京,1945)和《15 世纪初期中国人对蒙古的出击》(《Chinessische Feldzüge durch die Mongolei im fiühen 15 Jahrhundert》,刊载《汉学》第Ⅲ期 81—88 页,巴塞尔,1952)等所研究的题目和本篇几乎相同。

佐口透曾为作者还历纪念论文集寄来一篇论文——《河西蒙古的封建王公》(载在《和田博士还历纪念东洋史论丛》),补充了作者论文中不足之处。

又,本篇论述永乐帝的进攻路线,后来经苏联卡萨凯维奇实地调查结果,大致证明了我的考证是正确的。卡萨凯维奇:《中国远征蒙古的历史资料》(В.А.Каэакевич:《Материалы к историикитайских военных экспедиций в Монголию》),刊载在《苏联科学院东方学研究所纪要》卷二,第三期(Записки ИнститутаВостоковедения Академии Наук СССР. Ⅱ—3,1933)。原书卷头所附照片,就是那时拍摄的。

---

① 见《北征录》永乐八年二月二十一日条。

二、兀良哈三卫的根据地

1

关于明代所谓兀良哈（Uriyangkkai）即朵颜、福余、泰宁等三卫的驻地，《明史》（卷三二八）《兀良哈三卫传》载：

> "洪武二十二年，置泰宁、朵颜、福余三卫指挥使司，俾其头目各自领其众，以为声援。自大宁（老哈河畔的大名城）前，抵喜峰口，近宣府（宣化），曰朵颜。自锦（锦州）义（义州），历广宁（北镇），至辽河，曰泰宁。自黄泥窪（辽阳以西），逾审阳（奉天）铁岭，至开原，曰福余。"

似乎自太祖洪武帝当时，就已经割据了直逼京畿肩背而邻接辽东、辽西边外，从现在的热河特别区域至奉天省一部分的地方了。但事实并不是这样。嘉靖中，郑晓的《吾学编》（《皇明四夷考》·《兀良哈》条）里已经有记载，说：洪武"二十二年，分兀良哈为三卫于横（潢字之误）水之北，曰朵颜、曰福余、曰大宁（与泰宁同），处降胡。"《钦定热河志》的编者曾详细论证三卫创设当时的驻地，远在北方潢水即西辽河（西喇木伦）以北。《明史》的错误是由于沿袭了王世贞的《三卫志》、叶向高的《四夷考》等毫无根据的臆说。《热河志》的编者极为精确地驳斥了这种议论，确是代表了乾隆末年史学进步的一篇好作品。它的说法，除罕见的《热河志》（卷六十三《建置沿革》）原文以外，坊间一般的《承德府志》（卷三《建置》）和《蒙古游牧记》（卷二《喀喇沁部》的注）都已转录，是众所周知的事实，这里就不重复介绍了。

《钦定热河志》一书，尽人皆知，但不知道《皇明职方地图》的人还不少。《皇明职方地图》是明末崇祯年间职方主事陈组绶编的中国地图，计上、中、下三卷，是地图书中的杰作。或许是由于刊行册数有限，但更重要的还是由于清初著名的文字狱作祟，无论《明史》编者或《热河志》撰者似乎都没有参考此图。正由于没有参考此图，所以才出现了上述《明史》的错误和《热河志》的创见。其实陈组绶的卓越见解，早在一百几十年前，就驳斥了《吾学编》郑晓等的说法，毫无遗漏地叙述了《热河志》的论断。据《皇明职方地图》（卷中）的解说是：

> "福余、泰宁、朵颜三卫，已前地在潢水北，自怀山至东金山，其地界也。后分福余，自黄泥窪，逾开原止。泰宁繇锦义，渡潢河（即辽河）至白云山上。朵颜东起广宁前屯，历喜峰，近宣府。此后来之窃据；宣德以前，尚未敢入大宁境。"①

更进一步论证，纠正了明中叶以后，马文升的《抚安东夷记》、郑晓的《吾学编》等一般识者所确信的"三卫南下，在永乐初年"的谬说，断定其越潢水南下，大约在正统己巳之变，英宗土木蒙尘以后，边臣失于职守以后。虽然没有烦琐的举证，但其说凿凿，值得凭信。它不仅是详尽而简明的叙述了《热河志》编者的结论，并说"自怀山至东金山，其地界也"更为三卫根据地提供了有力的新资料。

---

① 《皇明职方地图》玄览堂丛书，第十三册，卷下，第 79 页。玄览堂丛书本只分上下两卷，上卷是《皇明职方两京十三省地图表》（第十、十一册）。下卷是《皇明职方川海地图表》（第十二、十三册），卷下最后有《朝贡岛夷图》，其东北项中曾涉及兀良哈。原文是：

"兀良哈，元之降虏也。洪武初设泰宁、朵颜、福余三卫，授以都督、指挥等官，□之以为外卫，其地本古山戍，在潢水之西，南与大宁都司接境，□□间，增置卜剌罕卫，今东起辽阳，西拒四海治，皆其境也。每岁再贡，每贡千余人，今皆为逆奴所兼并。

福余初分长春、泰宁，后自黄泥洼逾沈阳铁岭至开原曰福余，

泰宁初分详隐九区，后自锦义历广宁至辽河曰泰宁，

朵颜初分群牧十二，后自大宁抵喜峰近宣府曰朵颜。"——译者

　　把陈组绥这种说法介绍给史学界的，恐怕是稻叶君山先生。稻叶君山解释上述新资料说："怀山究竟在什么地方，现在还不清楚，但大致可以想象是指今兴安岭的一部分。所说东金山位于开原东北三百八十里，辽河北岸，可能是指今怀德县和农安县交界的山冈"（《满洲历史地理》二册、第475页）。这里提到的东金山必定是《辽东志》（卷一）《地理志·开原》条所说："曲吕金山（城西北三百五十里，近辽河北岸，东金山南）、东金山（城西北三百八十里、辽河北岸、西金山东）……西金山（城西北四百里，辽河北岸）"的东金山。该书附图《开原控带外夷山川之图》里，曾标出这座山在辽河即今东辽河的北岸。这就是后面所说元末蒙古大将纳哈出所占据的金山，可能和《唐书》（卷二百二十）《高丽传》所见扶余城（即今农安）附近的金山有关。想来应在今长春以西怀德附近去寻找。稻叶君山说在"开原东北三百八十里"，可能是依据实际地理而窜改了《辽东志》的文句。怀山的方位不详，可能是《辽史》（卷三十七）《地理志》里所说的怀陵，也就是今巴林部博罗城以西的地方（津田博士的《金代北边考》；J.穆勒（Mullie）的《辽代疆域考》（Les anciennes villes de L'empire des Grands Leao 载《通报》第21卷、第167页）。如果真是这样，所谓"自怀山至东金山，其地界也"，那么，三卫的根据地就靠近今西辽河的北岸，从兴安岭到怀德一带了。以上是我所知道的中国人考证兀良哈三卫根据地的大略情形。而完全从另一方面研究这一问题，使我们这些后辈得以从别处着手的，是下列已故恩师箭内亘博士的研究。

　　箭内博士在大正三年（1914）三月，以"兀良哈三卫名称考"为题，在《东洋学报》第一号上发表了他的研究。博士的研究分为《兀良哈总称》和《泰宁、福余、朵颜三卫的名称》两部分。大意说："兀良哈一名，在《辽史》里曾写作喂娘改（《太祖本记》）或斡朗改（《穆宗本纪·天祚帝本纪·百官志》）等字样，其驻地，可能在辽都临潢,即今巴林西北方面(和田清说:据宋王延德的《高昌纪行》说,在当时的鞑靼,今甘肃边外河西地方,亦有称作卧梁劲特的部族)。而元初的《秘史》和《元史》所传叫作兀眼孩、兀哴罕、兀哴哈、兀良哈、兀良等名称的部族的驻地,想是在今外蒙古斡难河上游地方或肯特山下的平原地方。然据波斯伊儿汗的史臣拉施特(Rashld)的记录,却说兀良哈(Uriankha)的驻地在今贝加尔(Baikal)湖东北,但同时又说在该湖以西叶尼塞(Yenisei)河上游地方,含混不清,想必是兀良哈的同族。《秘史》所说'林木中百姓'的分布情形,可能和清初的乌梁海(Uriyangkhai)及近代西洋人所称 Uriankh(兀良哈)的分布情形,大略相同,他们的住地在今兴安岭以西额尔齐斯(Irtysh)河上游以东,中俄国境的森林地带。因此,元代兀哴孩的分布区域必定和今乌梁海相同。"(《东洋学报》第四号、第 92 页)。再据《元史》(卷百六十九)《刘哈剌八都鲁传》等记载,世祖至元年中,曾把乞里吉思(Kirgis)、兀速(Usu)、憨哈纳思(Khabu-khahas)三部的人,从今蒙古西北的唐努乌梁海地方迁到东方满蒙边界上的肇州城(今新城东南、珠家城子附近)来。由此断定:东蒙古的兀良哈即明代三卫的兀良哈的名称,必定是从这里产生的,做出结论如下:

> "明初住潢水以北,后渐南下,弥漫塞外,明代始终为北方祸源之一的部族,名兀良哈者,实为乞儿吉思、兀速、憨哈纳思三部由唐努山以北东徙时带来的彼等及彼等以外许多部族的总称,后经元代而传至明代者。"(《东洋学报》第四号,第 98 页)[①]

关于泰宁、福余、朵颜三卫各自的名称,问题异常简单。根据箭内博士的见解:首先,泰宁的名称,据《元史·仁宗本纪》说:延祐

[①] 译文见陈捷等译《兀良哈及鞑靼考》商务印书馆,1933 年版,第 27—28 页,略加改动。——译者

二年八月庚子,改辽阳省泰州为泰宁府,四年二月癸亥,升泰宁府为泰宁路,仍置泰宁县。这个泰州,泰宁可能是现在的新城府,即伯都纳西方接近科("科"误,应作"拜")布尔察罕泊的西南一带。因此,明代的泰宁卫的名称出自元代泰宁路这一名称,毫无疑问(《东洋学报》第四号、第 88—89 页)。福余的名称,明初以前未曾见过,实际就是汉代以来扶余或夫余的异译,其地就是中世纪的渤海扶余府,辽代的黄龙府,也就是今农安附近。同时辩解说:"有人或许说,今农安地方距潢水(Sira-muren)颇远,且位于该河东北方,因而认为我们的推测稍嫌牵强附会,我们也并非不知道这一点,然泰宁卫的名称既出于元的泰宁,即今拜布尔察罕泊附近的地名,那么,福余卫这个名称认为是农安附近的古名扶余,并绝非无稽。何况三卫之一的朵颜卫,如下所述,其名称也可能起源于今新城府西南"(《东洋学报》第四号,第 90 页)。三卫之中,朵颜的考证最困难。朵颜的现代音是 To-yen,然朵字音中含有 na 或 no 音,这从《蒙古游牧记》(卷二)喀喇沁条载:"朵颜近译改作诺音(Noyin)"便可了解,因此,朵颜就是乃颜(Noyan),它可能是出于元初占据肇州即今珠家城子的太祖成吉思汗末弟帖木哥斡赤斤的玄孙、著名的叛王乃颜的名字。这可能是"因为当时肇州是乃颜的根据地,所以后来元人就信以为这个地方是乃颜的故地,当明初建卫时,就根据这种传说,把兀良哈的一个卫叫做朵颜了"(《东洋学报》第四号、第 91—92 页)(见《满鲜地理历史报告》六所载《元代的东蒙古》第 217 页)。这里虽没有明说,但是,由于肇州是乞儿吉思、兀速、憨哈纳思三种兀良哈徙居的地方这一点而增强了上述推测的信心,却是属实。

2

上述箭内博士的论述为研究三卫开拓出一条全新的途径。我在下面说的浅薄意见，只不过是想跟着博士作更进一步的探索而已。其中说泰宁卫这个名称出自元代的路名泰宁，当然是不能更易的铁案。然而我读过博士的论文后，首先感到有些不安的是，所谓三卫的总名兀良哈的问题。博士设想这个名称同从今蒙古西北唐努乌梁海方面的乞儿吉思、兀速、憨哈纳思三部的迁徙有关。但从事实看来，并不是这样。

博士也曾说过：《元朝秘史》见到的兀哴孩部族，大约原来都住在外蒙古的斡难河源。其中有个不儿罕山的兀哴罕人扎儿赤兀歹额不坚（额不坚意思是老翁），当成吉思汗在斡难河上游地方诞生的时候，曾送给他貂鼠褥裤；在汗年少穷困的时候，还曾派遣自己的儿子者勒蔑去辅佐他的宏伟事业。他的儿子者勒蔑，《亲征录》和《元史》译作折里麦，后来和者别（哲别）、忽必来（虎必来）、速别额台（速不台）并称为成吉思汗麾下四狗的佐命功臣（《成吉思汗实录》第77页和第286页）。然汇集清代蒙古各王公传记的《蒙古王公表传》（卷二十三）中《喀喇沁部总传》，以及沿袭这《表传》的张穆的《蒙古游牧记》（卷二）《喀喇沁部》条等载："初，元臣有扎尔楚泰者，生子济拉玛，姓乌梁罕氏。佐太祖定天下有功。云云。"（《游牧记》卷二）这样，就把扎尔楚泰父子作为今喀喇沁部的远祖了。明初《秘史》译作"兀哴罕之扎儿赤兀歹子者勒蔑"就是清初《蒙古源流》译作"乌梁罕之扎尔楚泰之子济拉玛"这个人。因而，综合上述两种史料，今喀喇沁部的远祖是起源于元初斡难河源不儿罕山麓地方的。更进一步考察，我曾详细论证今天的喀喇沁部不外就是明代的朵颜卫（见《内蒙古各部落的起源》第388页）。朵颜这个卫名是明朝人起的。茅元仪的《武备志》(卷二百二十七)《北虏考》和郭造卿的《卢龙塞略》(卷十九)等书的北虏译语里,都可以确证当代蒙古人互相问把这一部族叫作"五两案(Wu-liang-an)"即兀良罕(Wu-liang-han)。由此可见,三卫之中至少朵颜卫的兀良哈显然是来自斡难河源,绝不是从西北蒙古的唐努山北来的。今唐努山北的居民确实是乌梁海,但恐怕是明代以后才迁移到这里的,以前这里所驻的乞儿吉思等部落,果真是否是乌梁海,颇属可疑。不仅如此,以兀良哈统称三卫,其实确是明人的误会。如下所述,所谓兀良哈本来只是朵颜一卫的名称,因此,要拿来和唐努乌梁海相结合起来,那就更困难了。

其次,还有一个疑问。如果把朵颜拟定是肇州(即今珠家城子)、福余拟定是扶余(即现今农安)故土,那么和明初对这方面的经略的实际情形,就有矛盾。明初以破竹之势讨伐蒙古;洪武五年五月因大将军徐达等败绩而一度受挫;后来便废弃了悬军长驱,采用尺进寸取的坚实方针来经略边境。明太祖曾说:"昔元都既平,有劝朕即取辽阳者,朕谓力不施所缓,威不加于所畏。辽地虽远,不必用兵,天下平定,彼当自归。"(《实录》洪武五年九月条)决定放下蒙古,先征服女真,倾注全力经略辽东,原因之一可能也是由于这种情形。洪武五年,明军平定铁岭、开元,巩固了定辽都卫(后改辽东都司)的基础以后,更于七年和十二年,平定今热河大宁地方,辽东的西邻地方于是平靖了。洪武十四五年以后,辽东虏官来降附的相继不绝。时机已熟,便于洪武二十年春,在今喜峰口外地方筑大宁(老哈河上游的黑城)、宽河(今宽城)会州(平泉南二十华里)、富国(会州东北)四城。命大将军冯胜等,率大军二十万,征讨北方东辽河彼岸金山的虏酋纳哈出。当时太祖指示方略说:"虏情诡诈,未易得其虚实。汝等慎无轻进,且驻师通州(北平之东),遣人觇其出没。虏若在庆州(今巴林西北察罕城),以轻骑掩其不备,若克庆州,则以全师径捣金山。纳哈出不意吾师至,必可擒矣"(《实录》洪武二十年正月条)。于是依照这一策略,二月,右副将军蓝玉乘大雪,掩取辽以来的旧都、今巴林的庆州,六月,全军逼近金山,以强大威力降服了倔强的纳哈出。

纳哈出从元末起就占据着现今开原以北农安伊通河方面,和蒙古西部的元主成掎角之势。明朝屡次招抚,没有服从。《洪武实录》(二十年六月丁未条)记述他的根据地说:"初,纳哈出分兵为三营,一曰榆林深处,一曰养鹅庄,一曰龙安一秃河。辎重富盛,畜牧蕃息。"①又说:"纳哈出所部妻子将士凡十余万,在松花河北。"②或说:"金山亦迷河。"(闰六月甲寅条)又记述他的降众说:"于是其众亦降,凡四万余,并得其各爱马(蒙古语 aimak 的音译,意思是部落)所部二十余万人,羊马驴驼辎重亘百余里"。(六月丁未条)榆林深处和养鹅庄恐怕都不是固有的名称,现在不详。龙安、一秃河是农安、伊通河;金山、亦迷河就是今怀德、驿马河;松花河当然就是松花江(参看《满洲历史地理》第二卷)。所称降众二十余万,或许有些夸大,但另一条说:营王失剌八秃、云南王蛮吉儿的、郡王桑哥失理、诸王哥列沙、国公观童等相继来降,仅八月丁丑大将军冯胜解送京师的俘虏,就有如下之多:

> "故元降将纳哈出所部官属将校三千三百余人,马二百九十余匹,金银铜印一百颗。金银铜符及牌面一百二十五事。王九、国公郡王四、太尉国公五、行省丞相一、司徒平章十三、右丞左丞三十一、参政知院三十二、各院使同知副枢八十一、金院院判二百二十八、院副使五、宣慰使副使金事一百八十九、万户千户路府州总管同知等官九百二十七、尚书参议二、承旨学士十、文学司马七、大卿司卿少卿十八、卫帅府金事三、

---

① ② 按《明实录》影印国学图书馆传抄本、第二十四册洪武实录卷百八十二、第 6—8 页,"闰六月甲寅"作"闰六月丙寅"。——译者

郎中员外十五、王府官六、蒙古宗人卫副使一、客省大使二十六、廉访司使副盐运司副六、卫帅府使一、治书安抚司农各一、太少监理问断事部郎中主事兵马指挥府卫镇抚崇福使司副经历都事太医官及州县等官二百二十二、将校一千四百余人"

（《明史·鞑靼传》和《群雄事略·纳哈出传》所录稍有异同）。由此可见帐下拥有官属将校三千人的纳哈出的势力了。

纳哈出是元太祖的著名功臣木华黎国王的后裔，因此，明太祖也把他当作名臣后裔予以优待。一次作了太平捕因而被释，再次在降服后封为海西侯（《国初群雄事略》（卷十一）《纳哈出》）。木华黎在元太祖十二年诏封为太师国王、以左手万户统驭兴安岭东西之地以来，他的子孙世世代代承袭国王的爵位，一直到元末顺帝至正年代，木华黎六、七世孙朵儿只、俺木哥失里等仍然相继称国王，雄视辽东（《元史》木华黎、朵儿只各传及箭内博士的《元代的东蒙古》）。再看《辽东志》（卷八、《杂志》）等，也载有元末一度割据开元的也先不花，《元史》（卷百四十二）《也速传》里所说也速"东连辽东也先不花国王"的也先不花，恐怕就是《元史》（卷百三十九、《乃蛮台传》）所见的（朵儿只之从弟、前国王乃蛮台之子的）野先溥化。至少在元代，木华黎的本族札剌亦儿部曾和弘吉剌、亦乞烈思、兀鲁兀、忙兀各部，并称为东蒙古五诸侯（《元史》卷百十九《木华黎传》和卷百二十一《博罗欢传》）。现在兴安岭以东留下的札赉特部名称，也确实间接和这札剌亦儿氏族的称谓有关。因此，兴安岭以东地方和木华黎一族的关系，极为密切。纳哈出是否曾作过国王，虽不无疑问，但他在辽东的势力却全是由父祖相传积累起来的，他的根据地从金山（怀德附近）到龙安（农安），包括一秃河（伊通河）、亦迷河（驿马河）全部流域直至松花河以北。这时，这一大势力一下子覆亡，举众降服了明军。

现在再回到最初的问题上。如果福余、朵颜地方真的在农安和珠家城子方面,当然是属于纳哈出的势力范围之内。那么,这里的兀良哈也必然随着纳哈出的降众来降。然而事实并不是这样。三卫兀良哈的人们,非仅在今热河地方筑起大宁、会州等城也毫未介意,就是明军攻取了巴林的庆州也并没有慌张,而当农安伊通河方面的纳哈出率众被迁移时,也没有投降。直到洪武二十一年九月以后,经所谓捕鱼儿海战役故元正主灭亡以后,才开始与明朝通问。洪武二十一年夏四月,明军已经在上年接受纳哈出率众投降,解除了东顾之患,便在大将军蓝玉的率领下,出大宁、庆州,长期悬军长驱,在捕鱼儿海即今贝尔诺尔(Buir Noghur)东北八十里地方,全歼了故元正主脱古思帖木儿的军队。据《实录》说:明军在这次战役中,俘获蒙古王妃王子等人口八万以上,得国玺图书牌面一百四十九件,宣敕照会三千三百九十道,马四万七千匹,驼四千八百又四峰,牛羊一十万二千四百五十二头,其他物资也相当多。元主脱古思帖木儿不久也逃窜而死。长期以来和明朝对抗的北元势力,经这次最后一蹶,再也不振了。明太祖所说:"肃清沙漠,在此一举"的气势,如愿以偿。大将军蓝玉等还在附近荡平元末名臣、故丞相脱脱的遗子哈喇章的部族等。因此,或许这时已经经略了三卫根据地的一部分了。因此,正是这次捕鱼儿海战役以后,残元余党才竞相与明通款。兀良哈人们的来降,也正在这时候。

《洪武实录》二十一年九月条载:

> "乙酉,辽东都指挥使司送故元来降辽王并其臣属四十九人,来朝贡马"。

又同年十一月条说:

> "辛卯,故元辽王阿札失里、会宁王塔宾帖木儿等降。先遣人赍脱古思帖木儿旧降诏书,赴京来献,以表其诚"。

又二十二年五月条说:

> "辛卯,置泰宁、朵颜、福余三卫指挥使司于兀良哈之地,

以居降胡"。

由此可知,所谓兀良哈地方,当然不在南边潢水以南;潢水以北也像陈组绶所说:"起怀山至东金山",还是后来窃据的形势;当初,还没有南下到今巴林察罕城到农安以北一线。据《实录》说:明洪武二十二年四月,听故元知院捏怯来等来降,设置了全宁卫,其地可能就是金代的全州、元代的全宁路故地,今潢河(Shiren Müren)和黑河(Khara Müren)汇流处附近(《承德府志》卷五《建置》,和《满鲜地理历史报告》第六册、所载《元代的东蒙古》,第 248 页)。当然,这里并不是三卫的根据地。由这里更远至东北的肇州、扶余故地,也没有包括在所谓兀良哈之地以内。那么,三卫夷众最早的根据地,究竟应该到什么地方去寻找呢?

3

据《洪武实录》载,继上述设置三卫之后,洪武二十二年五月癸巳,接着记载太祖派遣特使带着敕书前去抚谕故元辽王阿札失里等,说:

> "朕每于故元来归臣民,悉加优待,况尔本元之亲属者乎?今特于泰宁等处,立泰宁、福余、朵颜三卫,以阿扎失里等为泰宁卫指挥使,塔宾帖木儿为指挥同知,海撒男塔奚为福余卫指挥同知,脱鲁忽察儿为朵颜卫指挥同知,各领其所部,以安畜牧。"

既称"泰宁等处",那么,泰宁是元代以来的地名,就毫无疑问了。《实录》所载诏令奏议之类,总不免多少有些剪裁。这里幸而《涵芬楼秘笈》(第四集)所收《华夷译语》,刊有洪武二十二年冬十月十五日翰林学士奉议大夫兼左春坊左赞善刘三吾的序文,在它下卷来文中搜集了洪武二十一二年间,北虏相继归降时期的重要往来文书,记载了真实情况。这部书是同类华夷译语中最古的珍本,它的史料价值也就在这里。其中题为"敕僧亦邻真臧卜"的一篇,就是安置新设泰宁卫所属剌麻庙万寿寺的住持亦邻真臧卜的。该文说:"今特敕本僧,仍住持泰宁万寿寺,云云"。泰宁万寿寺一语,听来好像整个是一个寺庙的名称,但它的蒙古语原文是"泰宁合扎仑万寿速箧因住持孛鲁合周"(合扎仑:中舌,地面;速箧因:中,寺的;住持孛鲁合周:做着),因此,毫无疑问,可读作泰宁地方的万寿寺。所谓亦邻真臧卜(Rinch'en Bzang-po)是标准的西藏僧名,便认为是个喇嘛,但从这个敕书是夹在赐给辽王阿扎失里的诏书和给会宁王怀远将军塔宾帖木儿的诰文中间这点看来,也可以想象万寿寺是个相当大的寺庙,番僧亦邻真臧卜的势力之大了。

《元史》(卷五十八)《地理志·泰宁路》条只载:"泰宁路下、领县一,泰宁下,"没有详细记述。在这个泰宁县里,有像万寿寺那样的大庙,恐怕辽王阿扎失里、会宁王塔宾帖木儿等也在这里受封的。从上引《实录》的文字里可以看出,辽王是元的宗室。据《华夷译语》所收诰文,会宁王也是宗室。据《元史》(卷一百七)《宗室世系表》(陶宗仪的《辍耕录》卷一、《大元宗室世系》)等,没看到有会宁王,而所称辽王,却在太祖成吉思汗季弟铁木哥斡赤斤国王位中,有六世孙名叫辽王脱脱的。脱脱是所谓塔察儿的孙辈,著名的叛王乃颜的从子,乃颜亡后,延祐三年受命承袭其位的。脱脱之后,明宗天历二年八月,牙纳失里受封嗣辽王,并赐予脱脱故印。《元史》(卷三十三)《明宗本纪》明确载有此事。铁木哥斡赤斤(即斡嗔那颜)的分地,在兴安岭东,今哲里木盟科尔沁部地方,箭内博士曾对此详细论证(《满鲜报告》第六册所载《元代的东蒙古》)。我毫不踌躇地认为辽王阿扎失里是铁木哥斡赤斤的后裔,也就是辽王牙纳失里的后裔。会宁王在明张天复的《皇舆考》、《明史·三卫传》等中,有时作惠宁王。会宁、惠宁二王的名称,不见于《世系表》。如果认为是广宁王的讹误,那么在铁木哥斡赤斤的子孙中还见有广宁王彻里帖木儿、广宁王运按察父子的名字。总之,这个泰宁卫指挥同知会宁王塔宾帖木儿确是泰宁卫指挥使辽王阿扎失里的同族无疑。那么他所占据的所谓泰宁地方,究竟是现在的什么地方呢?

据前述《元史·仁宗本记》的如下记述来看,元代的泰宁路、泰宁县,肯定就是从前的泰州。

> (延祐二年八月)"庚子、改辽阳省泰州为泰宁府"(卷二十五)。

> (延祐四年二月)"癸亥、升泰宁府为泰宁路,仍置泰宁县"(卷二十六)。

这个泰州可能就是《辽东志》里见到的台州。《辽东志》(卷九《外志》)记载元末明初这方面的交通路叫作"海西西陆路",它的驿站名称如下:

> "肇州、龙头山、哈利场、洮儿河、台州、尚山、扎里麻、寒寒寨、哈嗒山、兀良河。"

据箭内博士研究(《满鲜历史地理》二、第447—448页),上述站名里,海西地方的中心肇州是"伯都讷东南、逊扎堡站东北十华里的珠赫店,一名珠家城子",可能就是现在的新伯都讷,也就是扶余地方(和认为是今农安的扶余城故地不同)。台州在它的西面;洮儿河是今洮儿河下游流域;扎里麻位于呼伦布雨尔城东七十余华里、扎刺木台河和海拉尔河汇流处,即今扎刺木台(扎拉木特)。因此,总的说来,这条路是从今扶余,过洮儿河,往东北出兴安岭以西海拉尔、满洲里方面的交通路。博士的这种说法,是专以《元史》(卷百五十四)《洪万传》和(卷百三十一)《伯帖木儿传》等所见的扎刺麻秃(扎剌马秃)当作扎里麻,即今扎拉木台为出发点的。《元史》的扎剌麻秃确是今扎拉木台,但和《辽东志》的扎里麻是否是同一个地方,殊属可疑。因此,对其全盘论旨还很难表示赞同。

仔细想来。上述说法约有三点困难。第一,从今扶余方面去蒙古,最普通的交通路必定是向正西溯洮儿河,向东北出海拉尔是非常迂回的旁路。《辽东志》所载这方面的唯一交通路,只举后者而不提前者,很奇怪。第二,如果当时因某种情况只能利用这条海拉尔路,那么就应当叫作海西北陆路、至少要叫作海西西北陆路,象《辽东志》那样称为海西西陆路,有些不合适。第三,倘若博士的解释是正确的,那么上述驿路从肇州到台州,或从扎里麻到今满洲里附近的兀良河之间,驿站数目比较多,反之,而台州、扎里麻之间几百里之间,只有尚山一驿,在驿站配置上有失均衡,原因何在颇费解。我从上述理由先怀疑博士的论证,待进而解决最末的驿站兀良河时,我认为这是否是审慎的已故箭内博士的千虑之一失呢。我所以这么认为的理由是:

所谓兀良河原来是河名,这详细载在《辽东志》的另一条和《大明一统志》等书里。即《辽东志》(卷一)《地理志·开原山川》条载:

> "兀良河,城西北三千三百余里,源出沙漠,南流河州,与洮儿河脑温江合,流入混同江。"

这里的"南流河州"一句,很难解释。《大明一统志》(卷八十九)《女真·山川》条则载:"兀良河在开原城西北三千三百余里,源出沙漠,南流合洮儿河脑温江,入混同江",可见"河州"二字,恐怕是衍文。又《辽东志》该条载今嫩江说:"脑温江,城北八百里,源接兀良河,南流入松花江",载洮儿河说:"城西九百里,云云。"如果说嫩江在开原城北八百里,洮儿河在该城西九百里,唯独说兀良河在"城西北三千三百余里。"其远难以想象。箭内博士所以推测是在"今满洲里附近"(《满洲历史地理》二、第449页),根据之一可能就在这里。然而,从这样相距遥远的兀良河、洮儿河、脑温河三河却相互合流注入混同江即松花江来说,就不能不认为这种记述有些混乱。试想"开原城西北三千三百余里"的地方,从它的方位和距离来推测,必定在兴安岭以西、蒙古的内地,然而《辽东志》是辽东的地方志,就是明《一统志》女真条当然也没有记载其范围以外的事。这里所列举的几十条河川全都在兴安岭以东、满洲地域之内,而决不会唯独这个兀良河是例外,却是兴安岭以西的河名。这么看来,上述"三千三百余里"的数字显然有误。我想千字上的"三"字是同它下面的"三"字同化了的衍文,实际应该作"千三百余里"。至于所说"源出沙漠",也很奇怪。总之,要在开源城西北千三百余里处,寻求南流汇合洮儿河、嫩江,最后汇入松花江的兀良河,势不得不推定是《水道提纲》(卷二十五、入黑龙江巨川)和《蒙古游牧记》(卷一、科尔沁条注)等所载的洮儿河的支流、归勒里河的上源乌兰灰河或乌兰古依河。因此,我认为这个海西西陆路的终点兀良河,必定是今洮儿河上源之一的乌兰灰河。如果是这样,那么,这条交通路当然不是(像箭内博士所想象的通往蒙古的)海拉尔路,恰是海西西陆路洮南路、自扶余方面出洮儿河的道路,可能经过今洮南附近;这里所说的台州驿,我想可能是洮南附近地方。但关于可能是台州的异译的泰州,还有问题,有待进一步考证。

所谓泰州这个地名,其实早在元代以前,辽、金时代就有,是设置所谓东北路招讨司等的、这方面唯一的要地,而关于它的位置的考证,在松井(《满洲历史地理》二、第 66—67 页)、津田(《满鲜地理历史研究报告》所载《达卢古考》和《金代北边考》)、箭内(《报告》二、《金兵制考》)、池内(《东洋学报》六卷、二期、《辽代春水考》)、王国维(《金界壕考》)等这些人中间,众说纷纭,无所适从。确是一个难问题。但概括说来,各说大约一致的只是,金代的新泰州地方在今松花江、嫩江汇流处西方不远的地点。关于辽代的旧泰州,箭内、津田、王国维三人大体一致的意见是,在从金的上京会宁府通过新泰州、出临潢府的路上,可能在新泰州西方几百里的地点。据王国维的新解释,认为《金史》(卷二十四)《地理志·泰州》条所说"北至边四百里,南至懿州(今彰武)八百里,东至肇州(今扶余附近)三百五十里"的里数,作为上述新泰州的四至,很不符合,恐怕这是旧泰州的四至错误地挽到这里了,而旧泰州地方,可能是现今洮南方面(《金界壕考》)。金代在这方面的北边,无疑是今《东亚舆地图》上标示的所谓"成吉思汗垒址"或"高丽城",拿这来和上述《地理志》的文字对比,我深钦佩王氏眼光锐利,不得不同意他的说法。

箭内博士解释上述《辽东志》所载海西西陆路时,认为台州即元代泰州,在金代泰州即松花江、嫩江汇流处的西方,并说:"如果这个推论不错的话,那么台州驿就应该在洮儿河驿之前,编者错误的颠倒过来了"(《满洲历史地理》二、第 448 页),还进一步就把驿名"哈剌场、洮儿河、台州、尚山"的顺序订正为"哈剌场、台州、洮儿河、尚山"。不过,我认为元末辽王阿札失里等所盘踞的泰宁地方,似乎倒还应该与纳哈出的根据地松花江方面多少有些脱离,因此,上述《辽东志》海西西陆路的本文,按原文直解为是,台州即元代的泰州,必须认为位于洮儿河驿以西,即今洮南方面。如果是这样,那么必须认为元、明时代的泰州(台州),较金代的泰州,更近于辽代的泰州遗址。今天的洮南县当然是最近发展起来的,它是控制洮儿河全流域的要冲,往昔相当重要,这从附近尚有许多废墟,便可了解。据拉施特(Rashid)所说,泰州卫的曩祖斡赤斤那颜,"好土木,喜建宫室苑囿"(《元史译文证补》卷一、下)看来,这些废址或许和他有关。总之,所谓泰宁卫地方,在洮儿河流域,恐怕没有争议。

据方孔炤的《全边略记》(卷六)里混入《宁夏略》的一条叙述蓟

辽边外的事说:

> "（洪武）二十四年三月,故元辽王阿札失里寇边,屯朵颜山,命傅友德、郭英总兵讨之。师至哈者舍利王,友德遽下令班师,虏闻之以为然。越二日,复趋师深入,至黑领雅山等,次洮儿河,获人畜甚多。还至金鞍山,复征黑领寒山,至磨镰子海,打兰尖山。追虏酋札都,遂征黑松林之北、野人所居熊皮山,追达达兀剌罕,掩袭虏,大获而还。"

这类记载,《洪武实录》里当然应该有,却见不到。更据《实录》载:是年春正月,敕颖国公傅友德佩征虏将军印,充总兵官,定远侯王弼任右副将军,武定侯郭英任左副将军,以备北边。夏四月,更命燕王朱棣督率傅友德等追捕番将阿札失里。《明史·本纪》也说:夏四月"癸未,燕王隶督傅友德诸将出塞,败敌而还"。因此,上述这一条,可能并非误传。《明史》(卷一百二十九)《傅友德传》记述这事说:洪武二十三年,"复征宁夏,明年为征虏将军,备边北平。复从燕王征哈者舍利,追元辽王。军甫行,遽令班师,敌不设备,因潜师深入,至黑岭,大破敌众而还"。由此可见,《全边略记》的著者可能收录了在宁夏还立了战功的傅友德详传里的记载。因此把蓟辽边外的事错误地写在陕西《宁夏略》里面了。总之,它的原文定有错误,记述未免混杂。谷应泰的《明史纪事本末》(卷十)《故元遗兵》条,略微正确地记述如下:

> "二十四年春三月,元辽王阿札失里寇边,命颖国公傅友德率列侯郭英等讨之。五月,至哈者舍利王道,友德遽下令班师,敌闻信之。越二日,忽趋师深入。六月,至黑岭鸦山等处洮儿河,获人口马匹。驻师金鞍子山。七月,复征黑岭寒山,至磨镰子海,(打)兰尖山,追其渠札都,深入黑松林之地,野人所居熊皮山,追达达兀剌罕,掩袭其众,大获而还。"(参看《国朝献征录》(卷七)倪谦《丰城侯李彬传》)

哈者舍利王想是阿札失里王的异译，并非地名。黑岭想是兴安岭的别名黑山。所称雅山、寒山可能是洮儿河附近兴安岭的支脉。其他地名多不详。黑松林，想是和《洪武实录》二十八年六月条所载的黑松林相同，即忽剌温江（今呼兰河）方面。因此可知博友德军是从今兴安岭地方越过洮儿河流域指向呼兰、绥化方面的。这样看来，所谓磨镰子海必定就是湖泊很多的嫩江附近素称像利镰一般的大湖泊名，或许就是靠近洮儿河流入嫩江地方的新月形的月亮泡，蒙古名叫做撒剌诺尔（Sara Naghur）。

我想这是说，洪武二十二年一度降服并当上泰宁卫指挥使的故元辽王阿札失里，后来突然叛离；二十四年三月前来犯边；在这以前，从正月间受命镇守蓟边的傅友德、郭英等，进行迎击；四月，又随燕王北征；五月直趋阿札失里的根据地，一度佯退；六月突然进攻，取洮儿河畔，擒获人口马匹；七月追击余众，直到呼兰、绥化方面。根据这项记载也可以肯定，洮儿河地方曾经是泰宁卫指挥使阿札失里的根据地。

4

如果泰宁卫地方果真是今洮儿河流域，那么其他福余、朵颜两卫地方必然分别是这方面的要冲。后代的情况并不足以决定原来的住地。然据后来南下后的形势着来，如同开头所述，朵颜卫在最西，直逼北京肩背；泰宁卫次之，盘踞在它的东面，今辽西的边外；福余卫在最东，远在北方的铁岭、开原边外。或许原根据地的方位大体就是这样配置的。按《大明实录》的例子，仅就福余卫来说，当初多半把这种人和女真人混同，往往拿"福余卫女真夷人"等称呼来叫他们。这是否也表示该卫处在东边，同女真有了深厚的交往呢？据《武备志》（卷二百二十七、《北虏考》）所引《北虏译语》（地理门)说,当时蒙古语称三卫的名字是,朵颜叫"五两案",泰宁叫"往流",而福余则叫作"我着"。"我着(Wo-cho)"或许与"吾者(Wu-chê)","兀者(Wu-chê)"相同,是否也和元、明时代把这方面松花江流域的女真叫作"吾者(兀者)野人"的名义相同呢? 而且,《永乐实录》三年三月条载:"福余卫指挥使喃不花等奏,其部属欲来货马,计两月始达京师",由此也可知这个卫处在非常遥远的地方。

福余(Fu-yü)的字音,非常接近古代的夫余(Fu-yü)或扶余(Fu-yü),但仔细想来,这样肯定却很困难。因为:扶余(夫余)这个名字,汉晋以来,直到隋唐都很著名;唐代渤海灭亡以后,它的扶余府改为契丹的黄龙府,原来的名字就跟着消失了。一时或作为渤海遗孽定安国的王号,留下了浮渝府王等名字,宋初以后连这样的名称,也完全绝迹了。这个历经辽、金、元三代数百年间绝迹无闻的扶余一名,到元灭明兴,突然又复出现,使人很难理解。假如是明朝不拘实际上的地理位置,仅以书本上所知道的名称胡乱给新附的部族起的名,那么依照古书上的文字,必然要用扶余或夫余,而没有用音通字异的福余字样的道理! 何况所谓扶余府故地,已经从故元遗将纳哈出的势力范围没入明军手中,所以,如前所述,它不可能成为福余卫名的出处。

反之,金代出现的蒲与路这个名字,必定正是福余卫名的渊源。关于蒲与路的问题,《金史》(卷二十四)《地理志》记载如下:

"蒲与路。国初置万户,海陵令罢万户,乃改置节度使。承安三年,设节度副使。(南至上京六百七十里,东南至胡里改一千四百里,北至北边界火鲁火疃谋克三千里)。"

上京在今白城以北六百七十里,胡里改是今三姓西北一千四百里的要地,大体在今齐齐哈尔附近。我对松井氏"可能位于今齐齐哈尔东方瑚裕尔河(乌羽尔河)一带"的说法(《满洲历史地理》二、第

174 页），不能不同意。蒲与的今音 P'u-yü 和福余的音 fu-yü 或瑚裕尔的音 Huyur，似乎并不一致，但正如白鸟博士一再说过，满洲、蒙古语里，p、f、h 有时互相转化。况据传钞本《华夷译语》的《鞑靼馆来文》，福余的名常缀成蒙古字 Fuyur，这就明确表示福余的原音（与瑚裕尔河名相同）是 Fuyur，绝不是 Fuyu。综合上述理由，我不得不肯定福余卫的根据地必定是在今齐齐哈尔东方瑚裕尔河流域。

但是据《永乐实录》六年三月壬申条载，却另有"戳儿河女真野人头目忽失歹、安苦等来朝，命忽失歹为福余卫指挥佥事，安苦等为千百户镇抚，赐钞币有差。"戳儿（ch'or）河是今嫩江的大支流绰尔（Chol）河的异译，无须深辩；因此，如果当时瑚裕尔河畔的福余卫的人们不是已经南下到达这里，那就只好认为齐齐哈尔东北方的福余卫起首就达到了齐齐哈尔西南方的绰尔河畔。瑚裕尔河畔的福余卫的势力，恐怕最初偏于西方，跨嫩河河畔的齐齐哈尔，更向西达到绰尔河下游流域。据《明史》（卷三百二十八）《三卫传》载，此后三十余年，明正统年间，逐渐南下的三卫，遭到瓦剌也先的凶猛蹂躏，"朵颜、泰宁皆不支，乞降，福余独走避脑温江"。福余卫所以逃到脑温江即嫩江去，绝不是偶然的，一定因为那里原来是它的发祥地，在这期间还有联系。

据《元史》（卷一百）《兵志》的《辽阳等处行中书省所辖屯田》条有如下记载：

"蒲峪路屯田万户府。世祖至元二十九年十月，以蛮军三百户、女真一百九十户、于咸平府屯种。三十年，命本府万户和鲁古孵领其事，仍于茶剌罕、剌怜等处立屯。三十一年，罢万户府屯田。仁宗（恐是成宗之误）大德二年，拨蛮军三百户，属肇州蒙古万户府，止存女真一百九十户，依旧立屯，为田四百顷"。

《钦定满洲源流》(卷十二)《疆域·夫余路》条里,改浦峪为夫余摘录了上文,并加按语说:"按元之浦峪即金之浦与,音近而字异也。元时无此路名,盖仍金旧。"按:荼剌罕不详,元时的咸平府是今开原,剌怜则如《源流考》所载,在今拉林河畔;肇州则是屡次谈到的今扶余附近地方。世祖至元末年,正是敉平叛王乃颜的叛乱,为了善后不断经略这方面的时期,因而设置了上述的屯田。而浦峪路绝非元代的正式名称,正如《满洲源流考》的按语所说,是咸平府(即开原)上曾冠以侨治蛮军三百户等的屯田万户府的空名。所谓三百户蛮军恐怕不是从中国南方迁来的,而是瑚裕尔河畔的索伦族什么的。正因为这样,这个万户府才加上了浦峪路的名字。总之,我认为浦峪路这个名字,不是《源流考》的混同,和古夫余、扶余没有关系,却只和金代的蒲与路即瑚裕尔河名有关联。又,后面将详细阐述,元代曾在瑚裕尔河畔地方设置灰亦儿(Hui-i-êrh)等处怯怜口千户所。

5

关于三卫的根据地,泰宁、福余两卫问题比较容易解决,最困难的还是朵颜卫的原地。既把泰宁定为今洮儿河畔洮南地方,福余定为今瑚裕尔河、绰尔河之间的齐齐哈尔方面。那么,其余朵颜一卫的位置,也大略可以推测。不难设想,它必定和那两卫并排在西方,是个相当重要的地点。那么究竟应该肯定在现在什么地方呢?首先,关键所在是涵芬楼秘笈本的《华夷译语》(卷下)所载《脱儿豁察儿书》。它是洪武二十二年五月任朵颜卫指挥同知的脱儿豁察儿(即脱鲁忽察儿)这一年直接给明廷上的书。其内容原文是蒙古语,附有汉语逐字的译文。这里为了避免印刷上的困难,只摘译它的大意。朵颜卫指挥同知脱儿豁察儿说:

"我等兀良罕林木中百姓，自国土的主、有洪福的成吉思汗皇帝的时分以来，额客多延温都儿、搠木连等地水自的行，到今不曾分离的上头。累朝将窝鹰土豹皮等物，年年尽力贡纳上都。今依大明洪福皇帝命例，由辽阳上送。地宽远的上头，来去，年转绕的上头，穷困百姓行，生受做了么。乞随地顺便，直上北平贡纳。"

同属兀良哈三卫，朵颜卫却受辽东都司管辖，说"地宽远的上头，来去，年转绕的上头，穷困百姓行，生受做了么。"因而希望直接向北平纳贡。可见它的位置偏于西边的情况。后来三卫贡道改由经开原、广宁、直入喜峰口，也可能是由于这些奏请来的。它的住地则说"自有洪福的成吉思皇帝的时分以来，额客多延温都儿、搠木连等地水自的行，到今不曾分离的上头。"额客多延温都儿的额客(Eke)，按蒙古语是"母亲"的意思，温都儿(Ündür)是"丘陵"的意思，搠木连的木连(Müren)当然是"大河"的意思。

按朵颜的音，读作诺音(Noyin)，是清初以来的惯例，但按元、明时代的译例，朵字作斡耳朵(Ordo，帐殿)，朵儿边(Dörben，四)等，必作 do 音，绝不是 no 音。朵颜的正确译音应该是 Doyan 或 Döyen，绝不能读作诺音(Noyin)。因此，我想这个朵颜(Doyah)就是上述额客多延温都儿即母亲多延山的多延(Doyan)的异译，也就是由朵颜卫根据地方面的一个山名来的。想到这里一看，传钞本《华夷译语》的《鞑靼馆来文》里，朵颜必用蒙古字缀作 Doyah (Döyen)，而绝不写作 Noyin。《钦定热河志》、《承德府志》以后的诺音(Noyin)卫实际是朵颜(Doyan)卫的误读，岂不是非常明确吗？

其次，这个朵颜卫名称的由来——母亲朵颜山，究竟在什么地方呢？这里的线索不仅是额客多延温都儿，还有流经这座山山麓搠木连的大河，把这两者联系起来加以探索，未必不能发现。我起首就根据这个方针，查阅《水道提纲》、《蒙古游牧记》等书，发见《游牧记》(卷一)《札赍特部》条里有"旗北百二十里有朵云山……旗北八十里有绰尔河,云云"的记载。我想这座朵云(Toyün)山就是朵颜(Doyan)山,绰尔(Chol)河即搠(Shuo)河。因为如果泰宁卫是在洮儿河畔,福余卫是在瑚裕尔河上,那么认为剩下的朵颜卫是在绰尔河流域,并无不可。然而进一步考虑,搠河的音和绰尔河相差很远;而且,正如上述脱儿豁察儿的信里所说,朵颜卫是在其他二卫还没有十分肯定归降的时候,就率先归顺的,后来最早迁移到最靠近明边的部落。然而它却处在比洮儿河畔的泰宁卫更靠近内地的绰尔河边,这究竟怎样呢? 据说泰宁卫地方极广阔,后来在永乐四年十月,割其地置密陈、卜剌罕、苏温河三卫。绰尔河方面必定就是这些卫的地域。况且如上所述,该河下游流域早在永乐初年就被福余卫的人们占据了,而朵颜卫在三卫之中,与其他二卫不同,起首就是对明廷一直表示忠诚的部族。正因为如此,当洪武、永乐用兵的时候,其他二卫的酋长不断更迭,而朵颜却能一直拥戴同一个酋长。我认为这个部族非仅因为不是元室的直接裔孙,恐怕还必定是由于接近明廷的势力,最易感受明廷的威力才这样的。另据明张天复的《皇舆考·兀良哈考》和《明史·三卫传》等都说:朵颜卫是和辽王、惠宁王同时投降的朵颜元帅府的后裔。元末特别设置元帅府的地方,与其说是在北方山间的绰尔河畔,莫如说必定是在更著名的要冲。从前引《脱儿豁察儿书》中显然可以看出,朵颜卫的地区特别偏西。

我从上述见地出发,认为朵颜卫的根据地应该在泰宁卫以西地区去寻找,我想那个地方或许就是上述海西西陆路的终点兀良河附近。据前引《全边略记》载,洪武"二十四年三月,故元辽王阿札失里寇边,屯朵颜山"。看来这个朵颜山好像就在明朝边境上,但并没听说明朝边界上有这样的山名,可能是在距辽王根据地洮儿河不远的地方,即朵颜卫人们所占据的母亲朵颜山。而这个地方绝不在明朝边境上。从观朝的势力看来,比较接近,所以才有了上述的记载。明朝讨伐三卫多半是由这方面进军的,这从后来永乐帝亲征的例子,也很明显。上述傅友德、郭英等的进军恐怕也是由这条路线的。据倪谦的《丰城侯李彬传》(《献征录》卷七所载)记述洪武二十四年傅友德、郭英等讨伐阿札失里的事迹说:"从颖国公征北虏,历朵颜、鸦山,追袭虏阿劄失里,至洮儿河,云云。"阿劄失里就是阿札失里,朵颜鸦山就是黑岭鸦山的别称。由此可以想象,朵颜山在洮儿河方面的黑岭即兴安岭里面。

此外,关于兀良河的乌兰古依河,《水道提纲》(卷二十五《入黑龙江巨川》)载:

> "归勒里河,上源曰乌兰古依河。其源有二:一出索约儿鸡山之东南百里东麓。两源东北流而合,曰乌兰灰河。一出其东乌喀那山之北麓,二涧西流而合,曰乌喀那河。会而北稍东数十里,会西来之口肯河,又东北,分为二渠,曰乌兰古依河,东北流百里复合。"

归勒里(Güiler)河,散见于《元史》中,作贵烈、贵列、贵列儿、龟刺儿、曲列儿河等。后来的《大明实录》、《明史》等也作屈烈、鬼力儿或屈裂儿河等,它就是洮儿河的南源。所谓母亲朵颜山究竟在什么地方不详。是否就是上述乌兰灰河发源地索约儿鸡山的别名呢? 因为索约儿鸡山一般作索岳尔济山,是西面的哈勒哈河、南面的兀勒灰河和东面的归勒里河的共同发源地,是兴安岭中这方面最著名的山。所谓流经其麓的搠河,肯定是乌兰灰河即乌兰古依河原来的名称。我想额客多延温都儿(母亲朵颜山)山麓的搠木连流域,自元初以来就是兀良哈部族的住地,因此,到了明初,这条河也叫作兀良河了,后来该部族南迁以后,仍然只有乌兰灰河(乌兰古衣河)这个名字,一如往昔保存了下来的吧。因为名称变了,所以在现在的地图上就难以找到母亲朵颜山、搠河了。正因为它的驻地在这方面,所以朵颜卫才在洪武二十二年捕鱼儿海(Buir Na-ghur)战役时,害怕明朝的武威而归降,以后永矢不渝。此外,据《正统实录》三年夏四月癸酉条载:"朵颜卫所属哈剌孩卫指挥捏可来等……来朝贡马。云云。"又,《实录》元年十二月戊寅条也载有哈剌孩卫入贡的事。而且这个哈剌孩卫的名称必定出自今哈勒哈(Khalkha)河,也就是后来喀尔喀各部名称的来源。因此,所谓朵颜卫统属了它,实际是说东南方面的朵颜卫引导西北邻的哈剌孩卫入贡。朵颜卫本来是三卫中的一个小卫,它不会统辖哈勒哈河畔的广大肥沃土地,北方的哈剌孩卫后来也断绝通贡了。

再者,三卫的名称,只是到了明代才出名,但在元代已有苗壮的萌芽。据《元史》(卷八十八)《百官志·中政院》条载:"海西辽东哈思罕等处鹰房诸色人匠怯怜口万户府"说:"掌钱粮造作之事,管领哈思罕等肇州朵因温都儿诸色人匠四十户,仍领镇抚所、千户所。"在说明哈思罕、肇州等处千户所之后,还说:

> 朵因温都儿乃良哈千户所,延祐三年置;
>
> 灰亦儿等处怯怜口千户所,至治元年置;
>
> 开元等处怯怜口千户所,至治元年置;
>
> 石州等处怯怜口千户所,延祐七年置。

以下还记载了沈阳、辽阳、盖州、干盘等四怯怜口千户所的建置。上述各千户所中,肇州(扶余)、开元(开原)、沈阳(奉天)、辽阳、盖州(盖平),自不待言,至于哈思罕,据《辽东志》(卷九,《外志》)《海西东水陆城站》载,大体在今蚂蚁河,流入松花江附近,唯有干盘不详,但从沈阳、辽阳、盖州、干盘的次序看来,恐怕是辽东半岛一带的某地。这样,剩下的问题就只有朵因温都儿、灰亦儿、石州三个千户所了。我认为"朵因温都儿乃良哈千户所"是"朵因温部儿兀良哈千户所"之误,是后来朵颜卫的前身;"灰亦儿等处怯怜口千户所"毫无疑问就是福余卫的来源。唯有石州千户所设在开元和沈阳两千户所中间，有些奇怪。但这方面似乎再没有叫作石州的地方。因此，我认为这是台州的伪讹，推测必定是泰宁卫的前身。如果是这样，那么这些千户所在元代就是代表东蒙古北方而与南方的开元，辽阳等路相对抗的一大势力。朵因等三个千户所都是延祐、至治年间设置的，也就是仁宗、英宗设置泰宁路等大力经营这方面的时候。上述《皇舆考》、《明史·三卫传》等书里的所谓朵颜元帅府，如果就是这朵因千户所无误，那么一定是到了元末升格的。

兴安岭以东、洮儿河、嫩江流域地方，原是元代太祖的季弟铁木哥斡赤斤的分封地，这是明显的事实。因此，在这里兴起了自称为其子孙的辽王等泰宁各卫，并不奇怪。然而元初居住在蒙古北部斡难河源的札尔楚泰的裔孙乌梁罕部（朵颜卫），究竟是何时并如何迁到今索岳尔济山东麓地方来的呢？这根本弄不清楚。但我推测，它和分封铁木哥斡赤斤一样，是在太祖成吉思汗完成大业后分封诸子诸将的时期。箭内博士的名著《元代的东蒙古》（《满鲜地理历史研究报告》第六）没有提到这事，未免是个疏漏。

想到这里，就产生了关于所谓兀良哈总称的问题。因为上面已经说过，《蒙古王公表传》说"乌梁罕"；《武备志》、《卢龙塞略》中的译语说"五两案"，以及秘笈本《华夷译语》说"巴兀良罕豁余黑台亦儿坚"、《元史》说"朵因温都儿兀良哈千户所"等，凡是依照蒙古人方面的例子，所谓兀良哈都必限于朵颜一卫，用其余二卫严格区别开来。据《景泰实录》四年八月甲午条，把《蒙古流源》（卷五）里称作"郭尔罗斯（今哲里木盟科尔沁部的同族）的彻卜登"说成是"兀良哈头目沙不丹"，这也是明人偶尔误用的一例，并不足以证明把朵颜卫以外的二卫也正式称为兀良哈，因此，所谓泛称三卫为兀良哈，只是明人的说法，蒙古人自己从来不这么称呼，果尔这必定是明人误用，可能是因为明代经略三卫是从西方的兀良哈开始而误解了。(元至元年间迁来东方肇州的乞儿吉思等三部人民是否是兀良哈,还是个疑问。即便就是兀良哈,也必定是隶属于他部而不是独立的部落)经略三卫是否真是从西方兀良哈开始的,一时难以证明,但讨伐三卫的确是专从西方开始的。

6

上面说泰宁、朵颜、福余三卫是洪武二十二年创设的,好像就那样已经定了下来。这是为了避免叙述混乱,其实,洪武二十二年以后,三卫又突然叛变,时常出没在兴安岭东西地面,一再烦扰明军前去讨伐。上述洪武二十四年傅友德、郭英等追击辽王阿札失里,就是一个例子。洪武二十五年,北平总兵官周兴再度讨定这方面。《实录》洪武二十五年八月庚申条载:

"总兵官都指挥使周兴遣人送俘胡兵至京。先是,兴率师至斡难河,转至兀古儿札河,按视安达纳哈出之地,见车马迹,遂追至兀者河,得空车百余辆。将还,适永平卫百户汪广报言,哨遇胡兵,与战败之,追奔八十余里,胡兵弃辎重溃去。兴乃遣燕山左护卫指挥谢礼,率轻骑疾追之,至彻彻儿山,又大败之,生擒五百余人,获马驼牛羊及银印图书银字铁牌等物,悉送京师。上令择胡兵有可用者卯罕、阿鲁温沙二人,赍榜北还,招谕虏将阿札失等。"

兀者河的方位不详,斡难河就是今外蒙古北方的斡难河。兀古儿札河,《元朝秘史》(《成吉思汗实录》第129页)作兀勒札河,也就是今斡难、克鲁伦两河之间的乌尔匝(Ughulja)河。彻彻儿山,《元朝秘史》(《成吉思汗实录》第195页)作扯克彻儿、者者额儿等,常常出现,大致是今呼伦池西南地方没错。安达纳哈出不是地名是人名。当时,蒙古将士争先恐后地投降明军,唯独他仍毅然不屈,是个豪杰。秘笈本《华夷译语》(卷下)载有《敕礼部移安达纳哈出》一篇,可以看到这种情形。《实录》(同年四月)只载总兵官周兴率军出居庸关,没有说后来究竟走了那条路。总之,先到达斡难河畔,然后转向东南,经兀古儿札河、兀者河到达彻彻儿山,肃清了三卫西北的余寇。因而上文末尾的"虏将阿札失"必定是阿札失里的脱误,试和《实录》洪武二十四年夏四月癸未的例子"番将阿失里"一比,便知毫无疑问。其次,洪武二十九年的征伐,也不外是再一次进逼三卫的根据地。据《实录》洪武二十九年三月甲子条载:

> "今上(太宗永乐帝)率诸军,北至彻彻儿山,遇胡兵与战,擒其首将孛林帖木儿等数十人。追至兀良哈秃城,遇哈剌兀,复与战,败之。遂旋师。"

孛林帖木儿的情况不详。哈剌兀或许是下述引文中朵颜卫的掌卫事都指挥同知哈儿兀歹。总之,从呼伦泊西南的彻彻儿山追到的兀良哈秃城,和兀良河的朵颜卫有某种关系,几乎不容否认,因为"兀良哈秃"的"秃"字,在蒙古语只是"有"的意思的接尾词。大明劲旅最深入地讨伐三卫根据地,是后来的永乐帝时代。

曾投降明朝做过三卫指挥使等官职的蒙古各酋,后来仍贡寇无常。特别是建文一代期间,乘明朝困于内乱不遑外顾的机会,几乎又恢复了独立的态势。正是为了再度羁縻他们,太宗永乐帝才运用了雄谋远略。当太宗身为燕王镇抚北平的时候,曾专门经略东蒙古。永乐元年,平定内乱即位以后,曾几次特意遣使招抚所谓兀良哈各部。《明史》(卷三百二十八)《三卫传》概述说:

> "永乐元年,复使指挥肖尚都,赍敕谕之。明年夏,头目脱儿火察(即脱儿豁察儿)等二百九十四人,随尚都来朝贡马。命脱儿火察为左军都督佥事,哈儿兀歹为都指挥同知,掌朵颜卫事。安出及土不申俱为都指挥佥事,掌福余卫事。忽剌班胡为都指挥佥事,掌泰宁卫事。余(《明史稿》有"未至者"三

字)三百五十七人,各授指挥千百户等宫。赐诰印冠带及白金
钞币袭衣。自是三卫朝贡不绝。"

辽王和会宁王恐怕都死于战阵中了,唯独脱儿豁察儿荣任左军都
督府都督金事,这必定是由于他真的忠顺归诚的缘故。

永乐帝运用招抚政策的结果,除三卫外,还招徕附近的许多部
落。这里只举其中比较著名的。例如:永乐三年十月己卯条载:

"泰宁、朵颜、福余、建州、兀者等卫指挥章乞帖木儿等五
十二人,及恺腊儿鞑靼把秃、九山鞑靼野麻哈等四十五人,来
朝贡马,赐钞币有差。"

过了十一天,十月庚寅条又载:

"设海剌儿千户所,以来朝野人头目把秃等为千百户,赐
诰封冠带袭衣及钞币有差。"

恺腊儿即海剌儿千户所,无疑就是今海拉尔。永乐五年十一月辛
酉条说:

"阿鲁兀纳么连地鞑靼头目脱完不花等来朝贡马。"

阿鲁兀纳么连就是现在的额尔古纳河。永乐四年二月甲申所设斡
难河卫也许在现今斡难河河畔地方。据推测,经营这些卫所也可
能是通过兴安岭东面的三卫地方来进行的。据《实录》永乐四年十
月条说:岭东地方密陈、卜剌罕、苏温河三卫,完全是把泰宁卫的亦
答鲁、能木里、土称三个地方划分出来设置的。亦答鲁、能木里等
地根本不详,但在这些地方前后,不会有个不著名的卫所设在泰宁
卫本卫前面,所以必定都在泰宁卫的背后,即今绰尔河、雅尔河方
面。至于土称(T'u-cheng)地方,或在今绰尔河上游土称(TosinBi-
ra)地方,也未可知。卜剌罕卫曾于成化年间出现名酋郑王脱脱罕
等,一度颇活跃。因此,他的事迹,除《实录》外,张天复的《帝舆
考》、叶向高的《四夷考》、何乔远的《名山藏》等书,都大书特书。但
成化年间的卜剌罕卫地区,并不限于兴安岭以东,可能曾扩张到今

呼伦贝尔地方,这方面的详细情形当另行撰文论述。顺便说一句《满洲源流考》(卷十三)关于上述各卫的考证,当然完全不足凭信。

以永乐帝的雄材,当然不满足于这种和平的抚绥,有时便亲自率师征讨三卫的根据地。最显著的例子就是永乐八年,永乐二十年和二十二年三次。永乐八年夏,讨伐蒙古大酋本雅失里、阿鲁台,肃清了玄冥河(即斡难河)、清尘河(即乌尔匝河)、饮马河(即克鲁伦河)地方的敌人。同年六月,帝更挑选精骑,马首东转,扫荡了阿鲁台的与党、三卫的根据地。随征扈从大学士金幼孜的《北征录》,记述这次战役最详。此书完全是私人记述,叙说不得要领,最难考证。现在避开东方学会足本的烦冗,仅就简洁的通行本,摘录其中必要部分如下。帝军于五月十三日,在斡难河畔击溃了本雅失里以后,就沿着克鲁伦河东进。六月初二日正午,过阔滦海子即今呼伦泊,赐名玄冥池,宣谕临敌准备,采取行动如下:

> "遂赐名玄冥池。晚次玉带河。初三日次雄武镇……初四日发雄武镇,晚次清胡原。初五日次澄清河。初六日发澄清河,数里渡河,穿入柳林中,柳蒙密不可行,下皆污泥。行五六十里下营,大雨如注,至晚不止。又复起营,夜次青杨成。初七日发青杨成,凡四渡河,河水甚急,午次克忒克剌,华言半个山,山甚峻拔,远望如坡,故名。入此河稍狭,山攒簇,多松林……晚次苍松峡。隔岸坡陀间,树林蓊郁,宛如村落,水边榆柳繁茂,荒草满数尺,而草稍俱为物所食。是日获虏二人,因问之,知虏骑曾经此过一宿,草为马所食也。初八日发苍松峡,度泥河数次,河狭水浅,两岸泥深,人马多陷。晚度黑松林……复行十数里,下营饲马。日没,复启行,夜入山谷中,乘月倍道兼行。上坡下涧,不胜崎岖……下至平川,而路多泥淖,且陷,益难行。而乡导亦惑,逐止次飞云壑。初九日发飞云壑,行三十余里,凡度数山,至一水泉处,前哨已见虏,列阵以

待。上饬诸将严阵,先率数十骑,登山以望地势……度一大
山,见房出没于山中,少顷遣人来伪降……又行数十里,驻兵
于山谷中,忽见阵动,亟上马前行,俄闻炮声,左哨已与房敌。
房选锋以当我中军,上麾宿卫,即摧败之。房势披靡,追奔数
十〔余〕里……已驻兵于静房镇。"①

原有的土名都已佚失。记的全是临时的命名而且没有记载方位,
敌人姓名和地名也都无从考证。因此,才出现了像《口北三厅志》
(卷二)那样胡乱的考证。这且不说,永乐帝这次的军队是选拔精
骑的强行军,假定每天行七八十里,勉强对照地图看来,从呼伦泊
向东的路程,若不是沿着北方的海拉尔河前进,就必定溯南方的乌
尔顺或哈勒哈两河流域,二者必居其一。过去进军路线都是沿克
鲁伦河北上,从后来进军路线的地势叙述来看,应当认为这是已进
抵海拉尔河以南地方。然而这样的话,就离它所到达的目的地再
转向西南的归路似乎太远,和以下的叙述完全不合了。仍然只能
认为是经过东南的乌尔顺、哈勒哈流域,或者因为纵断了北方的捷
径,所以才没有看到沿河前进或经过贝尔泊的记述。

　　这样想来,第一:究竟是经过出发点阔滦海子的哪一边不详,
但看来似乎是从南面来,才接近该湖,还没有到达湖北岸。因此,
从这里出发,当晚所到的玉带河必定是距乌尔顺河、阔滦海子不很
远的地方。其次,经过雄武镇,第三日到达的所谓清胡原这个地
名,可能是因二十多年前击溃元主脱古思帖木儿的捕鱼儿海(即贝
尔泊)的东北地方而命的名吗? 这么一来,下边的澄清河就是在它
东面弯曲的哈勒哈河。六日,走了数里,渡过这条河,进入柳林里

①　按《北征录》今古说海本第 24—26 页,"荒草满数尺"作"荒草深数尺",又"路多泥淖"作"路多沉
　　淖",又"行三十余里"作"行二十余里",又"凡度数山"作"凡渡数山",又"前哨已见房"作"前哨马已
　　见房",又"度一大山"作"渡一大山",又"见房出没于山中"作"见房出没于山谷中",又"追奔数十
　　里"作"追奔数十余里"。又《豫章丛书》本第 15—17 页,文句和古今说海本同。——译者

的污泥,当夜抵达青杨戍。下边唯一保存土名的克忒克剌地方,也无法考证。不过,从这里进入树木蓊郁的山间,就是哈勒哈河的上游,因而河面狭而水流急。其次,第六天所过的苍松峡、黑松林、飞云壑,可能是从该河上游的讷墨尔根河到兴安岭山顶一带的地方。敌人盘踞山顶附近。战役简简单单地结束了,然后是扫荡兴安岭的东坡。

> "初十日早,发静房镇,令诸将皆由东行,人渴甚。以衣于草间,且行且拽,渍露水,扭出饮之。行数十里,好得水。晚次驻跸峰。十一日……午,始行入山谷中,渐见虏弃辎重。晚次长秀川,而辎重弥望。十二日发长秀川,随川东南行,虏弃牛羊狗马满山谷。暮次回曲津。十三日次广漠戍。归大营,上逐虏于山谷间,复大败之……十四日发广漠戍,行数里渡河,河滨泥深,陷及马腹,余虏尚出没,来窥我后。上按兵河曲,佯以数人载辎重于后,以诱之。虏见,竞奔而前,铳响伏发,虏苍黄渡河,我骑乘之,生擒数十人。余皆死。虏由是遂绝。晚次蔚蓝山。"[1]

从静房镇东走,驻扎在驻跸峰。这一带仍是高原,据说很难得到河水,想必还是在慢坡的兴安岭山顶上。又走了半天,才又进入山谷中,晚间到达长秀川。翌日从长秀川出发,说是"随川东南行",那么,长秀川一定是绰尔河,或是南边的洮儿河的上游。从遗弃的牛羊辎重之多看来,可知这里是敌人的巢穴。回曲津可能是洮儿河上的弯曲处、今苏鄂公爷府一带。广漠戍是否就是今扎萨克图王府附近呢?《洪武实录》十六年夏四月己亥条叙述故元海西地方

---

[1] 按《北征录》古今说海本第27—28页,"令诸将皆由东行"作"命诸将皆由东行",又"好得水"作"始得水",又"生擒数十人"作"生擒数人"。又豫章丛书本,第17—18页文与说海本同。——译者

说:"东有野人之隘,南有高丽之险,北接广莫堆,西抵元营。"①这个广莫堆恐怕就是指齐齐哈尔南方的原野,《北征录》的这个广漠戍,必定是它西边的一个地名。太宗军队就到这里班师了。为此设诡计,防虏追骑,以使后方安全,才由呼伦泊到广漠戍,竟费去十一天;而由广漠戍回到达里泊附近约需十四天。

据《实录》说,这时的敌人实是大酋阿鲁台本人,在静虏镇战役中,曾亲自出阵奋战。在广漠戍生擒的几十人,都是三卫的人,就是曾入朝授官而又叛附阿鲁台的。因此,帝怒责他们说:"尔于朝廷何功,徒因来朝,辄予爵赏,今不思报,乃复为叛寇用",便下令全斩了(八年六月己酉条)。第二年,"十二月壬辰,敕宥福余、朵颜、泰宁三卫罪,令入贡。"这事,在《明史》(卷六)《本纪》里也有。又,《实录》同年七月癸未条叙述这次战役的凯旋宴说:"凡从征至斡难河及答兰那土儿哥地面大小武职官、侍从文职官"等,都参加了。斡难河指五月十三日击败本雅失里的地方,答兰那土儿哥指六月九日降服阿鲁台的地方,这毫无疑义。因此,我想静虏镇的土名就是答兰那土儿哥。此外,所谓答兰纳木儿河,就是指永乐二十二年时曾是阿鲁台根据地的哈勒哈河上游地方。据箭内博士研究说答兰捏木儿格(思)是元初塔塔儿部的根据地,即今哈勒哈河的支流纳墨尔根河流域。这样看来,这个答兰那土儿哥可能是答兰那木儿哥之误,答兰纳木儿哥、答兰纳木儿河和答兰捏木儿格(思),我想当然是同一个地方。我认为太宗东征的路线所以没有走海拉尔河畔,而应在哈勒哈河一带探索,理由之一,就在这里。还有有力的证明是下述的班师路线。

《北征录》在前条下面,接着说:

<hr>

① 按《明实录》影印国学图书馆传抄本,第二十一册、卷百五十三、第6页,"北接广莫堆,西抵元营"作"北接旷漠,惟西抵元营"。又"夏四月己亥"作"夏四月乙亥"。——译者

"十五日次宁武镇。十六日次紫云谷。十七日次玉润山。十八日次紫微冈。十九日次青阳岭。二十日次清华原。二十一日次淳化镇。二十二日早发淳化镇渡河，深及马鞍，既渡，以为无水矣，而入一泽中，长六、七里，草深，泥水相交。复渡两河。泥陷及马腹，马行泥潦中几陷。晚次秀水溪。二十三日发秀水溪。行十余里，入淙流峡。甚险。一水流其中，路倾侧临水，萦回曲折如羊肠。日凡七八渡。登高下低。马力疲倦，逾数冈至营，晚次峡中。二十四日次锦云峰。二十五日次永宁戍。二十六日次长乐镇。二十七日发长乐镇。草间多蚊，大者如蜻蜓，拂面嘬嗜，拂之不去。晚次通川甸。即应昌东二海子间。"

以上地名都很难考证。永宁戍以下各地是永乐二十年和二十二年太祖北征时都曾经过的地方，显然全在兴安岭以西。通川甸位于"应昌东二海子间"，可能是其西南方面有应昌故址的今达里泊（Dal Naghur）和东边的汪牛泡子两湖之间一带地方。清康熙二十八年，赴尼布楚条约会议的耶稣会传教士张诚（Gerbillon）等也曾经过这条道路，留下了《旅行记》（The Second Journey of the PP. Getlbilion and Pereyra into Tartary in 1689, Du Halde, II, 301-304），参看这些记录，可知距通川甸以北二日长路程的永宁戍约在今西乌珠穆沁王府附近。这样，锦云峰则是它东面的山地；淙流峡可能是今巴尔斯坦河；秀水溪和淳化镇之间的沼泽地，必定就是巴尔斯坦河与察噶斯坦河汇流的沼泽地带。因此。清华原在它的北面，青阳岭、紫微岗、玉润山应该都在兴安岭前后；紫云谷、宁武镇是岭东的驻地。据《实录》载：在宁武镇"虏余众来降者相继踵"，可见上述的静虏镇、广漠戍也不会在太远的北方。不仅从班师的路程距离来看，从洮儿河以北，东西流向的大河有好几条，而据《旅行记》的叙述，广漠戍以南从未渡过那样的河来看，并从广漠戍方面

"虏由是遂绝"来看,绝对不能把广漠戍放在洮儿河以北很远的地方。我想:永乐帝也不会放着近处之虏,光讨伐这样遥远的地方。以上是使我肯定征伐路线为南方哈勒哈河河畔的主要理由。倘若这一推测不错,那么后来永乐二十年的征伐,也几乎是对同一个地区进行的。

在永乐帝前后四次亲征蒙古之中,永乐八年征伐本雅失里、阿鲁台的事迹,有金幼孜的《北征录》;十二年征伐瓦剌,有金幼孜的《北征后录》;二十二年征伐阿鲁台也有杨荣的《北征记》,唯独二十年讨伐阿鲁台缺少详细的从征录。所幸就《实录》可知其大概。据《实录》永乐二十年七月四日己未条载,太宗复征阿鲁台,行抵阔滦海子(Kölön Naghur)以北杀胡原。是夜,集诸将令曰:"所以羽翼阿鲁台为悖逆者,兀良哈之寇。今阿鲁台狼狈远遁,而兀良哈之寇尚在,当还师剪之。"乃选步骑二万,分五路进击。所说五路不知何处,但太宗亲自另率领数万骑,六日辛酉到清水泊,十三日戊辰到捕虏川,十四日己巳到沙泉碛,十五日庚午就到了屈裂儿河,歼灭虏寇数万,傍晚到了丰润屯。屈裂儿河就是上述洮儿河的南支流归勒里河,所以清水泊可能就是贝尔泊。从阔滦海子的北面到屈裂儿河还是走了十一天。在这以前,太宗定的方略是"官军至,彼虏必西走,朕以兵从西要,虏可获也。"因此,分遣的各军恐怕正像池内博士(《满鲜地理历史报告》五,第306—307页)所推测的:由这里,由北方或东北方直捣虏根据地。据《实录》载,太宗还曾一再平定附近的余寇,不久,越过兴安岭西,由开原、独石方面凯旋。这些地名和前次迥然不同,一时很难考证。只说分遣的各将领直接由大宁入喜峰口回来了,或许是这次用兵的地域特别靠近东南方面,也未可知。《明史》把这事记入了《三卫传》里,叶向高的《四夷考·三卫考》评述说:"三卫自是创,复稍自归,上亦贳其罪,待如初。"屈裂儿河上游,这时当然还是朵颜卫的根据地,后来永乐二十二年的战役,只到了答兰纳木儿河,并没有到三卫。但阿鲁台后来更衰弱了,逃据三卫,不久亡于它的敌人之手。《明史·鞑靼传》说:"阿鲁台日益蹙,乃率其属,东走兀良哈,驻牧辽塞,诸将请出兵掩击之,帝不听。宣德九年,阿鲁台复为脱脱不花所袭,妻子死,孳畜略尽,云云。"但这段详细情况,和下面的三卫南下问题,一同来谈较为方便。

最后,必须附带说一下的是清时西清的《黑龙江外纪》(卷一)里的如下一段记述:

> "布特哈……在齐齐哈尔北三百四十里。嘉庆五年,土人得铜印一,径二寸,厚三分以强,直纽大象,文曰:'朵颜卫左千户所百户印',背识'洪武二十二年五月礼部造',及'颜字二号'字样。则江塞在胜国,实列藩服,与《明史·朵颜传》合。此印足为左验。近有议共能致荒稷,当沉诸渊者。余力辩之,仍请藏幕府"。

《外记》的作者是个连兀良哈三卫和女真建州海西野人三卫都混淆不清的没有学问的人。这一条非常明确,不容置疑。洪武二十二年五月是开始建立三卫时,这个铜印是那时的东西。布特哈位于齐齐哈尔以北,黑尔根以南,今诸敏江注入嫩江处稍稍偏北地方。把这里看作朵颜卫的地方,当然有困难。朵颜卫地方,如前所述,曾几次遭受明军侵袭,并曾遭到蒙古军蹂躏,可能是带着这棵卫印的人,在逃窜中遗失在这里。即使是这样,难道足以证明当初朵颜卫不在潢水左右那样偏南地方吗?

以上的论述涉及些枝节问题,非常曲折烦琐,但我的结论可以概括如下:

(1)总称三卫的所谓兀良哈,是明人误用,真正的兀良哈只限于朵颜一卫。这个兀良哈就是元初住在斡难河源头的所谓蒙古兀良哈,成吉思汗时代,折里麦部长等受封,迁到了东方洮儿河上游的搠河河畔。因为该地既然是兀良哈的根据地,所以后来这条搠河便叫作兀良河(乌兰灰河)了。朵颜卫的名字是出自这里的山名母亲朵颜山,读作诺颜(No-yan)是误读,应该读作朵颜(Doyan)。朵因温都儿(朵颜山)兀良哈千户所的名字,自元代即有所闻,明初在这里设置朵颜卫,直到明代中叶三卫南下时期。南下到北京塞北来的朵颜卫的后身,就是今喀喇沁部。

(2)泰宁卫这个名字起于元代泰宁路,可以更上溯到辽、金以来的泰州。该地是今洮南附近,可能是成吉思汗的爱弟铁木哥斡赤斤的封邑的中心。元末,这里似乎曾设有所谓台州等处怯怜口千户所。明初在这里设置了三卫的首卫。

(3)福余卫的名字和古抹余没有关系,却和金代蒲与路有联系。它的根据地在今齐齐哈尔方面,由它东方的瑚裕尔河而得名。我想这里在辽代以前是室韦的居处,金合并了室韦,改成蒲与路;元把它加入了斡赤斤那颜的封地;后来设置了灰亦儿等处怯怜口千户所,明代改为福余卫。后来的科尔沁部,必定和它有关系。

昭和四年二月二十三日稿

《史学杂志》第 40 编第 6 号

昭和四年(1929 年)六月

三、兀良哈三卫之研究（上）

绪　言

　　满洲的西邻、兴安岭以东地区是所谓狭义的东蒙古，从它的地位、水土来说，和其他各地迥然不同；自古以来就是和东面的满洲及西面的蒙古本土不同的种族的驻地。例如：周、秦的山戎、东胡，汉、魏以后的乌桓、鲜卑，唐、宋时代的奚、契丹等等。契丹衰亡，金国在满洲兴起。这里是邻接金国本土的地区，因而特别进行了经略。尤其是蒙古，金代兴起以后，愈益对这一地区进行了彻底的经营，因而元朝一代，那么强大的契丹民族也终于完全被蒙古本部的种族同化了。但当元衰明兴之后，明人仍然承认这里住有特殊部族，把它叫作兀良哈。兀良哈的语言似乎已和蒙古没有区别，但风俗却还有些特殊地方。例如：蒙古是辫发索头；而从鲜卑、契丹以来，这个民族仍然保留髡发秃头的遗风。① 又如生产，蒙古专事游牧，而这个民族却经营一些农耕。② 明人承认它的势力，在这里设置了著名的泰宁、福余、朵颜三个外卫，即所谓兀良哈三卫。当然，对元代以后的蒙古人来说，兴安岭以东也同样是蒙古地方，不容许

① 据白鸟库吉研究（《关于亚洲北方民族的辫发》载在《史学杂志》第三十七编、第一号），认为亚洲的北方民族盛行辫发，唯独乌桓、鲜卑、奚、契丹等所谓东胡民族是"秃头"、"髡发"，像僧侣那样的光头顶。据《辽东志》（卷七）《艺文志》所载卢琼的《东戍见闻录》说：三卫人众"善剽掠，即杀人寇抄，髡其发以自标"，恐怕直到明代，还有一些这类头饰的风气。卢琼是明嘉靖中谪戍辽东三万卫的人，《明史》（卷二〇六）、《明史稿》（卷一九〇）等都有他的略传。

② 三卫地方农耕颇盛的证据很多，请参看下一章。

那里有另一个势力独立存在。不仅这样,岭东地方水草比较丰美,至少被明代蒙古人看作是"蒙古的谷仓",[①]历代君长都绝没有忽视对这个地区的经营。因此,所谓三卫人众,只好随着形势的转变,有时引导大虏侵寇明边,有时或传报虏情、向明廷进贡,明人也承认这种事情。[②]但在明人眼里,大虏虽是势难两立的仇敌,但三卫却属"不能绝,且不宜绝"的我方藩篱,纵令不能赖以扞蔽京畿,却还是唯一赖以刺探虏情的重要耳目。[③]

这样,受明羁縻的兀良哈三卫,在有明一代三百年间,就占据今兴安岭以东地面,繁衍兴盛。虽同属蒙古。却每每和西面的蒙古本部形成另一种存在。因此,控制这个地区,就成了明和蒙古两民族争夺的目标,几乎也完全支配着当时的南北对抗大势。到了清兴明亡,三卫突然不见踪影了。明代史乘里以前经常记载的岭东特殊民族,清代以后绝迹不见了。而清朝的兴起,和它的西邻东蒙古的势力,关系最深,即使说它是明清所以废兴的关键,恐怕也不为过。那么,这个三卫的势力究竟怎样兴起?又怎样灭亡的呢?即由此看来,三卫的研究也当然不是徒劳无益的题目。

但是,这个题目之所以引起我们研究者的兴趣,与其说是由于这些重大事实,莫如说是由于有关研究三卫的资料的性质。因为

[①]《蒙古源流》(卷六)载达延汗的敕语说:"鄂尔多斯者乃为汗守御八白宝之人,乌梁海者,乃为汗守金谷仓库之人。均属大有福者。"所谓八白宝就是成吉思汗的庙,在今鄂尔多斯部北方、包头对岸地方。按蒙古人的信仰,这就是成吉思汗的圣墓。鄂尔多斯(Ordos)这个地名,就是由这个神圣的宫帐(Ordos)而起的。与此相提并论的乌梁海即兀良哈,不一定指整个三卫(或仅指朵颜一卫),也未可知。这里所说"为汗守金谷仓库之人",可能像本文里所说,把兴安岭以东地方,看作是"蒙古的谷仓"。严格说来,兀良哈仅指朵颜一卫。关于这一点,前曾阐述过了。本篇为方便起见,仍按明人的例子,用来一般泛指三卫。

[②]例如:严从简的《殊域周咨录》(卷十六)《鞑靼》条说:"鞑靼、北胡也。东自兀良哈,西抵瓦剌,种类不一。兀良哈亦在内,但久内附为属夷,故别出耳。"

[③]王世贞的《三卫志》开头就说:"自北虏外,我膏骨(肓?)之患,而不能绝,且不宜绝者,则无如朵颜三卫焉。"他在结尾又说:"故迫则驱为虏,信则堕其计,善处之则因为间,虽藩篱失,而耳目犹在也。"叶向高的《朵颜三卫考》简单记述说:"故迫之则殴(驱)使为虏,信之则堕其计,善驭之则因用为间,虽藩篱失,而耳目犹在。不能绝,亦不可绝也。"

明和蒙古的对抗，在东洋史上是自古以来南北两大势力反复角逐的最后一场斗争。由于明代较近，有关史料相当丰富，尤其关于三卫方面是这样。三卫除了受明廷羁縻以外，特别是因为它的位置逼近明的陵寝和京畿，所以迫使明人注意它的向背，不断进行研究。因此一向对东蒙古的鞑靼即今喀尔喀（Khalkha）和西蒙古的瓦剌即卫拉特（Kalmuk）不加严格区分的明人，唯对三卫的兀良哈却必特别看待。这就是所以《实录》等书里有关三卫的记述特别多，单独的记述还出现了郑晓的《兀良哈考》、王世贞的《三卫志》、叶向高的《朵颜三卫考》等，以至《明史稿》、《明史》的《三卫传》许多三卫的传记的缘故。① 即使史料丰富而难以搜集，也没办法。而有关明代三卫的史料，今天很容易搜集到。因此，我想这方面的事实可望得到某种程度的精确阐述，而研究的结果，还可以供研究其他时代的参考。可是，学术界的情况却是，尽管对汉、唐时代的北狄或元代的蒙古，进行了一些研究，但对兴旺的元代过后、转入清代雌伏时期以前的明代蒙古，几乎没有人着手去研究。这里就颇有研究的余地和必要。

有关三卫的史料虽多，而研究成果却并不多。一般可能是比较精确约直接见闻记录，大半是片断的，不得要领；年代稍后略完

---

① 考证三卫的主要著作，此外还有：郭造卿的《卢龙塞略》、严从简的《殊域周咨录》、王圻的《续文献通考》、陈仁锡的《皇明世法录》和何乔远的《名山藏》的《兀良哈》条、茅元仪的《武备志》的《三卫考》以及谷应泰的《明史纪事本末》的《设立三卫》等。其中多数是互相抄袭，尤其是《武备志》摘录叶氏的《三卫考》，几乎只字未改。清钱曾的《读书敏求记》（卷二）所载无名氏著《属夷枝派录》一卷，恐怕是叙述三卫事最详尽的了，现在很难找到。这里只引钱曾的解说于下：

"二祖以元之余裔归降效顺，赐以大宁全地。立泰宁、朵颜、福余三卫。设官袭职，岁通两贡。其后，唯朵颜独盛。此书于三卫枝派、住牧，详细录之。有心哉，斯人也。今撮略其要，以彰二祖抚赏之盛心，并以告后之秉史笔者。泰宁卫夷始祖都督兀捏帖木儿、右都督革干帖木儿二枝之后，共五处住牧。朵颜卫夷始祖都督完者帖木儿、四世花当生十一男，分十一枝。厥后又分七十枝，随处住牧。外脱罗叉儿、古彦卜二枝，随长昂住牧。福余卫夷始祖都督指挥使朵儿干、都督指挥使可歹，夷始祖影克掌本卫印使，指挥使扯兔四枝之后，共五处住牧。予虑此书或致湮没失传，属夷枝派使无从稽考，故书其大凡于此。"比起《卢龙塞略》的《贡酋考》，并不见得更得要领。如果有这本书，可供参考。

整的著作却必定包括许多错误。特别是明人的三卫考所传,大都只限于同明交涉的一面,他如三卫的性质究竟怎样? 它的原住处在哪里? 同西邻蒙古和东邻女真的关系怎样? 以及有关三卫迁徙的情形、它的兴废经过、文化程度等重大问题,几乎全都不详。现在踏进这块还没有开拓的荒原,来挥动垦荒的铁锹,觉得我的准备还过于贫乏。正像正文中所引证的,有关明代蒙古史料,都尽量试做了探讨。当然,还会有许多遗漏的地方。尤其许多明代名人的文集还涉猎得不够,没有获得充分参考许多朝鲜记录的方便,这同缺乏语言学和民俗学的研究,都是我痛感的缺陷。不过,看来一时也难做到万全的准备,这里只好罗列一些手头上的史料,恳请大方惠予指正。由于上述的理由,关于三卫同西方瓦剌的关系,只得留待以后再论述,现在只详述三卫同它的东邻女真和西邻蒙古的关系。这篇研究之所以专限于历史地理方面,是由于问题的性质和作者的爱好所使然的。

1.三卫的四周

所谓兀良哈三卫,即泰宁、福余、朵颜等三卫的根据地,过去的说法大体是一致的,认为自始就接近蓟辽边外,就在今热河省南部地方,是成祖作为对永乐初年靖难之役效力的报酬把该地赐给三卫的。但这是由于后来的形势所产生的误解,三卫原来的住地位于潢水即西喇木伦(Shira Müren)以北地方。这种说法,从乾隆末年由《热河志》编者论证以来,已明确无疑了。① 近来,我还论证了最早的泰宁、福余、朵颜三卫是元末的台州、灰亦儿、朵因三个千户

---

① 参看钦定《热河志》(卷六十三)《建置沿革》、《承德府志》(卷三)《建置》、《蒙古游牧记》(卷二)《喀喇沁部》注等。

所的后身,分别在今的洮南、齐齐哈尔和洮儿河的上游地方。① 这些都已经发表,这里就不再重复了。只是由于该文仅阐述了它的根据地,没有涉及它的周围,所以这里想以它的四周的形势作为以下论述的出发点。

初设三卫的东南地方,即今长春、农安、扶余、哈尔滨方面,是故元遗将纳哈出的势力范围,它和当初的三卫地方并无牵涉,就是从农安、扶余到庆州即今巴林察罕城一线以南地方,已曾遭受明军的蹂躏,也和三卫本土有距离,已如上述。② 三卫的西境,如上所述,南有哈剌孩卫,北有海剌儿千户所。

哈剌孩卫这个卫名,在《大明实录》里,正统年间才开始出现,记录如下:

> 甲 "泰宁等卫指挥板不来、兀者右等卫舍人苦女等,朵颜哈赤等卫指挥等官哈剌不花等俱来朝,贡马及方物。赐宴,并赐彩币等物有差。"(正统元年六月辛亥条)③

> 乙 "哈剌孩等卫女真指挥吉列儿等,呕罕河卫女真指挥脱因托、兀者前等卫女真指挥阿剌秃等各来朝,贡鹰马及方物。赐宴,并赐彩币等物有差。"(同年十二月戊寅条)

> 丙 "福余卫及哈剌卫指挥也儿马丹等七人……来朝贡马。"(正统二年六月戊寅条)

> 丁 "朵颜卫所属哈剌孩卫指挥捏可来等……来朝贡马。"(正统三年四月癸酉条)

---

① 和田清《关于兀良哈三卫的根据地》(《史学杂志》第四十编、第六号、昭和四年六月发行)。这篇文章实际上相当于原书本篇第一章。原书第 107—149 页。

② 和田清《关于兀良哈三卫的根据地》(《史学杂志》第四十编、第六号)。又据《实录》洪武二十年五月丙寅条说:"纳哈出弃金山巢穴,营于新泰州,去辽阳千八百里。"由此可见,从扶余以西到新泰州是纳哈出的势力范围,并不是三卫的地方。

③ 按《明实录》影印国学图书馆传抄本,第八十三册、《正统实录》卷十八、第 7 页,"苦女"作"若女"。——译者

以上甲项有"朵颜哈赤等卫"，丙项只有"哈剌卫"，而不是哈剌孩卫，但哈赤卫和哈剌卫这样的卫名，别处没有见到，从它冠有"朵颜"字样。或同福余卫并列看来，断定它是哈剌孩卫的脱误。《实录》由于辗转传抄，这类谬误极多。乙项所以有"哈剌孩等卫女真指挥"，是由于当时和其他女真各卫同时来朝所产生的错误。误把三卫夷人称作女真的例子也不少，因此，也不宜过于拘泥文字。反之，甲项的"朵颜哈赤等卫"和丁项的"朵颜卫所属哈剌孩卫"等语，颇值得注意。因为既说是"朵颜卫所属"，那么，那里邻接洮儿河上游的朵颜卫地方，大致无可怀疑。这样我不得不推测这个哈剌孩卫的名称，是从注入贝尔泊（Buyur Naghur）的喀尔喀（Khalkha）河而来的。

喀尔喀河，《元朝秘史》作合勒合河，经常出现，尽人皆知。明初或译作哈喇哈、哈剌哈等。《皇明表忠记》（卷五《死战列传》）所载俞通海之弟通渊的传记里说："俞通渊，庐州人……征哈喇哈，至捕鱼鱼海，获酋长人畜。"①《大明实录》洪武三十五年九月甲申条所载故都督同知张玉的传记里说："玉字世美，河南开封祥符人，仕元为枢密院知院。洪武乙丑归附，戊辰从征捕鱼儿海剌哈之地。云云。"戊辰是洪武二十一年。当时，大将军蓝玉等在捕鱼儿海即贝尔泊东北打败了元主脱古思帖木儿，并且扫荡了附近地方。俞通渊传记里的"捕鱼鱼海"，当然是"捕鱼儿海"的讹误；张玉传里的"捕鱼儿海剌哈之地"必定是"捕鱼儿海哈剌哈之地"的脱误。②

---

① 按《皇明表忠记》崇祯刻本、卷五、第 5 页，"庐州人"作"庐州巢县人"，又"捕鱼鱼海"作"捕鱼儿海。"——译者

② 细一检查，原来陈建的《皇明实记》（卷四）里就有：洪武二十一年，"四月，蓝玉等进兵至哈剌哈河……复追至捕鱼儿海，云云"；焦竑的《国朝献征录》（卷八）所载《南安侯俞通源传》和陈仁锡的《皇明世法录》（卷九）所载《俞通渊传》都说：通渊"征哈剌哈，至捕鱼儿海，获酋长人畜。"《献征录》（卷五）所载朱睦㮮的《英国公忠武张玉传》、《世法录》（卷八十五）所载《河间张忠武王传》和程敏政的《皇明文衡》（卷七十五）所载杨士奇的《张公神道碑铭》等，都载有洪武二十一年张玉从征"卜（捕）渔海子剌哈之地"。卜渔海子，当然是捕鱼儿海的异译。剌哈是哈剌哈的脱误。

又,《国朝献征录》所载薛禄、朱荣、徐忠、刘真等各将领的传记里,也都证明当时曾剿平哈剌哈地方。哈剌哈即喀尔喀河的名字如此著名,后来喀尔喀蒙古的名称也渊源于此,下一章将详述。因此,认为正统年间的哈剌孩卫也设在这个地方,是很自然的。

但喀尔喀河流域是一片广阔的肥沃原野,很难设想盘踞在洮儿河上游狭隘的山地的朵颜小卫能够统辖了它。因此,所说"朵颜卫所属",其实是由于明人因东南方面的朵颜卫引导西北邻的大部族哈剌孩卫入贡等所产生的误解,这点前已说过。[①] 又,喀尔喀河流域本是东北蒙古的要地,而哈剌孩卫这个名字却只见于上引《实录》正统初年各条,因此,可能是由于某种情况,那时暂时设置的卫名。在这以前和以后,都不见这个卫名;初设三卫时,肯定没有这个卫所,只是为了推测它西边的位置,这里才提到它。

其次是海剌儿千户所。据《大明实录》证明,因为永乐五年十一月辛酉,阿鲁兀纳么连即今额尔古纳(Ergüne)河的鞑靼头目脱完不花等来朝贡马,[②]所以永乐三年十月己卯条载:

> "泰宁、朵颜、福余、建州、兀者等卫指挥章乞帖木儿等五十二人及恺腊儿鞑靼把秃、九山鞑靼野麻哈等四十五人来朝贡马,赐钞币有差。"

过了十一天,十月庚寅条说:

> "设海剌儿千户所,以来朝野人头目把秃等为千百户。赐

---

① 前引《关于兀良哈三卫的根据地》原书第134—135页。

② 当时风靡外蒙古的通贡状况,由《实录》永乐五年十一月戊寅条载有哈剌可兰即哈喇和林(Khara Khorum)的鞑靼头目来贡;又七年三月壬戌条载有土剌(Tula)河鞑官来贡可见。由此看来,五年五月乙亥条还有"阔伦么连鞑靼头目把秃不花等来朝贡马"。阔伦么连可能是在呼伦泊(Kölön Naghur)附近。四年二月甲申所设置的斡难河卫或许在现今敖嫩(Onon)河畔,也说不定。关于斡难河卫,《实录》说:"嘉河等处女真野人头目阿必察等百二十人来朝贡马,命置嘉河、哈密、斡难河三卫。兀的罕千户所。云云。"这条嘉河卫确是设置在海西女真地方,哈密卫就是这一年创置在西域的哈密卫。斡难河卫也必定是斡难河卫,无妨认为是蒙古地方。由上述坚河、哈剌孩各卫的实例看来,过去认为这些卫所都在满洲,显然毫无根据。其中,如必里卫,实际是在西藏方面。

诰封冠带袭衣钞币有差。"

毫无疑问,恺腊儿即海剌儿千户所,在今海拉尔附近。海拉尔(Khailar)河这个名字,《元史》(卷一百二十三)《召烈台抄兀儿传》和(卷一百三十一)《伯帖木儿传》里,就曾以海剌儿河字样出现。明初,《实录》永乐四年冬十月乙卯条里,也以虏酋阿鲁台的牧地出现过。

我还在《实录》里见有下列各条,对所称坚河卫,即来自今额尔古纳河的支流根河(旱河)的名字并不怀疑。

甲"赐麻里宽里答儿官木连地面哈里察筹万户古列、太贞卫指挥使阿三及西洋古里、苏门答剌、爪哇诸国朝贡之使宴。"(永乐三年九月辛西条)

乙"命来朝鞑靼头目阿散为泰宁卫掌卫事都指挥佥事,朵儿朵卧等为卫镇抚千户等官。八秃为福余卫指挥使,赛因台等为本卫指挥佥事镇抚等官。孟哥秃等为朵颜卫副千户,苦列为坚河卫同知。各赐冠带袭衣并银钞彩币有差。"(永乐三年十月乙丑条)

阿散、朵儿朵卧的升叙是泰宁卫内部的事件,在《明史》(卷三百二十八)《三卫传》里也有。在这以前,永乐二年夏四月,成祖赐给三卫各酋官职时,朵颜、福余两卫各委了掌卫事两人,而泰宁卫只有忽剌班胡一人任掌卫事都指挥佥事,到了这时,才以阿散补缺的。[①]

这事暂且不谈。上述两条记载里,甲项的太贞卫指挥使阿三,[②]是乙项的泰宁卫都指挥佥事阿散;哈里察筹万户古列是坚河卫指挥同知苦列,大概不会错。如果麻里宽里答儿官木连的哈里察筹万户当上坚河卫的指挥同知,照其他同样事例来推论,这条麻里宽里答儿官河,可能是距坚河以北不远的河名。我想是因为他

---

① 参看原书本篇第 192 页。
② 似乎别处也有把泰宁写成太贞的例子。太与泰,音通。宁和贞,音不相似,或者贞字是宁字的代用讳字,也未可知。

们通过坚河来进贡的,所以加上了坚河卫的名字。① 哈里察筹万户当然是元代在该地所设的官名。但不知应该把它拟定在今什么河一带。只是就上述哈剌孩卫、海剌儿千户所的位置来看,很容易设想这个坚河卫的名字必定来自根河。根河本是兴安岭以西、额尔古纳河以东、海拉尔河以北的第一大河,它的流域是该方面的要害地带,附近古城遗址颇多,俗称"兀术长城"的辽金时代的古边墙,也大体是沿着这条河修筑的。② 这里就是成吉思汗著名的劲敌札木哈即大汗位的所在。元代的记录里也作刊河或犍河等。③《元史》(卷一百二十三)《召烈台抄兀儿传》里则写作坚河。泰宁卫所引导来贡的坚河卫,和这条坚河有些关系,几乎没有疑问。

据箭内博士研究,元代兴安岭以东,后来三卫的根据地的地方,在它是成吉思汗的季弟铁木哥斡赤斤采邑时,在兴安岭以西;从喀尔喀河到海拉尔河一带地方乃是其兄拙赤合撒儿的封地,根河左右地方则属可汗的外戚翁吉剌惕的按陈那颜所领有。④ 或者像明初泰宁各酋是斡赤斤的裔孙那样,海剌儿千户所和坚河卫等的大酋或许是合撒儿、按陈等的后代,也未可知。总之,在三卫西邻并列设置了海剌儿千户所、坚河卫、哈剌孩卫等,不外是明确表示出三卫在这方面的界限。三卫的西端大约达到兴安岭的顶峰,所以以此为界,从自然地形和占据岭西的蒙古本部的势力,也可以推测出来。当然,兴安岭以西的海剌儿千户所和坚河各卫等的设置只是明朝势力强盛时达到这里的暂时现象,绝没有长久保持下

---

① 据《龙沙纪略》说:鄂尔姑纳河,即 Ergüne 河,在这方面的支流之一,叫作墨里儿肯河。麻里宽里(答儿官)河,或者是它的异译,也未可知。又,关于这事,可以参看后述(原书 171 页)的亦东河、亦迷河两卫的例子。照池内博士的说法,满洲建州、毛怜各卫的名称,似与住地无关,可是我认为可以不必这么想。

② 参看《东亚大陆图》、《呼伦贝尔志略附图》等。

③ 参看《成吉思汗实录》第 146 页。

④ 箭内亘《元代的东蒙古》(《满鲜地理历史研究报告》第六卷)。

去。不久,蒙古本部势力就吞并了这些卫所。这方面的大酋,最初是安达纳哈出,其次是阿鲁台。下一章里将详细论述。

其次是三卫的东界。三卫的西境是以天然的兴安岭为界,它的东境也似乎以划分嫩江和呼兰河流域的原野为疆界。这块原野能够划分一方的境界,从《实录》洪武十六年夏四月乙亥条叙述故元海西地方区域时所说:"东有野人之隘,南有高丽之险,北接旷莫堆,西抵元营,"便可了解。北方的边境,旷莫堆可能就是旷漠堆,不外指这块原野而言。① 三卫之中,在最东边的是占据今嫩江、呼裕尔河流域的福余卫。明人常把福余卫的夷人和女真混淆起来;当时蒙古人称福余卫为"我着"。这个"我着"恐怕就是和东邻女真的"兀者"混同了的称呼,这事我已论述过了。② 离开嫩江流域一进到东边的呼兰河流域,这里就是当时忽剌温兀者女真的住地。但要想论证这一点,必须离开本题,作如下的烦琐论述。

首先,《实录》洪武二十八年(1395)条专叙述当年经略松花江方面女真经过如下。这一年春正月甲子(二十九日)条说:

> "敕今上(永乐帝)发北平二都指挥使司并辽东都指挥属卫精锐骑兵七千、步兵一万,命都指挥使周兴为总兵官,同右军都督佥事宋晟、刘真,往三万卫(治开原)等处,剿捕野人。其属卫指挥庄德、景保安、张玉、庐震等,悉令从征。"

三月条末尾附载:

> "是月,敕总兵官周兴,令都督佥事宋晟领辽王府中护卫,都督刘真领宁王府中护卫,指挥庄德领三万卫军马,征剿野人,毕日领还。"

六月辛巳(十九日)条,内容尤为丰富。即:

> "总兵官都指挥使周兴等率师至开元(即开原),闻西阳哈

① 参看前引《关于兀良哈三卫的根据地》,原书第144页。
② 同上,原书第127页。

在黑松林，使指挥庄德领舟师，顺恼温江下忽剌温戳卢口。时，步军亦进至忽剌江，分为三道。宋晟率指挥钱忠、张玉、卢震军，由西北同河至阿阳哈寨。刘真率指挥房宽军，由松花江北岸东南戳卢口，至蒙古山寨。指挥景诚、朱胜军由中道忽剌温，东北出铜佛寨、者迷河、黑松林等处。获野人询之，云：西阳哈已于二月河冻时，过松花江。真等率兵由斡朵里，追至迤答迷旧城，适天雨昼晦，不及而还。获女真镇抚管三并男女六百五十余人，马四百余匹。遣人入奏。"

这些似乎都是断简残篇，且伪误不少，颇不得要领。我想是正月间受命出动的军队，六月遣人入奏征讨的结果。因为六月的记载一开头就有"总兵官都指挥使周兴等率师至开元"，和正月的记载对照起来，不仅六月才到了开元，而其中还有"西阳哈已于二月河冻时，过松花江"，这明确表示这次战役从初春就继续了下来。或者着重三月条里有"征剿野人，毕日领还"，似乎可以解释三月间结束了一个战役，或至少送回了一部分俘虏。但这样就和宋晟、刘真诸将在春初已经逼近西阳哈的根据地的说法，难以一致。明明写明了日期的正月和六月记载不同而含糊附记在三月条的"是月"记载，我想可能是《实录》的编者也没有充分解释，只凭材料的出处，就漫然附记在三月条末尾了。其内容也只是重复了正月的记载，并没有特别需要写在三月的理由。至少关于征伐内容，只就它没有谈到的六月的记载就已经详尽了。《明史》（卷三）《本纪》说：二十八年春正月"燕王棣总兵官周兴出辽东塞"，六月"辛巳，周兴等自开原追敌，至甫答迷城，不及而还。"恐怕就是依据上述的记述。所说"自开原追敌，至甫答迷城，不及而还"，当然不是一天的事。

当时的敌酋西阳哈，就是后来永乐元年（1403）十二月，接受太宗永乐帝招抚，率先来朝，第一个被任为兀者卫指挥使的大酋。可能和《元史·顺帝纪》至正六年"夏四月壬子，辽阳为捕海东青烦扰,吾者野人及水达达皆叛"的吾者(即兀者)野人同类。或者和至正十三年(1353)六月条载"管领吾者野人头目搠羊哈"等也有某种关系。兀者各卫是明初女真中最著名的大部族。

又据《国朝献征录》(卷七)所载杨士奇的《西宁侯宋晟神道碑铭》说:"二十七年调中军都督府。是岁,虏寇辽东,命充副总兵,率兵讨之,遇战恼温江。获虏众千余,马倍之。"这像是二十七年有女真入寇,为了膺惩而出的师。[①] 但其根本原因还是为了制驭三卫,征服女真,是不能不讨伐这个夷虏交界的地方。这个地方适当《辽东志》(卷九)所说"海西东水陆城站"的一部分,明朝前几年曾想通过这里在今三姓方面设置三万卫,结果失败了。[②]

这里还需附加一个琐碎的注解。这时燕王率领的北平二都指挥使司,即北平的北平都司和大宁的北平行都司(后改为大宁都司),加上广宁的辽东都司,已经集中了东北边三个都司的精锐。当时,燕王驻北平,宁王驻大宁,辽王驻广宁。周兴是燕王麾下的将军,宋晟、刘真是属燕王节制的辽王和宁王的属下。由于这种关系,刘真、宋晟两都督便不得不从属于更下一级的都指挥使周兴的麾下。由降夷组成的三万卫的大将庄德,恐怕本身就是夷狄出身,当时可能专任向导。[③]

---

① 陈建的《皇明实记》(卷四)把这次战役写在洪武二十七年十二月条里,说:"女真部野人寇辽东,命都督宋晟、刘真,率兵讨之。"二十八年四月条说:"宋晟兵过温恼江,分兵为三道,遂至镇儿口,与虏战,大败之。斩与获千余人。又逐北路野人。皆败遁去。乃旋师。"(同前,第51页。"镇儿口"金陵本作"锁儿口"。又"斩与获千余人",作"斩获千余人"。——译者)温恼江是恼温江的颠倒,镇儿口可能就是戳卢口。

② 不得已三万卫退置内地原原地方。详见池内博士《三万卫考》(《史学杂志》第二十六编、第五号)。

③ 宋晟、刘真本来是功勋与地位相同的人,洪武二十四年同伐哈密,取之。后来,同时内调,分别附于辽王和宁王。靖难时期,刘真守节抗拒燕王。后来,宋晟日益见用。永乐三年,以甘肃总兵官防御帖木儿东征之师,因而驰名。《国朝献征录》(卷百〇六)、《皇明世法录》(卷九十二)等,有刘真传。宋晟的传,除《献征录》(卷七)外,《世法录》(卷八十五)、《明史》(卷一五五)、《明史稿》(卷一三五)等也有。刘真的名字,靖难时期都传作刘贞。又《献征录》(卷一一〇)、《世法录》(卷九十二)和《明粤》(卷一四二)等,也载有庄得(庄德)的略传。

　　这且不提。从辽东出发的明军,由开元即今开原向恼温江、忽剌江方面出动。这里的恼温江,与其说是指嫩江,莫如说是指嫩江下游的松花江的一部分。[1] 忽剌江也见于《明史·宋晟传》,恐怕和忽剌温江是一条江,可能就是今呼兰河。[2] 这里所说的忽剌温戳卢口或者只说戳卢口,必定是流经呼兰县东七十华里地方的硕罗河即绰罗河注入松花江的河口。绰罗河,在安维利(D'Anville)地图里也见有 Cholo pira(Sholo Bira),即今地图上的少陵河。《呼兰府志》(卷一)《河川》条里有如下记载:

　　　　"硕罗河,一作绰罗河,又作绰勒河。《水道提纲》作说罗河,《黑龙江外纪》作硕络河,为巴彦(县名)之巨川,土人则名上流曰少陵河,而以硕罗河名其下流,与古籍异。"

又,要想证明这项考证,还需要逐项说明下列各个地名。

　　在《实录》本文里,刘真军是"由松花江北岸东南戳卢口,至蒙古山寨。"这个蒙古山寨必定是下引《呼兰府志》里所说的蒙古鲁山古城。

　　　　"蒙古尔山即巴尔集玛山,在县(木兰县)西北七十里,与骆驼磠子(山名)对峙,而卑视之。山势尊严,高二百六十丈(旧档高七十丈),周七十余里,径二十里。其西南隅一峰突起,土人名曰城子山,石壁峭立,西南尤陡绝。中央平坦,约方一里,有古城遗址,环以土濠。大小石头河杨树河俱发源。"(该书,卷一、《山岳》条)。

---

[1] 所谓恼温江当然就是嫩江的异译,但有时是指它的下游松花江的一部分的例子也不少。因为嫩江、松花江和洮儿河三大河汇合而为松花江,所以有时把合流以下的部分也叫做嫩江或洮儿河。(参看《满鲜报告》第五、箭内博士之《鞑靼考》第 108—109 页)这里,"顺恼温江,下忽剌温戳卢口"的恼温江,应该看作松花江的一部分,并因为下边还出现了松花江的名字,所以称作恼温江的部分,应该只限于合流点以下的部分。

[2] 忽剌温江,《金史》作忽剌浑水或活剌浑水。松井等认为是今哈尔滨以东二百五十华里的付拉荦水(《满洲历史地理》第二卷、第 167 页),但付拉荦水是一条很小的河。从《辽东志》(卷一)所载的里数来说,认为是今呼兰河,比较妥当。我和《呼兰府志》一样,采取今呼兰河的说法。

"蒙古鲁山古城在县(木兰县)西北九十里蒙古鲁山之巅。面积三万二千四百余方丈,前有石壁,高四十丈。其后有小山二,山外环以土壕。东濒大石头河,形势险要。《金史》麻产据暮稜水,以抗金主,意者此其遗址欤?"(该书,卷一、《古迹》条)。

《金史》记载的麻产的根据地是否果真是这里,姑作别论。这个蒙古尔山可能就是《元史》里乃颜叛乱时瞭望的梦哥山即蒙可山。那座蒙古鲁山古城,毫无疑问,就是《明实录》里的蒙古山寨。

据《元史》(卷一百三十一)《伯帖木儿传》说:至元"二十四年,征叛王乃颜。隶御史大夫玉速帖木儿麾下,败乃颜兵于忽尔阿剌河,追至海剌儿河,又败之。乃颜党金家奴、别不古率众走山前,从大夫追战于札剌马秃河,杀其将二人。追至梦哥山,并擒金家奴。"又(卷一百五十四)《洪万传》说:"二十四年,乃颜叛……从御史大夫玉速帖木儿讨乃颜。七月,至札剌麻秃,与金家奴战,败之。追至蒙可山、那兀江等处,遂平金家奴、塔不台等。九月还师。"据箭内博士研究,海剌儿河即今海拉尔河,札剌麻秃、札剌马秃河是它上游的札剌木台驿和札剌木台河;那兀江就是今嫩江。① 山前,无疑就是兴安岭以东的意思,因此,梦哥山、蒙可山可能就是这里所说的蒙古山、蒙古尔山。乃颜的党羽金家奴等逃往该处,可能因为那里是个要寨。这个女真地方为什么起了蒙古山这样的名称,不详,恐怕是当初元代蒙古人势力最东曾经到达这里,所以女真人就这样叫起来。② 总之,那是个要冲是不容否认的。

如果《明实录》所说的蒙古山寨,无疑就是《呼兰府志》的蒙古鲁

---

① 《满洲历史地理》第二卷、第448页。又《伯帖木儿传》里的忽尔阿剌河,可能是今乌珠穆沁左翼旗的胡鲁古尔河。所谓山前、山后的说法,是蒙古人特有的地理名称。
② 试联想西边今准噶尔(Dzunga-ia)方面,是当时蒙古人居住的最西端,西域各国都把它看作是蒙古人的驻地,所以就叫作蒙兀里斯坦(Monghulistan)。

山古城的话,那么,中军景诚等所指向的忽剌温东北的铜佛寨,不就是该《府志》里《兰西县·古迹》条所载的兰西县东北的钮勒城吗?

> "钮勒城(曹氏廷杰谓即奴儿子城)今讹为女儿城,在县东北六十五里,呼兰府北一百四十里。周广五里余,以土为垣。一门在东南隅,南向。中有佛殿,建毁时期,均不可考。惟土墙尚存,厚砖阔瓦,狼藉满目。同治朝,呼兰人王小布耕于其地,掘得罗汉铜像十八尊,高各三尺余,毁而鬻之。其后,濮姓复得铜像七,高各二尺,中有观音大士像一尊。后归湖北曹君廷杰云。"

明代的铜佛寨必定是因为寨内有铜佛而得名。这个钮勒城有著名的佛殿,曾发现观音大士、十八罗汉和其他无数铜像。中国的寺庙里塑像很多,铜像较少。而它的位置恰在呼兰(即忽剌温)东北,和铜佛寨的方位相合。把这钮勒城看作是铜佛寨,可能并非无稽之论。①

要想肯定这种假说,还必须考证以下的者迷河、黑松林等地。据《实录》载:指挥景诚等的军队,"由中道忽剌温东北出铜佛寨、者迷河、黑松林等处。"者迷河这个名称,别处没有见过,唯独《实录》永乐六年二月丙申条记载了设置阿者迷河卫的事,后来并屡次传说该卫来朝贡。我认为这条阿者迷河就是这里提到的者迷河的本来名称,不外是今呼兰河上游的于吉密河。于吉密河,据《呼兰府志》(卷一、《河川》)说:"即额伊济密河。《水道提纲》作厄即米河。《龙沙纪略》作题(额)集米河。土人称为北河,云云。"也就是今地图上的伊吉密河。黑松林应当在伊吉密河之南,巴彦、木兰两县之北,蒙古尔山延伸出去的黑山岭附近去找。那么,必定就是洪武二十四

---

① 这种推测如果不错的话,那么这座佛殿从明初就已经有了,并不是晚近明、清时代的东西,必定是远在金、元盛时修建的。这从这个地方,明、清时代属于化外僻土也可以肯定。倘铜佛寨这个名字表示明初这座佛殿还没有荒废,那么该寺的繁盛时期必定在元代,可能是和它的东邻的蒙古山寨同时繁盛起来的。《呼兰府志》除上引记载外,还有关于佛像的种种传说。如果能直接接触这些遗迹遗物,或者能决定它的确切的时代。

年七月，明军曾来讨伐的野人所盘踞的熊皮山附近的黑松林地方。①

如果是这样，这次战役的区域就可以大致想象出来。明军在恼温江即松花江到忽剌江即呼兰河河畔集中以后，分三路直趋敌人的根据地。首先：第一军宋晟等从西北由该河指向阿阳哈寨；第二军刘真等沿松花江北岸出东南绰罗河口，由此折向东北，直冲蒙古山寨；第三是中军景诚、朱胜等，出兰西县东北的钮勒城附近，溯呼兰河转南，进捣黑山岭背后。据报，黑山岭的黑松林是敌酋西阳哈的根据地。

但是行军到那里时，敌酋西阳哈已经在几个月以前南渡松花江逃跑了，刘真等乃更"率兵由斡朵里，追至逋答迷旧城"，不及而还，云云。这个逋答迷旧城（即《明史》的甫答迷城），必定就是《辽东志》（卷九）《外志》所载"海西东水陆城站"的第七驿"伏答迷城站"。那就是：由"尚京城（金人故居）"即金上京会宁府故地今白城向东三驿，由"札不剌站"即今栶板站向西二驿，大约在今宾县附近的地方。斡朵里在今三姓以西、牡丹江对岸——这里是著名的建州左右卫的发祥地，从这里往东几百里，相隔约十驿的地方。从蒙古山寨出逋答迷旧城，不会绕到这里。若不是附近有同名异地的地方，就是明朝将领为了夸功而故意引证著名的遥远地名。②

---

① 参看前引《关于兀良哈三卫的根据地》，原书第125—126页。又据《献征录》（卷九）所载归有光的《兴安伯徐祥世家》称：徐祥于洪武中，"从征松花江、黑山、乃儿不花、塔滩里"。松花江黑山的黑山，倘若是指黑松林，就更能加强本文考证的确实性了。到底是否如此，不详。

② 其实，这样设想在这次战役的记载里，还有很多可疑之点。首先，野人毕日领和阿阳哈寨的阿阳哈，可能是酋名，他们和本部酋长西阳哈究竟是什么关系？当时，总兵官燕王、周兴等究竟到了什么地方都还不清楚。不过，我想阿阳哈、毕日领都是西阳哈的属下或同盟者（或者阿阳哈即西阳哈之误）。燕王当时并未亲征，前敌总兵官周兴恐怕也留在呼兰统率全军。最奇怪的是宋晟等率领的第一军的进军路线。西北同河的意义不清楚，可能是指向今通肯河，朝着现在的海伦方面走的。《西宁侯宋晟神道碑铭》说："遇战恼温江，获虏众千余，马倍之"，如果不是虚饰之词，必定是记述这方面战况。如果这样解释，那就可以肯定：大将宋晟趋左翼西北同河，大将刘真趋右翼蒙古山寨正面，而裨将景诚等却指向中路黑松林背后。水军将领庄德游弋松花江上。西阳哈逃往江南，当在这以前。

　　试再回到原来的问题上来。洪武二十八年六月明军讨伐的地点，就是这些地方。如前所述，其酋长西阳哈早在永乐元年十二月就率先通明，他就是担任过初设的兀者卫长官的"忽刺温等处女真野人头目"。由此可见，最初兀者卫的根据地在今绥兰道的巴彦、木兰两县地方，当然不容置疑。西边的忽刺温江即今呼兰河流域显然在兀良哈三卫的范围以外。细读前引征战记录，就略可了解忽刺温江流域在三卫区域之外，还有所谓忽刺温女真，也可以确证这一点。

　　所谓忽刺温女真，概括说来，就是明人所称海西女真的别名。女真人自己似乎也把他们叫作忽刺温，朝鲜的记录里最常见，[①]明人记录里也常有这种称呼。清《太祖实录》、《皇清开国方略》等书里有时作呼伦、扈伦等。[②] 呼伦、扈伦当然就是忽刺温的异译。这些部族肯定是由于在忽刺温江流域即呼兰平原兴起而得名的。据明《永乐实录》元年十二月辛巳条载："忽刺温等处女真野人头目西阳哈、锁失哈等来朝，贡马百三十匹。置兀者卫。云云。"此外，显然是记述忽刺温女真的，还有二年二月设置奴儿千卫，四年闰七月设置双城、撒刺儿、亦马刺、脱伦、卜颜五卫；并没有说明是忽刺温。而显然是兀者一伙的，有二年二月的兀者左卫，十月的兀者右卫、兀者后卫、兀者托温千户所，三年三月的兀者稳勉赤千户所，八月的兀者撰野木千户所等。四年二月设置的塔山卫，就是后来呼伦国吴刺（乌拉）部的前身；六年二月似乎又在呼兰河上游设置了阿

---

① 据朝鲜李纯的《西征录》记述李满住等建州女真诈称忽刺温女真，侵犯朝鲜地方，说："贼人等面上墨画刺形，回到本处地面，以雪水洗去墨画刺形，诈称忽刺温"，可见忽刺温女真脸上画上了特殊墨画刺形。据清朝杨宾的《柳边纪略》说：乌苏里江之"东二百余里，住伊睛河源者，曰欺牙喀喇，其人黥面。云云。"《史记》传匈奴有黥面的风俗，忽刺温的黥面或者与此有关，也未可知。

② 清《太祖实录》所载"呼伦国四部"里，包括叶赫、哈达、辉发、乌拉。朝鲜人称其中唯有乌拉（吴喇）是真忽刺温，哈达是它的别部。其余都出自别的系统。寻其来历，自明。参看《满洲历史地理》第二卷。以后再详细论述。

者迷河卫,这些是否也应该算在忽剌温女真里呢?

现在暂且不谈兀者,只考察上述的忽剌温。这些卫所的位置,不幸现在大都不详。① 只有最早的奴儿干卫,或可推定是前述《呼兰府志》的钮勒城,也未可知。② 从奴儿干卫这个名字还使人联想到后来的奴儿干都司。著名的奴儿干都司是永乐七年才设置的,二年前后,不要说都司,就连卫所也还没能设置。然而关于奴儿干卫,在《实录》里还没有看到设置别的卫所以前,就在永乐二年二月癸酉条有了如下的记载:

> "忽剌温等处女真野人头目把剌答哈来朝,置奴儿干卫,以把剌答哈、阿剌孙等四人为指挥同知,左驴等为千户所镇抚。赐诰印冠带袭衣及钞币有差。"

后来,永乐三年三月、四年二月等,还继续来朝入贡。永乐七年三月癸巳条才说:

> "奴儿干靼靼头目忽剌冬奴等六十五人来朝,置伏里其、乞勒尼二卫,敷答河千户所。命忽剌冬奴等为指挥千百户。赐诰印冠带袭衣及钞币有差。"

接着闰四月己酉条又说:"设奴儿干都指挥使司。初,头目忽剌冬奴等来朝,已立卫。至是,复奏其地冲要,宜立元帅府,故置都司。云云。"和这里的奴儿干都司相比,两者未必相同。尤其《东夷考略·女真考》虽说:"永乐元年,遣行人邢枢,谕奴儿干诸部野人酋

---

① 大致说来,忽剌温野人在西,兀者野人在东,两个部族似乎并列着。据津田左右吉博士研究(《朝鲜历史地理》第二卷、第292页),明《实录》永乐二年四月庚辰所说:"托温江女真野人头目甫鲁胡等来朝,授以兀者卫百户等官"的甫鲁胡,就是朝鲜《龙飞御天歌》第五十三章所说的"托温豆漫高卜儿阔",可能是居住在今吞河流域的居民;《实录》永乐二年十月癸未条里的"兀者托温女真野人头目唤弟等来朝,设兀者托温千户所"的兀者托温千户所,也必定在吞河流域无疑。由此可见,兀者的边境至少已经达到屯河流域。又,兀者这个名字,就是《元史》的吾者,《金史》的乌惹、乌的改,《辽史》的兀惹,或许和清代的窝集等确有关系。不过这要留待以后再论述,这里一律从略。参阅和田清的《兀惹考》(《东亚史研究·满渊篇》第141—160页)。

② 钮勒城,在今地图上也作牛录城。钮勒、女儿、牛录、奴儿,都是同音异译。

长来朝,因悉境附。"这是大体上说来的错误,《实录》当然永乐元年无此记载。明廷派遣邢枢等大力招抚奴儿干是后来永乐九年、十年间的事。总之,"忽剌温等处女真野人"来朝所设置的奴儿干卫的初设位置,恐怕还要到忽剌温即呼兰河流域地方去找。再查《呼兰府志》,前引记叙钮勒城的注说:"曹氏廷杰谓即奴儿子城",这奴儿子城恐怕是奴儿干城的误植。遗憾的是,曹廷杰是怎样考证钮勒城是奴儿干城的,不详,但曹氏既是精通这一带地方情形的人,这项考证定有相当根据。如果是这样,那么忽剌温地方的奴儿干卫必定和呼兰地方的奴儿干城有关系。

这么一来,忽剌温等即呼兰河流域地方属于女真,在西方兀良哈三卫的势力范围以外,是毫无可疑的。当然,呼兰河和嫩江两者的分水界并不是十分明显的界限,所以这个地方自然而然地就成了女真和蒙古的接触点,这从前述福余又称"我著",和蒙古山等,以及下面将谈到的海西女真叶赫·哈达等的性质,也可以想象得到。总之,仅从"忽剌温女真"这个名称不也可以明确呼兰平原确是女真的驻地吗?

三卫的北境,根本弄不清楚,可能只到今讷河(布特哈)附近,离现在的蒙古部落札赍特、杜尔伯特两旗的北边不远的地方。再往北就是达呼尔、索伦等狩猎采捕人所占据的地方了。下边说的或许可以稍微有助于这种推测,也未可知。据清代西清《黑龙江外纪》(卷一)载:嘉庆五年,在今齐齐哈尔以北布特哈地方,土人发现一个铜印,印文是:"朵颜卫左千户所百户印",背面有"洪武二十二年五月礼部造"和"颜字二号"等字样。我曾论述此事说,要立即把现在的布特哈说成是朵颜故地,和其他证据有矛盾,因而解释说,"固然困难,朵颜卫地方,已如前述,曾几次遭到明军的侵扰,也受到蒙古军的蹂躏，掌握这卫印的人，可能携印窜逃，遗失在这里的"。①

但是后来，一看民国四年出版的黄维翰的《呼兰府志》，也谈到在那里发现朵颜卫左千户所百户印。该书（卷一、《地理略》六）《古迹》条载：

> "明朵颜卫左千户所百户文印，洪武二十二年造。光绪二十年，呼兰佃民耕地得之。印存省库。（按嘉庆年间，银库主事西济，于嫩江得一朵颜卫百户印，天长程焕以诗纪之。疑由呼兰西至嫩江，明时皆隶朵颜卫。）"

编得相当好的《呼兰府志》的编者，仅这一条没有参考《黑龙江外纪》，把嫩江（墨尔根）和讷河（布特哈）弄错了，真也奇怪，而这个银库主事西济必定就是《外纪》的作者西清；程焕的诗史指的必定是《外纪》记载的同一件事。总之，同嘉庆五年（1800）在布特哈发现的洪武二十二年礼部造的"朵颜卫左千户所百户印"一样，光绪二十年（1894）在呼兰地方发现的洪武二十二年造"朵颜卫左千户所百户文印"都藏在黑龙江的省库里。对此加最简单的说明则是，像《呼兰府志》编者所说："疑由呼兰西至嫩江，明时皆隶朵颜卫。"可是，这么一来，朵颜卫的范围就过于广大，泰宁卫、福余卫就没有存在的余地了。我仍然认为必定是朵颜卫人逃窜时遗失在这里的。由此可见三卫相互间的交通往来，比较自由。② 同时，这遗失卫印的地方，可能在整个三卫的境外。因为我想持印人携带的卫印，到

---

① 前引《关于兀良哈三卫的根据地》，原书第148页。

② 三卫相互来往的情形，凭明军征伐三卫事，即可了解。例如：永乐末年，成祖讨伐的兀良哈，必在洮儿河上游。那里大致是朵颜卫的住处，而《实录》洪熙元年闰七月戊戌朔条说："福余卫都指挥安出等遣人纳马赎罪。且……言：暖答失之子帖格歹为大军所擒，乞赦罪放还。"福余卫的帖格歹仿佛在这次战役里做了俘虏。此外，后来东方的福余、泰宁人们侵寇西方宣大延绥的边境，左右朵颜、福余人众又出中央泰宁的广宁市等。这类例子很多。《呼兰府志》的"朵颜卫左千户所百户文印"的"文"字，颇难解释。若不是"之"字之误，那就是朵颜卫左千户所百户之文的印的意思。

处都能遗失,而在自己领域内比较安全,一进到别国境内,遗失的
机会就较多了。

三卫相互间的界限固然难弄清楚,但整个三卫的四境,大体如
上所述。它的南邻即原纳哈出的故地,不久就有女真各卫出现在
它的东边。据《实录》永乐十五年二月丙戌条载:

> "安出河等处女真野人哈剌苦出等来朝,置亦东河、亦迷
> 河二卫,命哈剌苦出、出洋哈为指挥使。"

亦东河、亦迷河就是伊通河、驿马河,安出河想必是阿勒楚喀河即
阿什河,因而哈剌苦出等可能是从今哈尔滨方面经过伊通河、驿马
河流域,来明廷朝贡的。又,《实录》载,正统元年二月庚子,亦迷河
卫指挥使出洋哈之子失列木袭职。同十一年十二月丁酉,亦东河
卫指挥使哈剌苦出之子哈剌袭职等,由此可见这些卫所繁盛到相
当长久以后。这些卫所的西南,在明朝势力范围之下,当初有大
宁、全宁、应昌各卫。这些卫所崩溃以后,三卫就南下了,于是兀良
哈和明朝之间就发生了密切的交往。

2.同明的关系(初期)

三卫众人还没有南下到洮儿河流域以南之前,这个东蒙古南
部地方的情形究竟怎样呢? 据箭内博士研究,元代,今热河方面叫
作北京路或大宁路,直属中央政府,它的北面有全宁路,其中,西面
的西喇木伦上游地方是元室外戚翁吉剌惕(弘吉剌、Onggirad)部
的封地;东面接连今阿鲁科尔沁(Aru Khorchin)、札鲁特(Jarud)两
部方面是亦乞列思(Ikires)部的领地。[①] 依我推测:这个全宁地方
还有兀鲁兀(Urughud)、忙兀(Mangghud)两部,再往东,今开原、

---

① 箭内亘《元代的东蒙古》(《满鲜地理历史研究报告》第六卷)。

长春方面，至少在元末，还是国王木华黎的后裔札剌亦儿(Jalair)部的一族占据着。[①] 弘吉剌、亦乞列思、兀鲁兀、忙兀和札剌亦儿五部，元代称为东蒙古五诸侯，在《元史》(卷一百二十一)《博罗欢传》等记录里可以清楚地看到他们在兴安岭以东兴盛的情况。这方面的兀鲁式(兀鲁兀)部名称，也见于清初《太祖实录》，札赉特(札剌亦儿)部的名称，现在还保留在北边一带。

元末，在辽东割据的势力中，有个开元的也先不花，各书都有明显的记载。据《元史》(卷一百四十二)《也速传》载：占据永平的也速，"西连太原扩廓帖木儿，东连辽阳也先不花国王，军声大振。"这里所谓的国王这个称号，他处不见此例，所以这个也先不花就是《元史》(卷一百三十九)《乃蛮台传》所说的木华黎的嫡裔野仙溥化国王。刘佶的《北巡私记》里详细叙述了也先不花当顺帝北迁时，怎样拼命支持辽东，援救上都，"始臻于自存之势"。著名的故元太尉署丞相开元王纳哈出，就是这个国王也先不花的同族，只是继承了他的势力而已。[②] 因此，元代的东蒙古，除箭内博士所考证肯定的西喇木伦上游的翁吉喇惕、亦乞列思两部以外，洮儿河上游还有太祖的功臣折里麦一族的兀良哈部，它南边今阿鲁科尔沁，札鲁特方面，还有兀鲁兀，忙兀两部，东面开原、长春地方还有札剌亦儿部。斡赤斤的玄孙叛王乃颜等的势力，绝没越出洮儿河流域的南方。[③]

明军经略今热河方面，是洪武二年六月开始的。在这以前，元年八月，明军进入大都，赶走了顺帝；十二月，大将军徐达攻克太

---

① 此事以后还要论述。

② 各书都说纳哈出是故元的太尉。至于称"署丞相开元王"，是据唐愚士的《西平惠襄公沐春行状》《国朝献征录》卷五）。署丞相这个职位，必定是继承丞相也先不花的。

③ 全宁、泰宁等各路和这些藩地之间的关系，不详，可能是各路为了控制藩王的跋扈，在元代中叶以后，在这些藩地设置的，而不是一般的路。内地各路都管辖许多州县，而这些藩地的路，大半只管辖治所的一个县，大概原因就在此。

原;第二年正月,副将军常遇春攻占大同。但顺帝仍留在上都,企图恢复势力,他的丞相也速占据着热河方面,等待时机。权衡的《庚申外史》(卷下)形容这种情形说:"独上都与红罗山未平,庚申帝(顺帝)在上都,红罗山在东南,也速驻兵在焉。上都恃有红罗山为之藩篱,红罗山恃上都为救援。"上都当然是今滦河上游多伦县西北的开平。红罗山是今锦县西南、锦西县东边的红螺山。二年二月,也速领兵侵犯通州,明军遂即击退。《实录》洪武二年六月己卯条载:

> "常遇春等克开平。初,上命遇春自凤翔赴北平,征遹北余寇,以平章李文忠辅之。遇春、文忠率步卒八万、骑士一万,自北平往取开平。道三河,经鹿儿岭,过惠州,败故元将江文清兵于锦川,得士马以千计。次全宁,故元丞相也速复以兵迎战,又败之,也速遁去。进攻大兴州。文忠谓遇春曰:'元兵必走',乃分兵千余为八屯,伏其归路。虏果夜遁,遇伏,大破之,擒其丞相脱火赤。遂率兵道新开岭,进攻开平。元主先已北奔,追北数百里,俘其宗王庆生及平章鼎住等,斩之。凡得将士万人,车万辆,马三万匹,牛五万头。蓟北悉平。"

董伦的《曹国公歧阳武靖王李文忠神道碑》载:

> "二年春,以王(武靖王李文忠)为偏将,副开平王常遇春,征进遹北。由遵化,度鹿儿岭,败江文清于锦川。次大宁,元将也速逆战,一鼓败之,追至滦河,斩其宗王庆生。遂进次大兴。王度其必走,乃分兵千余,伏其归路。虏果夜遁,遇伏大破之。斩其将鼎住,进克上都。"

这段文字是补充和订正上引记录的。现在综合二者分析,开平就是上都;三河是北平东边的三河县;遵化是遵化县;鹿儿岭在滦河畔三屯营以北,都是现在同名的地方。惠州就是明朝的会州,相传

是今平泉县南二十里的察罕城。① 明军首先从北平东北出喜峰口，
直趋今平泉方面。锦川这个地名，元代没有记录，但明初却屡见不
鲜，据《辽东志》（卷一）说，就是今小凌河支流的名称，地点恐怕是
在今锦县附近。这是讨伐红罗山的敌人以后，立即长驱打败北面
的全宁（或大宁），进到大兴州。大兴州是今滦平县西南一华里的
喀喇和屯。② 明军大致是从这里沿着古北口到上都的大道，越过新
开岭去攻取上都的。问题只是关于全宁和大宁两说的取舍了。全
宁在今巴林（Bagharin）部潢河和黑河汇流的地点附近。③ 因此，从
锦县进到这方面的明军，又回头从古北口外转向上都，颇属费解。
这恐怕应该依照上引董伦的《李文忠神道碑》和宋濂的《鄂国公常
遇春神道碑》等，认为它是大宁。④ 大宁是今老哈河上游的大名城。
这样才能和其他地理吻合，所说"元将也速逆战，一鼓败之。进至
滦河，斩其宗王庆生，遂进次大兴（州）"这句话，才能解释通。此
外，鉴于这条《实录》错误极多，关于擒斩宗王庆生、平章鼎住等的
时期，也应放弃《实录》，而依《神道碑》的说法才是。

　　猛将常遇春死于这次战役归途的柳河川。后来由李文忠代他
去扫荡所谓迤北遗寇。李文忠专攻兴和、上都、应昌等敌人的根据
地，但并没有忽视经略蓟北塞外。洪武三年五月，明军从开平趋向
应昌，同时，《实录》载："海宁卫指挥副使孙虎率兵至落马河，与元
太尉买驴战，死之。"落马河是金、元以来著名的地方，就是今赤峰

---

① 参看《大清一统志》（卷二十八）《承德府·古迹》的《会州故城》条。《满洲历史地理》第二卷、第336
　页。
② 同上。《兴州故城》条。
③ 前引《元代的东蒙古》第248页。
④ 都载在焦竑的《国朝献征录》（卷五）里。方孔炤的《全边略记》（卷一）里，也作大宁，但高岱的《鸿猷
　录》等许多书里都一致作全宁。据该《献征录》（卷百十一）载《骁骑前卫指挥使周显传》说：洪武二
　年"四月，从常遇春，至锦川，追江文清。六月，至全宁，追也速于北黄河，克上都。"北黄河想必就是
　西喇木伦。因此，这里应是全宁。如果是这样，当时明军是分为两支，本军从大宁、兴州，经新开
　岭，趋开平；而别军则远出潢河畔的全宁，由这里转入上都的。

北伯尔克河的别名。① 当时明军也进到这方面。又,《实录》叙述这时李文忠攻陷应昌的大功,末尾说:"惟太子爱猷识理达腊与数十骑遁去,文忠亲率精骑追之,至北庆州,不及而还。师过兴州,遇元将江文清等率军民三万六千九百余人来降。至红罗山,又降其将杨思祖等一万六千余人。师还北平,遣人送江文清、杨思祖等赴京师。"这里所说的北庆州,可能就是辽、金以来的庆州。元嗣君在应昌即今达里泊西南岸被打败以后,没有逃往和林方面而走向庆州即今巴林部的察罕城(白塔子)方面,这也确是值得注意,暂且留待以后论述。从应昌凯旋的明军,途中招降了很多敌人。即在兴州降服了因开平、应昌的覆灭而吓坏了的江文清等,于是得到向导,更向东方进剿红罗山的残余敌人。《实录》秋七月辛卯条载:"以古北口山外云州、兴州,隶北平府。"云州是望云县,即今独石口内的云州堡,兴州是滦平县西的大兴州。② 这些地方虽曾一度划归北平府管辖,但不久,四年七月,对这方面进行了三次扫荡。

据谷应泰的《明史纪事本末》(卷十、《故元遗兵》),洪武四年七月条载:

"淮安侯华云龙统兵至云州,谍知元平章僧家奴营于牙头,夜造精兵袭之。突入其营,擒僧家奴,尽俘其众,获驼马四百余匹。进至上都大石岸,攻破刘学士寨,击败驴儿国公于高州武平,悉众北奔。又遣指挥孙恭等帅兵口北,招谕惠王伯都不花、储王伯颜不花、宗王子蛮伯帖木儿等。冬十二月丙戌,遣人送伯都不花等至京。上命赐第宅袭衣什器等物,仍月给钱米有差。"

陈建的《皇明实记》(卷二)、《明史》(卷一百三十)《华云龙传》等也

---

① 参看《大清一统志》(卷二十七)《承德府·山川》的《伯尔克河》条。
② 参看《大清一统志》(卷二十四)《宣化府·古迹》的《云州故城》条,(卷二十八)《承德府·古迹》的《兴州故城》条。

有大致相同的记载。《实录》六月戊申条载招降故元遣臣驴儿的信，说："三月间，察罕帖木儿火者归言：将军驻于长峪，又将移营东北，云云，"可见这是首次写信招抚驴儿国公。七月辛未条载有上引《纪事本末》记录的第一段，十二月丙戌条又记载了该记录的最后一段。牙头、长峪都不详，上都大石岸，《实纪》作大石崖，恐怕和下一节所说的大石崖相同，即今赤峰，高州在它的东南，武平是大宁路的别名。① 因此，必须认为这次战役还是以大宁附近为中心进行的。五年是大将军徐达等远征漠北失败的一年。于是，明尽力把所谓沙漠遗民迁往内地。《实录》洪武六年三月丁巳条说：燕山卫指挥朱果等"于山后宜兴、锦川等处，搜获故元溃散军民九百余户，云云。"宜兴是上年大将军徐达收过遗民的地方，就是今滦平县西北七十五华里的小兴州。锦川在现今锦县附近。②

平定了大宁路之后，当然就要征讨北方全宁路的弘吉剌（翁吉喇惕）族了。《实录》洪武七年七月甲子朔条载：

> "左副将军李文忠率师攻〔大宁〕、高州、大石崖，克之。斩故元宗王朵朵失里，擒其承旨百家奴，余众败走。文忠复遣指挥唐某追击之，至毡帽山，遇故元鲁王营于山下，以兵攻之，斩鲁王及司徒答海俊、平章把剌、知院忽都，获鲁王妃蒙哥秃，并

---

① 参看《满洲历史地理》第二卷、第 333、335 页。又本文所引《纪事本末》文句有相当讹误，有难读难解的地方。根据它原引《皇明实记》的原文说："守御北平华云龙统兵至云州，缉知故元平章僧家奴营于牙头，夜分精兵袭之。突入其营，擒僧家奴，尽俘其士众驼马。复至上都大石崖，攻克刘学士等寨，击破驴儿国公于高州武平，虏众悉北奔。又遣指挥孙恭等，领官军口北，招谕故元惠王伯都不花、储王伯颜不花、宗王伯帖木儿、太尉蛮子等，并部下将士悉降。获金宝二、金印一、金字团牌九、银字牌二，皆送京师。上喜，赐伯都不花等第宅帏幔什器衣服有差。"（明崇祯金陵刻本、卷三第 39 页的原文是："二月，北平守御华云龙攻下云州，获元平章火儿忽答、右丞哈海等。"——译者）抄袭这书的沈国元的《从信录》（卷五）的文句，一字不差。但写在八月条里，现在采用年次比较详确的《纪事本末》的原文。《纪事本末》的讹误是抄袭《实录》的讹误而来的。
② 《大清一统志》（卷二十八）《承德府·古迹》的《宜兴故城》条。

金印一、玉图书一颗。"①

大宁是现今老哈河上的大名城,高州在赤峰东南方面。因此,所称大石崖(或火石崖)可能就是赤峰。所谓赤峰,蒙古语是乌兰哈达(Ulan Khada),就是红石崖的译名。毡帽山也不详,恐怕要在赤峰北面越过分水岭的乌丹城附近去找。《热河志》(卷九十七《古迹》)和《蒙古游牧记》(卷三·《翁牛特部》条)等都明确记载:这里是元鲁王的分封地,乌丹城有鲁国大长公主的断碑,城南七里乌兰板有鲁国公主的媵臣准台墓。这个鲁王是元室外戚弘吉剌部长历代的称号,所称鲁国公主是下嫁到这个部族的元室公主的尊称。由此可以想象,经过这次讨伐,弘吉剌部差不多彻底覆灭了。

其次是洪武十二年,著名的都督马云扫荡大宁。《实录》洪武十二年六月丁卯条载:

> "命都督佥事马云,统兵征大宁。上谕之曰:闻寇甚黠,知官军至,悉遁入山,兵回复出。如是则宜以大军分驻要害之地,遣人招抚之。招之必至,则伏兵以伺,必尽获之。凡得贼首,即其地斩之,以警其余。"

又,十一月庚申条载:"都督佥事马云征大宁寇,平之。还京,赐绮

---

① 本文高州上面的大宁两字,是根据董伦的《李文忠神道碑》、《实录》洪武十七年三月戊戌朔条所载《李文忠传》及《明史纪事本末》(卷十)等记载增补。《明史纪事本末》原文如下:"秋七月,曹国公李文忠督兵,攻大宁、高州、火石崖,克之。斩元宗王朵朵失里,擒承旨百家奴。八月戊辰,追击之于丰州,擒其帅十二人,部众百余人,马驼牛羊万计。鲁王败走,追斩之。获其妃蒙哥及其印,并斩其司徒答海俊、平章把都、知院忽都等等。"(按广雅书局光绪十四年重刊本、卷十、第12—13页,"八月戊辰"作"八月丙辰"。——译者)这显然是抄袭陈建的《资治通纪》、沈国元的《从信录》等的文句,和《实录》的原文对比,内容似较丰富,其实是把《实录》的另一条、次月丙辰条讨伐今归化城的丰州的记载和七月的记载,两者混而为一的错误。《明史》的《李文忠传》不过是抄袭了这一错误而已。现为参考起见,试引《实录》八月丙辰条载:"左副将军李文忠率师至丰州,分道追击胡兵,擒其故官十二人,俘虏其众二百二十八人,并获其马驼牛羊甚众。又闻胡兵屯伯于儿之地,遣兵追之。不及而还。"《纪事本末》的作者把这七、八月两条记载看作同一战役,因而混同起来。而且七月甲子朔的记载,可能是表示六月中征伐全宁战役已经结束,因此,到八月末,不会再去讨伐同一个地方。又《弇州史料》(卷二十)和《皇明世法录》(卷八十四)所载王世贞的《李文忠传》说,当时的征地是太宁鸿州,这可能有错。

帛各五疋。"马云是久镇辽东、颇有威名的名将。这次为何征伐大宁地方？并肃清到如何程度？都不清楚，但结合第二年即十三年三月太祖的爱子燕王棣，年二十一岁，初次就藩北平来看，可能是为燕王扫清北边而讨伐该地。

果然，十三年十一月，元将乃儿不花等侵犯永平。十四年正月，太祖命徐达为征虏大将军，汤和、傅友德为左右副将军，大举讨伐岭东地方。同年四月，徐达等进讨到西喇木伦以北地方。《实录》该年四月庚午条载：

> "大将军徐达率诸将出塞，右副将军傅友德至北黄河，虏骑骇遁。友德选轻骑，夜袭灰山，克之。获其部落人畜甚众。西平侯沐英等略公主山长寨，歼其戍卒。获全宁四部以归。"
> "八月辛巳，大将军徐达等征北还。"

《明史纪事本末》（卷十《故元遗兵》）的记载稍有不同，说：

> "夏四月，达率诸将出塞。友德为前锋，军至北黄河，敌骇遁。友德选轻骑，夜袭灰山，克之。擒其平章别里不花、太史文通等。沐英领兵出古北口，独当一面，捣高州、嵩州、全宁诸部。过驴驹河，获知院李宣并其部众而还。"

又《明史》（卷百二十六）《汤和传》、《沐英传》（卷百二十九）《傅友德传》等，都记载了这件事。只明确此事，别无其他新事实。沐英所到的高州在赤峰东南，嵩州是松州的音讹，在赤峰南边。[①] 全宁在今潢河、黑河汇流点附近，因此，公主山长寨可能也在元鲁国大长公主的封邑、著名的乌丹城方面。因此，这次战役的区域，大致可以想象。至少，这时傅友德所到的北黄河就是潢河，也就是西喇木伦，可无异议。因而那座灰山，也应在它的近旁。

试查陈组绶的《皇明职方地图》，在说明兀良哈根据地时，有

---

① 《满洲历史地理》第二卷、第 337 页。

"自怀山至东金山,其地界也"这样一句话。这座东金山,也见于《辽东志》,确在今长春西边怀德附近。因此,怀山就应该在它的西面、靠近辽河北岸、兴安岭东支脉的群山里。据津田博士和穆勒(Jos.Mullie)研究,《辽史》(卷三十七)《地理志》所载太宗陵墓所在的怀州西山怀陵地方,毫无可疑在当时临潢府即今巴林部博罗城西面的某一地点。① 按《职方地图》的图面来看,怀山的位置也标示在几乎是同一个位置上。《职方地图》的作者陈组绶深通辽代历史地理,在该地图里随处都闪烁着他的才智。怀山这个地名,别处都没有见过,就是普通写作的灰山。我怀疑陈组绶是否因为它适当怀陵所在而特意标成怀山呢? 由此看来,怀(huai)和灰(hui)的字音,虽多少有些区别,但傅友德所袭击的北黄河外的灰山就是怀山,也就是辽代怀陵所在的地方,恐怕大半可以凭信。其余剩下的问题就是沐英所过的驴驹河了。所称驴驹河当然就是当时知名的克鲁伦(Kerülen)河的别名。不过,这里不应该突然出现克鲁伦河。因而必定是有错误。② 这或者是流经辽河以北、洮儿河以南的大河——薤儿河的传闻之讹。薤儿河也作和尔河。这个名字颠倒过来就接近驴驹河了。所说"获全宁四部以归"的全宁四部,恐怕必定是指元代全宁路中的弘吉剌、亦乞列思、兀鲁兀、忙兀四诸侯所部。

　　明朝几次出兵大宁、全宁地方,每次都是临时性的出兵,还没有看到根本性的经营。至于试置永久性的设施,是在洪武二十年

---

① 津田左右吉《金代北边考》(《满鲜地理历史研究报告》第四卷、第172页)。穆勒(Jos.MlAlie)《辽代疆域考——蒙古巴林部》(《通报》第21卷,1922、第167页)。按现今《东亚舆地图》,在怀德西、长岭南,有地名金山堡,可能和《辽东志》的三个金山确有关系,然从它的位置来看,与其说是东金山,还不如说是西金山,更妥当些。

② 沐英是人所共知的太祖洪武帝心爱的义子。他的传记总有些夸张。所称上年在亦集乃路即今额济纳河畔的黑城降蒙古一军,在《明史·鞑靼传》里却说成陷漠北根据地和林。或者还有赞扬西平侯沐英功绩的小说(武定侯郭英的《英烈传》之类),莫非也混入到实传里了。

以后。据《实录》洪武十九年十二月条载："是月，上谕宋国公冯胜曰：纳哈出据金山，数侵扰辽东，宜于大宁诸边隘，分兵置卫，以控制之。遂诏户部，出内库钞一百八十五万七千五百锭，散给北平、山东、山西、河南及迤北府州县，令发民夫二十余万，运米一百二十三万余石，预送松亭关及大宁、会州、富峪四处，以备军饷。每夫运米一石，给钞六锭为其值及道里费。"果然在第二年（二十年）二月，首先攻取巴林的庆州。六月，遂由大宁进兵使今农安、扶余方面的纳哈出投降了。纳哈出的事，前已论述，尽人皆知，这里就不多谈了。由于他的投降，札剌亦儿部便灭亡了。到这时，元代的所谓东蒙古五诸侯全都消灭了。

《实录》洪武二十年三月辛亥朔条载：

"大将军宋国公冯胜等率师出松亭关，筑大宁、宽河、会州、富国（峪）四城，遂提兵驻于大宁。"

又，同年七月乙巳条载："守大宁前军都督佥事商暠奏：所筑大宁等四城，见储粮粟，大宁三十一万石，松亭关五十八万石，会州二十五万石，足供数年边用。云云。"二十二年春正月壬午条详细记述这四座城的规制。当时的大宁是所谓大宁新城，即今老哈河上游的黑城，并不是它的东北约八十华里的辽金以来的大宁故城。富峪在它的南边，可能是辽代的富峪馆故址。会州位于更南边，即今平泉县南二十华里的察罕城；宽河在现今喜峰口外的宽城地方。松亭关在喜峰口北约一百二十华里，约在今平泉县附近。总之，都位于今喜峰口到赤峰间大道上。[①]

又《实录》洪武二十年八月辛未条载："置大宁卫指挥使司，以将士有罪者往戍焉。"九月癸未条载：

"置大宁都指挥使司及大宁中、左、右三卫，会州、木榆、新

[①] 这一条里地名的考证，全依据《大清一统志》（卷二十八）《承德府·古迹》条。

> 城等卫悉隶之。以周兴、吴沔为都指挥使,调各卫兵二万一千
> 七百八十余人,守其城。"

接着,在二十一年二月和七月,设置了由内地通往大宁的马驿,从此大宁便成了蓟北的重镇。大宁都司的名称,二十一年七月中,改为北平行都司。二十四年四月,太祖第十六子宁王权封于此,二十六年正月就藩。后来增设的卫所有营州、兴州等十几处卫所,而这些卫所的兴革经过,都不太清楚。《明史》(卷四十)《地理志》等也只列举它们的名称,大致叙述了沿革,但往往有些空格,而那些不是空格的地方,也有不少很难使人相信。只有洪武二十六年二月所设置的营州四卫,《实录》记述稍详,说:

> "壬辰,置营州前屯卫干兴州,右屯卫于建州,中屯卫于龙
> 山县,左屯卫于塔山北。"

兴州在今滦平县西南,建州是今土默特右翼旗西一百七十华里的黄河滩,龙山县是喀喇沁左翼旗西南八华里大凌河畔的喀喇城,塔山在平泉县东三十家子附近。①

洪武二十年,纳哈出投降时,传说故元嗣君脱古思帖木儿正在黑山、鱼海之间游牧。二十一年夏四月,明廷遣大将军蓝玉等在捕鱼儿海东北打败了他。黑山是兴安岭的别名,鱼海是捕鱼儿海即今贝尔泊的简称。② 脱古思帖木儿这时为什么离开西方的和林根据地而来东陲地方不详,一定是为了安抚纳哈出的残余部众。然《实录》洪武二十年五月庚午,在纳哈出的势力崩溃以前,就说:胡主"顺逐水草,往来黑山、鱼海之间",况且二十一年四月在捕鱼儿

---

① 参看《满洲历史地理》第二卷、第 334、337 页。原书本篇第 175 页。本文里有"置营州前屯卫于兴州"一句话,《明史·地理志》也从这种说法。然如果营州卫在兴州,那么,兴州各卫就没有居处了。且从营州左、右、中屯卫的配置来说,该地大体上接近朝阳方面,我想所称营州,就是朝阳的古名,因此,本文里"置营州前屯卫于兴州",或者是"置营州前屯卫于营州"的讹误。

② 关于兴安岭又名黑山或合剌温山,请参看津田博士的《金代北边考》第 166 页和箭内博士的《元代的东蒙古》第 184 页。

海被击溃的脱古思帖木儿的牙帐，拥有十多万人，如果是临时出动的，未免规模过大。或者莫非当时元主在这方面也有一个游牧根据地？

这样看来，《实录》里可疑的记载似乎不少。首先，洪武二年夏四月乙亥，太祖给开元纳哈出的诏谕里就有"兹因使通元君，道经营垒"的话。当时元主住在上都开平，所以这不过是接续下文"望令人送达"的辞令。然第二年（三年）五月被李文忠赶跑的故元太子爱猷识里达腊，却说是从应昌逃往北庆州，所以不得不令人设想在这方面有一个根据地。何况，洪武七年九月丁丑，太祖招谕爱猷识理达腊的信里不是还提到"今闻奥鲁去全宁不远"吗？当时，元主的根据地在和林，在西面千里迢迢的金山北边、哈剌那海即今科布多（Khobdo）方面还有一个王庭；这确属实。① 同时，还有另一个王庭可能在黑山、鱼海之间。② 既然元主的王庭在黑山、鱼海之间，那么，兀良哈当然会感到威胁。所以三卫夷众不仅在脱古思帖木儿亡后，就是在全宁四卫溃亡、纳哈出的势力崩溃以后，也未尝与明通好，直等到可汗败灭，才投降明朝。

脱古思帖木儿败亡的经过情形，《实录》洪武二十一年冬十月丙午条记载最详，说：

① 《实录》洪武八年八月己酉条说："故元将王保保卒。先是，保保自定西之败，走和林，爱猷识理达腊复任以事。后从徙金山之北。至是，卒于哈剌那海之衙庭。其妻毛氏亦自缢死。"《明史本纪》里，也有关于这事的简略记载。王保保是扩廓帖木儿的别名。金山是阿尔泰（Altai）山的译名。哈剌那海这个名字，也见于《元史》（卷四十一）《顺帝纪》至正七年九月癸卯条说："八怜内哈剌那海、秃鲁和伯，贼起，断岭北驿道。"即金山以北、岭北驿道的要冲，所以我想可能是今科布多方面。王保保所以跟着爱猷识理达腊移到这里，后来就长期住在这里，最终死在这里，一定是认为要安定北元帝位，必须重视经略西北蒙古。王保保壮志未筹而死，不久，昭宗爱猷识理达腊也死了，于是复兴元室大业，遂成泡影。当王保保专心经营西北蒙古时，正当帖木儿兴起于中亚而扩张他的威力的时候，恐怕两者之间是有某种联系的。

② 据《蒙古源流》载：逃离大都的顺帝，"聚集于克埒伦河边界，起造巴尔斯和坦城居住。"其他蒙古人方面所传，大都一致支持这种说法。顺帝当然是从漠南开平逃往应昌，而巴尔斯和坦（Bars Khoton）城在漠北克埒伦（Kerülen）河畔，即今外蒙古东路车臣汗部的会盟地。这种说法当然不能凭信。但造成这种传说的根据之一，可能是由于明初在这方面曾有蒙古可汗的一个牙庭这一事实。

"初，虏主脱古思帖木儿在捕鱼儿海，为我师所败，率其余众，欲还和林，依丞相咬住。行至土剌河，为也速迭儿所袭击，其众溃散，独与捏怯来等十六骑遁去。适遇丞相咬住、太尉马儿哈咱领三千人来迎。又以阔阔帖木儿人马众多，欲往依之。会天大雪，二日不得发。也速迭儿遣大王火儿忽塔孙、王府官孛罗追袭之，获脱古思帖木儿，以弓弦缢杀之，并杀其太子天保奴。故捏怯来等耻事之，遂率其众来降。"①

丞相咬住当时留守和林，偏巧和林根据地丧失了，就和太尉马儿哈咱一同来会合脱古思帖木儿。咬住不久就感到没有出路而投降了明朝，而马儿哈咱后来很久还是著名的蒙古大酋。阔阔帖木儿是何许人不详，但从这时蒙古西北部被瓦剌占据，东南部又遭到明军蹂躏这种形势来推测，阔阔帖木儿可能是西南蒙古方面的一股势力。或许就是《实录》洪武四年春正月癸卯条所载东胜州的故元枢密都连帖木儿之父阔阔帖木儿？东胜州在现今绥远省托克托县方面；都连在宁夏边外拥有势力，可能和永乐七年八月才降明、同年十一月又叛离而终于覆灭的鞑靼都连，是同一个人。

又据明经厂本《华夷译语》所载捏怯来的信说："阿里孛可的子孙大王也速迭儿等与斡亦剌惕共同造反，甚至害杀我皇帝。"这里所说的逆臣也速迭儿是世祖忽必烈的叛弟阿里不哥的裔孙。这时和西蒙古斡亦剌惕伙同谋害了可汗。我想阿里不哥晚年也该是住在西北蒙古的，所以他的失意的儿孙便伙同该方面的新兴势力瓦剌（即斡亦剌惕 Oirad）雪了百年的宿怨。而后来也速迭儿落得如何下场，并没有留下任何记录。恐怕厄运不长，这个逆贼也就灭亡了。不过，看来他曾一度伸展相当势力直到东北边方面，仿佛是他的同伙安达纳哈出于洪武末年曾雄视东北蒙古。《华夷译语》里也

---

① 按《明实录》影印国学图书馆传抄本、第二十六册、卷百九十四、第1—2页，"率其余众"作"率其众"。又"土剌河"作"土敕河"，"二日不得发"作"三日不得发"。——译者

载有洪武帝谕金院安达纳哈出的敕旨，而《实录》洪武二十二年八月条却说是"也速迭儿之金院安达纳哈出"。所谓金院是金书枢密院事的简称，地位在元代掌握兵马大权的枢密院高级官员知院、同知、副枢之下。关于《实录》洪武二十五年八月庚申条载的"北平总兵官都指挥周兴率师至斡难（Onon）河、兀古儿札（Ughulja）河，按视安达纳哈出地区"的记载，曾论述过，而《明一统志》（卷九十《鞑靼》条）和《明史纪事本末》（卷十《故元遗兵》）却说是讨也速迭儿弑君之罪。

　起初，脱古思帖木儿的左右亲信有知院捏怯来、丞相失烈门、国公老撒等，随着可汗败死，这些大臣顿失依靠，全都和明通好了。二十二年正月，知院捏怯来等哀求在大宁等处居住屯种，太祖抚慰他们，令他们随便在口温、全宁、应昌等地居住。[①] 因为大宁当时已设置了行都司，又有营州各卫；没有容纳降虏的余地了。到夏四月，便设置全宁卫，任命捏怯来等为指挥使等。《实录》夏四月己亥朔条载：

　　　"诏置全宁卫，遣使赍印往，命捏怯来为指挥使，失烈门以下俱授以武职有差。"

这是在兀良哈地方设置泰宁、朵颜、福余等三卫那年的前一个月。被安插在全宁地方的捏怯来等，或许是过去全宁四部的遗裔，也未可知。

　口温的方位不详，但洪武五年六月从居庸关出应昌趋胪朐河（Kerülen 河）的李文忠军，到哈剌莽来以前，就驻在这个地方；又，

----

① 《实录》洪武二十一年冬十月丙午条载："故元国公老撒、知院捏怯来、丞相失烈门，于耦儿干地，遣右丞火儿灰、副枢剌哈、尚书答不歹等，率其部三千人至京，进马乞降。命锦衣卫指挥答儿麻失里，赍白金彩段，往赐之。"以下就叙述本文所引弑杀脱古思帖木儿的经过。结尾处又载："故捏怯来等耻事之，遂率其众来降。"二十二年春正月戊戌条载："放元国公老撒率其部属入朝，言：知院捏怯来等愿于大宁等处居住屯种。上遣使慰安之。命于口温、全宁、应昌，随便居止。且谕以立卫，以捏怯来为指挥使。其余部属将校，命捏怯来具数来闻，悉授以职。"

二十三年二月,在迤都山招降乃儿不花、咬住的明军,也把这里同上都作为贮粮的地方,所以它的大体的方位不详也无妨。哈剌莽来当另行详述,但它在今多伦诺尔到库伦的大道上、外蒙古的最南边,迤都山位于它的南面相距一天路程的地方,因此,更往南方的要地口温,恐怕就在今库儿察汗诺尔以北、阿巴嘎札萨克府附近。①应昌是洪武十一二年时,故元丞相驴儿盘踞的地方,它的故址在今达里泊(Dal Naghur)西南岸附近。全宁,已如上述,在潢河与黑河汇流处的附近。②

明太祖既然招降了知院捏怯来、丞相失烈门等,这时还想在全宁卫以外,设置应昌卫,在经厂本《华夷译语》里也确有所谓"敕礼部行移应昌卫"的话。按《实录》看来,这件事必定发生在洪武二十二年秋七月,那个应昌卫指挥使似乎打算叫丞相失烈门来担任。③但失烈门终于没有坠入明廷怀柔的圈套,反而杀了他的旧同僚全宁卫指挥使捏怯来而叛逃了。《实录》洪武二十二年八月庚申条载:

> "故元丞相失烈门潜通塔失海牙等,率共部下,袭劫捏怯来,至也速迭儿金院安达纳哈出所,杀之。其部下溃散,诏令朵颜、福余等卫招抚之。送大宁,给与粮食,仍还全宁居住。"

这样,应昌卫固不待言,就连全宁卫也在设立后只有几个月就毁掉了,再也没有恢复起来。全宁四部的故地和札剌亦儿部纳哈出的

---

① 关于哈剌莽来和口温,已在《明初的蒙古经略》一文里,有详细论述。

② 箭内亘:《元代的东蒙古》(《满鲜报告》六、第247—248页)。又据《实录》洪武二十一年三月丁丑条载:"故元司徒阿速同其子哈麻儿来降,诏命于全宁居住。"全宁是从前安置故元降众的地方。但阿速等不久就到了中国内地,捏怯来时,已不在这里了。这从《实录》该年七月庚寅、九月甲午等条所载,便可了解。

③ 经厂本《华夷译语》的《来文》,只是洪武二十一二年间的文件。那《敕礼部行移应昌卫》一文太长,这里不予引用。拿它来和《实录》洪武二十二年秋七月丙子条所载:"先是,故元知院捏怯来等既降,遣使赍印,各授以武职,而其丞相失烈门犹豫不肯受命,数称疾,不与使者相见。至是,上闻之,敕礼部曰:云云,"对比,可以肯定两者完全是一件事。

旧领地之所以一旦毁灭而再也没能设置卫所。可能是由于这个地区是明、蒙古、三卫、女真各种势力互相争夺的地区，不容许一个特殊部族独立在这里。三卫时常乘虚侵犯明边，而明军也屡次大举蹂躏三卫地方。至于洪武二十四年时，明军怎样自西而东地蹂躏了三卫地方；二十五年又肃清了三卫西邻的明军在二十八年中又怎样扫荡了三卫的东境，这都已经详述过了。① 我想一定是当时明朝很难把全宁各部的空地都完全控制在它的势力之下，而三卫也完全不可能扩张到该地。

三卫乘隙逐渐向南方空闲地带进展，恐怕是在洪武末年，特别是在燕王靖难之变的时期。据《实录》载：洪武二十九年春二月辛亥，宁王权报告边警，说："宁王权言：近者骑兵巡塞，见有脱辐遗于道上，意胡兵往来，恐有寇边之患。上曰：胡人多奸，示弱于人，此必设伏以诱我军。若出军追之，遂恐堕其计。"但燕王为此立即出兵，以致发生了三月彻彻儿山、兀良哈秃城之战。② 反之。在靖难变乱时期，非但没有看到燕王北伐，竟把已经设置的大宁宁王府、北平行都司、营州各卫等南迁，不得不用来抵挡南京军。因而完全可以想象，东北虏众乘机大肆跳梁。但在论述这事之前，首先不能不批判所谓"永乐帝借三卫骑兵，以遂靖难大业，为此割大宁之地以酬三卫"的通俗说法。

这种俗说在宣德五年纂成的《太宗实录》里当然没有，不过，后

---

① 参看前引《关于兀良哈三卫的根据地》。
② 参看前引《关于兀良哈三卫的根据地》。但《实录》洪武二十九年三月甲子条载："今上率诸军，北至彻彻儿山，遇胡兵与战，擒其首将孛林帖木儿等数十人。追至兀良哈秃成，遇哈剌兀，复与战，败之。"《明史纪事本末》（卷十）《故元遗兵》条也载有同一事件，不过把"兀良哈秃成"写作"兀良哈秃城"，把"哈剌兀"写作"兀剌兀海"。又据《皇明实记》（卷四）和《从信录》（卷五）载：二十五年九月，以总兵官周兴征伐漠北，"胡寇自是不敢近边者十余年"。然至少在洪武末年以来，就盛传虏寇侵边的报告。这在靖难起事以前，建文帝害怕燕王的兵力，对此，兵部尚书齐泰所说："今北边报虏人寇，以防边为名，遣将戍开平，悉调燕藩护卫兵出塞，去其羽翼，乃可图也"（《鸿猷录》卷七，《靖难师起》）一语中已表现出来。

来不久,明中叶就有了三卫南下的趋势,因而立即博得了许多人相信。后来,在朝的大臣们的奏疏、《实录》的记录等,也都当作事实,经常引证,因而晚出的正史,《明史》等也居然采用了。甚至万历朝的宰相叶向高的《朵颜三卫考》的论赞里,也说:"夫西河套而东大宁,失之皆我害也。然河套犹明知其夺于虏,而时图恢复。乃大宁借口于文皇(太宗文皇帝,即永乐帝),职方氏遂视若三卫之固有。"而这里的错误洞若观火,前引《钦定热河志》的编者已详细论述了。① 可是,这种误解究竟是怎样产生的呢?

　　首先,从这种俗说的本身来分析。《明史》里,无论《成祖本纪》或《兵志》、《宁王·陈亨诸将列传》等,也都转载了这种俗说,而最系统的记述还是《三卫传》的如下一段:

> "成祖从燕起靖难,患宁王蹑其后。自永平攻大宁,入之。谋胁宁王,因厚赂三卫,说之来。成祖行,宁王饯诸郊,三卫从,一呼皆起,遂拥宁王西入关。成祖复选其三千人为奇兵,从战。天下既定,徙宁王南昌,徙行都司于保定,遂尽割大宁地畀三卫,以偿前劳。"

这大概是依从郑晓的《吾学编》(《四夷考·兀良哈》)、王世贞的《三卫志》以来的一般通说。② 然而上述《三卫传》的直接依据恐怕还是清谷应泰的《明史纪事本末》。(卷十六《燕王起兵》)③《纪事本末》

① 参看《热河志》(卷六三)《建置沿革》、《承德府志》(卷三)《建置》,《蒙古游牧记》(卷二)《喀喇沁部》注等,潘柽章的《国史考异》(卷四之七)。
② 成化中,马文升的《抚安东夷记》说:"太宗文皇帝迁都北平,始徙大宁都司于保定府……乃以大宁之地,自古北口至山海关,立朵颜卫,自广宁前屯卫至广宁迤东白云山,立泰宁卫;自白云山迤东至开原,立福余卫。以处虏之附近者。"这是最早做这种解释的,但还没有明说:"以大宁畀三卫。"对此,嘉靖中郑晓的《吾学编》所说:"靖难初,首劫大宁兵,及召兀良哈诸酋,率部落从行有功,遂以大宁畀三卫。宁王移封南昌,徙行都司于保定为大宁都司"和王世贞的《三卫志》所说:"文帝从燕起靖难,使使以赂请,而兀良哈以骑来,从战有功。先是,即古会州地,设大宁都司营州等卫为外边,使宁王镇焉。文帝乃移王与其军内地,而以其地畀兀良哈等,使仍为三卫"就更明确了。
③《明史》的记载当然是依据《明史稿》的,上面的引文,除"以偿前劳"改作"以偿其前劳"外,和《明史稿》的文句,完全相同。《明史稿·外国传》主要是以叶向高的《四夷考》为依据,这没有异论。(转下页)

在叙述建文元年冬十月燕兵奇袭攻陷大宁之后，结尾说：

甲"大宁既拔，燕王驻师城外，遂单骑入城，会宁王，执手大恸。言：北平旦夕且破，非吾弟表奏，吾死矣。宁王为草表谢请赦。居数日，情好甚洽。燕王锐兵出伏城外，诸亲密吏士稍稍得入城，遂令阴结三卫渠长，及间左思归士，皆喜，定约。"

乙"燕王辞去，宁王出饯郊外。伏兵起，执宁王，诸骑士卒，一呼皆集，遂拥宁王入关，与俱西。燕兵既得朵颜诸卫，兵益盛，分遣薛禄，下富峪、会州、宽河诸处。于是，宁府妃妾世子，皆携其宝货，随宁王还北平。"

说得很详细，如同亲视眼见，颇有小说味道。《纪事本末》的这段文字无疑出自以前万历时御史屠叔方的《建文朝野汇编》（卷二），这从两者的叙述完全一致可以看得出来。① 所幸《朝野汇编》里都一一注明了出处，前引甲条分明出自《秘史》，乙条依据《革除备遗录》。这里所说的《秘史》，是指姜清的《姜氏秘史》的某卷，所说的《革除备遗录》必定就是现在所传张芹的《革除备遗》的另一种版本。② 很不幸，两者都未能查阅。《明史》（卷二〇八）里有《张芹传》。张芹是弘治、正德、嘉靖时期的人，姜清大约也是同时代的

（接上页）这里要说的是俗说的内容，《四夷考》里没有，而《明史·三卫传》和《宁王传》等都有，可能主要是采自《明史纪事本末》。清水泰次也曾论述过这件事（《东洋学报》第八卷、第1号所载《关于大宁司之内徙》）。一般说来，显著的事实是，《明史》的《本纪》主要是根据《实录》，而《列传》则博采其他资料，其中大都来自以《鸿猷录》和《从信录》为依据的《纪事本末》。

① 谷应泰的《纪事本末》，大体上依据高岱《鸿猷录》。本条，《鸿猷录》只记述燕王袭取大宁并没有这里所引的故事。《鸿猷录》在这种书里是最早的，嘉靖乙丑（四年）初刊。

② 关于《秘史》，《明史·艺文志》和《八千卷楼书目》等书也提到，黄虞稷的《千顷堂书目》（卷五）说："姜清《姜氏秘史》一卷"，"弋阳人，正德辛未进士。由考功郎，历尚宝少卿。仿《实录》编年法，记建文事，诸臣附见焉。"《革除备遗录》说："《艺文志》有张芹《建文备遗录》二卷"，这里单题《革除备遗》，《借月山房汇钞》、《胜朝遗事》、《广百川学海》、《续说郛》、《说库》等都收录了，但其中唯独不见有问题的各条。据《艺文志》说：《备遗录》，后来有何孟春的《续备遗录》一卷、冯汝弼的《补备遗录》一卷等继续补遗，有问题的各条或许在这些书里，也未可知。又，《秘史》和《备遗录》究竟是否姜清、张芹所著，还不清楚。总之，当时这类书籍，颇为流行，却是事实。

人。可见当时一般流行这种说法，不久以后的郑晓等也很自然地采用了这种说法。

看来，有明一代，小说绮语颇流行，其中建文逊国一事最引起一般人的同情心，因而出现了种种臆测。当时流行的，有《建文逊国逸书》、《致身录》、《从亡随笔》、《扪膝录》之类。对建文帝的仇敌永乐帝，也必定出现了抑损诽谤的小说。① 到了明末正德、嘉靖、万历朝代，就建文帝一伙的禁讳放松以后，各种说法纷纷出现，不久，实录和小说可能都分不清了。于是，建文帝逊国游历的说法也广泛流传开了，因而大宁弃地的说法，肯定也是属于这一类的。大宁割地传说的依据来自两个事实，一是永乐帝确实袭取大宁，又把那里的都司和宁王府南迁了；二是后来三卫向这个空旷地带南下了。

永乐帝究竟为什么南迁都司和王府而抛弃了大宁地方呢？简单的回答就是，以永乐帝的实力，为了靖难大业及其善后，难以维持这个地方，因此，永乐帝似乎对于这块地区试图慢慢另想办法。永乐帝之所以在靖难初期就一股脑儿把大宁都司和宁王府往南迁，当然是为了解除后顾之忧和补充他兵力的缺欠。当时，三卫还远在北方根据地，绝不会被成祖收买了，更不会威胁宁王。误会首先是由于误信三卫的人们起初就住在大宁地方。不过，这已经是不成问题的大错误。成祖非但没有得到三卫的帮助，还是为控制三卫煞费心机的一个人。

永乐帝即便在靖难时期，也没有忘记对北虏的防范，②尤其在

---

① 参看胡适《建文逊国传说的演变》(《国立中央研究院历史语言研究所集刊》第一本、第一分册、第19—23页)，坊间流行的《续英烈传》仿佛是描述这个问题的小说，但是低级杜撰的通俗书，毕竟和这些底本无关。

② 据《实录》建文二年二月癸丑条载："谍报，胡寇将侵边，上(成祖)遣书谕鞑靼可汗坤帖木儿，并谕瓦剌王猛哥帖木儿等，晓以祸福。"三年十一月辛亥条载："鞑靼可汗遣使来输款。"洪武三十五年(建文四年)八月丁丑条载："以即位，遣使赍诏，谕和林、瓦剌等处诸部酋长。"靖难役时的记载大都疏漏，只有这些，但足以了解成祖的策划了。

洪武三十五年(建文四年)六月,打垮了敌对的建文帝以后,立即着手经略国外,还招抚了兀良哈各部。据《实录》洪武三十五年九月乙未条载:"遣使赍诏,抚谕兀良哈大小头目。"接着,十月戊寅条载:

> "命兵部复设大宁、营州、兴州三卫。凡各卫官军,先调辽东等处及在京,并有坐事谪戍边者,皆令复原卫屯田。令户部尚书王纯,驰驿往北平,与新昌伯唐云,经度屯种。"①

同年十一月甲申条载:

> "上谓掌后军都督府事云阳伯陈旭等曰:东北胡虏数入边境,窥瞰虚实。或径至剽掠。其令武安侯(郑亨),于千户寨、灰岭、庆州、神树、西马山、七渡河,皆设烟墩候望,有警即放炮,使屯守知备。仍令新昌伯以所领军,自小兴州至大兴州,东接牛岭、会州、塔山、龙山诸处屯种。北勿出会州,西勿过千户寨。"

又,《实录》十月甲子条有九月中虏寇犯辽东开原,十一月甲申条有虏犯辽西盘山驿,永乐元年二月己未条又犯辽东懿路寨等事。郑晓的《皇明北虏考》和严从简的《殊域周咨录》(卷十七)等书里,也有大致相同的记述。所以,上引永乐帝所说"东北胡虏数入边境"就是指这几次的入寇。当然,这时三卫还没有驯服,对此,永乐帝在靖难时期一度撤除的大宁、营州、兴州等卫,乱平后立即恢复,甚至给各卫以一切便利,饬令严加守备,保护它们的屯种。

上引记录的地名中,庆州、西马山不详,七渡河今仍同名,是发源于密云塞外分水岭,流入大水峪口汇入白河的一条支流。② 神树是永乐十九年十一月防御虏酋阿鲁台时设置逻骑营的地方,在今

---

① 按《明实录》影印国学图书馆传抄本、第三十五册、永乐实录卷十三、第13页,"命兵部复设大宁"作"命兵部复议大宁。"——译者
②《承德府志》(卷十六)《滦平县·山川》的《七度河》条。

古北口边外。① 灰岭是《明史》(卷一三○)《华云龙传》所说的"北平边寨，东自永平、蓟州，西至灰岭下隘口一百二十一，相去二千二百里"；顾炎武的《昌平山水记》(卷下)所列举从古北口到开平间驿路"古北口有驿，自口北出五十六里曰青松，又五十里曰古城，又六十里曰灰岭，又五十里曰滦河，云云"的灰岭，想是今丰宁北、郭家屯南一带地方。② 千户寨，从下文有"西勿过千户寨"看来，肯定是在最西边。庆州这个名字，很容易使人想到今巴林部察罕城即辽、金以来的庆州，不过，这样就相隔太远了，并且和下文的"北勿出会州"相矛盾。因此，如果不是同名的另一个地方，恐怕就是兴州的误写，也未可知。总之，这时永乐帝的烟墩无疑是设在今热河地方靠南边一带的。

又据《大清一统志》(卷二十八)《承德府·古迹》条载：小兴州是今丰宁南、鞍匠屯北的兴州；大兴州在今滦平县西南里许。会州在平泉县南二十华里。龙山位于凌源县南、喀喇沁右翼旗西南八华里大凌河畔地方。因此，牛岭可能就在今六沟附近，塔山则在三十家子一带。上面所说屯田的地方，并列在兴州、滦平、六沟、平泉、三十家子、喀喇城等差不多和长城平行的塞外地方。但是，所说"北勿出会州"可能是单指屯田说的。如果前条所说"复设大宁、营州、兴州三卫"的说法不错，那么卫戍地区就已经延伸到更远的北方了。

但是，这样苦心经营的恢复大宁各卫的计划，看来结果终归徒劳，永乐元年三月就有了著名的内迁之举，大宁都司从此永远迁到

---

① 《实录》永乐十九年十一月己巳条载："命边将置逻骑营于古北口之神树之地，作深沟高堑，以自固。"(按影印国学图书馆传抄本、第五十二册、永乐实录卷百二十一、第7页，"于古北口之神树之地"作"于古北口之北之神树之地。"——译者)据作者推测，这是防御阿鲁台。

② 《实录》洪武六年四月辛丑条载："淮安侯华云龙镇守北平，遣使言：塞上诸关，东自永平、蓟州、密云，西至五灰岭外，隘口通一百二十一处。相去约二千二百里，云云。"沿袭《实录》的《纪事本末》(卷十)也作五灰或五灰岭，但这样意思不通，故暂舍弃《实录》的记述，从《明史》。

了塞内的保定等地了。关于大宁都司的内迁,清水泰次学友有详细研究,[1]这里略而不叙。唯顾炎武的《昌平山水记》(卷下)里说:"大宁初设,未有民人,但立北平行都指挥使司,及大宁、营州、兴州、会州等一十六卫。自燕府拨之而南,遂为空城,及转战三年,始下南京,而大宁已弃之后,不能复置,因徙卫于山南。"这里确道破了实际情况。叶向高的《四夷考·朵颜三卫考》的论赞说:"内徙于文皇非得已也。干戈初戢,障塞尚虚,爱弟之请难裁,征戍之劳在念,权宜移置,姑待后图,观其次鸣銮镇,有灭残虏守大宁之谕,彼何尝遽割以资夷哉。犁庭甫定,榆木变兴,雄谟莫究,遗憾可知。"这可能不只是回获的话。所说"爱弟之请难裁",是指爱弟宁王权请求内徙难以阻止;所说"征戍之劳在念",是指麾下那些经过多次战役的将士们再也不能让他们负起镇戍塞外的责任。又,所说"鸣銮镇,有灭残虏守大宁之谕",是指永乐八年三月帝即位后首次亲征蒙古时,到鸣銮戍以后说:"今灭此残虏,惟守开平、兴和、宁夏、甘肃、大宁、辽东,则边境可永无事矣"。[2] 所说"犁庭甫定,榆木变兴",是说在二十二年七月第五次亲征蒙古途中,功业未竟,而帝崩于榆木川,恢复大宁卫的志愿未得实现。

恢复大宁各卫的事业失败了,但永乐帝的雄才大略,并未因此改变他那招抚兀良哈的方针。上述洪武三十五年九月、十一月(就是上述设置屯田的那个月),还曾派遣百户裴牙失里等赍敕招抚兀良哈各部。永乐元年五月,又派遣指挥肖尚都等去接受投降。《实录》永乐元年五月乙未条载:

"敕谕兀良哈官军人等曰:朕嗣位之初,已尝诏谕尔众。

---

[1] 清水泰次《关于大宁都司之内徙徙》(《东洋学报》第八卷、第1号)。

[2] 据扈从这次战役的金幼孜的《北征录》载:二月二十一日"晚次宣平,召幼孜等谓曰:云云。"皇帝这些话,是二月间在塞内宣平说的,而不是三月到塞外鸣銮戍说的。或者是二月间吐露给侍臣,三月又在鸣銮戍正式向各将领颁谕的。高岱的《鸿猷录》和陈组绶的《皇明职方地图》也都说成是鸣銮戍的敕谕(参看《满洲历史地理》第二卷、第476页)。

> 后辽东守臣言：尔等俱欲来朝。今遣指挥肖尚都、督（镇）抚刘忽鲁秃、百户和尚，往谕朕意，但来朝者悉授以官，仍居本地，岁时贡献，经商市易，一从所便。前阿哥歹、那海帖木儿、纳哈出来寇广宁。守臣擒送至京，朕矜其远人，且各有父母妻子之恩，曲宥其死，就令尚都等送还，并谕尔知之。"

于是，十一月，头目哈儿兀歹等遣使来贡。同时，诏仍旧制，恢复泰宁、福余、朵颜三卫。二年四月，肖尚都等伴同脱儿火察等大酋来。关于六百五十一个酋长，都授官安插的经过，《实录》记载最详。《明史·三卫传》等也特别写到这件事。接着又新设兀者各卫、坚河卫和海剌儿千户所等。这些，前面已经详细论述过了。

洪武二十二年五月，太祖创设三卫时，任命故元宗室辽王阿札失里为泰宁卫指挥使，会宁王塔宾帖木儿为指挥同知，海撒男答奚为福余卫指挥同知，脱鲁忽察儿为朵颜卫指挥同知。而当十五年后，永乐二年四月，成祖复置三卫时，任命左军都督府都督佥事脱儿火察和都督同知哈儿兀歹为朵颜卫掌卫事，都指挥佥事安出和都指挥佥事土不申为福余卫掌卫事，只都指挥佥事忽剌班胡一人为泰宁卫掌卫事。三年十月，任命来朝的头目阿散为泰宁卫掌卫事都指挥佥事，就是补充上述的缺额。这样，除唯一的脱鲁忽察儿即脱儿火察以外，两者酋名全然没有相同的。这究竟是什么意思呢？这并不是因为前者在十多年间全都死绝了，从《实录》永乐十五年六月戊子条载有泰宁卫都督阿者失里（即阿札失里？）的名字便可肯定。可能是：洪武时期凡具有代表性的大酋都授了官，而到了永乐时期，只选顺服的授给官职，其余就都置之不理了。正因为是这样，起初把正统的泰宁作为首卫，后来就拿忠顺的朵颜作首班，结果，背叛的泰宁就移到了末班。从洪武到永乐，明朝的官爵很不值钱，确是事实。纵使这样，任命朵颜的脱儿火察为左军都督佥事，还像是特别的优待。

只是后来的掌卫事,并不仅限于当时掌卫事的子孙,这种关系颇含混不清。朵颜都督脱儿火察父子和福余都指挥安出的名字,后来很久还声名显赫,而泰宁的掌卫事,不久就换了人,从永乐十一年九月起,《实录》里就出现了大酋都督阿只罕的名字。据宣德六年八月甲寅、八年五月壬戌等条载,其子脱火赤、拙赤等,都分别称作泰宁卫掌卫事都督佥事。这突然出现的都督阿只罕可能就是都督阿者失里,即辽王阿札失里其人的后身,也未可知。总之,这时三卫酋长的世系,不免有些模糊不清。只有经过瓦剌也先侵扰以后,才稍微明确起来。①

明成祖不仅试图招抚三卫,而且在永乐八年、二十年、二十二年等,曾几次企图捣毁兀良哈的根据地。而穷北犷狉之民,在通往南方中国的途中,绝不会白白地丢下丰沃的草地,三卫夷人不免立即占领故全宁卫旧土,除和中国通贡市外,也常常零星地寇犯边境。《永乐实录》过于简单,对这些零星的寇边,没有一一记录下来,但在永乐九年十二月壬辰诏谕三卫头目的敕书里说:"比者,尔等为本雅失里所胁,掠我边卒……如能悔过,即还所掠戍卒,仍纳马三千匹,赎前罪。"十年夏四月乙丑条又说:"福余等三卫指挥使喃不花等如敕书,遣人纳马,赎虏掠边卒之罪。"又,十五年九月癸亥条说:"虏岁凶乏食,欲肆掠各屯堡,其来必自大凌河或广宁、义州。"十一月辛未条说:"敕辽东总兵官都督刘江曰:近指挥朵儿只还自兀良哈言:虏寇至边,昼则潜伏,夜则出入烟墩下,守者皆不觉,云云。"这些都是其中的实例。池内博士曾说过:就连当时占据今辉发河上山城子附近的建州卫各酋,也遭到三卫的侵扰。② 况到

---

① 可能由于也先的侵扰,丧失了过去的记录,只能了解其后的事。参看萧大亨的《夷俗记》所附的《北虏世系》和郭造卿的《卢龙塞略》的《贡酋考》。

② 池内宏《鲜初的东北境与女真的关系》(《满鲜地理历史研究报告》第四卷、第312—322页)。又陈循的《昌平伯进侯追封颍国公谥武襄杨公洪神搏碑铭》(《献征录》卷十)等也可以多少看到当时北虏薄边的情形。

永乐帝死后,明朝兵锋一旦收缩。洪武元年以后,三卫虏酋一面定期入贡,一面几乎月月都零星地寇犯边塞,到了宣德初年,竟来到靠近边塞地区游牧了。

《实录》宣德二年七月丁未条所载在开平东南三百余华里朵儿班俩儿兀地方所捕获的贼首镇抚晃合帖木儿、百户忙哥撒儿等六十余人、马八百十七匹等,想必也是三卫的同伙。又据《实录》宣德三年春正月丁未条载有如下一条:

> "边将奏:兀良哈之人往往于滦河牧马,请掩袭之。上曰:虏犯边,当正其罪,今未有犯,姑遣人谕之。于是,遣指挥佥事黄昭化等,赍敕谕。"

这时,兀良哈人们已在蓟镇塞上的滦河河畔牧马了,可是宣宗并不立即派兵去打,仅示恩宣谕戒饬而已。但仅空口戒谕,当然无效,三年九月,正当皇帝巡边时,夷众蜂拥窜入大宁,经过会州,快要到宽河了。于是尽管坚持稳重的宣宗,也不得已挑选精骑,亲自迎击,打败了敌人以后,从喜峰口进到会州,并分别派遣各将领,扫荡了附近。这就是著名的宣德三年征伐兀良哈战役。这事在《三卫传》里有详细记述。

这次讨伐的结果,"获其人口、兵器、马匹、牛羊、辎重,不可胜计。腥膻荡涤,边境肃清"。① 不过,其实这是饰词,扫荡的范围异常狭小,虏寇的势力也毫未衰减。就在征伐期间,还寇犯了辽东,杀死副千户潘雄;十月又进寇卢龙陈家庄。后来,西边从开平、宣府起,东边到辽阳、开原,特别是蓟辽边境,侵扰竟无虚月。② 明仁宗以后,朝廷也未敢出师膺惩,只是重申招抚敕谕而已。自宣德六

---

① 《实录》宣德三年九月甲子《班师诏》的一节。
② 参看《实录》。又《实录》宣德五年二月癸未条载:"福余卫都指挥安出、猛古歹、歹都等奏云:朵颜、泰宁二卫所部,近尝作迁边境,臣等恐其贻累,故远避避去。云云。"又八年七月甲子条载:"广宁等卫指挥盛宽等领兵巡逻,只虏骑二、三十人,或五、七十人,或三、五百人,云是福余、朵颜、泰宁三卫指挥千户家属,往虹螺山放牧围猎。云云。"

年前后，三卫才稍收锋芒，曾一度主动向明廷请求投降归顺。后来，正统九年，又有征伐兀良哈事。到正统己巳之变以后，景泰时期，三卫尚未能进入大宁废城。这从《明史》（卷四十）《地理志》所说"景泰四年，泰宁等三卫乞居大宁废城，不许，令去塞二百里外居住"便可了解。这都是依据虏中局势的情况，要想熟悉这些情况，还必须回过头来考察西面蒙古本部大虏同三卫的关系。

3.同大虏的关系（一）　虏酋的系统

三卫地方固然也是蒙古地方，但它是突出在东北边外的藩领，虽然服从元帝的政令。可能具有几分独立的形势。这是明初虽然东南邻境方面感到元太尉纳哈出强大势力的威胁，但也未被它吞并，直到元帝室覆亡以后，还能单独存在的原因。三卫没有随着纳哈出同时投降明朝，直到脱古思帖木儿灭亡以后，才不得不投附大明势力，就在这时候，西方蒙古还不断对三卫施加压力。据《实录》洪武二十一年十一月辛卯条载："故元辽王阿札失里、会宁王塔宾帖木儿等降。先遣人赍脱古思帖木儿旧降诏书，赴京来献，以表其诚。"由此可见，他们过去确曾接受过元主脱古思帖木儿的册命。又永乐九年十二月壬辰，成祖诏谕三卫的话里也说："昔兀良哈之众，数为鞑靼所掠，不能安处，乃相率归附，誓守臣节。我太祖高皇帝矜其困穷，设福余、朵颜、泰宁三卫，而授尔等官职，俾各领其众。"皇帝的话难免不带几分权术策略，但毫无疑问，兀良哈的投降大致是出于大势所趋，也有几分这个敕谕所说的情形。

因此，一度投降的三卫忽又背叛离去，这无论从历史说，或从民族感情说，恐怕是由于一时难以向明廷屈服，而这种感情和利害一致的关系，一定更容易使三卫的人们投靠西方蒙古本部。蒙古在脱古思帖木儿死后曾一时陷于混乱，脱古思帖木儿的亲信捏怯来等投降明廷终于灭亡了,但其间自然还兴起了别的势力,脱古思帖木儿惨遭横死以后,立即有像安达纳哈出那样的人起来,威震东北蒙古,因而三卫也就依附他的势力了。建文时期无暇顾及北方边事,因而这时期的明方记录,也不能充分了解三卫的情况。从永乐到宣德期间,控制三卫的北虏势力操在大酋本雅失里、阿鲁台等手中。

要想说明这些事实,需要略微研究一下当时蒙古大酋的情况。起初,元顺帝逃回沙漠,为时不过两年,明洪武三年四月,便穷死在应昌,他的太子爱猷识理达腊嗣位。爱猷识理达腊被谥为具有聪明豁达之意的昭宗,蒙古语叫作毕理克图可汗(Biliktu Khaghan)。他一心想恢复中原,立年号为宣光。宣光八年,即明洪武十一年夏四月,抱着遗志崩于和林,脱古思帖木儿继承汗位,改年号为天元。[1] 顺帝之后,昭宗和脱古思帖木儿两代之间,北元势力还很强大,明军也未敢轻易指向漠北,但由于洪武二十一年四月捕鱼儿海一役,脱古思帖木儿覆灭后,北元就不是大明的劲敌了。此后,年号和庙谥都没有留传下来。关于蒙古王统世系的疑问,就从脱古思帖木儿开始了。

据《明史》(卷二)《太祖本纪》载:洪武十一年"夏四月,元嗣君爱猷识理达腊殂,子脱古思帖木儿嗣。"又(卷三百二十七)《鞑靼传》载:"洪武十一年夏,故元太子爱猷识理达腊卒。太祖自为文,遣使吊祭。子脱古思帖木儿继立。"这样似乎没有疑义,但《实录》

---

[1] 参看原田淑人的《明代的蒙古》(《东亚同文会报告》第一百〇八期);神田喜一郎的《元昭宗的年号》(《支那学》第一卷、第10号)。《实录》洪武二十一年夏四月乙卯叙述捕鱼儿海的俘虏中,有"故太子必里秃妃",所说故太子必里秃,必定是故太子爱猷识理达腊。必里秃是 Biliktu 的音译。又《蒙古世系谱》(卷四)末尾所附按语说:"北元主,洪武庚戌四月殂,国人追谥曰惠宗,必里克图汗者哲宗也。按谱,惠宗殂,次子哲宗继立。是即爱猷识理达腊。改元宣光,洪武十一年六月殂,传位脱古思帖木儿,改元天元,谱中之乌萨哈尔汗也。恩克酌力克图汗,译言昭宗也。云云。"必里克图汗是哲宗、恩克酌力克图汗是昭宗,并且没有其他旁证,可能是误解,现不采用这种说法。

并没有这项明文记录。据王世贞的《北虏始末志》记述,在李文忠破应昌,获太子买的里八剌之后,说:爱猷识理达腊"立,凡十一年而殂,谥曰昭宗。次子益王脱古思帖木儿立。"叶向高的《四夷考·北虏考》也和太子买的里八剌区别开来,特别记述说:"次子脱古思帖木儿立。"嗣立的究竟是太子买的里八剌,还是次子益王脱古思帖木儿,颇不明确。

如按明方记录,洪武三年五月李文忠克应昌之后,元新主爱猷识理达腊才北窜,俘获了他的嫡子买的里八剌,送到南京。明太祖大喜,六月,封买的里八剌为崇礼侯,用以怀柔蒙古,可是后来改变方针,七年九月,把崇礼侯遣回蒙古去了。这些经过《实录》记述特别详细。《明史·鞑靼传》也简述说:七年"秋,太祖以故元太子流离沙漠,父子隔绝,未有后嗣,乃遣崇礼侯北归。以书谕之。"据明人的想法,昭宗爱猷识理达腊死后,当然应由这个崇礼侯买的里八剌继嗣。郑晓的《今言》里所载:"爱猷识理达剌死,其子脱古思帖木儿立。脱古思帖木儿即买的里八剌也。"完全表明了这种观点。即使同一个人改名也容易,如果认为买的里八剌是童年时西藏式的喇嘛教名,而脱古思帖木儿是以后改的蒙古名字,这种想法并不排除。

从下面所引永乐帝的敕语,也可以十分肯定这种说法。《实录》永乐六年三月辛酉条载永乐帝晓谕蒙古可汗本雅失里的信里,有如下一段话:

> "我皇考太祖高皇帝,于元氏之子孙,存恤保全,尤所加
> 厚。有来归者,皆令北还。如遣妥古思帖木儿还,后为可汗,
> 统率其众,承其宗祀,此南北之人所共知也。"

妥古思帖木儿就是脱古思帖木儿。他被送回蒙古以后。嗣位当了可汗。永乐六年,距脱古思帖木儿死后仅二十年。当时,明帝对蒙古后继可汗谕称:"此南北之人所共知也",其非虚诈,岂不很清楚

吗？脱古思帖木儿就是嫡子崇礼侯买的里八剌，并不是次子益王，几乎是可以凭信的。《明史》恐怕就是采取这种见解。

那么，所说"次子益王脱古思帖木儿"这句话，究竟怎样产生的呢？《北虏始末志》是初期的粗略著作，仅这一条提供了在《实录》里找不到的所谓爱猷识理达腊庙号昭宗等新事实，想必是有某种可靠的典据的。据《实录》洪武七年九月丁丑，太祖给昭宗爱猷识理达腊的信里说："念君流离沙漠，无宁岁，后嗣未有。故特遣咸礼（宦官名）等，护其（崇礼侯）归，庶不绝元之嗣。"由此可见，崇礼侯恐怕是独子，不见得有兄弟。另一方面，洪武十一年十二月，明帝得昭宗讣告后，谕故元丞相哈剌章等诸臣说："或闻欲立新君，其亲王者有三，卿等正在犹豫之间，朕观三者，诚可再思。凡此三人皆元亲孙嫡派，不过遥分叔伯而已。卿等若欲坚忠贞之意，毋抑尊而扶卑，理应自长而至幼，无乃人伦正而天道顺也欤？云云。"①这话可以解释昭宗死后，汗位候补人有三个亲王。那么，这些候补人里，除了一个不知道名字的人以外，至少应该有崇礼侯买的里八剌和益王脱古思帖木儿叔侄两人。

现在带着这个疑问，再回头来看看蒙古方面的传说。萨囊彻辰的《蒙古源流》（卷五）记述这时的帝室世系如下：

> "此乌哈噶图汗（顺帝）……岁次庚戌（洪武三年，1370年），年五十三岁殁。子阿裕锡哩达喇汗戊寅年（至元四年、1338年）生，岁次辛亥（洪武四年、1371年），年三十四岁即位。在位八年，岁次戊午（洪武十一年、1378年），年四十一岁殁。弟特古斯特穆尔汗壬午年（至正二年、1342年）生，岁次己未

---

① 《皇明世法录》（卷十一）所载《谕元丞相哈剌章、蛮子、驴儿、纳哈枢等诏》。这诏书在《实录》里也有，过于简单，仅载："或闻欲立新君，其亲王有三，卿等正在犹豫之间。此三人皆元之嫡派，卿等若欲坚忠贞之意，毋抑尊而扶卑，理应自长而至幼。无乃人伦正，天道顺也欤？"现在这里采用了《世法录》的内容。但年月，却依据《实录》来定的。

（洪武十二年、1379 年），年三十八岁即位。在位十年，岁次戊辰（洪武二十一年、1388 年），年四十七岁殁。"

施密特德译本①除了也把阿裕锡哩达喇作毕里克图（Biliktu），把特古斯特穆尔作乌萨喀尔（Usakhal）外，其余都完全相同。胡特（Huth）所译《蒙古世系》《蒙古佛教史》②的记载也大致相同。蒙古方面所传颇有些奇怪，很难笼统凭信，但这世系的上述年岁记述，大致还算正确，像认为特古斯特穆尔（脱古思帖木儿）汗是阿裕锡哩达喇（爱猷识理达腊）汗之弟等，尤其值得听信。③

脱古思帖木儿有好几个儿子，长子天保奴和他父亲一同死了；次子地保奴，洪武二十一年四月，在捕鱼儿海战败被捕，明人记录颇详。而且，当时地保奴并不很年轻，这从他的母妃遭到明将蓝玉侮辱而抱怨明帝，因而被流放到琉球去这个逸事，④便可了解。又据《蒙古源流》（卷五）载：脱古思帖木儿另有三个儿子，当时他们的

---

① 施密特：《蒙古源流——东蒙古人及其王家史》，彼得堡，1829，第 139 页。

② 胡特：《蒙古佛教史》，斯特拉斯堡，1896，第 2 卷，第 41 页。

《蒙古世系谱》（卷三）载：

蒙古必力克图汗：

汗为托欢忒睦尔乌哈哈图汗之子，嗣父位，抚有众蒙古部落居之。在位九年崩，弟乌萨哈尔嗣。

乌萨哈尔汗：

汗在位十年，崩。汗生三子，长曰恩克酌力克图，次曰厄尔自克你古勒苏克漆，三曰哈尔古察克都楞忒睦尔欢台吉。长子恩克酌力克图嗣。

③ 蒙古史料，都是后代编纂的，其中往往拿中国史籍知识来加以窜改。像明朝历代帝王在位年数各条，就不用说了，其他有关蒙古本身的，也是一定把前王死的第二年，作为次代汗王即位的一年，秩序井然，使人觉得是做作的，特别是那些年代大都和中国史传吻合，使人怀疑必定是参考了汉史。《源流》在这些地方也是，德译本里一定把 Biliktu（Piligt'u）和 Ussachal（w'Osagal）等蒙古可汗的称号改成阿裕锡哩达喇（爱猷识理达腊）和特古斯特穆尔（脱古思帖木儿）等中国所传的名称，就是一个例证。但仔细想来，年代吻合是理所当然的，而前王死后的第二年就是次代汗王的元年，如果认为蒙古实行的称元法或许就是这样，或者是由于《源流》作者为了行文方便而来的，这也并无妨碍。时而有讹误，那倒是没有拘泥于明代史传的证据，其中有中国没有的传说，反倒提高它的价值，至少在当前问题上，似乎具有摆脱了中国记录的价值。按施密特在德译本里，顺帝作 Toghon Temtür；昭宗作 Biliktu，下一代作 Ussachal；而胡特则分别写作 T'ogan Temur，Piligt'u，w'Osagal。

④ 以上参看《明史》（卷三百二十七）《鞑靼传》等。

年龄分别是三十岁、二十八岁和二十六岁，这如后述，大致可以凭信。因此，天保奴和地保奴恐怕和明人所传不同，不是长子和次子，而是幼子。因为是幼子，所以才和他父亲脱古思帖木儿在一起。总之，脱古思帖木儿既然有了达到青年期的几个儿子，那么必须承认，他的年龄在洪武二十一年时已靠近五十岁了（据《源流》说是四十七岁）。如果真是这样，由这一点也应该认为，与其说他是死于洪武三年五十三岁的顺帝的长孙（崇礼侯），莫如说他是次子（益王）较为稳妥。况且《实录》洪武七年九月丁丑，太祖遣崇礼侯北归的敕语里说："曩即欲遣尔以归，以尔年幼，道理辽远，恐不能达。今即长成，朕不忍令尔久客于此，故特遣归，以见尔父母亲戚，以全骨肉之恩。"可见崇礼侯在洪武三年五月被擒的时候，还是幼年，四年以后，稍微成长，才送回到他父母膝下。这个人，到洪武二十一年，恐怕还没超过三十岁，所以很难认为是适合上述条件的脱古思帖木儿。

《蒙古源流》所传虽然难以凭信，但至少其世系部分相当可靠。因此，我在这里宁愿依据《源流》和《蒙古世系谱》的说法，《北虏始末志》所说次子益王不是昭宗的次子，而是惠宗顺帝的次子、昭宗的弟弟；永乐六年成祖的敕语并非骗人，仍可看作是明人误解的一例。由此可见，开始在《今言》里肯定"脱古思帖木儿即买的里八剌也"的郑晓，后来在《皇明北虏考》里，只含混说"脱古思帖木儿者，即爱猷识理达腊之子也。"这可能是对这种关系感到怀疑而加以订正了。

连脱古思帖木儿的问题都如此大有疑问。那么后来这个可汗死后，蒙古陷于混乱，明朝自己的情况，也被靖难的内讧拖住，无法顾及北虏，年代当然更弄不清了。郑晓的《吾学编》里《皇明四夷考·鞑靼》条载："脱古思帖木儿为其下也速迭儿所弑，部落溃散，大臣立坤帖木儿为可汗。"《明史·太祖纪》洪武二十二年条也载：

"元也速迭儿弑其主脱古思帖木儿,而立坤帖木儿。"这当然是胡说,倒是应该相信该书《鞑靼传》所载:"敌自脱古思帖木儿后,部帅纷孥,五传至坤帖木儿,咸被弑,云云。"

据《实录》载,脱古思帖木儿死后,永乐帝最初接触的蒙古可汗是坤帖木儿。建文二年二月癸丑条载:"谍报,胡寇将侵边。上遗书谕鞑靼可汗坤帖木儿,并谕瓦剌王猛哥帖木儿等,晓以祸福。"第二年十一月辛亥条所载:"鞑靼可汗遣使来输欵",也是指这个可汗。但后来不久,坤帖木儿似乎即灭亡,明帝平定内患以后,永乐元年二月已未遣使时的对方,已经不是坤帖木儿汗而是鬼力赤汗了。从敕书里所说"比闻北地推奉可汗正位"这句话,可知鬼力赤汗的正位,几乎和永乐帝即位是同时。这时,可汗之下有"虏太师右丞相马儿哈咱、太傅左丞相也孙台、太保枢密知院阿鲁台等",成祖对这些人也赐敕慰谕了。不过,所说的大酋鬼力赤和阿鲁台的名字,这时才开始出现。在说明鬼力赤、阿鲁台的问题以前,必须首先解决的却是在这以前的蒙古可汗的世系问题。

据《永乐实录》四年三月辛丑,谕鞑靼可汗鬼力赤的诏书说:

> "元之后世,自爱猷识里达剌北徙以来,至今可汗更七主矣。"

永乐六年三月辛酉,谕新可汗本雅失里的话里说:

> "夫元运既讫,自顺帝之后,传爱由识理达腊,至坤帖木儿,凡六辈,相代瞬息之间,且未闻一人遂善终者。此亦可以验天道。"

上引的两条记录里,前者似可理解自爱猷识理达腊到鬼力赤是七代,但这样的话,同后者从他的前一代的顺帝到坤帖木儿是六代的说法就不吻合了,因此"自爱猷识理达剌北徙以来"这句话,应该理解为着重在北徙,把顺帝也算在内,从顺帝到鬼力赤是七代可汗。前述《明史·鞑靼传》里所说"自脱古思帖木儿后,部帅纷孥,五传至坤帖木儿",实际是沿袭了王世贞的《北虏始末志》、叶向高的《四夷考》的文句,是几乎误解了前者意义的说法。反之,郑晓的《皇明四夷考·鞑靼》条所说"自顺帝至鬼力赤,凡七世,其二世不可考",是理解为后者的意思,可能是正确的解释。所以,章潢的《图书编》也完全沿袭了这种说法。尤其是茅元仪的《残元世系考》,详加考核,叙述如下:[①]

> "元顺帝,一传为爱猷识理达(剌),
>
> 二传脱古里(思?)帖木儿。
>
> 爱猷识里达(剌)次子,为蓝玉所破,也速迭儿迭(衍字?)缢杀之。
>
> 三传、四传不知名,
>
> 五传坤帖木儿咸,
>
> 三君俱短祚。
>
> 六传鬼力赤,
>
> 去帝号,称可汗,非元裔,众不附。"

那么,明人不知道名字的其他两代是谁呢? 这就只得求教于蒙古方面的传说了。关于明代蒙古的史料里,明人方面,像《实录》所传,大体是以当时实际记录为依据的,颇可凭信。可惜的是失于片断,不得窥其全豹。反之,《源流》等蒙古方面的史料,大都是后代编纂的,脉络似乎一贯,但缺乏确实性。研究蒙古方面史料的方法,只有首先对照明人的记录,判断它正确与否,然后再保留蒙古的传说。这样来考虑蒙古传说时,《源流》(卷五),在前引特古斯特

---

① 其实,《实录》本文,两条都可按前者的意义来解释,这样的话,就和后来出现的事实不符了。所以姑且按本文解释。《残元世系考》是极稀有的珍本(书)。就我所知,仅收在故藤田丰八博士珍藏的《茅氏杂著》里。但它的内容多半是根据晚出的注释本(尤其从把坤帖木儿汗译作坤迭木儿咸等字面看来似乎受王世贞的影响很大)编纂的,粗枝大叶,并不值得注意。其引用部分,竟把脱古思帖木儿当作爱猷识理达腊的次子;鬼力赤去帝号,称可汗等,都是根据俗传的错误。这里只能拿来作为明人就上述史料也作如斯解释的一个例证。

穆尔汗的世系以后，立即叙述如下（括弧内的拉丁字都是德译本的音译）：①

　　"生子恩克卓里克图（Engke Joriktu）汗、额勒伯克尼古坲苏克齐（Elbek Nigülesükchi）汗、哈尔古楚克都古楞特穆尔鸿台吉（Kharghuchuk Dügüreng Temür Khong Taiji）弟兄三人。恩克卓里克图汗己亥（至正十九年、1359 年）年生，岁次己巳（洪武二十二年、1389 年），年三十一岁即位。在位四年，岁次壬申（洪武二十五年，1392 年），年三十四岁殁。弟额勒伯克汗辛丑年（至正二十一年、1361 年）生，岁次癸酉（洪武二十六年、1393 年），年三十三岁即位，齐国上尊号，称为额勒伯克尼古坲苏克齐汗……在位七年。岁次己卯（建文元年、1399 年），年三十九岁，杀哈尔古楚克。甫四月，即于是年，为乌格齐哈什哈（Ügechi Khashagha）所杀……额勒伯克汗之长子混特穆尔（Gün Temür），丁巳年（洪武十年、1377 年）生，岁次庚辰（建文二年、1400 年），年二十四岁即位。在位三年，岁次壬午（建文四年、1402 年），年二十六岁殁。无子。"

如果是这样，那么洪武二十一年特古斯特穆尔即脱古思帖木儿被弑以后，立即由他的长子恩克卓里克图汗嗣位。洪武二十五年，他死后，弟额勒伯克汗承袭。建文元年又被弑，他的长子混特穆尔即坤帖木儿嗣。这里所谓没有名字的两代可汗，便是脱古思帖木儿之子，可能是明人记录里的天保奴、地保奴兄弟的哥哥，恩克卓里克图汗和额勒伯克汗两个兄弟。说他们分别在位四年和七年，也

---

① 这条，德译本也完全相同。《蒙古佛教史》所传也大致相同。（施密特的书，第 139—143 页；胡特的书，第 42—44 页）。《蒙古世系谱》（卷三）载："恩克酌力克图汗：汗在位四年，崩。弟厄尔白克你古勒苏克漆，嗣。"关于厄尔白克汗一代，有和《蒙古源流》所传一样的有趣的故事。以下又说："衮忒睦尔汗：汗为厄尔白克你古勒苏克漆汗之子。抚集余众。即汗位，在位三年，崩。其弟额尔济忒睦尔嗣。"

和明人的记录并不矛盾。①

坤帖木儿是脱古思帖木儿的嫡孙，死于建文三四年间。死后没有子嗣，弟额勒锥特穆尔嗣位。《源流》继前引条说：

> "弟额勒锥特穆尔（Öljei Temür）己未年（洪武十二年、1379年）生，岁次癸未（永乐元年、1403年），年二十五岁即位。在位八年，岁次庚寅（永乐八年、1410年），年三十三岁殁。子德勒伯克（Delbek）汗，乙亥年（洪武二十八年，1395年）生，岁次辛卯（永乐九年、1411年），年十七岁即位。在位五年，岁次乙未（永乐十三年、1415年），年二十一岁殁。"

据霍渥尔特（H. H. Howorth）和原田淑人两人的研究，②额勒锥特穆尔是明人记录里的本雅失里的称号完者秃（Öljejtü）王的异译。据《实录》永乐五年冬十月壬辰条载："完者秃王将率众，合别失八里（Bishbalik）之众南掠，而先掠其东北诸部落。兀良哈之人闻之，惊惧。有来朝者，具言其故。上曰：完者秃，元之遗裔，名本雅失里者。比指挥丑驴至撒马儿罕，见其部属，不过百人。"据 Pétis de la Croix 所传，"蒙古王族名额勒锥特穆尔（Eltshy Timur）者，在撒马儿罕（Samarkand）帖木儿王廷。帖木儿死后，归蒙古。1405年（永乐三年）登汗位。"③据《实录》载，本雅失里即汗位，在永乐六年前后，年代虽多少有些不符。但毫无疑问，这个 Eltshy Timur 就是额

---

① 霍渥尔特《蒙古史》（卷一、第248—249页）里，认定这恩克卓里克图是杀死脱古思帖木儿的也速迭儿，并重复了种种假设。可是，也速迭儿是瓦剌所尊奉的阿里不哥的子孙，这显然是错误的。参看原田淑人的《明代的蒙古》《东亚同文会报》第一百〇八期、第12—13页）。关于恩克卓里克图的弟弟哈尔古楚克的年龄，《源流》（卷五）载："弟哈尔古楚克鸿台吉，癸卯年（至正二十三年）生，岁次己卯（建文元年），年兰十七岁，殒命。"

② 《蒙古世系谱》（卷三）载："额尔济忒睦尔汗。汗在位八年，崩。子他尔巴克嗣。他尔巴克汗：汗在位五年，崩。宗室台吉阿台嗣。"《蒙古史》（卷一、第352—353页）、原田淑人的《明代的蒙古》（《东亚同文会报告》第一百〇八期、第17页）。本雅失里的称号完者秃（Öljeitü）是蒙古语"有福"的意思，《元史》和其他史籍里，这种译例很多。本雅失里可能是他的本名，是西藏式的名字。

③ 霍渥尔特的书，第一卷、第353页。Pétis de la Croix：《Histoire du Grand Genghizcan》（《大成吉思汗史》），第516页。

勒锥特穆尔，也就是完者秃王本雅失里。施密特（Schmidt）认为是鬼力赤，这是研究初期由于材料不足所产生的不得已的错误，已由霍渥尔特（Howorth）给订正了之后，布列茨施奈德尔（E. Bretschfieider）虽引证了后者，却搞错了，未免有些粗枝大叶。[①]

再据《实录》永乐十一年五月庚子条载：瓦剌酋长马哈木弑其主，"擅立答里巴为主"。《明史纪事本末》（卷二十一《亲征漠北》）记述这一事件时，却说："十年秋九月，瓦剌顺宁王玛哈木灭本雅失里，立其族答里巴。玛哈木实专政。"[②]而这个答里巴，正像原田和霍渥尔特两人所说，就是前引《源流》里的德勒伯克汗。[③] 但据明人的记录，永乐初年，坤帖木儿汗死后的袭位者，并非本雅失里，而是鬼力赤。这就是使施密特和布列茨施奈德尔把鬼力赤误认为琨特穆尔（坤帖木儿）的下一代额勒锥特穆尔的原因。因此，在说明本雅失里、答里巴以前，必须先把鬼力赤搞清楚。

鬼力赤，最初出现在上述《实录》永乐元年二月己未的成祖诏谕条里，从"比闻北地推奉可汗正位"看来，可知当时恰是正汗位的时候，但关于他的出身，王世贞的《北虏始末志》叙述得最详细，说：

> "永乐初，鬼力赤立，非元裔也。众不附，复弑之。太师阿鲁台统有部落，乃迎顺帝后本雅失里为王，称可汗。"

其他多数传说都一致认为鬼力赤不是元室裔孙。[④] 关于鬼力赤还有一个显著的事情是，他颇能和西方瓦剌部相抗衡。《明史·鞑靼传》只简单地说：永乐初，"时，鬼力赤与瓦剌相仇杀，数往来塞下。"

---

① 霍渥尔特的书，第一卷，第 352 页。布列茨施奈德尔：《中世纪史研究》第二卷、第 163 页，注 908。

② 《纪事本末》的这条记载当然是抄袭高岱的《鸿猷录》（卷八）《三犁虏庭》里"壬辰十年，虏瓦剌顺宁王马哈木杀本雅失里，立其族答里巴，而马哈木实专任事。"而所以认为是秋九月的事，是因为《皇明从信录》（卷十四）写在该年九月条，说："瓦剌马哈木灭本雅失里，立答里巴。"

③ 原田淑人《明代的蒙古》（《东亚同文会报告》第一〇八期、第 21 页）。霍渥尔特的书、第一卷、第 355 页。

④ 严从简的《殊域周咨录》（卷十七）《鞑靼》、永乐六年条也说："故元宗室本雅失里立。初，虏主坤帖木儿被杀，鬼力赤立，以非元裔，部下叛杀之。阿鲁台为太师，代领其众。至是，迎立本雅失里。"

但据《实录》载:永乐元年十月、二年七月、三年五月和七月、五年三月等条,都一再进行了这种仇杀。想来鬼力赤是《实录》洪武二十三年春正月辛卯、明帝招抚脱古思帖木儿条里看到的故元平章贵力赤的后身,可能是历朝的老臣,当时代表丧失了头目的东方蒙古势力,这时正和新兴的西北蒙古的瓦剌势力相抗衡。

但是,《明史·鞑靼传》又载:"自脱古思帖木儿后,部帅纷拏,五传至坤帖木儿,咸被弑,不复知帝号。有鬼力赤者,篡立称可汗,去国号,遂称鞑靼。云。"这是一般的通说,但据《实录》载:鬼力赤不知帝号,称可汗,去大元国号,称鞑靼云云,绝非事实。明代蒙古人自称莽官儿(Mongghol)绝不称鞑靼(Tatar),这是各种《华夷译语》一致的传述。它的君长,直到后来的也先(Esen)可汗、达延(Dayan)汗,都一定要称大元大可汗,绝不自称鞑靼可汗。称它为鞑靼可汗实际是明人的简便称呼。明人在名分上颇苦于朔北元主的名称,有时称"故元太子",有时叫"元嗣君",有时又叫什么"鞑靼可汗"、"虏酋"、"小王子"等等,这从本章末所附的世系表就可以看到。可见鞑靼可汗这个称号是永乐朝明廷定的,最初用来称坤帖木儿,接着又用来称他的下一代鬼力赤,绝非鬼力赤的自称。原田淑人也曾对这个问题有所论述。[①] 景泰、天顺年间的学士刘定之的《否泰录》里所说:"如称为可汗,而彼自称不可知,计必仍僭其先世大号也。故其臣亦悉用故时将相称号,岂非羊质虎皮,鸳翰凤鸣者哉。"这完全是当时的实际情况。因此,以下有时用鞑靼这个词指明代的东蒙古,完全是为了简便,并不是因为它是正确的称呼。

总之,代表所谓鞑靼部势力的鬼力赤的根据地,却不在东方,而似乎是在西方的甘肃边外,这从《实录》永乐五年三月甲戌条记述遣回鬼力赤的使节鞑靼僧耳亦赤也儿吉儞儿灰等,说:

---

① 原田淑人:《明代的蒙古》《东亚同文会报告》第一百〇八期、第15页)。

> "敕宁夏总兵官左都督何福及诸边将曰：耳亦赤也儿吉俩
> 儿灰等还，道经边城，宜厚待而遣之，令人护送出境。又密谕
> 福及宋晟曰：耳亦赤乃鬼力赤之师，或言此必鬼力赤所遣。盖
> 鬼力赤欲西向与瓦剌战，将徙其家属近南，而畏备边官军袭
> 之，故遣来，以缓官军之出。"

便可了解。宋晟是甘肃总兵官，鬼力赤的使者从明朝回去说是要
经过宁夏边城，可见他的根据地必定在甘肃、宁夏边外。正因为是
在离甘肃、宁夏边外不远的地方，所以才说"将徙其家属近南，而畏
备边官军袭之。"这么看来，永乐二三年间，鬼力赤毒杀与明通好的
哈密忠顺王安克帖木儿事，这个安克帖木儿的妻子依附鬼力赤事，
以及《实录》永乐五年六月戊子条所说"鬼力赤数遣人至哈密市马"
等事，肯定都不是偶然的。驻在西边的鬼力赤，当然念念不忘经略
邻近的利薮哈密。①

西边的鬼力赤绝不是元室遗裔。正因为鬼力赤不是元裔，当
元室嫡裔本雅失里一出现，便立即在他面前销声匿迹了。《实录》
永乐五年五月丙寅条载：

> "时，虏中来降者言，鬼力赤为部下所废，其众欲立本雅失
> 里。"

这说明这时候本雅失里才首次出现在西方，鬼力赤的部下发生了
动摇。本雅失里立即派人和鬼力赤谈判，鬼力赤也不得不顺从部
众的心意，去拥立他。《实录》永乐五年六月戊子条载：

> "近回回沈安名帖木儿等来言，鬼力赤数遣人至哈密市
> 马，本雅失里亦遣人与鬼力赤往来。"

---

① 关于毒死安克帖木儿一事，最初见于《实录》永乐三年四月庚辰条，但得到他的讣报，决定后继人是
在三月己亥。因此，他的死说不定是在永乐二年。现据《明史》（卷三百二十九）《哈密卫传》做这样
解释。从当时别失八里王即东察合台国汗沙迷查干，看到安克帖木儿被杀，欲起兵伐鬼力赤看来，
哈密是处在明、蒙古、别失八里三者之间，保持着两属、三属的模棱关系。

六年春正月甲子条载：

> "时，鸿胪寺丞刘帖木儿不花等使西域还，言：本雅失里初居撒马儿罕，后奔别失八里，今虏遣人迎立之。边将亦报，谍闻本雅失里事，且云：本雅失里若立，则诸虏拥之北行，必先掠边境。"

又三月辛酉载永乐帝的敕谕，说：

> "遣使赍书，谕本雅失里曰：鸿胪寺丞刘帖木儿不花等回，知尔自撒马儿罕脱身，居别失八里。今鬼力赤等迎尔北行。以朕计之，鬼力赤与也孙台久结肺腑之亲，相倚为固。今未必能弃亲就疏矣。况手握重兵，虽或其下有附尔者，亦安敢与之异志。今尔与鬼力赤，势不两立矣。"

成祖打算述说利害，阻止元裔本雅失里入蒙，但本雅失里竟步步东进，不久便取鬼力赤而代之。所称别失八里是 Bishbalik 的对音，在今乌鲁木齐(Urumchi)附近。当时，常把这个名称用作东察哈台汗国的别称。这里看作泛指天山北路地带，不致大错。

关于本雅失里入蒙的经过，《实录》永乐六年六月己亥条载：

> "太监安泰奏：本雅失里自别失八里，从他道北行，不经哈密，令其所部鞑靼十八人，在哈密窥探边事。忠顺王（哈密王）羁之，以候命。"

又，十二月癸巳条载：

> "时，鬼力赤为众所戕。北虏迎本雅失里，有不相附而奔溃者。"

这就是郑晓的《皇明北虏考》所说"是冬，鬼力赤残破，虏迎立本雅失里，叛负不相统"和《明史·鞑靼传》所说"久之，阿鲁台杀鬼力赤，而迎元之后本雅失里于别失八里，立为可汗。"鬼力赤的被杀，是否是阿鲁台自己干的，不详。不过，鬼力赤并非元裔，因而很难维持他的势力，却是属实。

　　那么,所称鞑靼可汗鬼力赤的出身如何呢? 要想解决这个问题,还必须靠蒙古方面的传说。《蒙古源流》(卷五)颇为详细地叙述了关于特古斯特穆尔之子、恩克卓里克图之弟额勒伯克汗的如下一件逸事。但其原文失于冗长,且每有脱误,颇难解读。这里参考其他书籍,加以订正,仅译述其大意如下:

　　　　"洪武二十六年,额勒伯克汗年三十三岁,即位。因受卫喇特(Oirad)札哈明安(Jakha Mingghan)的浩海达裕(Khookhai Daju)诱惑,恋慕其亲弟哈尔古楚克都古楞鸿台吉之妻鄂哲依图鸿郭斡拜济(Öljeitü Khong Ghoa Beiji),建文元年,遂杀亲弟鸿台吉,夺其妻拜济。拜济设谋,使汗杀其夫之仇人浩海。汗后来觉察到浩海冤枉,颇怜惜之,乃将爱女萨穆尔公主(Samur Günji)妻其遗子巴图拉(Batula),依约授以丞相职,令管领四卫喇特,以酬其父之忠。巴图拉事于是平息。但从前管领四卫喇特的卫喇特克埒古特之乌格齐哈什哈却不服。谓'汗政治不端,杀弟哈尔古楚克鸿台吉,以弟妇鸿拜济为福晋,淫虐乱法。复被拜济所欺,杀臣浩海,以有此耻。乃既有我在,而令我属人巴图拉管辖四卫喇特耶?'乃与汗争而弑之。自娶鸿拜济,降蒙古人众大半。乌格齐哈什哈后于永乐十三年杀巴图拉丞相,自身不久亦死,子额色库(Esekü)登蒙古汗位。娶巴图拉之遗妻萨穆尔公主,称额色库汗。"

这个传说,施密特(Schmidt)的德译本固不待言,即胡特(Huth)所译《蒙古佛教史》或干巴耶夫(Гамбоев)所译《黄金史》(Altan Tobchi)也都有大致相同[①]的记述,肯定是当作明初蒙古的一件最大事件来宣传的。而且后来瓦剌也先可汗出世以前,蒙古别酋篡夺汗位的,除这个鬼力赤外,没有别人。因此,我和霍渥尔特

---

① 见《蒙古源流》(卷五、第4—9页);施密特的书(第139—147页);胡特的书(卷二、第42—44页)、干巴耶夫(出村良一的日译本)。

(Howorth)都认为这个乌格齐哈什哈肯定是鬼力赤。①

　　鬼力赤是代表鞑靼部的酋长,而乌格齐是卫喇特的克埒古特部的酋长,乍一看来好像很矛盾,然细一想来并非如此。这里所称克埒古特就是 Kergüd,Kereid,相当于后来的土尔扈特(Turghud)部。当时驻牧在贺兰山北,今西套、河西方面,正像《瓦剌考》所记述,和前面所说鞑靼可汗鬼力赤的住地,完全相同。可能鬼力赤就是《源流》的乌格齐,起初代表新兴的四卫喇特部势力,灭掉不合法的可汗以后,一度使蒙古大众都服从了他;但忽然祸起萧墙,在他的脚下兴起了《源流》所称的浩海达裕之子巴图拉丞相、明人记录里所说的瓦剌的顺宁王马哈木,要想颠覆他的势力,于是反而率领鞑靼部众和马哈木等掀起了激烈的竞争,因此,明人就误认他是鞑靼部长。他本来在东蒙古方面没有偌大根据地,等到元室嫡裔本雅失里回来以后,他的势力就立即失坠,以致灭亡了。关于他的儿子额色库汗,明人的记录里似乎没有见到过,或者就是所说与鬼力赤为肺腑之亲的大酋也孙台,也未可知。也孙台是鬼力赤的同伙,他的名字最初出现在《实录》,是永乐元年七月。永乐四年十月乙卯条传说被他的部下杀了。不久以后,鬼力赤也灭亡了。额色库这个名字,施密特德译本拼作 Essekü,胡特译本写成 Esenhu。这个 Esenhu 的发音和也孙台的变形也孙古完全吻合。当然额色库的事迹和也孙台大不相同,但像下面论述的,《源流》里关于额色库汗的传说,也未必一一都正确。

　　《源流》传说是,乌格齐哈什哈杀额勒伯克汗在建文元年,第二年,汗的长子琨特穆尔嗣立,在位三年,建文四年死;永乐元年,弟

① 参看《蒙古史》(第一卷、第 357 页)。又,《源流》的用语浩海达裕的达裕(Dayu),可能是太尉之讹。丞相(Chingsang)当然是汉语"丞相"之意。乌格齐哈什哈的哈什哈(Khashagha)和满洲语的戈什哈一样也就是亲兵的意思。公主(Günji)和汉语的公主相同,福晋(Fujin)是夫人的讹字,满洲语和蒙古语叫作可敦(Khatun)。拜济(Beiji)在《元朝秘史》等书里比作妣妓,是地位次于可敦,夫人的蒙古后妃的称号。

额勒锥特穆尔嗣立，在位八年，永乐八年殁，他的儿子德勒伯克汗袭位，从永乐九年到十三年，在位五年，后来，乌格齐之子额色库汗即位；额色库汗从永乐十三年到洪熙元年，在位十一年。但据明人记录，额勒锥特穆尔即本雅失里的在位期间是永乐六年到八年前后。在这以前，和坤帖木儿（即琨特穆尔）之间，有几年空位期间，这时出现了所谓的鬼力赤。本雅失里之后，答里巴（德勒伯克）袭位，答里巴之后，如下所述，另出现了其他可汗，这中间并没有放进额色库汗的余地。由此可见，《源流》的纪年，无疑有很大错误，且为掩饰这种错误，随处可以看到文章脉络上不够衔接的情况。① 因此，我认为明人所称鞑靼可汗鬼力赤，就是《源流》里的卫喇特克埒古特的乌格齐哈什哈，并考证他的在位年代，当然应该按明人记述，是永乐元年到六年前后。这个鬼力赤灭亡以后，就出现了本雅失里、阿鲁台的势力。为了方便起见，所有这些和瓦剌的马哈木等事迹留待下一章论述。

　　最后，简单表示以上所考证的所谓鞑靼可汗的初期的世系，列表如下。所有称号都依照蒙古方面所传，括弧里表示明人的称呼。数目字表示继承汗位的次序。

---

① 现为避免烦琐，把《源流》的本文全省略了，因此，很难阐述。例如：额勒伯克汗时，乌格齐叛而杀汗，仅说"蒙古人众，大半降之"，接着就说：额勒伯克汗的长子琨特穆尔在位三年，其弟额勒锥特穆尔在位八年，其子德勒伯克汗在位五年，计占居蒙古汗位十六年。在这期间，仇敌乌格齐不仅无事，且似乎还维持住了他的一大势力；又，在叙述德勒伯克汗死后，接着说："是年乙未（永乐十三年）乌格齐哈什哈怀记前仇，杀浩海达裕之子巴图拉丞相。"稍微叙述其他事件以后，又突然说："维时，乌格齐哈什哈已死一，乌格齐之子额色库，丁卯年（洪武二十年）生，岁次乙未（永乐十三年），年二十九岁即位，娶巴图拉丞相之女（妻字之误）萨穆尔，称为额色库汗。"这就是个好例子。如果进一步详细论述一下，会有无数可疑之处。《蒙古源流》所传，并没有单独提出来严格加以批判的价值，现在就到此为止。又从称鬼力赤为鞑靼可汗一点来看，与其说是乌格齐，莫如说是他的儿子额色库，也未可知，这事还搞不清楚。和鞑靼可汗坤帖木儿并称的瓦剌王猛哥帖木儿和鬼力赤等的关系，也不清楚。猛哥帖木儿或许是管领四卫喇特的乌格齐哈什哈的先人，也未可知。我所以把鬼力赤即乌格齐哈什哈当作四卫喇特的部长之一，也是因为所谓四卫喇特，只有顺宁王马哈木、贤义王太平、安乐王把秃孛罗三人，不够四人之数。

1. 乌哈噶图汗　元统元年——至正二十年　（一洪武三年）1333—1370
惠宗托欢特穆尔·忽必烈薛禅乌哈哈尔哈图汗（顺帝、脱懽帖木儿）

2. 阿裕锡哩达喇汗　宣光元年——八年（洪武四年——十一年）1371—1378　（崇礼侯）（买的里八剌）
昭宗 Biliktu Khaghan. 毕里克图汗（太子爱猷识理达腊,故太子必里秃）

3. 特古斯特穆尔汗　天元元年——十年（洪武十二年——二十一年）1379—1388
Usakhal Khaghan 乌萨哈尔汗（嗣君脱古斯帖木儿,次子益王）

4. 恩克卓里克图汗　洪武二十二年——二十五年　1389—1392
恩克酌力克图汗

5. 额勒伯克汗　洪武二十六年——建文元年　1393—1399
厄尔白克汗

哈尔古楚克鸿台吉

哈尔古楚克都古棱忒穆尔·乌哈尔古都 淮忒穆尔汗

——（天保奴）

——（地保奴）

6. 琨特穆尔汗　建文二年——四年　1400—1402
衮忒睦尔汗（鞑靼可汗坤帖木儿）

7. 额勒锥特穆尔汗　永乐六年——八年　1408—1410
额尔济忒忒隆尔汗（鬼力完者秃王、本雅失里）

8. 德勒伯克汗　永乐九年——十三年　1411—1415
他尔巴克汗（房苗答里巴）

4.同大虏的关系(二) 和宁王阿鲁台(上)

据《实录》载:撒马儿罕的驸马帖木儿与明通好,始于洪武二十年九月。但中亚和蒙古的往来肯定在这以前,远自元朝以来,就继续很频繁。《实录》洪武二十四年九月乙酉条里就有把二十一年四月明军在捕鱼儿海(Buyur Naghur)战役中捕获的当时住在该地的撒马儿罕商人数百名遣送回中亚的事。又,《实录》洪武二十三年十一月癸丑条载:"遣鞑靼亲王六十七户,住居撒马儿罕之地,给钞为道里费,五口以上五十锭,三口、四口三十锭,一口、二口二十锭。"二十四年十一月己亥条又说:"故元鞑靼王子伯颜忽都十九人,自西域撒马儿罕来朝,贡马五十二匹。"①

但是,洪武十二年才出生的幼小的本雅失里,投到帖木儿的王庭,恐怕不在这时。本雅失里何时为何西奔,全然没有传闻。我想必定是在建文初年,他父亲额勒伯克汗被杀、兄坤帖木儿汗嗣立的混乱时期。当时正是帖木儿全盛时代,早就想要恢复大元遗业的帖木儿,大概是想以他为奇货君临蒙古。当洪武二十年帖木儿勃兴时,就曾屡次向明朝派遣贡使,窥探形势,并用花言巧语来安住明帝。可是,到了洪武二十八年,就毅然改变了态度,羁留明使傅安、郭骥等,后来竟公然辱骂明帝,虐待这些使臣。这事载在当时亲眼所见的西班牙人克拉维约(Clavijo)所著《东使记》一书里。②

① 这里所说的撒马儿罕,并非指 Samarkand 地方,是泛指帖木儿的领土,这和所说别失八里(Bishbalile)并不意味着乌鲁木齐附近,而是泛指整个东察合台汗国一样。明初,每多赐外国使节钞(纸币),似乎大都用来换取明朝国内的物资,然就这种事例来说,也会使人想到,在中亚孔道中,还沿用元朝以来的习惯,明钞在某种程度上也通用。

② 关于帖木儿向明朝朝贡事,《明史》(卷三百三十二)《撒马儿罕传》说:洪武"二十年四月,帖木儿首遣回回满喇哈非思(Mollā Hāfiz?)等来朝,贡马十五、骆驼二。诏宴其使,赐白金十有八锭。自是频岁贡马驼。"《实录》自洪武二十年九月以后,二十一年九月、二十二年九月、二十四年八月、(转下页)

《实录》载："完者秃，元之遗裔，名本雅失里者。比指挥丑驴至撒马儿罕，见其部属，不过百人。"但完全可以设想，本雅失里在帖木儿宫廷受到优待。帖木儿听到明朝有靖难之变，便在永乐三年兴起征明之师，不幸中道而殁。帖木儿死后，中亚立即发生纷乱，宛如元室覆亡以后的蒙古情形。于是感到绝望的本雅失里得知东方蒙古本土方面，他的哥哥坤帖木儿被杀，汗位空悬，便立即东返。如上所述。于是篡夺者鬼力赤便丧失了地位而逃匿，本雅失里得以正位。这事发生于永乐六年中，迎接本雅失里助其成大业的，就是大酋阿鲁台。

关于阿鲁台，《实录》里在永乐元年（1403 年）二月才开始出现，以后三十多年，直到宣德九年（1434 年）七月死去，一直代表东方蒙古势力的大酋，和西方蒙古的瓦剌部抗衡。阿鲁台起初是作为虏主鬼力赤的部属而闻名的。《实录》永乐元年二月己未，成祖初次遣使鞑靼可汗鬼力赤条载："并遣敕谕虏太师右丞相马儿哈咱、太傅左丞相也孙台、太保枢密知院阿鲁台等，以遣使往来之意。"马儿哈咱就是洪武二十一年脱古思帖木儿败亡条里出现的太尉马儿哈咱，后来迎立本雅失里，又成了他的部下重臣。也孙台是前面所说鬼力赤肺腑之亲的那个也孙台，永乐四年，死在鬼力赤之前。阿鲁台这个名字，后来大都随着这些大酋出现，鬼力赤势力倾覆以后，

（接上页）二十五年三月、二十七年九月等条，都有明确记载。尤其最后一条说："丙午，撒马儿罕驸马帖木儿遣酋长迭力必失等，奉表来朝，贡马二百匹。表曰：恭维大明大皇帝，受天明命，统一四海，仁德宏布，恩养庶类，万国欣仰，咸知上天欲平治天下，特命皇帝，出应运数，为亿兆之主，光明广大，昭若天镜，无有远近，咸照临之。臣帖木儿，僻在万里之外，恭闻圣德宽大，超越万古。云云。"后来，二十八年七月、二十九年正月和四月等，都传有撒马儿罕遣使入朝。然永乐五年六月癸卯条说："兵科给事中傅安、郭骥等自撒马儿罕还，安等自洪武二十八年使西域，留撒马儿罕等者十有三年。至是，其头目哈里闻上即位，乃遣使臣虎歹达等，送安等还。并贡方物。"叙述明使从洪武二十八年被拘留，直到帖木儿死后，才经他的孙子哈里（KhalilSultan）释归。这个二十七年的贡表，空前绝后，通篇都是纯粹中国式的阿谀之词，并非出自帖木儿大王之手，可能是明朝边吏的捏报，反而可以说明两者关系显得不正常。关于克拉维约的《东使记》，参阅 G. Le Strange 新译的《克拉维约东使记 1403—1406》（第 222—290 页）等。

逐渐形成独立的势力,《实录》永乐四年五月丁酉条,传因他有归附的诚心,明帝曾单独赐予诏谕。五年十二月丙申条,最终单独遣使趋附明朝。①

阿鲁台是否真的杀死了鬼力赤不详,但他确是迎立本雅失里的张本。元裔本雅失里公然不服从明廷的招抚,永乐七年夏,斩了明廷的招抚使。八月,在胪朐(Kerülen)河畔迎击并歼灭了明朝大军。八年,成祖亲征,本雅失里西窜入瓦剌,而灭亡,阿鲁台东奔依兀良哈,从此以后,他的势力完全衰微。同年,阿鲁台不得已而降明,从此连年朝贡不辍,专心致力于获得明帝的欢心。

在这期间,鞑靼和瓦剌两部的斗争当然并没有间断,乘虚攻伐,互有胜败。《实录》永乐七年六月乙丑条载:

> "迤北来归伪国公阿滩卜花、朵来等遣头目把兰等来朝,言:本雅失里、阿鲁台率众侵瓦剌,马哈木等败之,获其羊马辎重。本雅失里、阿鲁台复奔胪朐河。"

又,丙寅条载:

> "遣敕谕瓦剌使臣暖答失等曰:本雅失里、阿鲁台为马哈木等所败。尔等可取道由亦集乃归,毋经哈密。如亦集乃不便,即取他道驰归。"

亦集乃在额济纳(Ejinei)河畔、今黑城(Khara Khoto)方面。由后者大约可以推测当时瓦剌根据地的方位,同时,也可以了解本雅失里、阿鲁台直到这时控制着西南蒙古的西套、河西方面,由于这次战败才失掉了这个地方。据《实录》载,除上述伪国公阿滩卜花以外,脱脱不花王、把秃王等许多都督、国公、司徒、知院等相继率数

①《实录》永乐四年五月丁酉条载:"遣忽都帖木儿答剌罕,赍敕谕鬼力赤部下阿鲁台曰:曩者,丑闾回,且言:尔聪明识天命,有归诚之心。近忽都帖木儿又至,又言:尔母子同心归诚,有加无替。自古名世之臣怀先见之明者,能审时宜,识去就⋯⋯况尔明达,不下古人。既知天命所在,则当决之。或遣子来见,或率部属同来,听择善地以处,荣膺王爵,世守其地,传之子孙,永永无穷,云云。"永乐五年十二月丙申条载:"北虏阿鲁台遣回回哈费思来朝,且奏求药。命太医院,如所奏赐之。"

万众,投奔甘肃、宁夏塞上归降。^① 像这样大部众的投降,除洪武初期外,还没有其他类似的事例。那么,这种突如其来的鞑靼大部众的来降究竟意味着什么呢?我想只能认为是过去鬼力赤的遗众原封不动地跟从本雅失里、阿鲁台后,至此受到瓦剌压迫而投降了明朝,此外别无其他想法。

本雅失里、阿鲁台当初丧失鬼力赤的故土后,八月间,虽一度打败了讨伐的明军,但八年遇到成祖亲征,君臣便分散,丧失了根据地。永乐七年五月乙未,分别册封瓦剌方面与明通好的三个酋长马哈木、太平、把秃孛罗等为顺宁王、贤义王、安乐王等,完全是为了使他们和本雅失里、阿鲁台对抗。八月,明将丘福等战败以后,《实录》九月壬午条载:"遣使谕瓦剌顺宁王马哈木等,以丘福败绩之故,且戒之曰:或本雅失里得福军旗帜衣甲,诈以攻王,慎勿堕彼奸计。来春,朕亲率兵征之。因赐马哈木等彩币等物。"八年,亲征凯旋后,九年二月甲辰条载:"瓦剌顺宁王马哈木等遣使马哈麻等贡方物,且言:本雅失里、阿鲁台败走,此灭亡之也。然此寇桀骜,使复得志,则为害边境,而西北诸国之使,不敢南向,愿早图之。命礼部宴其使者,赐之彩币。"这时,明和瓦剌双方几乎处于同盟关系。

永乐八年亲征以后,战败的阿鲁台变得很恭顺了,而瓦剌的马哈木等却与他相反,乘机嚣张起来,不久,便杀死本雅失里,

---

①《实录》永乐七年秋七月丁亥条载:"甘肃总兵官都督何福奏:鞑靼脱脱卜花王、把秃王、都督伯克帖木儿、都指挥哈剌你敦、国公赛因帖木儿、司徒撒儿挑赛罕、知院都秃阿鲁撒儿等各率所部来归,今止于亦集乃。上遣右春坊右庶子兼翰林院侍讲杨荣,赍敕谕福曰:脱脱卜花等既来,而止于亦集乃,迟回日久,或致生变。尔可与杨荣计度,从长行事。云云。"又,乙未条说:"镇守宁夏宁阳伯陈懋奏:鞑靼伪丞相晋卜王亦儿忽秃典住哥、平章都连脱儿赤、司徒秃鲁塔失、国公卜答失里、同知朵儿只速可、同金阿来等,各率所部来归。至宁夏,众三万,牛羊驼马十余万。上遣使赍敕劳之。"据《实录》永乐元年七月庚寅条载,鬼力赤部下大酋里也见有脱脱卜花的名字,或者就是上述脱脱卜花王,也未可知。

立答里巴，①逐渐倔强，不服从明廷的威令了。永乐十一年秋七月戊寅朔，明朝封阿鲁台为和宁王，封他母亲为和宁王太夫人，妻子为和宁王夫人，都是为了扶植这个恭顺的阿鲁台，以对抗桀骜的马哈木等。果然，在十二年年中，便亲征了瓦剌。这次亲征的王师似乎并没有收到全胜的战功，但瓦剌所受的打击很重大，十三年春正月，瓦剌三王便联袂遣使朝贡谢罪了。② 不仅这样，得到明朝支援的阿鲁台还和瓦剌抗争，瓦剌战败，不久，雄王马哈木似乎也死了。《实录》永乐十三年十二月戊辰条载："瓦剌使者言：瓦剌马哈木等虑阿鲁台与中国和好，将为己害，拟七月率众至斡难河北，俟冬，袭阿鲁台。"十四年三月壬寅条载："和宁王阿鲁台以战败瓦剌之众，遣使舍驴等，奏献所俘获人马。特赐宴劳。"又六月丁卯条载："瓦剌归附人言：马哈木已死，其众溃散。云云。"

马哈木死后，他的儿子脱欢立即袭位。然脱欢的力量起初还不能在短期内代替他的父亲，瓦剌部的势力只得暂时由贤义王太平等来代表，不免略见中衰。《实录》永乐十五年夏四月乙丑条载："先是，海童自瓦剌还言：初，瓦剌拒命，皆顺宁王马哈木之谋。今马哈木死，贤义王太平、安乐王把秃孛罗二人一心，其朝贡皆出诚意。"这样，走向衰落的瓦剌部众，从此以后，便日益为阿鲁台所败。《实录》永乐十五年冬十月丁未条载："敕甘肃总兵官都督费瓛曰：今虏中有来归者，加意抚绥。盖闻瓦剌之众于兀古者河（是否是兀古儿札〈Ughulja〉河？）大败阿鲁台故也。"这似乎是报了上年败北

---

① 《实录》永乐十年五月乙酉条载："瓦剌顺宁王马哈木等遣其知院海答儿等随指挥孙观保来朝，且言：既灭本雅失里，得其传国玺，欲遣使进献，虏为阿鲁台所要，请天兵除之。"十一年五月庚子条载："鞑靼太师阿鲁台遣撒答失里等来奏：马哈木等弑其主，收传国玺，又擅立答里巴为主，请发兵讨之。愿率所部为前锋。云云。"《明史纪事本末》（卷二十一）根据《鸿猷录》和《从信录》所说："十年秋九月，瓦剌顺宁王马哈木灭本雅失里，立其族答里巴，马哈木实专政。"不过，所立年代是否可信，还是疑问。从本文所引九年二月马哈木的奏折来看，本雅失里和马哈木势不两立。这件事，还是照《源流》所说：八年，本雅失里死，九年答里巴嗣位，更贴近事实。
② 这些征伐蒙古的详细情况，在另一篇《明初的蒙古经略》里，详细论述。

之仇,其实仅此一战,并未能一下子挽回颓势。试看《实录》永乐十七年十一月己酉条载:

> "指挥毛哈剌还自瓦剌,言:阿鲁台袭贤义王太平等,大败之。上曰:阿鲁台黠虏,与瓦剌相仇久矣。朕尝遣人谕太平等,令备之。不从朕言,遂至于此。于是,遣千户脱力秃古等,往赐太平、把秃孛罗等彩币表里,且慰问之。"

又,十九年三月丁亥条载:

> "初,瓦剌为阿鲁台所败,其部众流散。有近我边境者,惧为边将所执,故下诏安之。"

成祖曾讨伐过阿鲁台,结果招来劲敌瓦剌的猖獗;而现在讨伐瓦剌的结果,又导致阿鲁台势力的复兴。据《实录》载:自是,阿鲁台渐骄蹇不逊。又,十九年春正月己巳条载:

> "和宁王阿鲁台遣都督脱脱木儿等贡马。脱脱木儿等至边境,要劫行旅,边将以闻,请禁止之。上遣使赍敕,谕阿鲁台戒戢之。盖虏自是骄蹇,朝贡不至。"

因此,永乐帝于二十年、二十一年和二十二年,连年不断亲征。[①]

那么,这个大酋阿鲁台的根据地究竟在哪里呢?从阿鲁台继承鬼力赤的事业、代表东方蒙古,同西方蒙古势力抗衡来看,他的根据地当然在东蒙古。不过,鬼力赤其实是瓦剌别部的酋长,驻牧在内蒙古西南边。那么,阿鲁台对此究竟以什么地方作为他的根据地呢?综合前后情况,我不得不设想他的根据地是在内蒙古的东北边。理由是:第一,据《实录》永乐四年冬十月乙卯条载:"阿鲁台往居海剌儿河之地。"又,七年八月迎击明军时,从《北征录》的记载可以推测,本雅失里、阿鲁台是驻在克鲁伦河下游流域。[②] 永乐八年,成祖亲征之师逼近漠北,本雅失里欲西窜和林方面;而阿鲁

---

① 参看《明初的蒙古经略》和前引《关于兀良哈三卫的根据地》。
② 参看上引《明初的蒙古经略》。

台不听，宁愿东奔，遂致君臣离散。本雅失里败于斡难河畔，西窜后死了；阿鲁台逃往兴安岭东边，带领三卫部众，到阵前见成祖。这岂非阿鲁台的根据地在东北的证据吗？

据《实录》永乐十一年十一月载，这时，瓦剌的马哈木曾追逼阿鲁台到饮马河即克鲁伦河，①十二年，成祖亲征瓦剌时，阿鲁台似乎也在东边某地，曾遣使往谕。二十年，成祖讨伐阿鲁台的军队一直追击到阔滦海（呼伦泊）以北，值阿鲁台弃辎重马畜而北遁，便烧辎重，收马畜，转兵东南，在屈裂儿（Güiler）河畔打败了阿鲁台的同伙兀良哈部众而回师。这还不是说阿鲁台的根据地在今呼伦贝尔方面吗？又，永乐二十二年，成祖企图剿灭阿鲁台，由兴安岭西边北上，直抵哈勒哈（Khalkha）河上游的答兰那木儿河，搜索附近方圆三百里的地区。这显然是肯定哈勒哈河流域是敌人的根据地。《实录》洪熙元年五月辛未条还有"阿鲁台见在饮马河"一句话。可见阿鲁台的根据地在内蒙古东北、今呼伦贝尔方面，没有疑问。

呼伦贝尔地方可能是前述黑山、鱼海之间的一个牙庭，即爱猷识里达腊、脱古思帖木儿等的根据地之一，是当时元帝的重臣哈剌章据守的地方。《明史·鞑靼传》在叙述洪武二十一年夏四月捕鱼儿海战役，元主脱古思帖木儿覆亡后，载："又破其将哈剌章营，尽降其众。于是，漠北削平。"《实录》更详细叙述说：

> "是月，大将军永昌侯蓝玉破故元将哈剌章营，获其部下军士一万五千八百三户，马驼四万八千一百五十余匹。"

由此可见，哈剌章营的规模相当大。这时，蓝玉军攻克捕鱼儿海东北后，仅扫荡附近一带就凯旋而归了。因此，所说哈剌章营无疑是

---

① 《实录》永乐十一年十一月壬午条载："开平备御成安侯郭亮等驰奏：获瓦剌谍者言：马哈木等兵至饮马河，声言袭阿鲁台，实欲寇边。"又，甲申条说："和宁王阿鲁台遣人奏：瓦剌将奥鲁已渡饮马河，至哈剌莽来，扬言袭己。因而欲窥开平、兴和、大同云云。"

在呼伦贝尔地方。① 脱古思帖木儿、哈剌章等亡后，如上所述，这个地方自然就落入了叛王也速迭儿、金院安达纳哈出的手里。后来不久，又落入阿鲁台之手。据《实录》永乐九年十一月戊戌条载，在捕鱼儿海战役中，阿鲁台同胞兄弟二人被明军擒获，可见从这时候起，阿鲁台已确实驻在这里。

阿鲁台既把呼伦贝尔作为根据地，当然控制了东邻的兀良哈。据《实录》永乐三年春正月乙巳条载，有阿鲁台部属叫作扫胡儿的来降，他说："鬼力赤闻兀良哈、哈密内属朝廷，遂相猜防，数遣人南来窥伺。云云。"篡夺之主鬼力赤也想领有兀良哈、哈密，因而对永乐初年两者摄于明朝的成势，感到不快。何况东蒙古正主本雅失里既已正位，又获得阿鲁台的协助，完全可以想象，他彻底控制了三卫。关于这事，为了叙述的方便，容待后述。② 现在仅据《实录》永乐五年冬十月壬辰条，也就可以见到东归的本雅失里最初就想要收服兀良哈。③ 又，七年六月辛亥条也载有："本雅失里、阿鲁台为瓦剌所败，今在胪朐河，欲驱败散之卒，掩袭兀良哈诸卫，遂袭边境。"

而阿鲁台早已把三卫控制在自己手里了。永乐八年，遭到成祖讨伐，逃窜到三卫地方，才得幸存。不仅如此，同年降明以后，还奏请要把女真、吐番全归他统辖。《实录》正统十四年六月辛亥，记叙大学士黄淮之死条记载如下：

"永乐初，虏酋阿鲁台欲收女真、吐番诸部，听其约束，请

---

① 形影相随的蛮子和哈剌章，当蛮子在捕鱼儿海奋战而战死时，之所以没有看到哈剌章，是因为已经退回了本营地。关于捕鱼儿海战役，杨荣的《武定侯郭公英神道碑铭》（载《献征录》卷七）和陈建的《皇明实纪》（卷四）里，有较《实录》略详而不同的记载。又参看另篇《明初的蒙古经略》。

② 参看原书第 224—228 页。

③《实录》永乐五年冬十月壬辰条说："遣使谕安兀良哈三卫官军。时，鞑靼察罕部下哈儿答歹至兀良哈，言：完者秃王将率众，合别失八里之众南掠，而先掠其东北诸部落。兀良哈之人闻之，惊惧，有来朝者，具言其故。云云。"

朝廷集诸部长,刻金以盟。淮曰:'胡人各自为心,则力小易制,若并为一,则大而难制矣。'太宗以为然。且曰:'黄淮如立高冈,无远不见。'"

又《明史》(卷百四十七)《黄淮传》等也记载了这事。然据《皇明从信录》(卷十四)等,却说这是永乐九年十二月的事。① 打算囊括西边的吐番,想是要恢复鬼力赤以来西南蒙古的强盛势力;所说东收女真,当然是把三卫看作蒙古的内地了。又《实录》永乐十三年冬十月癸巳条还载,阿鲁台为要同瓦剌抗衡而征集了朵颜等三卫的兵士。② 永乐帝常把兀良哈看作阿鲁台的羽翼,八年和二十年等役都大力加以讨伐,并非偶然。

阿鲁台不仅控制了三卫,还和三卫联姻亲睦。据《实录》正统二年十月癸酉、三年九月壬午朔和十二月戊寅等条载有阿鲁台之子火儿忽答孙之妻名叫速满答儿的,伴同朵颜、泰宁、福余等诸酋遣使来朝接受赏赍的经过。又,十一年春正月壬申条载有瓦剌派人马到三卫地方搜索阿鲁台之孙的事。③ 所说的速满答儿可能是

① 《从信录》全文是:"虏酋阿鲁台遣使来纳欵,且请并女真、吐番诸部,属其约束。上以问侍臣。多请许之。黄淮独曰:此虏,狼子野心,使各为心,则易制;若并为一,则难图矣。此举实其奸谋也。上顾左右曰:黄淮如立高冈,无远不见,诸人如处平地,所见惟目前耳。乃不许。"《殊域周咨录》(卷十七)《鞑靼》条所述也同样写在永乐九年。可能是永乐八年亲征的结果,阿鲁台就是在这一年里投降谢罪。九年十二月又来贡请旨。明廷恰在这个月遣使赦三卫背叛之罪,敦促他们归附。因此,写在九年十二月,《实录》虽无记载,当属不错。但就诸臣议论欲允所请来看,也可以想象当时阿鲁台的势力之大了。

② 《实录》原文说:"十月癸巳,敕开平备御成安侯郭亮、都指挥齐安等曰:得辽东谍报,阿鲁台遣人征朵颜等卫兵,言瓦剌人马已到阿忽马吉之境。宜昼夜谨备,不可怠忽。"阿忽马吉可能就是《元史·兵志》和《特薛禅传》等中的阿剌忽马乞。据箭内亘研究:"大概就是今乌珠穆沁部境内的平原。"(《元代东蒙古》第198页)

③ 关于这些条,《实录》记载如下:

"赐故和宁王男火儿忽答孙妻苏满答儿、朵颜卫故都指挥哈剌哈孙、泰宁卫都指挥纳哈出、故都督脱火赤男讨勒、福余卫都指挥歹都、故都指挥申帖干孙男达鲁花纳兰等织金袭衣、彩段表里绢匹有差。俱命来使猛哥帖木儿、伯颜帖木儿等赍与之。"(正统二年十月癸酉)"赐朵颜卫都指挥完者帖木儿、朵罗干、头目朵罗帖木儿、完者秃、只儿瓦歹、和宁王阿鲁台子妇速满答里等织金文绮有差。"(正统三年九月壬午朔)"瓦剌顺宁王脱欢遣使臣克来忽赤等,故和宁王子妇满答儿遣指挥猛哥帖木儿等,俱来朝贡马。赐宴并赐彩币等物有差。"(三年十二月戊寅)"敕泰宁卫都(转下页)

三卫夷酋之女,而所谓"阿鲁台之孙"恐怕是她的儿子。火儿忽答孙这个名字,开始出现在《实录》宣德六年(1431)夏四月己未条,他投降明廷是在以后正统十年(1446)十一月癸酉。

本来阿鲁台,留在明人记录里的,就有几个儿子。其中,都督也先字罗不知怎样了,阿卜只俺在宣德末年他父亲阿鲁台死后不久,就投降明朝,任左都督。① 《明史》(卷百五十六)《列传》里的和勇,就是后者之子脱脱字罗。另一个儿子昂克字罗,好像在英宗即位之初也归降了。② 唯独火儿忽答孙据守三卫根据地,久久不降。由此可见,他们直到阿鲁台亡后,确还和三卫保持着密切关系。《实录》宣德十年二月庚戌条说:俘获的阿卜只俺之妻伯颜剔斤和儿子著乞字罗,是在福余卫都指挥安出那里,因此敕谕安出送回去。③ 从三卫来看,阿鲁台是比邻的同族,明朝乃是万里外的异类。兀良哈时常遭受远方明朝的讨伐,所以绝不会背弃常驻的强邻阿鲁台。只要阿鲁台强盛,纵令成祖讨伐兀良哈多少次,当然也不能使兀良哈心服。

于是,成祖便专门讨伐阿鲁台。看来,永乐帝征讨蒙古自有他的一定方针。这从他反复的进兵路线,也大体可以推测出来。帝兵几次讨伐兀良哈,绝不从京北捷径一直前进,必定要由宣府出兴

(接上页)督金事拙赤等,朵颜卫都指挥同知朵罗干等,福余卫都指挥同知安出等曰……及得尔等奏、瓦剌欲遣人马于尔处,挨索阿鲁台之孙,请朝廷悯恤,及称遇急,欲移部属潜避边境山谷。朕从所奏,敕边将不许侵扰。其阿鲁台之孙听其来朝,保全身命。"(十一年春正月壬申)《明史·鞑靼传》所说"其(阿鲁台)孙妻速木答思",显然是"其子妻速木答里"之误。孙,可能是由火儿忽答孙的"孙"字搞错。否则是由下边提到的阿鲁台之孙弄错了。

① 参看《实录》永乐十二年二月丁未、宣德九年九月乙未和十二月丙辰各条。

②《实录》宣德十年二月癸卯朔条。

③《实录》原文说:"庚戌,遣敕谕福余卫都指挥安出等曰:比得和宁王阿鲁台男阿卜只俺奏:其妻伯颜剔斤、男著乞字罗,昔被掠去,见居尔所。朕念阿卜只俺今已归附朝廷,授都督之职,为中国臣子矣。故特遣指挥王息等,赍敕往谕尔等,如何阿卜只俺妻子果在尔处,即付息等领回,俾得完聚,尚毋稽迟。"又《实录》正统三年夏四月己未条,载有阿鲁台侄阿鲁台卜林。《明史·鞑靼传》把阿鲁台将失捏干当作他的儿子。仅据《实录》来说,失捏干这个名字,见于永乐九年春正月,宣德三年十一月乙丑条里还出现了他的儿子字罗帖木,但绝不像是阿鲁台的儿子。

安岭西边,从西方迂回进攻。这肯定是为了防止兀良哈逃走去同鞑靼汇合。这是明初经略东北的总方针,同最初经略长白山左右,断绝朝鲜和满洲的联系;然后掌握辽河流域,把满洲同蒙古分开;最后出现在鞑靼和瓦剌的交界,以便阻绝鞑靼西逃的道路是同样的精神。但在永乐帝倾注全力剿灭阿鲁台上,这一方针更为明显。

起初,永乐七八年,当鞑靼和瓦剌敌对时,之所以先讨伐鞑靼部,是因为该部逼近明朝的北边,并自负是元室后裔,鸷然不屈。但其结果则是,鞑靼部倒恭顺了,可瓦剌部却猖獗起来。于是,十二年就征伐瓦剌,结果,以阿鲁台为代表的鞑靼部势力又略稍复兴起来。所以,永乐二十年,帝拒诸臣的谏阻,再次讨伐阿鲁台,并不无道理。但是,阿鲁台的势力一开始就有些受到瓦剌的压制,二十年之后,更一蹶不振了。而成祖在二十一年攻逼它,二十二年又三次捣毁它的根据地,把它灭掉了。所谓阿鲁台骄蹇寇边,不过是讨伐的口实,很难认为是事实。那么,永乐帝为什么兴无名之师去欺凌弱者呢? 必定是因为阿鲁台是三卫势力的统帅,不打倒他,就不能完全控制三卫。而永乐帝这样倾注毕生的力量来对付的事业,临到大功垂成,由于永乐帝逝世而失败了。结果却使那个瓦剌部坐收渔人之利。不久,非仅三卫,就连皇帝的子孙,也一度受制于瓦剌部了。

阿鲁台势力的倾覆,肯定给了三卫一个独立的机会,而对阿鲁台来说,三卫的叛离,是个致命的打击。三卫既表示要叛离,阿鲁台虽已经衰微,也必要倾全力讨伐它。我认为这就是洪熙、宣德年间阿鲁台经略兀良哈的真相。据《实录》永乐二十一午九月癸巳条载:

> "虏中伪知院阿失帖木儿、古纳台等率其妻子来降,备言:阿鲁台今夏为瓦剌顺宁王脱欢等所败,掠其人口马驼牛羊殆尽,部落溃散无所属。又曰:彼若闻天兵复出,疾走远避之不

暇,岂复敢萌南向之意。"

阿鲁台在二十年遭到永乐帝讨伐以后,接着,二十一年夏又被瓦剌打败,颇为穷蹙不安。十月,明接受虏王子也先土干来降,他在投降书里说:"臣也先土干穷处漠北,旦暮迁徙不常。又见忌于阿鲁台,几为所害者屡矣。危不自保。云云。"成祖听信了他的劝说,再次讨伐阿鲁台。这个也先土干的投降,殊属可疑,其实必定是抛弃了穷蹙的阿鲁台而前来降明的。① 又经过永乐二十二年讨伐以后,洪熙元年,三卫与明往来,许开马市交易,② 连称为本雅失里的遗妻,也来投归明廷了。③ 所以,《实录》洪熙元年十一月庚戌条所载"阿鲁台自率众,攻兀良哈"必定是阿鲁台谴责它的背叛的第一次努力。看来这次攻伐轻易结束了,此外没有关于这事的记载。

然而后来,宣德六年间,阿鲁台又被瓦剌打败。④ 七年九月己未条里,很快就看到三卫叛离阿鲁台的记述,说:

"辽东总兵官都督巫凯奏:亦马忽山等卫指挥木答兀等来报:福余等三卫鞑靼军往掠阿鲁台,为阿鲁台所败,尽收其家口辎重牛马田稼。三卫之人奔往海西,或在辽东境外,招之不来。间有来者,语言诪张,已整饬军马备之。"

又,十一月辛巳条载:"边报,阿鲁台部众东行攻兀良哈。"八年二三月间,又有如下几条记录:

① 关于也先土干来降事,另在《明初的蒙古经略》一章里,详细论述。
② 《实录》洪熙元年二月辛丑朔条载:"辽东总兵官武进伯朱荣奏:兀良哈三卫鞑靼欲来卖马。遣敕谕荣曰:虏谲诈百出,未可深信,然亦不可固拒。如实卖马,宜依永乐中例,于马市内交易,勿容入城。价值须两平勿亏。交易之后,即遣去。勿令迟留。宜严督各卫所,十分用心,关防堤备,不可怠忽。"同年三月壬午和辛卯条,载有卖马的经过。《明史·三卫传》说:"仁宗嗣位,诏三卫许自新",恐怕就是指此事。
③ 关于本雅失里的遗妻,六月癸亥条载:"瓦剌部属亦速不花等五十四人来归,行在礼部尚书吕震奏定赏例。上曰:远人慕义,举家来归,抚之当厚。本雅失里乃彼故主,今其妻亦远来,名分不同,恩亦当异,其别与好第宅。云云。"七月甲午条载:"本雅失里妻及外母亦宜优赡。每月各与米五石。"
④ 参看《实录》宣德六年二月丙申朔、四月己未、五月庚寅、八月甲午等条,并下一章。

"兀者、肥河等卫奏：和宁王阿鲁台部众，数经其地，恐其侵扰，欲以兵拒之。上曰：虏逐水草求活耳，拒之非是。遣敕谕之曰：朕尝敕和宁王，令戒饬部属，毋扰邻境。尔亦宜约束部下，谨守地方。彼来扰则御之，不扰亦勿侮之。"（二月辛亥条）

"嘉河卫指挥乃剌秃等差指挥卜颜秃来奏：和宁王阿鲁台部属徙于忽剌温之地，迫近本境，恐其为患。今以所部人民，移居近境，乞赐优容。"（三月戊寅条）

就是说，三卫轻侮阿鲁台衰弱而进犯它，所以阿鲁台在宣德七年八月间打败了三卫，更在八年春初侵入东方女真地方。这对三卫来说，肯定是明初以来一件大事；不仅对三卫是一件大事，就是对南方的明人来说也是一次值得警戒的事件。这从宣德八年二月庚寅，阿鲁台打破从来大虏应该从大同、宣府入贡的惯例，照三卫过去的做法，改从辽东派遣使臣入贡可以看出。《实录》说："迤北和宁王阿鲁台遣使自辽东入贡。报至，上敕辽东总兵官都督巫凯等曰：往年，虏使皆自大同、宣府入境，今迂路从辽东入，或欲窥觇作过，不可不虑，宜谨备之。"郑晓的《皇明北虏考》也简略地叙述了此事，说："七年九月，阿鲁台杀败兀良哈，遂住牧辽东塞。明年二月，阿鲁台遣人自辽东入贡。"

上面所说的女真各卫，亦马忽山卫不知在哪里；兀者卫，如上所述，在今松花江北、呼兰河东、巴彦和木兰两县地方。最后一条说：这时，阿鲁台到了忽剌温地方。由此可知其他各卫总会在附近。这样看来，肥河卫是这方面的强部（下面将谈到），是永乐四年秋九月辛巳设置的，而肥河这个名字，可能出自哈尔滨东方的蚂克图河，因而它的根据地也必定在附近。这时，阿鲁台是越过哈尔滨，直逼蚂克图、宾县方面的。后方的嘉（音 chia）河卫，一定是由附近的札巴尔（Chabar）河而得名。据《辽东志》（卷九《外志》）载：

元、明时代,该河河畔曾设置札不剌(Cha-pu-la)站,至今还留有枷板(Chia-pan)站的名称。据《实录》载,嘉河卫是永乐四年二月甲申设置的。札不剌站东邻哈三城哈思罕站地方,曾在该年同月的前几天的丁丑设置哈三等三个千户所。[①] 两地可能是同时经营的,从这些可以推测嘉河卫是札不剌河卫的简称。

又《明史·本纪》宣德五年冬十月乙亥条载:"阿鲁台犯辽东,辽海卫指挥同知皇甫斌战死。"然据《实录》看来,这次前来侵寇的究竟是否是阿鲁台,也不清楚。[②] 从其余各种情况推测,这时阿鲁台可能又向西面同瓦剌抗争了。总之,这时阿鲁台侵犯的地区已越出了三卫地方,达到东邻女真的住地,几乎涉及过去故元遗将纳哈出的整个势力范围,明朝方面的史家当然都张目注视着这件事。《明史·鞑靼传》简略地说:"阿鲁台日益蹙,乃率其属,东走兀良哈,驻牧辽塞。诸将请出兵掩袭之。帝不听。"清代《蒙古游牧记》(卷一)的编者认为这和科尔沁部的远祖有关,说:"洪熙间,蒙古臣阿鲁台为瓦剌所破,其酋奎蒙克塔斯哈剌……走避嫩江,依兀良哈。"这当然是没有根据的误解。这以后再详细论述。不过,阿鲁台势力的消长,尤其是侵入东边,对三卫的历史有很大影响,这是完全可以想象得到的。

如上所述,三卫部众自洪熙以来就专门寇掠明边,从宣德六年前后,突然改变态度,与明和好了。于是,六年春正月,明廷宽宥三

---

① 《实录》永乐四年二月丁丑条载:"木伦河野人头目马儿张等来朝,置哈三、哈剌哈、古贲河三千户所,命马儿张等为千百户,赐诰印冠带袭衣及钞币有差。"这个木伦河是木兰县的木兰河,这从哈三千户所一定是《辽东志》海西东水陆城站的第十站哈三哈思罕站看来是无疑的。哈三城哈思罕站在推测是今枷板站的札不剌站东边,推测是今白杨木的伯颜迷站西边,夹在两站之间的一个驿站,大约在今木兰县对岸的新店附近。哈思罕这个名字是在《元史》和其他著述里屡见不鲜的地方。我曾考证为今蚂蚁河口,大约是错了。而箭内博士在《元、明时代的满洲交通路》(《满洲历史地理》第二册、第450页)一文里,把它分成哈三城和哈思罕站两个地方,确是博士的误解。这事,一看《辽东志》原文和附图,就可以明确。

② 《皇甫斌传》见《明史》(卷二百八十九)和《明史稿》(卷二百七十)等。

卫剽窃之罪,并且决定:"凡前者作过之人,听尔自行处治,其所掠之物,悉追究送还,仍令纳马赎罪,改过自新。"秋七月,还准许三卫市易。①《实录》宣德六年八月乙卯条载:"以诏谕功,命福余卫头目咬纳、扯里台为指挥同知,歹住、乞里加哈、乃剌哈为指挥佥事,泰宁卫头目克里台为指挥佥事。"这可能是连年招抚取得了效果,但其实主要是由于三卫的内部情况发生了变化。即不外是三卫各酋看到阿鲁台势力倾覆后,摆脱羁绊,又从新向明廷投送了秋波。

果然,宣德七年(1432年)春正月戊辰,泰宁卫掌卫事都督佥事脱火赤奏称:旧印为胡虏本雅失里掠去,请赐新印。又,五月甲子,朵颜卫指挥使司派人来说:"永乐二年(1404)所降印信,为胡虏本雅失里掠去,请再给赐。"②本雅失里是一个永乐六七年(1408—1409)间强盛的蒙古可汗。当时卫印被夺,迟到二十多年以后才要求再给,岂非有点奇怪吗? 这无非是说明一向处在本雅失里的余党阿鲁台的庇护之下,这次才摆脱了羁绊。在这以前,《实录》洪熙元年(1425)闰七月戊戌朔条载:"福余卫都指挥安出等遣人纳马赎罪。且奏卫印为寇所夺,乞再降。"下文接着说:"又言:暖答失之子帖格歹为大军所擒,乞赦罪放还。云云。"由此看来,这个夺印之寇,或许却是去年、前年(即永乐二十一、二十二年)间侵伐的明军,也未可知。不过,这个福余卫指挥安出,却在正统元年(1436)九月丁酉,又说:"宣德中,为阿鲁台所侵,亡失其印",请赐新印。

泰宁、福余、朵颜三卫酋首都被本雅失里或阿鲁台夺去了卫印,这究竟意味着什么呢? 卫所的印信是明廷授给卫所特权的标志。有了它,明廷就承认这个卫所,许它入贡市易。卫印被夺,夺印的人肯定是本身不能与明通贡的敌人,因而扣留别人的卫印,用

---

① 参看《实录》宣德六年春正月己丑条和秋七月壬午条。
② 按《明实录》影印国学图书馆传抄本、第七十五册、宣德实录卷九十、第2页,"永乐二年"作"永乐二十年"。——译者

来监督贡市而侵夺他们的利益。由此可以明确看出三卫屈从本雅失里、阿鲁台的情形。而阿鲁台的势力一旦倾覆，三卫便争先恐后地摆脱了他的压制。摆脱出来以后就想独自向明廷请求贡市，所以这才不得不在被夺旧印以外，请求另赐新印。

又，宣德七年五月癸未条载：福余卫指挥佥事阿失答木儿来贡，《实录》在这里还特别附记说："阿失答木儿盖初归附也。"当时蒙古各酋相继来投，就是从来未曾归附的，也来通贡了。前述哈勒哈河畔的哈剌孩卫的出现，正是在这个时期。不仅如此，来贡的三卫酋长且一再希望明朝干预，不断地请求明朝使臣临镇安抚。《实录》正统元年五月甲戌条载：

> "朵颜卫都督指挥哈剌哈孙遣人来朝贡马。因请使臣赍敕往谕。上曰：若遣使臣，恐生边衅，但以敕，令来使赍去。"

又，九月己亥条载：

> "泰宁等卫头目纳哈出等各请使臣临镇安抚。上以朝廷所遣，于彼不能无扰，但令约束所部，毋犯边境，其不用命者，听擒送来京，自有诛赏。赐敕谕之。"

这是因为洪武、永乐年间，太祖、太宗即使动用强大武力还难以制驭的缘故。但到宣德、正统年间，竟自己请求镇抚，这到底是什么缘故呢？是明朝的国威与年俱增，渗透到外夷了吗？不，这显然不外是摆脱了阿鲁台羁绊的三卫，害怕再度陷入瓦剌压制之下，而请求明廷援助。[①] 然而明廷徒以空言约赏赉，并没有给他们所希求的实际援助。我们只知道它无所作为。果然，不久瓦剌的兵威就扩展到了兴安岭东边，不用说兀良哈，就连女真也屈从了。

为了研究阿鲁台的究竟，探索他的出身情形，将在下一章里。和瓦剌各酋一并加以论述。

---

① 这个旁证很有趣。这时候，即久居黑龙江畔的野人女真也频频向明请求通贡，想得到它的保护。参看《实录》正统五年九月戊午、十二年十一月癸丑、十三年十二月乙丑等条。

5.同大虏的关系(三) 和宁王阿鲁台(下)

瓦剌是明代雄视西蒙古的部落。它的兴亡经过情形需要另行研究。这里只考察它和东方兀良哈的关系。当东方蒙古出现鬼力赤和阿鲁台时,在西方蒙古可以同他对抗的大酋,就是瓦剌顺宁王马哈木和脱欢父子二人。明人所说的顺宁王马哈木和他的儿子脱欢就是蒙古史传所称的巴图拉丞相和他的儿子托欢。这大致没有疑问。①

马哈木,从永乐元年夏四月壬子出现在《实录》里。后来,他代表西北蒙古势力很活跃,一再使东方的鬼力赤、阿鲁台等感到苦恼。永乐十二年,遭到永乐帝讨伐而衰退,接着,十四年,被阿鲁台打败,不久就死了。据《实录》永乐十四年三月壬寅条载:"和宁王阿鲁台以战败瓦剌之众,遣使舍驴等,奏献所获人马。"同年六月丁卯条载:"瓦剌归附人言:马哈木已死,其众溃散。"十五年夏四月乙丑条载:"先是,海童自瓦剌还,言:初瓦剌拒命,皆顺宁王马哈木之谋。今马哈木死,贤义王太平、安乐王把秃孛罗二人一心,其朝贡皆出诚意。"但马哈木死后,他的儿子脱欢立即嗣立,故《实录》永乐十六年三月甲戌条载:脱欢遣使奉表,请袭父爵。次年四月甲辰条载:"命脱欢袭父爵,为顺宁王。云云。"

新顺宁王脱欢最初几年似乎还暂时雌伏。永乐二十年,阿鲁台被成祖打败;二十一年夏,便突然出兵粉碎阿鲁台的根据地。这事前已论述。② 马哈木的势力虽相当强盛,但因当时东方蒙古俨然有鬼力赤、阿鲁台等,他的势力还未能到达三卫。三卫感受到瓦剌的势力是在脱欢以后,尤其是宣德六年脱欢毁灭了阿鲁台的根据

---

① 参看霍渥尔特的书,第一卷、第595页。原田淑人的论文《东亚同文会报告》第一○八期,第22页。
② 参看原书第224页。

地以后。当时阿鲁台所受打击多么严重,下引《实录》各条有详细记载。宣德六年二月丙申朔条载:

> "敕总兵官武安侯郑亨等曰:虏中有归附者言:阿鲁台与瓦剌脱欢战。阿鲁台败北,部曲离散,多于近边假息。"

同年五月庚寅条载大同总兵官郑亨等奏称:"阿鲁台所部人马二千,驻集宁海子西北岸。"又,八月乙未条载:

> "迤北来归鞑靼言:和宁王阿鲁台为瓦剌脱欢迫逐。又闻中国将发兵征之,仓惶无措。上谓侍臣曰:乘人之危而击之,岂仁义之师。遂遣敕谕阿鲁台曰:闻王困于瓦剌,避之南来,朕深矜恻。"

据《大清一统志》(卷四百九之七)载:集宁海子是今张家口边外昂古里泊(Angghuli Naghur)。脱欢在哪里打败了阿鲁台不详,但从战败南奔接近明塞来看,恐怕是在东北蒙古的根据地附近。

后来阿鲁台侵入三卫地方,在那里开辟了一个新境地,而瓦剌却乘胜把魔掌伸向到这里。于是阿鲁台在这里也不能安居,便逃往西南黄河河畔,最终在那里灭亡了。阿鲁台灭亡的经过,《实录》宣德九年冬十月乙卯条所载特别详细,说:

> "甘肃总兵官都督佥事刘广奏:获到虏寇言:今年二月,瓦剌脱脱不花王子率众至哈海兀良之地,袭杀阿鲁台妻子部属,及掠其孳畜。阿鲁台与失捏干,止余人马万三千,徙居母纳山、察罕恼剌等处。七月,脱欢复率众,袭杀阿鲁台、失捏干,其部属溃散。阿鲁台所立阿台王子止余百人,遁往阿察秃之地。"

母纳山、察罕恼剌的母纳(Muna)山,肯定是后来景泰年间瓦剌大酋脱欢之子也先把朵颜卫的一部分人迁到"黄河母纳之地"的母纳。《实录》景泰五年六月丙申条载:"朵颜卫都指挥阿儿乞蛮遣哈剌等来朝言:为瓦剌也先所逼,徙其部落于黄河母纳之地。"《明史·瓦剌传》、《三卫传》等也说:"也先复逼徙朵颜所部于黄河母纳之地。"黄河河畔著名的穆纳(Muna)山的名字,在《源流》(卷四)里,从成吉思汗征伐西夏的时候就已经出现了。[1] 清《太宗实录》天聪六年五月条里也有黄河河畔的名山木纳汉(Muna Khan)山的名字。木纳汉的汉,是汗(Khaghan)的异译,是崇拜山狱的蒙古人对名山的尊称。这可能都是同一个地方,就是《大清一统志》(卷四百八之一)和《蒙古游牧记》(卷五)等书里看到的乌喇忒(乌喇特)部的西边的"木纳山",必定是今地图上包头西边的穆尼乌拉(Muni Aghula、蒙古语"乌拉"是山的意思)岭。察罕恼剌(Chaghan Naghur),如果不是附近的杜勒泊或活育儿大泊的别名,便是《大清一统志》(卷四百八之一)《乌喇忒部·山川》条所说的"插汉泉,在旗西北五十五里"的插汉泉。这里大体是古时的五原、受降城天德军等地域,可能就是元代的德宁路故地,是该方面的重要地点。[2]

阿鲁台在哈海兀良地方战败以后,逃窜到这里。哈海兀良究竟是哪里,毫无线索可考,但只能肯定是在东北蒙古的兀良哈地区以内。兀良哈部众当时遭到瓦剌大军压境,打败了阿鲁台,也并没有援助阿鲁台的动静。在这以前,三卫部众屡次前来通好,是由于瞧不起阿鲁台的衰势。而它所以瞧不起势力衰颓的阿鲁台,是否完全陷于新兴的强敌瓦剌的诱惑呢? 正因为如此,三卫才遭到了阿鲁台的攻击。三卫不仅没有挽救阿鲁台的危亡,恐怕还促成了它的灭亡。至少,三卫在阿鲁台亡后,立即协助瓦剌追逐了阿鲁台

---

[1] 施密特的书,第99、107页。又《实录》正统三年五月壬寅条载:"宁夏总兵官都督史昭奏:败虏于木纳慌泥等地,获其男妇把伯等十三口,械送京师。"这木纳慌泥也许和木纳山有关系。

[2] 参看《大清一统志》(卷四〇八之一)《乌喇忒部·古迹》条和箭内博士的《元代的东蒙古》(《满鲜地理历史研究报告》第六卷、第240—241页)。又黄河畔察罕恼儿这个名字,散见于元、明时代的史乘里。《实录》永乐十年春正月丙午、秋七月辛卯、正统元年九月乙巳等条的记述,几乎足以推定它的位置,可能是今宁夏东边不远的地方,和察罕恼剌不同。穆泥乌拉岭的乌拉(Aghula)是山的意思;察罕恼剌的恼剌(Naghur)是湖沼的意思。插汉泉的"泉",原词,可能是 Bulak。因此,把它当作插汉泊,一点也不牵强。

的残余。《实录》宣德十年秋七月庚辰条载："近者来降达子言说：瓦剌脱欢并兀良哈三卫人马，欲来寻阿台王子。云云"就是佐证。

阿鲁台脆弱地灭亡了，在他身后所立的王子有个阿台，暂时苟延残喘。阿台这个名字，首次出现在《实录》宣德九年秋七月丙申条，载：

> "虏中归附者言：阿台、朵儿只伯、失捏干等欲率众掠凉州、甘肃。敕总兵官都督佥事刘广等严饬兵备。"

接着，八月庚午条载：

> "敕甘肃总兵官都督刘广及太监王安，降虏多言阿鲁台已死，其故所立阿台为王者，欲依凉州境外避匿。朕虑其无所归，或生盗心，惟整兵慎防之耳。"

上引阿鲁台灭亡报告的末尾，说阿鲁台死后，阿台一度逃窜到阿察秃地方。此后，阿台和他的同伙朵儿只伯占据今西套、河西方面，处于明和瓦剌之间，局势颇不安定。这里无须详细叙述，故从略。但从《实录》正统元年春正月己卯条载明军讨伐阿台时，获得"枢密院银印一颗"；二年六月癸未，阿台派遣"殿中阿鲁"入朝看来，可知阿台直到这时还维持着一些元代以来的中国式官制。枢密院当然就是元代的陆军部；所谓殿中，是内御史台的侍御史。

据守西套贫瘠地方的阿台、朵儿只伯，因一再侵寇明边而遭到讨伐。正统一二年间，还遭到瓦剌脱欢的攻击。尤其三年春，遭到明军彻底剿捣以后，[1]又遭到瓦剌脱脱卜花王袭击，便完全灭亡了。《实录》正统三年九月丁未条载大学士杨士奇等的话，说：

> "比者，差去瓦剌使臣都指挥康能等回，备言：达贼阿台、朵儿只伯等已被脱脱卜花王杀死。西北之境，可以无虞。"

脱欢、脱脱卜花等既然灭了阿鲁台，又全歼了他的残党，便进一步

---

[1]《实录》正统二年八月戊辰条载："行在兵部奏，泰宁卫都督拙赤奏：顺宁王脱欢遣部属剿杀阿台，其言未可轻信。云云。"又二月丙子条也有和这有关的记述，三年夏四月乙卯条有明军进剿的记述。

经略四方,伸张他们的势力。《实录》正统元年九月戊申、二年十月壬午、十一月已亥,四年六月乙酉、七月癸酉、十一月辛酉等条,特别记述了他怀柔兀良哈、女真的情况。脱欢可能是正统四五年之交死的,他的儿子、著名的也先太师嗣立,更肆逞威猛。为了论述方便起见,这些将在另一章里阐述。这里只考察上述各酋的系统,特别是关于阿鲁台的出身。

据《蒙古源流》(卷五)载:在这以前,建文元年,额勒伯克汗杀死其弟哈尔古楚克鸿台吉,夺娶了弟妻鄂勒哲依图鸿拜济(Öljeitü Khong Beiji),不久,被他的部下乌格齐哈什哈(Ügechi Khashagha)即明人叫作鬼力赤的杀了,乌格齐反而娶了鸿拜济。

> "汗占鄂勒哲依图鸿拜济为福晋(汉语"夫人"的转音)时,已怀孕三月,及乌格齐哈什哈娶时,怀孕已七月。又三月,岁次庚辰(建文二年),生一子,取名阿寨(Ajai)。乌格齐哈什哈爱养如己子,而巴图拉丞相(Batula Chingsang)复令阿萨特(Asud)之子乌格德勒库(Ugüdelekü),负筐拾粪,取负筐之义,命名曰阿鲁克台(Aruktai),以供使役。自是与蒙古人众不相能矣。"

下文接着叙述前引琨特穆尔、额勒锥特穆尔、德勒伯克汗三代的事,然后,在德勒伯克汗殁年条里,说:

> "是年乙未(永乐十三年),乌格齐哈什哈怀记前仇,杀浩海达裕(Khookhai Daju)之子巴图拉丞相。由是,四卫喇特前往会盟,适有三人而回,路遇阿萨特之阿噜克台拾粪。问云:大人会盟之事若何? 三人讥之云:墨尔根项负绳缆,而为大统忧劳。且笑曰:今已击谗佞浩海之皮,阿寨台吉称汗,名阿噜克台者为太师,大兴政治矣。迨三人去后,阿噜克台取粪筐置于地,云:此非若辈之言也,盖天命耳。我乃属下之人,于我何有? 惟阿寨台吉乃天子之裔,惟天神鉴之而已。乃向天叩

拜。"

但据施密特的德文译本，并没有上引本文里加圈点的"岁次庚辰"这句话，它的最后一句是：

"自此以后，有一段时期，蒙古人陷于不安与烦恼之中。"（施密特书第 145 页）〔"Von da an gerieth das Volk der Monghol auf einige Zeit in Unordnung und Verwirrung. (Schmidt，第 145 页)"〕

"岁次庚辰"这句话当然应该有，这是德译本原文的脱误。最后一句从下接叙述琨特穆尔等世系的程序来看，德译本较好。又，关于后者，认为加圈点的墨尔根（Mergen）是卫喇特三个人之中的一个人的名字，说：

"于是（其中一首领名字叫）墨尔根尼根德想。"〔"Da dachte(einer von ihnen, Namens) Mergen Nigentai"〕

答话的主要语句，德译本的译文如下：

"决定重建和林城，铲平并夯实地基；拥载阿塞太子即可汗位，提拔阿鲁克台任太师。"〔"Es ist beshlossen worden, die Stadt Chorumchan wieder aufzubauen, den Baugrund zu ebnen und festzuschlagen, den Adsai（Adschai）Taidschi zum Chaghan, und den Burschen Aroktai zum Taischi zu erheben."（Schmidt，第 147 页）〕

墨尔根是善射者的意思，一般用作尊称。因此，这里认为是虏奴的阿鲁克台，未必正确。这也应该依照德译本。又，德译本里的"和林城"（Stadt Chorumchan），施密特也注释了，是和林城的意思。①重建和林城，就意味复兴蒙古势力，为此，使唯一的元裔阿塞台吉

---

① 施密特的书，第 404 页。明代蒙古的主要形势是鞑靼、瓦剌两部的抗衡，而两部争夺的直接目标，大致可以设想，就是蒙古中心点的和林地方。这个重要地点，洪武二十一年以前，虽说还没有落到瓦剌手里，但至少永乐七年以后，在瓦剌手中，一直到明末。由此可以想象瓦剌猖獗的情况。

即汗位,辅佐他的人是"名叫阿鲁克台的小伙子任太师",用来奚落奴隶阿鲁克台,而阿鲁克台对此却愤然说:"此天命也"。这就是这个故事的主题思想。汉文和德译本之间有些不同,全文的前后层次也有不衔接的地方,这是《蒙古源流》的特色,在所难免。尽管如此,取其大意还无妨。

《源流》继以上引文之后,叙述更加烦冗。姑且耐着性子,摘引如下:

"维时,乌格齐哈什哈已死。乌格齐之子额色库(Esekü),丁卯年(洪武二十年)生。岁次乙未(永乐十三年),年二十九岁即位。娶巴图拉丞相之妻萨穆尔,称为额色库汗。乃令鄂勒哲依图鸿拜济、阿寨台吉母子及阿萨特之阿噜克台太师三人,于额色库汗家中使役。额色库汗在位十一年,岁次乙巳(洪熙元年),年三十九岁殁。由是,萨穆尔福晋怀记乌格齐哈什哈作恶之仇,将鄂勒哲依图鸿拜济、阿寨台吉、阿噜克台太师三人匿而出之,遣往母家蒙古地方。"

在汉文本里,上述"巴图拉丞相之妻萨穆尔"作"巴图拉丞相之女萨穆尔。"但萨穆尔公主是额勒伯克汗之女、巴图拉丞相的遗妻、巴噶穆(Bakhamu)之母,这一点,从上下文看来,很明确,故依德译本订正。《源流》原文接着立即叙述额色库汗死后,卫喇特发生了变乱,萨穆尔公主把应采取的态度,秘密通知蒙古,受到她儿子巴噶穆的责难,[①]以下还接着说:

"其时,科尔沁乌济锦诺延(Uchiiken Noyan)之子[②]阿岱

---

① 其实,汉译《源流》的这一条记载,颇混杂难解。对照德译本并参酌前后情形,大体可作本文那样的解释。现为避免烦琐,省略详细论述。

② "乌济锦诺延之子",实际是后裔的意思。德译本确切地译作"ein Nachkomme des utsüken Esen"。Esen就是主人之意的Ejen,汉译诺延(Noyan),意思是官人的尊称。据《元史》所传,斡赤斤大都称作那颜(Nayan)。他的玄孙、至元的叛王乃颜这个名字,如《华夷译语》所见,是八十的意思(Nayan),而不是官人之意的诺颜(Noyan)。人名用这种数字,是满洲、蒙古的习惯,据说是为了像父祖那样长寿而命名的。

台吉(Adai Taiji),已占据前所余剩蒙古人众。及三人至彼,尽述公主之言。阿岱台吉系庚午年(洪武二十二年)生,岁次丙午(宣德元年),年三十七岁,^①携鄂勒哲依图鸿拜济即君位。与阿噜克台以太师名号。阿岱汗、阿寨台吉、阿噜克台太师三人为首,加兵于济勒满汗(Jalman Khaghan 地名),征伐四卫喇特,俘掳巴图拉丞相之子巴噶穆。既至,阿寨台吉云:公主姊(萨穆尔公主)曾加惠于我等,今释放此子以报之,如何?阿噜克台太师云:狼子不可絷,敌嗣不可育。昔放出我等时,此子曾有恶言。阿岱汗以阿噜克台之言为然,遂将巴噶穆羁留。阿噜克台太师谓之曰:昔日尔父巴图拉丞相,曾令我负筐拾粪,呼为阿噜克台,以供使役。今日所值,诚如月日旋转。今将昔时尔父之仇,即报之于尔。因取覆于釜中之义,命名曰托欢,役于家内。"^②

又说:"但后来,托欢(Toghon)遁回四卫喇特,蓄积势力。岁次戊午,正统三年,袭杀阿岱汗。托欢之子即额森(Esen)。"

拿以上的传说来和明人的记录对照一下。卫喇特的太师托欢、额森父子,也就是瓦剌的太师脱欢、也先父子无误,所以,托欢之父巴图拉丞相即脱欢之父马哈木无误。而且毫无疑问,马哈木和巴噶穆确是同音异译,因此,顺宁王马哈木的另一个名字是巴图拉丞相,那么巴图拉之子巴噶穆的绰号就绝不能是托欢。《源流》所传这里恐怕有讹误。如果说盖釜(托欢 Toghon)所以名为托欢,

---

① 汉译原文这条,实际是:"系丙辰年(洪武元年)生,岁次庚寅(永乐八年),年三十五岁。"这样就和其他事实矛盾了。现依德译本订正。此外,通行本《蒙古源流》这一条,错字颇多,现按汪睿昌的《译注蒙古源流》尽量加以订正。

② 这条的汉译意义稍欠明确,德译文如下:"说了这些话,便拿一口铁锅扣在巴哈穆头上,称他为'托欢',接着便命他在家中服重劳役。"〔Mit diesen Worten nahmer einen grossen eisernen Kessel (Toghon),bedekte den Bachamn damit und namte ihn Toghon,worauf er ihm Schavenar beit* in seinem Hause anwies.〕(施密特书,第 149 页)("* Schavenarbeit"恐系"Schauerarbeit"之误。——译者)

212

负筐（阿鲁克 Aruk）因而叫作阿鲁克台等，当然肯定是毫无根据的俗解。巴图拉丞相、托欢、额森等是后来准噶尔部的远祖，据《西域同文志》和帕拉斯（Pallas）等书所传《准噶尔世系图》，这种祖、父、孙的关系，也和这里所说的大致相同。①

和西方巴图拉、托欢（马哈木、脱欢）对峙的东方的阿鲁克台太师，毫无疑问就是明人所说的阿鲁台太师。但是，阿鲁台从永乐初年就作为鞑靼太师而闻名，所以，绝不会后来受巴图拉丞相即顺宁王马哈木的虐待，作了拾粪的奴隶。《源流》所传的故事，这里也有重大错误，这里的纪年等根本不可凭信，这和明人的记录一对照就明确了。② 霍渥尔特（Howorth）考证《源流》的阿岱汗是阿鲁台，阿寨台吉是阿台王子，③这完全是没有根据的臆测。阿鲁台即阿鲁克台，阿台即阿岱，从音韵上说，也无可怀疑。据《实录》载：阿台王子，正统三年中，亡于脱欢的党羽脱脱卜花王，而《源流》载："阿岱汗，庚午年（洪武二十三年）生，岁次丙午（宣德元年），年三十七岁即位，在位十三年，岁次戊午（正统三年），年四十九岁，为托欢太师所杀"，也是正统三年亡于托欢。所以，原田淑人的《明代的蒙古》和中岛辣的《蒙古通志》都认为阿鲁克台就是阿鲁台，阿岱汗就是阿台，确是可以凭信的高见。④

---

① 《钦定西域同文志》（卷七、八）天山北路准噶尔部人名。帕拉斯（P. S. Pallas）《蒙古民族史料集》第一卷、第33—47页。霍渥尔特的书，第一卷、第593—613页。

② 倘若乌格齐哈什哈果真是鬼力赤，那么鬼力赤灭亡是在永乐六年前后，说他杀死永乐十二年败于成祖的马哈木，颇有些困难。据明《实录》也说：永乐十四年春，马哈木败于阿鲁台，不久即死。因此，他的死或许是由于鬼力赤派的攻击，也未可知。即使是这样，从当时瓦剌其他二王，贤义王和安乐王都还活着，十五年冬，在兀古者河畔打败阿鲁台，第二年四月，马哈木之子脱欢袭顺宁王爵看来，其间并没有额色库汗可以袭位的余地。由这一点看来，乌格齐哈什哈父子的篡夺，必定是在本雅失里以前。

③ 《蒙古史》第一卷、第359—360页。

④ 《东亚同文会报告》第一〇九期、第25页。《蒙古通志》第228页。原田氏的大作是明治四十一年写成的，中岛氏的论文是大正五年发表的。但中岛氏只考证出阿鲁克台是阿鲁台，并没有明确说阿岱汗就是阿台王子。

那么，上引《源流》各条的中心人物阿寨台吉，为什么在明人的记录里完全找不到呢？为了探究这个问题，必须再详细检索阿鲁台即阿鲁克台太师帐中的人物。阿鲁台原来追随鬼力赤，不久又拥戴本雅失里。永乐八年，本雅失里遭到明军讨伐西奔以后，他的帐中似乎再也没有可以奉戴的元裔了。《实录》永乐八年十二月丁未，记载成祖谕阿鲁台的敕书说："尔遣脱忽歹等来言：元氏子孙已绝，欲率部属来归。尔此心，朕具悉之。"所以，从此以后，阿鲁台就专心依赖明廷，连年数次遣使与明通贡。尤其十一年，得知瓦剌的马哈木弑本雅失里而拥立答里巴以后，便于六月庚午遣使上表，甚至献出了元代所授的中书省印信。十二年，当永乐帝讨伐瓦剌时，还没有可奉戴的可汗。后来马哈木死了，瓦剌中衰，乘此机会又恢复了势力的阿鲁台，似乎拥立了某个权威来和瓦剌对抗。《源流》所传上引在卫喇特的巴图拉丞相即瓦剌的马哈木麾下的阿寨台吉，乘丞相之死回到东部，或者就在这个时期。

据《实录》永乐二十二年春正月甲申条载：上年十月降明的阿鲁台部下的雄王也先土干，屡次向明廷诉说："阿鲁台弑主虐人，违天逆命。云云。"由此可知阿鲁台这时所奉戴的是可弑的君主。不过，郑晓的《四夷考·鞑靼》条说："阿鲁台弑本雅失里，自称可汗。"又《皇明北虏考》在叙述了永乐二十年成祖亲征漠北之后，接着说："十二月，阿鲁台弑其主本雅失里而自立。本雅失里妻率其属来朝，乞居内地避之。"涂山的《明政统宗》和沈国元的《皇明从信录》（卷五）等也都载二十年"闰十二月，阿鲁台弑其主本雅失里，自称可汗"。可见也先土干所说的似乎就是本雅失里的事。但本雅失里其实死于永乐十年以前，而阿鲁台是死于他的劲敌瓦剌马哈木之手，所以，上引郑晓等的记述当然是错误的。正如上面已经说过，本雅失里的妻子率领族属来降，是宣宗洪熙元年六月癸亥的事，而且她是从瓦剌跑来的，和阿鲁台于永乐二十年弑主事无关。

我想这种误传来自只根据阿鲁台弑主的传说,就肯定阿鲁台之主是本雅失里而附会了。只凭这一点也可以肯定,传说永乐二十年前后,阿鲁台弑了主人。那么那个主人是谁呢? 当然既不是永乐十年已被杀了的本雅失里,也不是一直活到正统三年的阿台。我和原田淑人先生一样,①不得不认为就是指那个阿寨台吉。

仔细想来,瓦剌的脱欢所拥立的脱脱卜花王子兄弟,都是这个阿寨台吉的遗子。这在下一章里还要详细论述。这个脱脱卜花王正是宣德年间专门攻击阿鲁台和阿台的敌酋。从阿寨的嫡子是灭掉阿台的脱脱不花王这点,也可以证明阿台不是阿寨。脱脱卜花王之所以热衷于攻击阿鲁台、阿台等,或者就是为了报不共戴天的杀父之仇吧! 想是帐中已经没有可以拥戴的君长的阿鲁台,起初欢迎来投的阿寨台吉,但不久由于某种原因,两人发生不和,阿鲁台就拉拢故元宗族科尔沁部的阿岱汗即阿台王子作伙伴,攻灭了阿寨台吉。于是,阿寨的儿子脱脱卜花等便又去投靠瓦剌。业已中衰的瓦剌的脱欢,便拥立脱脱卜花,这才得以正名分、能够压迫阿鲁台、阿台。永乐二十一年年中,脱欢战胜阿鲁台,以及阿鲁台部下大酋也先土干投降明朝,恐怕都和这种斗争有关系。以上都是想象,不过,联系已知的事实时,我不能不作这样的推测。

如果上述幸而没有重大错误的话,那么所称鞑靼太师阿鲁台,实际就是蒙古阿萨特部酋长阿鲁克台太师,他所拥立的所谓阿台王子,就是成吉思汗季弟乌济锦诺延(斡赤斤那颜)的后裔、科尔沁部长阿岱汗。阿萨特也写作阿速,就是元代记录里所载的阿速部族,原来住在咸海和里海北边,归附元朝后,其中一部分迁到了东蒙古。元代的亲军里有左右阿速卫等,《元史》里常见有其他阿速

①《东亚同文会报告》第一百〇九期,第 25 页。

出身的猛将勇卒。①《实录》洪武二十年夏四月癸未等条里也有明燕王(永乐帝)麾下的胡兵里有阿速军的记述。这个塞北的阿速部落(后面还要叙述),明中叶以后,在今察哈尔地方兴盛起来,不过,在那以前究竟驻在哪里不详。但从前述阿鲁台本身的根据地来说,可能是在今呼伦贝尔地方。

直到明末为止,科尔沁部的根据地一向是在今嫩江流域地方。因此,阿岱汗也可能是在这里兴起的。这方面是三卫的根据地,靠近阿鲁台的驻营地。自从成吉思汗时把他的爱弟斡赤斤那颜分封在这个地方以来,这里就世世代代归他的子孙领有。明初,泰宁卫的始祖辽王阿札失里也必定是其中之一。说阿岱汗是"乌济锦诺延之子",就是这种意思。那么,三卫和阿岱汗即阿台的关系究竟怎样呢? 仅据明人记录看来,看不出阿台和三卫有什么关系;为数众多的三卫酋长名目里,也找不到可以认定是阿台的人。这是怎么回事呢?《源流》既说"占据前所余剩蒙古人众",那么阿鲁台代替元主而拥立的酋长,必定是科尔沁部的嫡裔。所以明人认为并不是和三卫有关系的人,在三卫酋长名目里没有相当于阿台的人,那就应该认为:当时所说代表三卫的贡酋,都是第二流以下的人物,三卫的真正主人则隐蔽在背后保持着他们独立的姿态。这一点,从前述辽王阿札失里在未兴盛以前,曾充任泰宁卫掌卫事一节,也不难想象。果真是这样的话,就三卫的历史来说,确实是个最重大的问题。

又,说科尔沁部的阿岱汗是乌济锦诺延的后裔,但按今科尔沁部的世系,后来的科尔沁各酋全都是乌济锦之兄、成吉思汗之弟哈布图哈萨尔(即拙赤哈撒儿)的后裔。据《蒙古源流》说:后来成化

① 详细情况参看布列茨施奈德尔《中世纪史研究》(第二卷、第 84—90 页)和《成吉思汗实录》第 524—525 页等。潘柽章撰、吴炎校订的《国史考异》(卷六之四)论证这时被阿鲁台弑杀的不是本雅失里,说是答里巴。这是由于史料不足而产生的错误判断。

年间,蒙古达延汗时代出现的科尔沁部乌讷博罗特王,已经是"哈萨尔之子",而不是乌济锦的儿孙了。哈萨尔在成吉思汗时受封,驻在今呼伦贝尔地方,不久,他的子孙东迁而取代了乌济锦之子。所有这些都是很复杂的问题,拟在另一章里论述。

《满鲜地理历史研究报告》第十二卷

昭和五年(1930 年)九月

四、兀良哈三卫之研究（下）

1.同瓦剌的关系

甲 瓦剌和脱脱不花王

元朝衰亡退回漠北以后，一向雌伏的西蒙古于是崛起。明代蒙古的局势，除了同外部的斗争以外，就是东西蒙古互相争夺霸权的剧烈斗争。东蒙古的所谓鞑靼部，由于屡次遭受明军的侵伐而疲敝，乘机而起的西蒙古瓦剌部，从马哈木到脱欢，逐渐强盛起来。明宣德末年，瓦剌的大酋顺宁王脱欢把他多年的劲敌鞑靼和宁王阿鲁台击毙；正统初，又把余党阿台、朵儿只伯等歼灭。[①] 在这前后，还吞并了瓦剌内部的竞争者贤义王、安乐王两人，因而便一手独揽内外蒙古的全部实权，成了事实上的蒙古王。

脱欢想登上大汗位，成为名符其实的蒙古主人，但尊重成吉思汗血统的蒙古舆论，却不容许瓦剌出身的脱欢窃据汗位。不得已只好拥戴大元的遗裔脱脱不花王即汗位，而自己隐藏在背后来掌握实权。《明史》（卷三二八）《瓦剌传》叙述脱欢灭掉阿鲁台、乘势驱逐那些残余之后，说：

> "未几，脱懽（脱欢）内杀其贤义、安乐两王，尽有其众，欲自称可汗。众不可，乃共立脱脱不花，以先所并阿鲁台众归

---

① 参看和田清：《兀良哈三卫之研究》（上）（《满鲜地理历史报告》第十二卷第 258—264 页）、原书第 230—234 页。

之。自为丞相居漠北,哈喇嗔等部俱属焉。"

叶向高的《四夷考》(卷六)《北虏考》和《明史·鞑靼传》(卷三二七)等的记述,也大略相同。[1] 据蒙古方面所传,《源流》(卷五)等载,也说托欢(Toghon 即脱欢)因为他的母亲萨穆尔(Samur)公主是额勒伯克(Elbek)汗的女儿,便自夸是蒙古可汗的外孙,硬要玷污可汗大位,结果遭到成吉思汗的神罚而死,他的儿子额森(Esen 即也先)代他即了汗位。可见脱欢曾一度觊觎汗位,确是事实。

脱脱不花王就是额勒伯克汗之弟哈尔古楚克鸿台吉(Kharguchuk Khong Taiji)的遗子阿赛台吉(Ajai Taiji)的长子岱总汗(Taisong Khaghan)。哈尔古楚克鸿台吉和阿寨(赛)台吉父子事,前面已经说过。[2] 关于岱总汗,《蒙古源流》(卷五)在叙述额森汗的凶猛威势之后,接着说:

> "阿赛台吉生三子。长子岱总台吉生于壬寅年(永乐二十年、1422 年),次子阿噶巴尔济(Akbarji)台吉生于癸卯年(永乐二十一年、1423 年),幼子满多固勒(Mandaghul)台吉生于丙午年(宣德元年、1426 年)。岁次己未(正统四年、1439 年),岱总年十八岁即位。阿噶巴尔济年十七岁,令为济农(Jinong),满多固勒年十四岁,弟兄三人督率,行兵四卫喇

---

① 《明史·瓦剌传》把这事写在宣德九年阿鲁台被杀以后,正统初年条里。叶氏《四夷考》却写在宣德中,说:"是时,脱欢强,稍并有贤义、安乐之众,急击杀阿鲁台,悉收其部落。云云。"是先并贤义、安乐而后杀了阿鲁台。还有更奇怪的,像郑晓的《皇明北虏考》竟把这事写在宣德前、洪熙元年条里,说:"是年,马哈木破阿鲁台,欲自立,众心不附,乃立脱脱不花为主,居漠北。"作为脱欢之父马哈木的事。洪熙元年,马哈木早已死了,后者当然弄错了。实际上,贤义、安乐两王何时灭亡,并无确证。据《实录》正统五年八月乙亥条载,有像是贤义王太平的嗣子捏列骨还活着,并曾围攻哈密。到十一年十一月甲申条,顺宁王才和安乐王把秃孛罗抗争,以致失了王印。但后者似乎是在追述往事,因而还是无从明确是在什么时期。不过,由推测情况,贤义、安乐两王可能很早就处于顺宁王统驭之下了,因而姑且引用较为确实的《明史》的记述。

② 参看前引《兀良哈三卫的研究》上(《满鲜地理历史研究报告》第十二卷、第 265—274 页),原书第 234—240 页。

特（Oirad）。"①

曾一度打败卫喇特（即瓦剌），但后来由于额森的阴谋而灭亡了。关于他的事迹，像后面所述，毫无疑问，被也先灭亡的脱脱不花王就是岱总汗。

但上述《源流》的纪年颇有讹误。所说岱总汗生于壬寅年（永乐二十年），岁次己未（正统四年）即位，两者全非事实。如果我的推断是正确的话，那么岱总汗之父阿赛台吉是永乐二十年被和宁王阿鲁台杀死的，②就不会在被杀之年生长子，以后又生了两个儿子。纵使这种推论还不可靠，不足以用来作为讨论的出发点。至少据《大明实录》所传：脱脱不花即岱总汗是也先即额森的姊丈，早在宣德九年（1434）二月就自己带兵打败了阿鲁台，③可见当时年纪已相当大，如果是永乐二十年壬寅（1422）生的，应该还不过是十二三岁。

又据《实录》永乐七年（1409）秋七月丁亥条载，在这时甘肃边外的北虏大举投明中说："鞑靼脱脱不花王、把秃王"等也各率所部

---

① 《源流》本文经按各版本校订，固有名词的发音，按照前编，附上施密特的译音。但为方便起见，把施密特的旧式德语缀音法稍加改变。例如：ch 改作 kh，j 改作 y，ss 改作 s，sch 改作 sh，tseh 改作 ch，dsch 改作 j。

② 参看前引《兀良哈三卫的研究》上（《满鲜报告》第十二卷，第 272—273 页）。又据清初潘柽章、吴炎两人合著的《国史考异》（卷六、第四项），纠正了郑晓等的误谬，详细论述此事说："案马哈木既立答里巴，于是，阿鲁台不肯于衙庭朝会。至马哈木死，阿鲁台连破瓦剌之众，而答里巴亦归迤北。至二十一年夏，马哈木之子脱欢大破阿鲁台，追至宿嵬山，掠其人口畜牧殆尽。阿鲁台盖以是时恧而戕答里巴，故也先土干既归于我，即奏阿鲁台弑主虐人，违天逆命，云云。盖阿鲁台奉本雅失里为可汗，故以马哈木为弑主，马哈木奉答里巴为可汗，故脱欢与也先土干，又以阿鲁台为弑主矣。"说这时阿鲁台所弑的不是阿寨，而是答里巴。这也可以说是一说。其实，潘、吴两人还没有见到蒙古方面的史料，不知道有阿寨台吉这样一个人，也不认为答里巴即德勒伯克（Delbek）汗，永乐十三年间在马哈木以前已经死去，便擅自臆测立论。所以上述的说法是不足取的。这种论述很不同于潘、吴两人的生平，其粗枝大叶情况，在上述"至二十一年夏，马哈木之子脱欢大破阿鲁台，追至宿嵬山，掠其人口畜牧殆尽"一条里，也暴露出来。因为永乐二十一年大破阿鲁台的确是瓦剌脱欢，但追到宿嵬山的并不是脱欢，而是明将陈懋等，两者完全是两回事。关于这个问题，《黄金史》（Altan Tobchi）叙述稍微不同。这事还要另行论述。

③ 见《大明实录》景泰三年二月壬午和宣德九年冬十月乙卯条等。

来归,又,十年(1412)五月乙酉条说,瓦剌的顺宁王马哈木弑杀投靠自己的本雅失里,并获得他的传国玉玺,通报明廷,并"又言:脱脱不花王子,今在中国,请还之。"宣德七年(1432)夏四月癸卯条又说:

> "甘肃总兵官都督刘广奏:初,鞑靼脱脱不花等二十余户既降复叛,今在铁门关西,请发兵掩捕。上谕兵部尚书许廓等曰……令广慎固封守,勿轻出兵。"

这里的脱脱不花王、脱脱不花王子、脱脱不花三者是同一个人,毫无疑问。可能是瓦剌的顺宁王马哈木所以想要迎立脱脱不花王子,是由于在这以前,在斡难河畔被明成祖打败而西奔来投的本雅失里,不听自己摆布,便弑杀了的结果。在投顺明朝的许多故元诸王之中,所以特别看中了这个人,可以想象是因为脱脱不花王子出自尊贵的血统。不过,明朝并没有把他送回而放在甘肃边外,瓦剌的马哈木也另行拥立了本雅失里的遗子答里巴。后来,到了宣德七年间,脱脱不花王子竟背叛明朝离去了。

试再研究脱脱不花王的即位年代问题。据郑晓的《吾学编》(《北虏考》)和沈国元的《皇明从信录》(卷十五)等书说:仁宗洪熙元年(1425),瓦剌的马哈木立脱脱不花为可汗。但马哈木已经死于永乐十四年(1416),岂有在大约十年以后又立脱脱不花王的道理,这当然是错了。开头所引《明史·瓦剌传》的文中,把此事写在正统初年,好像和《源流》所说的正统四年(1439)吻合,这毕竟也不真实。最确实的史料,倒是朝鲜的《李朝实录》。该书世宗二十四年(正统七年、1442年)五月戊辰条载,当时蒙古皇帝(即脱脱不花王)派遣使臣招谕朝鲜,并记载敕书的大意说:"今我承祖宗之运即位,今已十年,云云。"敕书末尾所写年号,无法理解。[①] 年月日却正

---

① 当时的信件是用蒙文写的,因为是首次听到的年号,所以才不能理会。

是"十年二月初五日"。年号失传,确是千古遗恨,但由此可见从北元惠宗、昭宗以来直到此时,不仅可以肯定代代可汗都称年号,而且这里明确记载即位的十年,由此上溯推算脱脱不花王的登位时期,可以证明是在明宣德八年(1433)中。

由此可见,永乐七年正是瓦剌的马哈木击败鞑靼本雅失里、阿鲁台的那年,由此甘肃边外自鬼力赤以来的根据地便渐从鞑靼手里转移到瓦剌的势力之下,像鞑靼的余党相率投明,上面已经说过。[①] 脱脱不花王子也必然属于这一类,投归明边,而没有响应早已对鞑靼怀有好意的瓦剌的请求。宣德六年,瓦剌的脱欢彻底粉碎鞑靼阿鲁台的势力以后,可能再一次伸出招请之手。这回,脱脱不花王子也大势难却,于七年离开明边,到他那里去了。宣德八年,被拥戴即汗位,九年二月,就亲自带兵袭杀了残败的阿鲁台的妻子部属。以上是大体的推测,如果不这样来推测,我想上述各条的断片史料,就不大可能联系到其他事实而做出脉络一贯的解释。[②] 总之,脱脱不花王确是元室遗裔,脱欢拥立他,率领阿鲁台的遗众使之驻在他的故土。阿鲁台的故土是克鲁伦(Kerülen)河下

---

① 参看前引《兀良哈三卫的研究》上(《满鲜报告》第十二卷、第 236—237 页),原书第 216—217 页。

② 这样想来,脱脱不花王在永乐七年(1409)年纪已相当大,这和完全相信以前《源流》的纪年,承认岱总汗(即脱脱不花王)之父阿寨台吉生于建文二年(1400)相矛盾。但《源流》的纪年多半是错的,所以很难凭信。就是根据《源流》所传,阿寨台吉之父哈尔固楚克生他的独子阿寨时,年已四十岁,未免过迟。假定哈尔固楚克二十岁时生阿寨,阿寨也二十岁时生岱总。那么,永乐七年时,岱总(脱脱不花)是十二岁。又,当时另有个鄂勒哲依图鸿拜济佳人,怀孕后,额勒伯克汗夺了他的丈夫,就归了他。不久,乌格齐哈什哈(即鬼力赤)弑杀了汗,又归了哈什哈。如果这个著名的传说确是事实,那么,她的丈夫可能不是汗的弟弟哈尔固楚克,而是其子阿寨;胎中之子,也不是阿寨而是岱总。这样,不仅时代吻合,后来乌格齐哈什哈对胎中之子"爱养如己子";和脱脱不花王(岱总)实际出现在鬼力赤(乌格齐)势力范围之内,这才对头。不过,为了这样来推测,必须是阿寨在妻子被夺以后,没有被杀,后来还活了很长时期,另外生了阿噶巴尔济和满都古勒两个儿子。因此也没有必要认为阿噶巴尔济比岱总小一岁,永乐二十年生;满都古勒小四岁,宣德元年生。由后述事迹可以明确末弟满都古勒和长兄岱总的年龄相差很大。总之,《源流》所传和明人的记录一致时当然应该采用,如果有矛盾,就应该舍弃。

游今呼伦贝尔(Kölön Buir)地方。^① 脱脱不花王占据那里,自然就代表东方蒙古的势力,专同兀良哈和女真发生交涉。这些经过情形,容后详述。

瓦剌脱欢的凶猛势力笼罩了整个东西蒙古。不久就轻而易举地活跃在内蒙古各重要地区,在那里悠然自得地放牧、狩猎。《实录》正统四年冬十月甲申条载房中消息说:"瓦剌脱欢人马猎于近塞沙净州。"沙净州在今归化城北面锡拉穆伦(Shira Müren)河流域地方。^② 瓦剌酋长南下到这样近塞地方牧猎,从来就没有过。但这么凶猛的脱欢,后来不久就死了,他的长子也先代领了部众。关于脱欢之死和也先代立等,《实录》里也没有明文记述,有些模糊不清。叶向高的《四夷考》(卷二)写在正统八年;陈建的《皇明资治通纪》(卷六)也写在正统八年四月条里。《皇明实纪》(卷九)、《从信录》(卷十八)、《明史纪事本末》(卷三十二)等全都沿袭这种说法,这当然是毫无根据的错误。《名山藏》(王享记)《鞑靼传》和《明史·瓦剌传》则载:"四年,脱欢死,子也先嗣,称太师淮王"。这种传说,倒接近正确。

据《实录》载:正统四年二月以前,瓦剌入贡明明是用脱欢的名义。而五年十一月的入贡者就已经不是脱欢的使臣而是也先的贡使了。正统六年正月甲子条载给这使臣的敕书里,明确写着赐给"太师淮王也先",说:"太师继承祖父爵位,恭事朝廷。云云。"从此以后,只有也先的贡使,而不见脱欢的使节了。其间,在正统四年十月来朝的瓦剌贡使,脱欢和也先的名字都没有,也并没有更换王位的痕迹,而在同一个十月里,却有前述脱欢人马在沙净州牧猎的

① 参看前引《兀良哈三卫的研究》上(《满鲜报告》第十二卷、第242—243页),原书第219—221页。
② 参看前引箭内博士《蒙古史研究》第652—653页和第644—647页。拙稿《丰州天德军的位置》(《史林》十六卷二期、第199—200页注10)。所说沙净州当然是沙井和净州。

事,十一月辛酉条又出现了瓦剌大酋脱欢的名字。[1] 因此,脱欢这时可能还活着,必定是死在也先开始向明廷派遣贡使的五年十一月(更确切说,约在那个贡使从瓦剌出发的前一个月)以前的时期。再查《实录》,正统五年八月乙亥条有如下的一条,这可以看作是脱欢死后不久发生的遗嗣间的争执情形。

> "脱欢二子不睦,其长子也先住于晃合儿淮地。次子住脱脱不花王部下。"

上述的晃合儿淮这个地名,后来也一再出现,是也先的根据地之一。这事留待以后再阐述。

总之,正统四五年间,顺宁王脱欢死了,他的儿子淮王也先袭了位。而且这个也先的势力最为桀骜,远远胜过他的祖父马哈木和脱欢,日益肆行征略四方,西自中亚,东越满洲直到朝鲜,北起西伯利亚的南境,南逼明朝的北边,几乎形成了元灭以后的最大势力,竟至越过边塞俘获了大明英宗皇帝。叶向高的《四夷考》(卷六)叙述这种形势说:

> "未几,脱欢死,子也先嗣,称太师淮王。太师者,虏握兵大酋号也。是时,虏众皆属也先,脱脱不花徒以元裔名为君,不相临制,顾妻也先姊,以为欢。君臣并贡……九边骚驿,公私耗费。又攻哈密,执其王母。掠沙州,破兀良哈,至胁诱朝鲜。边将皆知其必为寇,屡疏闻,敕戒防御而已。"

于是,脱欢、也先的威力一直延伸到东、西、南、北四方。别的暂且不谈,现仅就打败东面的兀良哈、女真,和诱胁朝鲜的经过,稍作详细论述。

---

[1] 据《实录》正统四年十一月辛酉条载,有授给山西边臣的敕谕说:"比又闻兀良哈、朵颜卫使臣言,瓦剌脱脱不花和脱欢人马屯聚哈剌莽来等处,既近边境,必怀祸心。云云",似乎是实情。但究竟是传闻,我想当时也许还不知道脱欢已经死了,暂且存疑。又,五年十一月,是也先使臣到达明廷的时期,那么,几个月以前,从瓦剌出发时,确实已袭位了。

乙 三卫的南侵

瓦剌怀柔兀良哈几乎是和打败阿鲁台同时进行的,甚至可能在这以前就已经是怀柔了。起初,三卫所以背叛它的盟主阿鲁台,肯定是由于瓦剌的诱惑。正因为如此,三卫的部众对手阿鲁台的覆灭不但没有给予支持,反而立即和仇敌瓦剌合流,迫害他的余党阿台王子等。据《实录》载,阿鲁台灭亡的第二年,宣德十年七月庚辰条说:"瓦剌脱欢并兀良哈三卫人马,欲来寻阿台王子。"在这以后,《实录》正统元年九月戊申、二年冬十月壬午、同年十一月己亥等各条,继续见有瓦剌和兀良哈,女真各部交通联络的事迹。① 当瓦剌穷追当时逃窜栖息在今陕西、甘肃边外的阿鲁台的残余阿台、朵儿只伯等时,三卫兀良哈当然还不断和瓦剌呼应,折磨他们。胆小的明人对三卫从这时起就交通瓦剌、窥犯中国沿边,深以为患。《实录》正统四年六月乙酉条载:

> "近闻兀良哈泰宁、朵颜、福余三卫与瓦剌脱欢等交通,累遣使臣朝贡,实欲觇我虚实。"

不过,瓦剌和三卫在北边腹地密切交往的情形,只是一种想象,并没有充分的证据。

交通的结果,使当时明人眼里看不下去的现象是,三卫夷众不断沿明边向西走,大肆侵犯山西、陕西沿边。叶向高的《四夷考》(卷二《朵颜三卫考》)也记载了此事的大概情形,现据《实录》来看,首先是正统二年秋七月丙辰条,叙述独石守备都指挥佥事杨洪打败经过边境的兀良哈夷众,生擒贼首朵栾帖木儿等;并叙述了当时

---

① 现仅摘录必要的原文如下:

　　"敕缘边诸将。比得降虏言,阿鲁台为瓦剌所败,部属溃散,多于近塞潜伏,伺间入寇。瓦剌席其战胜,兵势日盛,遣人交通兀良哈、女真诸部,其意叵测。"(正统元年九月戊申)"敕宣府总兵官都督谭广等曰:比闻瓦剌脱欢聚兵饮马河,又遣人交通兀良哈、女真诸部。今虽遣使来庭,然虏情谲诈,终不可测。"(正统二年十月壬午)"初,上闻瓦剌脱欢部落屯饮马河,遣人纠结兀良哈三卫并野人女真,恐其合众入寇,命缘边诸将,议战守之策以闻。"(正统二年十一月己亥)。

经常有兀良哈来寇大同、延安等处。其次是正统二年十一月辛丑、癸丑等条,载又有兀良哈三卫的鞑靼千百成群,陆续趋向延安、绥德边境的报告。十二月乙亥、癸未等条载有镇守延绥都指挥同知王祯等言:朵颜、福余卫众果然入侵其地,延安、绥德管内颇被其害。又据同月壬午和三年春正月各条说:都指挥杨洪奋战,捕获往返于西凉亭、伯颜山、宝昌州等处的贼徒很多。这些大半都是福余卫的部众。又《实录》正统四年九月丁巳条叙述杨洪在白塔儿打败兀良哈五百骑;十一月丁卯、辛未等条也载有延安、绥德贼寇的事。① 西凉亭、白塔儿、伯颜山、宝昌州全在独石、宣府边外,延安、绥德在今陕西东北边,因而大致可知兀良哈侵寇的方面。

那么,东边的三卫夷众为什么这样寇犯西陲地方呢? 这可能是当时大势所趋,再者因为三卫是蓟辽边外的贡夷,最初很难轻易地侵入蓟辽沿边,所以才远犯西边。不然,就必定是由于当时受瓦剌的诱惑才这样干的。我想,当盘踞东方蒙古的阿鲁台势力已被粉碎,西北蒙古新兴的瓦剌的势力还没有足够强大的时期,山西、陕西边外的内蒙古地方自然成了兀良哈三卫的活动舞台,并不奇怪。但从后来也先硬把一部分朵颜卫人迁徙到黄河北岸母纳山等地的态度来看,必须承认,当时瓦剌有必要压抑阿台、朵儿只伯等残余,因此进而促使三卫往西走。《实录》正统四年秋七月癸酉条载:

> "敕宣府、大同等处总兵官谭广等曰:即今瓦剌胡寇谲诈多端,常遣人来兀良哈处,纠合贼徒,窥伺边境。延安、绥德、宁夏,自六月以来,累了见境外烟火,此必鞑贼哨探路径,欲为鼠窃之计,尔等宜严谨提防。"

可见认为窥伺延安、绥德、宁夏等处沿边的兀良哈贼徒是由于瓦剌

---

① 关于兀良哈西侵事,《实录》正统十一年九月丁卯、十三年十二月己巳、十四年夏四月辛未等条也有例证。特别是景泰六七年也先死了以后,骚扰得更厉害。

胡寇唆使的，这恐怕不只是胆怯的明人的偏见吧！

不过，当时恃有瓦剌支援的三卫，它的发展不仅在西方，对南面的明朝方面和东面的女真方面，也一再伸展它的余力。叶氏《三卫考》（《四夷考》卷二）叙述这种形势说："睿皇帝（英宗）初，三卫复通房酋脱欢及女真，伺塞下，屡诏谕戒之。"《明史》（卷三二八）《三卫传》载：

> "正统间，屡寇辽东、大同、延安境，独石守备杨洪击败之，禽其头目朵栾帖木儿。未几，复附瓦剌也先。泰宁拙赤妻也先以女，皆阴为之耳目。入贡辄易名，且互用其印。又东合建州兵，入广宁前屯。帝恶其反复。"

与其说"未几，复附也先"，莫如说起首就交通瓦剌了。从宣德中叶到正统初年，一向效忠于明朝的三卫夷众，[1]自正统四五年之交，便逐渐开始在蓟辽边境上活动，偶尔传来达贼近塞的警报。到了六年十二月，就略微侵犯蓟北密云。七年十月，大犯广宁前屯。上引《三卫传》所说："又东合建州兵，入广宁前屯"指的就是后者。明《实录》正统七年冬十月癸丑（二十六日）条载，辽东总兵官曹义奏报说："本年十月初五日，兀良哈达贼纠合野人女真，共千余人，自毡帽山入，犯广宁前屯等卫界，杀虏男妇一百八十人，云云。"朝鲜《李朝实录》世宗二十四年（正统七年）十二月己亥（十三日）条，和这一样，记载曹义等的话："今达贼作耗，凡察诱之也。云云。"广宁前屯是今山海关外地方，凡察是著名的建州女真酋长。[2] 从此以后，不顾明朝的反复诏谕，接连侵扰蓟辽沿边，卒至正统九年遭到明军的进讨。

---

[1] 关于三卫在这时期特别忠顺一点，见前引《兀良哈三卫的研究》上（《满鲜报告》第十二卷、第254—257页），原书第226—229页。

[2] 把建州女真叫作野人女真本不错。说明代把满洲分成建州、海西、野人三卫的鄙说，毫无根据。称北方、西方女真各卫海西，南方女真各卫为建州只是俗称。所谓野人，本来是说北山的野人，即黑龙江省山林里的土人，后来就一般滥用作女真的通称了。

这一年春,明朝调动数万大军,在大将朱勇、徐亨、马亮、陈怀等率领下,分四路进攻。扫荡今热河方面,直到赤峰附近才班师。史料中颇多误传,事实经过已另行详述,[1]这里就不多谈了。唯这次征讨的特色是,不仅是向热河方面进行了大扫荡,实际是从辽东、蓟镇,一直到宣府、大同各边同时进击,肃清了境外。总之,这次遭受打击的是当时业已南下的三卫前哨,于是便激起三卫对明的憎怨。叶氏的《三卫考》等误解了这次战役,以为扫荡了三卫的根据地,所说"自是,三卫浸衰",当然并非事实,但它接着说:"然怨我刺骨,因通也先,导之入寇矣",在某种程度上却是事实。

前面已经说过,三卫的入侵,可能是出于瓦剌的嗾使。而西侵、南下的三卫,便逐渐和明朝发生冲突。被明朝边戍击败的三卫,向瓦剌求援,固属当然。明《实录》也记载这种情形,正统九年秋七月庚午条记载当时警戒沿边各将领的敕谕说:

> "近得辽东总兵官奏:兀良哈头目俺出传报:泰宁、朵颜头目拙赤等部屡言,被官军擒杀人畜,欲收拾人马犯边。又言:也先见差头目在三卫,索取以先漫散人口,其情俱未可测。"

又八月甲戌条载:

> "比使臣自瓦剌回,备言也先为人,凶狡桀骜,信谗多疑,专行诡道。而兀良哈头目拙赤等又在彼请兵,图为报复。"

俺出(An-ch'u)就是福余卫掌卫事都指挥安出(An-ch'u),拙赤是把女儿给也先做妻子的泰宁卫掌卫事都督拙赤。由此不难看出,以泰宁拙赤为中心,一味向瓦剌乞援,企图雪所谓刺骨之怨的情形。

到了九月,形势更加紧逼,即将看到他们要大举入犯了。《实录》正统九年九月丁亥条载:

---

[1] 参看和田清《关于正统九年征伐兀良哈》(《东洋学报》第十八卷、第三号、第425—434页)。

　　"比得降虏言：北虏计议，待我使臣回日，即携其家属，于
堆塔出晃忽儿槐地面潜住，分兵两路入寇。脱脱不花王率兀
良哈东侵，也先率哈密知院西入。"

堆塔出晃忽儿槐（Tui-t'a-ch'u Huang-hu-êrh-huai）就是前述正统
五年八月脱欢死，也先兄弟互争，分裂为东西［两部］的那条里所看
到的西方也先的根据地晃合儿淮（Huang-ho-êrh-huai）。据《少保
于公奏议》（卷二）①说：后景泰二年十二月前后，和脱脱不花王相仇
杀的也先，还曾一度躲避到叫作慌忽儿孩（Huang-hu-êrh-hai）的地
方。这个慌忽儿孩当然就是晃合儿淮。所称晃忽儿槐地方一向是
瓦剌也先和东方构衅时的一个根据地。这个地方，不知道是今什
么地方。堆塔出和晃忽儿槐显然是分别使用的两个词，堆塔出，在
蒙古语里没有什么意义，而晃忽儿槐（Khong ghorkhai）据说是"洼
处、洞穴"的意思。② 我认为是否就是今杭爱（Khangghai）山南边并
流的两大河流推（Tui）、塔楚（Tachu）两河之间的洼地。因为堆塔
出（Tui-t'a-ch'u）和推塔楚（T'ui-t'a-ch'u）不仅发音接近，而且这
个地方正是从西北蒙古向东南侵犯的要冲。

　　果真如此。那么，也先当时出动到这里，分兵两路，是想逼近
明边的。因为脱脱不花王当时住在东蒙古的呼伦贝尔地方，所以
应该率兀良哈东侵。而这里所说哈密知院肯定就是住在西方、后
来出现的哈剌知院即阿剌知院的讹误。而当时明和蒙古、三卫之
间一度出现的这样紧张局势，实际由于意外的转变，终于没有发生
冲突，决裂暂告推迟了。

---

① 《少保于公奏议》（卷二）《兵部为被虏走回人口事》。《少保于公奏议》是明朝当时的兵部尚书于谦
　　的奏议。我所见到的有明嘉靖二十年杭州府重刊本和近年北京刊本两种。
② 见柯瓦列夫斯基：《蒙、俄、法辞典》第 8732 页。又，此词及本篇使用的蒙古语，多承恩师白鸟博士
　　指教，附带在这里表示感谢。这对于阐明堆塔出晃忽儿槐的位置，考证瓦剌的根据地，是最重要的
　　关键。

丙 三卫的东侵

所说意外的局势转变,就是当时突然发生的女真和三卫的冲突。正像三卫和西邻大虏之间不断有过交涉一样,三卫和东邻女真也必定不断有密切关系,不过这并没有在记载上表现出来,因而此中情况根本弄不清楚。不过,从一般情况和片断的记录也完全可以推测:正如三卫经常从属于大虏一样,部分女真也必然不断感到蒙古势力的威胁。因比,当此瓦剌势力方张的时候,兀良哈和女真就立刻受到它的影响,动摇起来。叶向高的《北虏考》(《四夷考》卷六)说:时,瓦剌"势益张,东诱兀良哈、女真,窥塞下。"又《三卫考》(《四夷考》卷二)还说:"三卫复通虏酋脱欢及女真,伺塞下。"但记载这时三卫对东方女真的行动经过稍详尽的,并不是中国史料,而是朝鲜的记录。

据朝鲜《李朝实录》世宗六年二月和十年三月间,都载有奉州、凤州即今辉发河上山城子附近出现鞑靼军马,满洲部族因而发生动摇。[①] 世宗六年是明永乐二十二年,正是成祖热衷于征伐鞑靼阿鲁台的时期。世宗十年是明宣德四年,正是阿鲁台的势力逐渐衰退,属下的三卫开始背叛的时期,上述情形或许是当时骚动的余波,也未可知。总之,所谓鞑靼军马之中,有三卫兵马加入是无疑的,可见永乐、宣德年间,兀良哈的东侵已经到了辉发河流域。

正统四五年之交,三卫的活跃渐渐显著,朝鲜也立刻受到了影响。《李朝实录》世宗二十一年(正统四年)八月甲辰条首先就有如下一条。

"谢恩使阅义生、从事官李边、通事金汗回自京师,启:辽东人言:海西野人与达达将寇朝鲜。即传旨平安道都节制使曰:李边、金汗等来启,高平驿百户谓金汗曰:回自海西者言:

---

① 参看《李朝实录》世宗六年(永乐二十二年)四月辛未、同十年三月丁未各条和池内博士《鲜初东北境和女真的关系》(《满鲜报告》第二册、第296—297页)。

海西野人合三卫达达四千余人，入寇朝鲜后门。又辽东镇抚
王逊言：今闻三卫达达等发向，向朝鲜。"

又九月甲子条也载此事，说："三卫达达操练军兵，欲向朝鲜。"又二
十二年（正统五年）五月已未条载：风传"李满住请蒙古兵三万，又
欲入寇。"李满住是建州卫著名的大酋。据明《实录》在这同一时
期，正统五年夏四月乙未条载："建州卫都指挥李满住、福余卫辊靼
互相盗马。夫夷虏仇杀为盗，循习旧俗，无足怪者。云云。"女真同
三卫融洽本来很不容易，何况说两者联合起来入攻朝鲜，这真是地
道的杞人之忧。但从这类传说之盛，也可以推测充当瓦剌先锋的
三卫的东侵势力了。

果然，七年夏，三卫使臣终于横穿满洲，到了朝鲜边境，并带来
所谓蒙古皇帝的敕书。《李朝实录》世宗二十四年（正统七年）五月
癸亥条载咸吉道都节制使李世衡的书启说：

"达达笃吐兀王等十六人赍蒙古皇帝敕书，于四月十六
日，到阿赤郎耳地面，臣以义拒不纳。"

就是指此事。咸吉道是后来的咸镜道。阿赤郎耳是这方面边境上
的要地。这个使臣笃吐兀王等都是三卫和女真人，这从当时朝鲜
给明廷如下的奏报里可以明确。奏称：

"笃吐兀王言：我是海西西北朵颜卫达达人。波伊叱间、
伐于节等言：俺每俱系忽剌温人。仍言：我蒙古皇帝见住照兀
足所地面，前年时分，皇帝哲（招）谕忽剌温头目六人等敕书及
谕高丽敕书，授高吐照王，出送忽剌温地面，缘未知高丽道路，
回还。俺每随同本人，去年十二月内进见皇帝于帐幕里，设宴
赐马。至今年二月初五日，封笃吐兀为王，授波伊叱间豆麻
豆，①授伐于节达鲁花赤，仍令赍敕，不分星夜出送来了。"

---

① 关于蒙古官名"王"、"达鲁花赤"，尽人皆知，无须说明。唯独"豆麻豆"不详。据白鸟博士指教，可
　能是万户，即"豆漫"（Tümen）的复数形（Tümed）的对译，还是万户的意思。

第一次的使节高吐照王，或许是蒙古本部人，也未可知，但第二次的正使笃吐兀王却明明自称是"朵颜卫达达人"，副使波伊叱间、伐于节二人，都说是忽剌温即海西女真。当时，因害怕明廷辽东都司的监视，女真通朝鲜的使者都取道咸镜道方面，这次使节恐怕也是选择了这条交通路线。

当时，蒙古使臣在朝鲜边境受阻，敕书也未被接受，原封退回，但《李朝实录》却记录了敕书的大意。即《李朝实录》世宗二十四年五月戊辰（九日）条记载上述奏报后接着记述当时通译所默识的敕书大意如下：

> "太祖成吉思皇帝统驭八方，祖薛禅皇帝（世祖忽必烈）即位时分，天下莫不顺命，内中高丽国交好倍于他国，亲若兄弟。世衰遭乱，弃城依北，已累年矣。今我承祖宗之运即位，今已十年，若不使人交通，是忘祖宗之信意也。今后若送海青及贺表，则朕厚赏厚待。"

又继续说："季（其？）后年号则未得理会，年月日则十二月初五日，纸则黄色薄纸，印信则不是大印，其方周尺五分许。"如上所述，由此我们才知道当时蒙古皇帝脱脱不花汗即位的年代和年号等。接受报告的明廷方面当然也记录了这件事，《大明实录》正统七年六月丁巳（二十八日）条载明帝英宗覆朝鲜国王李祹（世宗）的敕书说：

> "得奏知力拒达达事，良用嘉悦。王之忠诚，朕所素知，初非待今之奏也。盖迤北达达名脱脱不花者，权臣脱欢立之为主，虽假以虚名，实专其权。前岁，脱欢已死，其子也先继领共众，擅权如故，每岁脱脱不花及脱欢父子皆遣人来朝贡马，朝廷亦常遣使往彼，答赐礼物，与之通好。实则谨饬边备，防之甚严。王之所言，必是此种部落，今后如彼再有人来，但坚此诚。若其虚张大言，只应严固边备。"

同年十月甲午条又提到这个问题，说："初，瓦剌密令女真诸部，诱胁朝鲜。絪拒之,而白其事于朝。上嘉其忠诚,以敕奖谕。"

于是,三卫日益加紧向东方扩展,到这一年十月,竟联合建州女真,侵犯明辽西前屯卫,这已阐述过了。又据《李朝实录》世宗二十五年(正统八年)冬十月丁未条载咸镜道都制节使的报告说:"有野人来告:达子綯昔日不纳之嫌,将于今冬明春来侵。"第二年(正统九年)三月甲寅条载:"达达将欲于四、五月间入寇。"最后,世宗二十九年(正统十二年)春正月戊辰条又载:"今闻朵颜卫鞑靼与海西野人谋欲寇边。"总之,已经是风声鹤唳了。下述三卫和女真的攻战,正是发生在这种形势之下。

丁 三卫和女真的冲突

三卫和女真的纠纷,是由于海西女真不堪假借瓦剌虎威的三卫所加的横暴,团结起来而引起的。这时兀良哈三卫固不待言,就是海西建州女真也都屈从也先、脱脱不花的威势。虽说如此,女真在瓦剌的爪牙三卫的残暴压迫之下,竟仰仗明朝的援助而奋起。这就是所谓格鲁坤迭连战役。《实录》正统九年九月壬寅条记载这次战役的经过如下:

> "初,肥河卫都指挥别里格奏:兀良哈拘杀其使人,朝廷许其报复。别里格遂同呕罕河卫都督偭哈答等率众至格鲁坤迭连地,与兀良哈头目拙赤、安出等战,大败之。遣指挥咬失以状闻。上赐彩币奖谕之。"

《明史·三卫传》等也采录了这个记录的要点。兀良哈头目拙赤、安出,就是泰宁卫都督拙赤和福余卫指挥安出;和他们搏斗的肥河卫都指挥别里格,就是曾和阿鲁台打过交道的故都指挥剌令哈的儿子;呕罕河卫都督偭哈答就是故都督乃胯之子宁哈答。[①] 肥河

[①] 据《实录》宣德八年秋七月乙亥、正统元年二月丁未等条,可知肥河卫的酋长世系是"哈哈缠——剌令哈——别里格"。又据正统七年十二月戊子等条,可知呕罕河卫都督是"必缠——乃胯——偭哈塔。"

卫的位置肯定是在哈尔滨东边蚕克图河边。呕罕(Ouhan)河卫这个名字,我想可能出自注入三姓方面的倭肯(Weken)河。① 别里格、俪哈答,如后面所说,是当时女真唯一的大酋。重要的作战地点格鲁坤迭连的位置不详,很遗憾,但按形势推测,可能是满蒙交界地方的冲要,应该在今农安、长春方面去找。这次战役,朝鲜没有得到消息。又据《实录》正统十年二月戊申条载:"卜忽秃河卫指挥佥事巴真等奏:尝被达贼虏掠人马,去年七月间,同都督别里哥(格)等,率众往彼地面,杀败贼徒,将所获马,遣人进贡,赐敕奖之,并赐彩币表里。"由此可知,格鲁坤迭连战役发生在九年七月。

而冲突并不只是格鲁坤迭连一次,十年,可能又在西方兀良哈地面发生了战争。《实录》正统九年九月壬寅,在上引肥河卫的奏报之后,接着说:

> "时,兀者卫指挥莽剌随别里格,往诸卫互市,格鲁坤迭连之战,达寇悉掠其所赍,莽剌忿其强暴,复请于朝,欲率众追杀。从之。"

又十年二月庚戌条载:

> "塔山等十七卫都指挥弗剌出等奏:累破兀良哈三卫达贼扰害,欲率领人马,前去复仇。从之。"

同月乙卯条也载:亦儿古里等卫指挥佥事斡罗等来朝,因请"率领人马,往兀良哈地面复仇。"明廷借他们归还之便,谕各卫管事头目说:"果曾被达贼侵扰,听其报复,但不许生事启衅,以害良善。"

兀者卫是在今呼兰、绥化方面兴起的,前已论述。② 塔山卫是《实录》永乐四年二月己巳条所说:"女真野人头目塔剌赤、亦里伴哥等四十五人来朝,置塔山卫,以塔剌赤等为指挥同知卫所镇抚千

---

① 参看前引《兀良哈三卫的研究》上(《满鲜报告》第十二卷、第252页),原书第225页。关于设置呕罕河卫事,也见于《实录》永乐六年春正月甲戌条。
② 参看前引《兀良哈三卫的研究》上(《满鲜报告》第十二卷、第161页),原书第167页。

百户。赐诰印冠带袭衣及钞币有差"的地方,也就是后来清初呼伦四部之一的乌拉部的前身。但从称作呼伦(Hūlun)即所称忽剌温(Khulaghun)来看,原来可能出自今呼兰河地方。① 亦儿古里卫和兀兰、札木哈、脱木河、福山各卫,都是永乐四年八月戊子设立的。卜忽秃河卫和阿儿温河、可河两卫则是永乐十二年三月庚辰设立的,它们的位置沿革都不清楚,恐怕都是松花江流域的部落。总之,这些都是所谓海西女真,是居住在最易受蒙古入侵的今哈尔滨平原的居民,因而为了抵抗蒙古东侵的大势联合起来,求明支援,并获得复仇的许可。十年秋,女真联合军遂大举反攻兀良哈。

《实录》正统十年九月甲申(十四日)条载前此辽东总兵官都督同知曹义奏报海西女真的进军计划,说:

> "海西肥河等卫女真都督剌塔、宁哈答、别里格遗其徒咬束等来报:欲于今秋,率众往福余等卫,报复私仇。已聚兵辰州。"

接着,冬十月庚申(二十日)条载下述敕谕,略述战况,并叙述停战后明廷作为宗主国出任调停的态度说:

> "敕谕福余卫都指挥同知安出、都指挥佥事歹都及大小管事头目人等曰:今得尔等奏,女真头目剌答等引领人马,到尔地方,杀掠人畜家财,尔歹都率人马追逐,夺回人口。今欲复率部属,往彼报仇。然去年冬,剌塔等奏,被尔处所属杀掠其人马财物,累请擒治。朝廷谕彼令挨寻原贼,依俗赔偿媾和。尔兀良哈与女真,皆朝廷开设卫分,乃彼此交构报复,论法俱不可容。特念尔等远人无知,悉置不问。自今各宜谨守法度,毋作非为,与邻境和睦,用图永久。仍宜戒饬部属,凡往来须远离边境,恐巡哨官军一概剿杀难辨,特谕知之。"

---

① 参看前引《兀良哈三卫的研究》上(《满鲜报告》第十二卷、第161页),原书第167—168页。

据《实录》载:明对泰宁卫都督拙赤、都指挥同知隔干帖木儿等,也有同样的敕谕。又,同年十一月己丑(二十日),还用同样敕书晓谕女真说:

> "敕谕兀者卫都督刺塔等、肥河卫都督佥事别里格等、呕罕河卫都督佥事偏哈答及各野人女真卫分都指挥等官头目曰:今得尔等奏:去年被兀良哈达子劫掠尔女真人畜财物,近者尔往彼报复,得其达子人口。彼复追及尔等,将所得达子人口遣还。就遣人往彼,取原掠尔女真人口,遣人来奏。近来福余卫都指挥安出等亦奏:欲复率部属来尔处报仇。朕以尔野人女真各卫与兀良哈达子各卫,皆朝廷开设,皆当以奉公守法为心,乃互相报复,不知悔过,岂保全长久之道。已遣敕切责安出等,不许擅动人马。敢有近边者,悉听官军剿杀。然彼谲诈反复,素性不常。尔等宜整饬人马堤备。如彼远遁境外,尔亦不必穷追,朕以尔女真卫分忠顺朝廷,始终无间,特谕知之。"

拿这条和前引给福余卫的敕谕对照一下,就足以推测出事变的真相了。

阅读上述史料,首先应该注意的是,海西女真联合进攻三卫,而防御方面只见有福余、泰宁两卫,却看不到朵颜卫的名字。我想这是因为三卫之中,福余本土在齐齐哈尔方面,泰宁本土在洮南附近,而朵颜的根据地却在今索伦、突泉方面。各卫逐渐南下、东侵,因而造成同女真斗争的原因。纵使这样,首当其冲的看来只是东边的福余、泰宁两卫,西端的朵颜卫几乎没有参与。还有一点,上述史料特别明显的是,明廷对女真明白表示有好感,而对三卫没有丝毫好感。这是由于当时的实际情况,即三卫乘瓦刺煽动,极其骄蹇;反之,女真专赖明廷援助,表示忠顺的当然结果。战争是有恃于明廷声援的女真毅然发动,先在格鲁坤迭连会战中获胜,乘势想进一步深入敌方地区。前后两次,当然是连续的战争。起初,明廷大力声援女真,后来看到纠纷长期化,便在战争还没有转入对女真不利的形势以前,出面调停。三卫的损害可能也不很大。遗憾的只是女真军集合地的辰州,没法考证;战斗是在哪里进行的也不能确定。

2.瓦剌的东侵

甲 瓦剌蹂躏三卫

三卫既失去入侵明朝的机会,侵犯女真又遭到反击,不久自己反而遭到赖为盟主的瓦剌的蹂躏。前面已经说过,瓦剌和三卫的关系。从阿鲁台灭亡时起就日趋亲密,两者的联姻关系,更加证明了这点。如后所述,脱脱不花王的前妃也是所谓兀良哈房酋的爱女,也先本身也一再倚靠同三卫的联姻政策。据《实录》正统六年十二月戊戌条载:

> "泰宁卫都指挥隔干帖木儿奏:以女与瓦剌太师也先为婚,令(今?)将原送马匹进贡,乞赐珍珠罟罟冠袍为礼。上命赐大红纻丝表里二、青纻丝表里一。罟罟冠袍等物[1]无例。其止之。"[2]

这个提议,好像就这样做了,于是也先就成了泰宁卫酋隔干帖木儿的女婿。隔干帖木儿也作革干帖木儿,前述和女真打仗那条里也见到这个名字,是后来泰宁卫著名的掌卫事都督脱脱孛罗、歹塔

---

[1] 罟罟是蒙古妇女的一种头饰,详见白鸟库吉《亚细亚北方民族的辫发》(《史学杂志》第三十七编第三号——大正十五年三月、第224—226页)。

[2] 按《明实录》影印国学图书馆传抄本、第九十六册、正统实录卷八十七、第2页,"令(今)将原送马匹进贡"作"今将原送马匹进贡"。——译者

儿、只儿挨等的远祖。[1] 又《明史·三卫传》也载,当时"泰宁拙赤妻也先以女",因此,拙赤之女也是也先众妻之一了。都督拙赤是泰宁卫第一个大酋,故都督阿者罕的儿子、都督脱火赤之弟。[2]

于是,三卫和瓦剌通婚,受它的煽惑,便侵犯明和女真。但不久就遭到瓦剌的蹂躏。瓦剌为何突然来攻三卫地方不详,可能是为了完成它的统一,也想完全吞并这东边的地域,而直接的名义却是苅除潜伏在这里的劲敌阿鲁台的遗孽。在这以前,阿鲁台在强盛时曾和三卫结亲,灭亡以后,他的遗族逃窜三卫。这已经谈过。[3] 其中,他的次子火儿忽答孙之妻速满答儿好像是三卫的酋首,[4]这从《实录》正统二年冬十月癸酉、三年九月壬午等记录里可以了解。瓦剌所寻求的必定就是这类人物。关于此事,《实录》正统十一年春正月壬申条载授谕泰宁卫都督佥事拙赤、朵颜卫都指挥同知朵罗干、福余卫都指挥同知安出等的敕书里说:

> "尔等奏:瓦剌欲遣人马于尔处,挨索阿鲁台之孙,请朝廷悯恤。及称遇急,欲移部属,潜避边境山谷。朕从所奏,敕边将不许侵扰。其阿鲁台之孙,听其来朝保全身命。尔等又奏:欲遣人往女真与都督剌塔等议和,悉听其便。"

阿鲁台的儿子们都在父亲灭亡前后,投降了明朝,其中独火儿忽答孙盘踞三卫没有屈服。但到正统十年十一月癸酉,突然和明朝通好,结果就有了上述的敕书。所称"阿鲁台之孙",我想就是火

---

[1] 据章潢的《图书编》(卷四十四)所载《蓟镇抚赏长策》说:"按三卫之设.每卫置都督一人。泰宁卫之祖,其左都督曰兀捏帖睦儿,再传而绝;右都督曰革木干帖睦儿,今袭者曰只儿挨。"关于右都督:郭造卿的《卢龙塞略》(卷十五)《贡酋考》说:"始祖右都督革于帖木儿生脱脱孛来,其子曰歹塔儿、曰火勺儿罕;歹塔儿子,长曰只儿挨,袭祖职。云云。"这个革木干帖睦儿、革于帖木儿,实际就是革干帖木儿,即隔干帖木儿。《实录》里有很多证明。但这应另文详述。

[2] 参看《大明实录》宣德六年八月甲寅、八年五月壬戌等条。

[3] 参看前引《兀良哈三卫的研究》上,《满鲜报告》第十二卷、第245—247页)原书第222—223页。

[4] 参看同上,《满鲜报告》第十二卷、第305—306页),及本书197页注[3]。

儿忽答孙的儿子。① 三卫为瓦剌的强暴态度所吓倒,突然求助于明朝,并和女真议和了。

然而瓦剌到这时候才索讨阿鲁台的孙儿,只是想借端启衅,实际是这时无论如何想要征服三卫地方。据《实录》载,正统九年八月辛酉条已经说:"使臣归自瓦剌言:虏阅兵利器,交构兀良哈诸部,意在寇边。"当时正是泰宁的拙赤驻在瓦剌那里,企图请求派兵对明施加报复的时候,因此,这份报告可能是个误报。但至少,正统十年冬十月己未条确实载有提督辽东军务左副都御史王翱的奏报,说:

> "比者,益实等卫野人传言:瓦剌也先以岁饥故,欲遣人马
> 于红崖子山围猎,恐其因而入寇。"

也先人马这时已进驻到辽东塞外。红崖子山这个名字,使人联想到今赤峰,但按当时形势想来,可能是更少偏北方的山。

总之,瓦剌的势力很快达到了兴安岭以东,多数是大元宗族的三卫各酋尽管都顺服元主脱脱不花,尽管利用瓦剌的势力,但并不轻易屈从瓦剌也先的约束,恐怕这就是冲突的原因。也先终于感到有施加压力的必要,果然,不久就派来大举讨伐的军队。《实录》正统十一年冬十月乙巳(十一日)条载也先出兵情况说:

> "瓦剌也先遣其徒奄克至大同称:也先率众往兀良哈,恐
> 回时人马困乏,索粮接济。就欲与太监郭敬相见。敬以闻。"

同月己未(二十五日)条记述他献俘,说:

> "敕谕瓦剌太师也先曰:近者太师遣头目把秃不花等,赍
> 奏将所得兀良哈人口马匹来进。朕特颁敕褒奖。"

从乙巳到己未,其间只十余日,也先送来的必定是战役初期的俘

---

① 参看前引《兀良哈三卫的研究》上《满鲜报告》第十二卷、第 245—247 页和第 305—306 页);本书第 197 页注③。

虏，把秃不花等由东方战场直接送到北京来的。《实录》同一条接着说："初，把秃不花等不由大同、朝贡使臣往来大道而来，乃从迤北境外山路险窄之处行走。云云。"就是指这种情形说的。献俘的本意，当然是对明廷的一种示威运动，威胁明的属夷，试探它的态度，有向明廷问鼎轻重之意。尤其骇人的是，当时也先的进军路线，仿佛是经过靠近明边的漠南内蒙古地带。而明廷对此只表示"近闻太师等杀掠兀良哈部属，恐彼余众奔遁，来边为盗。已敕边将严谨提防。遇有近边者，即时剿杀。今虑太师人马不知朝廷禁令，或往来边外，边将一时不辨，或误有所伤，太师宜毋令近边。"

这就是直接有关瓦剌第一次侵伐兀良哈的全部记录。但据后面所引正统十二年秋七月庚戌所载敕书，说泰宁卫名酋掌卫事都督拙赤等大都在这次战役中被杀了，可见战争的规模相当大，并不限于泰宁、朵颜两卫，也波及到东边的福余卫地方。像《实录》正统十一年十一月癸未条所载"福余卫达子把秃等九人，为也先所逼，挈家来归。上命皆为头目，于广宁居住"就是一例。这次战役几乎可以说是决定三卫命运的大事件，当时朝鲜人传闻的记录载说："中国人言：深处达达瓦剌也先，将兵亿万，几歼三卫达子。"[1]明《实录》正统十二年春正月庚辰条所载兵部尚书邝埜等奏报，总括地说：

> "瓦剌虏酋也先，自其父脱欢时，吞并阿鲁台，部落益以强大，而西北一带戎夷，被其驱胁，无不服从。惟兀良哈三卫不服。也先又亲率人马，分道掩杀。自此漠北东西万里，无敢与之抗者。"

这些话便成了后来夸大也先势力的典据。

---

[1]《李朝实录》世宗二十九年（正统十二年）闰四月戊子条。

《明史·三卫传》便把它说成是"瓦剌复分道截杀，建州亦出兵攻之，三卫大困。"建州是否真的出兵攻打了？别无证据。不过，瓦剌分道截杀，"三卫大困"，确是事实。如后所述，三卫虏酋的族谱等多半这时散佚了，以前的情况，无从得知。① 这岂不可以说"自是三卫寖衰"吗？

因此，《明史·三卫传》接着说："十二年春，总兵曹义、参将胡源、都督焦礼等分巡东边，值三卫入寇，击之。斩三十二级，擒七十余人。"恐怕不确实，这并非三卫入寇，只是当时击退残败余众中逃近边境的人。据《实录》正统十二年二月甲子条载，提督辽东军务左副都御史王翱奏称：

> "臣会同军马，出境巡哨。总兵官都督曹义出广宁，兀良哈贼众匿林中，义率兵围之，贼突出迎战，我军奋勇击之，贼大败。左参将都指挥胡源等出开原、辽阳，都督焦礼出宁远，俱遇贼，各战败之，全师而还。凡斩首三十二级，生擒七十余人，获马牛羊四千六百有奇。"②

又夏四月乙未条载有大肆论功行赏事，叶氏的《三卫考》里也有大致无误的记载。当然，明的边境，直到近塞边外都被看作是警备区域。③ 因而接近塞垣就不能不说是犯境，但把它写作"三卫入寇"就不对了。实际，这时三卫已无侵寇的余勇，明将只是掩袭残寇。博得了奇功而已。

《实录》正统十二年春正月庚辰条载有上述兵部尚书邝埜等的

① 从本书第238页注①所举《图书编》和《卢龙塞略》的例子，也可以了解，除《明实录》外，各种成书所传三卫的世系大都是从这以后开始的，以此为始祖。以前的世系都没有留传下来。其理由之一是时代遥远，但主要的理由必定是因为遭到这次也先的蹂践，谱牒记录都丧失了。

② 按《明实录》影印国学图书馆传抄本、第一〇七册、正统实录卷百五十一、第1页，"二月甲子"，影印本作"三月甲子"。——译者

③ 汉人在同北狄之间筑起塞垣是作为防御设备，并不是用来表示两者的边界。塞垣以外几百里的地区是警备区域，是不许北狄入侵的瓯脱地。当汉人势力强盛时，经常如此。因此，倘有敌人近塞的警报，能干的将士必定要去击退近塞的敌人。在汉人看来，并不违法。

奏言,又二月乙未,大同巡抚罗亨信也上奏说:"达贼也先自去年秋,抢掳兀良哈,得志回还。云云。"看来瓦剌征伐兀良哈,大约在正统十一年似乎已经结束,其实,瓦剌直到十二年还在平定三卫残寇,这在《实录》里证据很多。即正统十二年闰四月戊寅(十七日)条叙述当时驻扎在辽东境外的瓦剌兵重又蹂践朵颜余众,说:

> "近朵颜卫指挥乃儿不花等遣指挥哈剌兀塔儿等言:也先诱彼,往取所掳人畜。比至,一无所还,反遣人取其所虏人家属。恐其复来抢劫,欲率众移居白山。"

据五月戊午(二十八日)条载,这个乃儿不花也被也先之弟赛罕王杀了,接着,六月甲戌、乙酉,七月庚戌,八月甲子等条,还记载被瓦剌追逐的三卫余众相继投降明朝的事。乃儿不花是正统六年冬十月壬申以后常常出现在《实录》里的朵颜卫的大酋。白山可能在今广宁北面的白云山、白土岭附近①。

> 《明史·三卫传》叙述这事说:"其年,瓦剌赛刊(罕)王复击杀朵颜乃儿不花,大掠以去。"

立即接着说:"也先继至,朵颜、泰宁皆不支,乞降。福余独走避恼温江。三卫益衰,畏瓦剌强,不敢背。云云。"其中,后者显然是根据《实录》正统十二年九月己酉条所载,谕提督辽东军务王翱的敕诏所说:"瓦剌朝贡使臣言:也先兵侵兀良哈,其泰宁、朵颜二卫,已为所胁,惟福余人马奔恼温江,彼又欲待冰冻时追之,因往海西收捕女真。云云。"不仅是泰宁、朵颜两卫,就连福余卫的南进地区,也全被夺了。

《实录》正统十三年二月乙丑条还载:

---

① 《辽东志》(卷一)《广宁山川》条说:"白云山,城北九十里,珠子河发源于此。"又"白土岭,城北七十里。"白云山就是后来著名的泰宁、福余两卫交界的白云山。《辽东志》里另外还有许多白山、北山等名字,但作为当时朵颜卫酋长逃去的地方都不适合。又,关于乃儿不花事,见于《实录》正统六年十月壬申、闰十一月辛卯、十二月庚戌和八年六月己亥等条,都只载朝贡的事。

　　"敕谕福余卫都指挥安出等曰：比者，千户王成还自海西，
顺赉尔奏言：去年为迤北贼徒抢杀，避于恼温江居住，乞朝廷
招抚。朕念尔等流离失所，特遣成赉敕，直抵恼温江晓谕。尔
等即互相劝谕，率领人民，来辽东境内，选择水草便利宽舒善
地，安插居住，给与粮赏。使大小老幼，各安生业。尔不可迟
疑，有负朕恩待之心。"

当时，福余卫都指挥安出等乞求明廷招抚，明使臣远到恼温江即今
嫩江江边安抚他们，允许他们逃入辽东境内。《实录》同年夏四月
丙子、六月庚辰等条载有诏谕这时逃离本土散处滦河一带的三卫
头目等，允许把他们都安插在辽东水草好的地方。

　　还有《实录》里没见到、《明史》也没有采用而据郑晓的《吾学
编》(《皇明四夷考》上)《兀良哈考》正统十四年条载：

　　"己巳(正统十四年)，福余大(泰字之误)宁结也先，为也
先乡道，朵颜独扼险不肯从。也先至，不能入塞。不得利，大
掠福余、大宁人畜去。"

这事，叶向高的《三卫考》(《四夷考》卷二)、郭造卿的《卢龙塞略》
(卷八、洪宣正景经略)、陈仁锡的《皇明世法录》(卷八十二、鞑靼)、
等书都已采录，尤其是谷应泰的《明史纪事本末》(卷二十《设立三
卫》)，把它写在十四年三月，并在结尾处说："其秋，与也先合，土木
北狩。云云。"但这事不仅不见于《实录》，就是当时停留在蒙古的
杨铭所著的《正统临戎录》上，也没有见到此事的踪迹。而且本文
说"朵颜独扼险不肯从，也先至，不能入塞。"似乎朵颜已经占据了
热河的山险，但这绝不是事实。当时，朵颜还在遥远的北方，[①]即使
说据守兴安岭侧面的山险属实，当时朵颜已遭到极惨重地蹂躏，如

────────

① 当时朵颜卫的根据地还在现今洮儿河上游方面。从《李朝实录》世宗二十四年(正统七年)五月戊
辰条所记蒙古皇帝所遣朝鲜招抚使笃吐兀王的话，说："我是海西西北朵颜达达人，"当然可以明
白。海西是现今哈尔滨扶余方面，从这里更往西北，正是洮儿河流域。

后所述,它的一部已被迁到西面蒙古地方了。我想这可能是郑晓等相信后来朵颜占据热河地方独自强盛起来时期的传说,把它误写在这年一条里了。《明史》不采用这种说法,应该说是明智的判断。因此,现在我对这种传说也略而不述。

经过上面所说的两次征剿,瓦剌对兀良哈的讨伐该是如何彻底,除前述各种征兆外,还明确表现在下面引证的几句话。即后来,在瓦剌的阿剌知院发动叛乱、杀死他的主子也先时,首先数出也先的三大罪状说:"汉儿人血在汝身上,脱脱不花王血也在汝身上,兀良哈人血也在汝身上。天道好还,今日轮到汝死矣。"[①]第一句是说也先曾寇掠汉人,并擒获了大明正统皇帝;第二句是说他弑杀他的主子脱脱不花,歼灭了元室遗裔;第三句是指这次剿戮三卫。也先征略四方,劫杀颇多,而独特别指数这三件事,可见剿戮三卫的程度,绝非寻常,同时也可以想象到这次侵犯的理由并不充分。至于瓦剌究竟怎样压了三卫不详。但肯定和后来脱脱不花王经略海西女真时一样的手法,反抗者杀、遁逃者焚烧其家宅遗财、顺服者囚而载归的蒙古式战法。至少,当时三卫俘囚为数相当多。这事容待后述。而且也先的势力不仅摧毁了三卫,还进一步,迫使东邻女真屈服,南下逼近到中国的中原。

乙 瓦剌的满洲经略

瓦剌席卷三卫的余威,当然会波及东邻的女真地区。据朝鲜风传:瓦剌经略了三卫,同时还打算侵袭海西野人,女真野人对此畏惧震骇。《李朝实录》世宗二十九年(正统十二年)闰四月戊子条载有据通事崔伦的奏启的前引"深处达达瓦剌也先将兵亿万,几歼三卫达子"一条,立即接着说:"又于夏秋间,谋袭海西野人。野人畏惧,挈家登山。"[②]又六月戊子条载世宗给平安道监司的谕旨说:

① 见《大明实录》景泰五年冬十月甲午条。
② "登山"是女真人紧急时避难的常法,其设备完善者,即形成表示该地方特色的山城而发达起来。

> "今通事金辛回自辽东启:达达也先太师屯兵黄河,冬月
> 欲攻海西野人。辽东阅军堤备……预料也先既灭三卫,欲歼
> 海西,诸种野人莫不畏惧,不敢宁居。盖其势方张,如此其盛,
> 将来之变,难以尽知。"

又据十一月乙未和三十年(正统十三年)二月壬午等条载,朝鲜本
身听到这些风传也颇露出震动和警戒的样子。上述也先屯兵的黄
河,从地理上说,并不是真正的黄河,应该是所谓潢河,也就是今辽
河上游的西喇木伦(Shira Müren)河。总之,这一年(正统十二年)
的秋冬间,战祸迫在眉睫。上引《大明实录》正统十二年九月己酉
条载瓦剌贡使的话,说泰宁、朵颜二卫已被胁迫而屈从,福余人马
已奔赴北方恼(脑)温江,"因往海西收捕女真",必定指的就是这件
事。

但据明人的记录,战祸危机早已来临。即据《实录》正统十一
年十一月己卯条载,已在敕谕女真吉河卫指挥速鲁董哈之男北赤
纳等,应该规避瓦剌的诱惑说:

> "近得尔等奏言:闻迤北鞑靼来抢各卫,尔野人女真欲收
> 拾人马堤备,具见尔等保守境土、忠敬朝廷之意。敕至,尔即
> 约束部属,但有远夷奸人到来,蛊诱尔众为非者,即拒绝捕治。
> 或来侵尔境,即并力剿杀,斯为尔福。近观兀良哈三卫,皆因
> 其头目与远夷人交通,致彼数数往来,察其动静,今被劫掠人
> 畜,实所自取。尔等得以为鉴。"

吉河卫就是《实录》永乐四年三月癸卯条所说的"女真野人头目速
鲁董哈等来朝,置吉河卫"的地方,可能是相当远的腹地,犹且如此
动摇,何况首当蒙古入侵之冲的西边各卫,当骚动更甚了。前引
《实录》正统十二年闰四月戊寅条载朵颜卫指挥乃儿不花的话,下
文接着说:"又言:本卫达子速可台娶兀者卫都督剌塔妹为妻,也先令
速可台来迫剌塔,馈送粮食。且言:违命即肆抢掠。因来侵扰广宁、

开原。云云。"七月庚戌(二十日)条还载敕谕剌塔等一文如下：

> "敕谕海西野人女真卫分都督剌塔、别勒格、宁哈答、都指挥末朵斡、长安堡及建州三卫都督李满住、凡察、董山各卫都指挥等官大小头目，曰：今兀良哈来朝者言：瓦剌复欲侵劫兀良哈部属及尔地方。且瓦剌居迤北之地，兀良哈居迤南之地，本不相侵犯。近年瓦剌谋取兀良哈，以结亲为由，与其都督拙赤等交结。去岁为彼劫掠，拙赤等先死，其余败亡。往事可鉴。今此虏又欲谋尔野人女真。尔宜戒饬所属头目人民，但有虏寇来蛊诱者，即便擒拿，送镇守官，具奏处置。侵犯者即并力剿杀，无失建立功业、忠报朝廷之意。"①

剌塔是前述兀者卫都督，别勒格(Pieh-lê-ko)是肥河卫都督别里格(Pieh-li-ko)，宁哈塔(Ning-ha-t'a)是呕罕河卫都督儞哈答(Ni-ha-t'a)。建州三卫都督是本卫李满住，右卫凡察，左卫董山等。剌塔等是当时女真唯一的大酋，受也先胁迫，奉命馈送粮食。明廷对这种形势颇为惊骇，便对当时女真主要各酋发出了上面所说的通谕。接着，八月壬午(二十三日)条就有都督剌塔奏报："迤北鞑靼遣人来其卫，追寻兀鲁歹等。"明廷对此一面向蒙古抗议，一面又命令边将晓谕剌塔，坚决和北虏断绝来往，勿蹈三卫的覆辙，并说："敢有违者，听剌塔等依法惩治。"据后来明帝致鞑靼可汗的信，提到这件事时说："前岁因迤北差人到兀者等卫，跟寻仇人，已致书可汗，并谕太师也先，各安礼分。"②由此可知上述兀鲁歹必定是蒙古的仇人。但每以"跟寻仇人"为借口来逼迫敌人，正是也先导致用兵前的惯用手法，明廷生怕开国以来的属夷女真受挫而合并到瓦剌，丧失所谓辽海藩篱，但瓦剌决心以实力来实行它的政策，正统十二年

---

① 按《明实录》影印国学图书馆传抄本、第百〇八册、正统实录卷百五十六、第6—7页，"复欲侵劫兀良哈部属及尔地方"，没有"及尔地方"四字。——译者
② 见《大明实录》正统十四年春正月己酉条。

十一月己巳条载："瓦剌平章领人马，于北山驻扎，此必也先所遣，欲胁野人女真，使之归己。"不久，海西女真仿佛就落入也先的权力之中了。

于是，席卷海西地方的也先的威力，更南并建州，北抵黑龙江流域。如上所述，据《明史·三卫传》载，正统十一年秋，在瓦剌第一次剿杀兀良哈时，就已"建州亦出兵攻之，三卫大困"了。这并没有其他确证，也不能以此立即证明当时建州已经屈从于瓦剌，但至少正统十三年时，瓦剌的胁诱书已撒遍全满洲了。《实录》正统十三年春正月乙巳条载，北虏经常遣人胁诱。于是，明便晓谕"建州等七十五卫所都督同知李满住等及大小头目人等，"劝他们必需坚守信义，拒却诱惑。并告诫他们："敢有轻听诱，私通夷虏，引寇为患，必调兵马，剿杀不宥。"又据《实录》载：是年秋，蒙古以成吉思汗（太祖）、薛禅汗（世祖）名义胁诱女真，明廷便在十一月庚寅，赐敕安抚女真；又在十四年春正月己酉致书鞑靼可汗抗议。下面的引文就是这个抗议书里的一段。说：

> "去岁秋，女真野人卫分都指挥等官来奏：尔瓦剌遣头目把秃不花等，同兀良哈达子，赍文书到各卫。其书云：前元成吉思及薛禅可汗授彼父祖职事，要令彼想念旧恩，及要彼整备脚力粮饭。彼各头目将尔瓦剌文书来奏，朕览其词，皆诱胁之意，非正大之言。"

叶向高的《四夷考》（卷六）《北虏考》就此事说："也先益纠结诸胡，使谋我。贻书兀良哈，谓尔祖父官，皆元成吉思可汗、薛禅可汗所授，尔慎勿忘。且责令供顿过军。兀良哈以闻。诏问也先，不报。"《名山藏·鞑靼传》的记载也大致相同。这里的兀良哈当然是女真野人之误，但从："要彼整备脚力粮饭"，和"责令供顿过军"，可以想象当时瓦剌在满洲的活跃情形。看来明代蒙古人在顺帝丧失大都逃往朔漠以后，也绝不认为自己灭亡了，仍然保有本土，设官建元，夸称帝号,尊仰成吉思汗(太祖)、薛禅(世祖)的威德。因此,它的势力一旦大振,当然还要恢复旧业。前述正统七年脱脱不花王给朝鲜的诏谕里,就显出了这种意思。因此,这时给女真各卫的信,几乎也和那个诏谕一样,更加重了招降条件。

明廷对此晓谕天命所归,加以反驳,本是惯用手法,而《实录》正统十三年十一月庚寅条所载赐女真各部的敕谕里,叙述这事说:"尔等世受国恩,听朝廷节制。兹乃受虏文书,于理甚不当。况尔居东陲,虏居北地,相去甚远。虏以文书遗尔,事必有因,云云。"由此可以想象,女真各部已经和北虏有了往来。果然,据《实录》正统十三年十二月癸丑朔条载:"泰宁等三卫并忽鲁爱等七十四卫",都受到瓦剌也先诓诱,屡为边患,便派人带敕书七十二道,分别晓谕他们。再查《李朝实录》这年(世宗三十年、正统十三年)夏四月庚辰条载谢恩使通事金辛的话,只简单叙述说:

> "也先军击三卫鞑靼,又击老温江、其里未等处野人。野人同力拒战,不利还,退。"

这老温江就是恼温江,也就是嫩江,可见福余卫逃窜的地区也遭到了追击。其里未必定是《辽东志》(卷九)等书里见到的吉里迷,是今黑龙江流域的吉勒迷(Gilemi)族。①

《明实录》里也见有也先势力扩展到黑龙江流域的记录。起初,黑龙江野人的通贡,在永乐、宣德年以后,曾一度断绝,到了正统五年九月,久绝之后,又报其酋首希望入贡。十二年十一月,又有考郎兀卫酋长来说,黑龙江各部野人想入贡,请予招抚。明廷对此答复说,并不勉强招抚远夷,但自愿来贡,也不拒绝。② 但继而得到报告说,这里也遭到也先的诱胁而拒绝了,于是明廷特别赐敕奖

---

① 《辽东志》(卷九、外志)分别叙述乞列迷、乞黑(里)迷、吉里迷等,当然都是同一族名的异译。又参看《满洲历史地理》第二卷、第222—223页、第391—392页、第450页等。

② 《大明实录》正统五年九月戊午和十二年十一月癸丑条。

谕。《实录》正统十三年十二月乙丑条所载如下,就是指这件事:

> "敕黑龙江野人头目土忽儿、孔加兀察、亦巴谷撒儿、得令
> 哈等曰:亦文山卫指挥满秃言:尔等不听也先恛诱,愿出力报
> 效,足见忠顺朝廷之意,朕甚嘉之。特令满秃赍敕谕尔等,自
> 今也先遣人恛诱,尔即擒送辽东总兵等官处治,但重加官赏。
> 盖瓦剌本北虏散部之人,妄称元后,伪立名号,尔等切勿招引,
> 自取祸患,其钦朕命,无忽。"

考郎兀、亦文山等卫都在松花江下游,在控制黑龙江野人入贡的地位。[①] 由此可见,那么强大的也先势力似乎还没有十分达到黑龙江下游区域。尽管如此,从正统五六年时起,也先的凶猛影响可能直到这方面引起了动摇。

明廷对于瓦剌的实力经营,只用空言进行招谕。如前所述,《实录》正统十三年二月乙丑条就载有招抚窜逃到脑温江的福余残众的事。同年夏四月丙子条又说绥抚散处南方明廷边外的三卫余众,劝他们回牧旧地。说:"如仍被虏逼胁,令头目奏来,安插于辽东水草便利去处居牧。"但到了六月庚辰,他们举部来投,便安插在辽东宽便之处。不过,空谈毕竟敌不过实力,瓦剌势力终于席卷了三卫直到女真,并震慑朝鲜,立即逼近明边,威胁中国朝廷了。

3.也先太师(上)

甲 也先对明的侵寇

瓦剌都总兵答剌罕太师淮王大头目中书右丞相也先,[②]在正统

---

① 亦文山卫的位置不详。考郎兀卫恐怕就是《辽东志》(卷九)海西东水陆城站的考郎古城地方,今松花、黑龙两江汇流点附近。参看池内博士《铁利考》(《满鲜报告》三、第123页)。

② 这个称号实际就是景泰元年十一月甲寅条所载给瓦剌的敕书里的称号。还见于《实录》同日条和郑晓的《皇明北虏考》等。但也先起首就掌握了这种称号的全部实权了。

四五年之交,父亲顺宁王脱欢死后,继承王位,日益恣逞猛威,大力经略四方。他的根据地在西方的势力,立即达到了中亚,压制东察合台罕国,控制了乞儿吉思(Kirghiz)各部。这暂且不谈,这里只举他在东方震骇明人耳目的发展事例。首先是和脱脱不花王联合,平定漠北;七年春,遣使到朝鲜;八年秋,南下降服明廷西边的哈密、沙州、赤斤蒙古各部;十一、十二年,东进蹂躏兴安岭以东的兀良哈;十二三年间,威逼满洲女真,逐渐逼近了明边。《实录》正统十二年冬十月辛酉条载饬提督辽东军务王翱的敕书说:"瓦剌也先先以追捕仇人为名,吞噬诸部。往者既自北而西,又自西而东,今又东极海滨,以侵女真"指的正是这件事。这种势力发展的结果,便形成了早晚必定和明朝发生冲突的形势。

也先首次显示要入侵明边的气势,是在正统九年秋。即《实录》九年九月丁亥条载当时戒饬沿边守臣的话,说:

> "比得降虏言:北虏计议,待我使臣回日,即携其家属,于堆塔出晃忽儿槐地面潜住,分兵两路入寇。脱脱不花王率兀良哈东侵,也先率哈密知院西入。卿等宜戒饬将吏,练军马,缮营垒。"

十月庚午条、十二月戊辰条也记载了由其他方面传来的警报。这正是前述泰宁都督拙赤抱怨明廷讨伐,打算利用也先的野心,引导他人寇明边,以图报复的时候。而三卫不久就和女真发生了纠纷,顾不得南窥,便立即同明廷讲和了。[①] 因此,瓦剌失掉了向导,便不得不放弃了这个计划。

不过,当时瓦剌继去年经略哈密和沙州之后,正在不断努力经营西陲。因此,明廷对此必须严加警戒。《明史·本纪》里简单记述这事说:八月"甲戌,敕边将备瓦剌也先。九月丁亥,靖远伯王

---

① 《大明实录》正统九年冬十月庚午条载:"泰宁等三卫都督拙赤等遣头目朵罗罕等,献所获犯边贼首阿台马畜及贡马谢罪,云云。"后来三卫贡使连续向明廷朝贡。

骥、右都御史陈镒经理西北边备。"据《实录》正统九年十二月甲寅条载镇守陕西右都御史陈镒奏报：

> "比得各处报：瓦剌也先既遣人伪授沙州、罕东、赤斤蒙古三卫都督喃哥等为平章等官，又擅置甘肃行省名号，意在邀结夷心，为患边境。宜严为防御之计。"

元代的甘肃行省几乎和今甘肃省一致，包括瓜州（安西）、沙州（敦煌）方面。明代把它隶属在陕西行都司之下，归北边军政管辖。放弃了嘉峪关以外地方，在那里设置了沙州、赤斤蒙古各土卫。① 这时也先吞并嘉峪关外地区，恢复了甘肃行省，任命沙州、罕东、赤斤蒙古各卫酋长为平章等官。这显然是恢复故元领土的第一步，其次就要进逼中国内地了。明朝君臣极力警戒是理所当然的。

其次，明朝最需要警戒的是三年以后，正统十二年春，瓦剌已经略了兀良哈、立刻窥伺明边的时期。《实录》该年春正月庚辰条，继前引兵部尚书邝埜论也先之后，先叙述前年、九年警备的事，接着述到目前的危急说：

> "前年，也先尝欲俟我边将送彼使臣出境，乘间抢杀。及分遣人马于甘肃、宁夏等处，约期入寇。仰赖皇上深烛其奸，豫敕沿边严备。又命定西侯蒋贵等，统率精兵巡边备之。其计不行。今也先率其丑类，远离巢穴，来边窥探，烟花不绝。"

又二月乙未条载巡抚大同、宣府右副都御史罗亨信奏报：

> "达贼也先自去年秋抢掳兀良哈，得志而还，累来窥边不绝。料必驻扎不远，决有俟隙为患之意。"

陈建的《皇明资治通纪》（卷六）也记述当时罗亨信上言，说："虏酋也先专候衅端，图为入寇。宜预于直北要害，增置城卫，及修各卫

---

① 参看《元史》（卷六十）《地理志》和《明史》（卷四十二）《地理志》。

土城备之。不然，恐贻大患。"当时还是也先为经略三卫而南下，没有远离漠南的时候。《实录》同年秋七月甲辰条载大同参将石亨的话，说："达贼也先并吞诸部，其势日盛，必来犯边。云云。"《明史·本纪》同日条载对此措施，说："敕各边练军备瓦剌。"

这当然不仅是明人方面的杞忧，瓦剌方面也确有其计划。《实录》同年十一月丁未条载迤北来归的鞑靼阿儿脱台说：

> "也先谋南侵，强其主脱脱不花王。王止之曰：吾侪服用多资大明，彼何负于汝，而忍为此。天道不可逆，逆之必受其殃。也先不听，言：王不为，我将自为，纵不得其大城池，使其田不得耕，民不得息，多所剽掠，亦足以逞。"

叶氏的《北虏考》和《明史·瓦剌传》等也多记述了这事的大意。按理说来，对颠覆元朝的明廷应该特别憎恨的是元室嫡裔的脱脱不花王，而不应该是西陲散部出身的也先太师。但实际情况是，当时掌握全蒙古实权而直接压迫明边的，是拥有实力的也先，而不是寓公似的脱脱不花。脱脱不花为也先势力所逼，蛰居在遥远的东北腹地，他属下的三卫是明廷的贡夷，尤其苦于也先的压制。蒙古和明廷开启战端，贡夷的三卫肯定最感痛苦。这里有脱脱不花和明廷灵犀相通、利害一致之处。实际上，脱脱不花是对明廷持软弱论的代表人物。在明帝几次给脱脱不花的国书里，也可以看到脱脱不花对明廷颇为恭顺，[①]后来在他经略女真时的态度上也很明显。于是，也先的征明计划，上次由于三卫脱离而失败，这番又由于代表东蒙古势力的脱脱不花的阻止而未能实现。也先的豪言壮语也只是偶尔发泄的不随心的肝火。

---

① 例如《实录》正统十四年春正月己酉条载敕书说："去年冬使回，备称可汗敬礼朝使，亲领人马，护送而还。知顺天循理之义。复遣正副使太尉完者帖木儿等奉书，并致良马，尤见恭顺朝廷之心。载览来书，首举尧舜贤明帝王为言，又云说过的言语，要坚固谨守，中间或有小人，奸诈非言，不可听信，所行的事务要诚实，和好的道理不可忘慢。益知可汗明达古今，灼见顺逆，用图和好久远之意，朕甚嘉之。"脱脱不花经略女真事，见下一章。

这样两次受阻的侵明计划,到正统十四年秋,终于实现了。这可能是必然之势,但它的直接动机却是所谓朝贡手续的龃龉。过去明廷和瓦剌之间,从永乐、宣德以来,一直和平进行往来,尤其到正统以后,形成常态,即在上述危机时期,两者之间的来往也未尝中断。现依《实录》里的事例,略述其梗概。瓦剌的贡使大致每年十月入大同,十一月间到北京,第二年正月由北京出发,二月离大同边境,踏上归途。明廷对此也随派答使,明年再伴随瓦剌的贡使回来。在这期间,允许在大同和北京进行贸易。上引《实录》各条所说瓦剌打算等他的贡使出边,乘机入寇,就是指的这事。明廷为了和好想仅准许来往,而瓦剌则贪图交易之利,逐渐增加它的使节人员和赐物数额,因而造成了冲突的原因。《实录》正统十四年秋七月己卯朔条,载:

> "正统初,瓦剌遣使赴京朝贡,朝廷亦遣使臣送至瓦剌,因留至明年,仍与虏使同来,岁以为常。然虏使贪婪无厌,稍不足其欲,辄构衅生隙。虏酋索中国财物,岁有所增,又索其贵重无有者,朝廷但据有者与之。而我所遣使阿媚虏酋,索无不许。既而所得仅十之四五,虏酋以是衔恚。"

叶氏的《四夷考》、《明史·瓦剌传》等,也记述颇详。

贡使人数最初只有数人,后来由数十人增至数百人,最终达到数千人。特别是《实录》正统十三年十二月庚申所载,该年来朝使臣竟增至三千五百九十八名。其实只有二千五百二十四名,徒虚夸员数,以贪图赏赐。明廷核实人数,并斥责其虚冒,于是,瓦剌羞愧成怒,以致入侵。《实录》在上引记述后,接着说:

> "初,遣使不满百人,十三年增至三千余人,又虚益其数,以冒支廪饩。会同馆官勘实数以闻,礼部验口给赏,其虚报者皆不与。使回,虏酋愈怒,遂拘留我使,胁诱群胡,大举入寇。"

《明史·瓦剌传》也有大致相同的记载。①

又，刘定之的《否泰录》说，这时也先所以愧怒，是另外由于他儿子的婚姻问题，说：

> "也先求以其子结姻于帝室，通使皆私许，也先进马为聘仪，朝廷不知也。答诏无许婚意，也先愧怒。"

郑晓的《皇明北虏考》、严从简的《殊域周咨录》(卷十七)、叶向高的《四夷考》(卷六)、何乔远的《名山藏》(《王享记》)、谷应泰的《明史纪事本末》(卷三十二)等，全都采用了这个说法。不仅如此，实际上，当时的当事人宰相于谦的奏议里，和《实录》的别的条里，也都偶然涉到这事，②想来可能相当有根据。但在后来长期交涉期间，并没有一次提到结姻问题，看来肯定不是那么重要的因素。《实录》和《明史》没有采用这种说法是当然的，决裂的近因毕竟还是贡使问题，而且是由明方积极引起的。想来这个难对付的瓦剌贡使从数十人增到数千人，确实是万不应该的，但仔细想来，瓦剌往年是西北边的一个部落时，贡使是数十人，现在成了全蒙古的主人了，才增到数千人的。往昔瓦剌贡使数十人时，蒙古的竞争者很多，当年的阿鲁台等，一时约派过数千名使臣。由这些情形看来，如果对瓦剌表示让步，本来容易换取和平，但明廷多年苦于瓦剌的横暴，这时竟不自量力，想进而一举击退瓦剌。

总之，也先在十四年的贡使回蒙古后，立即分四路前来侵犯。

---

① 纠正虚冒，削减马价，是当时的舆论，并不是一个人的想法。而《皇明通纪》(卷六)和《明史纪事本末》(卷三十二)却在十四年二月说："王振怒其诈，减去马价。虏使回报，遂失和好，发兵寇边。"(按《明史纪事本末》广雅书局光绪十四年重刊本、卷三十二、第1页，"二月"作"春正月"，又无"发兵寇边"四字。——译者)把这事完全归罪于宦官王振一个人，无论在年代或人物方面，都是错误的。土木之变的失败者王振，似乎一切坏事都归罪他一个人了。

② 《少保于公奏议》(卷一)《兵部为边务事》里载虏中消息说："后次又有使臣到彼和番，也先令儿子出来劝酒。有使臣亦说好与中国结亲，我回去奏知，务要成事。也先就进马三匹。不期使臣回去，不见结亲事情，又无歌唱妇女，因此发怒，领兵前来厮杀。"《实录》景泰元年五月壬子条载兵部的话，说："通事达官千户马云、马青等，先是奉使进北，许也先细乐妓女，又许与中国结亲。云云。"

据《实录》正统十四年秋七月己丑(十一日)条载:

> "是日,虏寇分道,刻期入寇。也先寇大同,至猫儿庄。右
> 参将吴浩迎战,败死。脱脱不花王寇辽东,阿剌知院寇宣府,
> 围赤城。又别遣人寇甘州。诸守将凭城拒守。报至,遂议亲
> 征。"

《明史·瓦剌传》的记述是完全根据这个记录。①

现在这里不遑叙述战争的经过。七月十一日,英宗听说大同
遭到侵犯,十七日,拒绝各大臣的谏阻,出发亲征,八月二日到大
同,见形势不对,赶紧回头。十五日,到土木,全军覆没,英宗自己
成了敌人的俘虏。参酌各书来分析,当时,瓦剌还没有深入的准
备,各路入侵都止于蹂践沿边,暂时还在观望形势。大同方面的也
先也只是蹂躏一下,然后就撤回了。英宗亲征到大同时,正在也先
蹂躏之后,被弥漫的战云吓坏了,便班师回到宣府,正遇上敌方前
锋伯颜帖木儿。伯颜帖木儿探知黄盖所在,便急报也先,遂造成了
这次惨事。

现在仅试看有关脱脱不花和兀良哈的东路军的行动。当时辽
东是名臣王翱提督军务,纲纪颇振。首先,《辽东志》(卷五)所载
《王翱传》叙述这事说:"十四年八月内,北虏大举犯京师,部落数万
寇广宁。时翱聚兵教场,虏骑卒至,我军遂溃。翱收散卒,坚壁固
守,虏遂遁去。"《明史》(卷一百七十七)《王翱传》等所载也大致相
同。当然,这里所说"八月犯京师",是"七月犯边"之误,但辽东的

---

① 土木之变的损失总数,据《明史本纪》说:"师溃,死者数十万。英国公张辅等皆死,帝北狩。"而赵翼
的《二十二史札记》(卷三十一)《明史立传,多存大体》一项里引《庚巳编》说:"又如张辅之死。据
《庚巳编》谓:辅从英宗北征,土木之难逃归,与众人诀,而缢死于先墓。今辅本传,则但谓从英宗北
征,死土木之难。绝不及逃归自缢之事。盖辅四朝勋德,白首无间言,故著其所优,而小疵在所略
也。"(按中华书局1963年版、下册、第662页,"盖辅四朝勋德,白首无间言"作"盖纳以严重立教,
最有师法。辅四朝勋德,白首无间言。"——译者)竟还有这样的事情。马文升的《抚安东夷记》里,
阿剌作阿乐出,并说:"正统十四年,也先犯京师,脱脱不花王犯辽东,阿乐出犯陕西,各边俱失利。"
这个阿乐出其实是和后来的套虏阿罗出混淆了,阿剌既不是阿乐出,也不是侵犯陕西的人。

精锐溃散，虏兵围攻广宁城，却是事实。朝鲜《李朝实录》叙述得更精彩。世宗三十一年（正统十四年）八月戊申朔条载辽东警报说：

> "今七月二十日，达达也先兵马夜入长城。广宁总兵官不知贼入，出校场，散银于军士。也先兵马直来，总兵官与军士奔入城内，闭门自守。也先兵马围城三重，虏军卒一千，马八千匹。"

当时从教场（练兵场）逃入城内的不仅是王翱，总兵官也一同奔入了城内。当时总兵官是著名的将军左都督曹义。然《明史》（卷一百七十四）、《明史稿》（卷一百五十七）《曹义传》固不待言，他如《国朝献征录》（卷七）所载刘定之的《丰润伯曹公义墓志铭》等，也都故意没有涉及此事，足见其全败的惨状难以叙述。①《李朝实录》同月己未（十二日）条叙述当时包围的情形说："达达围广宁，三日不拔，解围退屯于十里之地。"又乙丑（十八日）条载："广宁、辽东间站路，皆为达达所掠，杀虏人畜数万，时未知达达去处。"上述己未条还接着说：

> "初，达达来毁广宁等处长墙四十余里，守堠者走报监军总兵官等，皆日妄也。杖其人而囚之。再报亦如之。又至再三，皆不信，略不守备。达达果突入，掳人畜不可胜计。达达执高丽及女真人则曰：汝等本皆予种也。使辫发，令效其衣冠。若执汉人，皆割鼻耳。"

由此可以想见当日恟恟的形势。尤其骇人的是，尽管当时天子正在亲征，而辽东的边备却极为疏虞。当时辽东素称"政修兵精"，同年十月也先犯京师时，它的精兵还被征调去赴援，而实际竟不过如

---

① 刘定之的《曹义墓志铭》说："正统己巳（十四年）与虏战辽河，摧其前锋，旋师至广平山东川洲，虏复踵至，回骑击破之，升左都督。"但这是该年二三月间事，不是这次战役（参看《实录》正统十四年二月乙亥、三月庚寅、戊午等条）。又王翱的传记，除《明史》（卷百七十七）、《明史稿》（卷百六十）外，在《献征录》（卷二十四）、《世法录》（卷八十八）、《皇明辅世编》（卷一）等书里也都有，但关于此事，都不详述。

此。这次损失总数据《实录》同年九月乙酉条载："达贼三万余人入境，攻破驿堡屯庄八十处，虏去官军、军旗、男妇一万三千二百八十余口，马六千余匹，牛羊二万余只，盔甲二十余副。"①因此，王翱、曹义都被处罚俸半年。由此可以推测当时总的受害竟有多么严重。

乙 英宗北狩的地理

下面考察一下英宗北狩的地理。阐明这一问题，会给当时一团漆黑的蒙古内情投射几分光明。英宗北狩是明朝历史上最大事件之一，有关记录很多。其中最根本的，除《实录》外，有袁彬的《北征事迹》、杨铭的《正统临戎录》、李实的《北使录》三种，其次则是刘定之的《否泰录》和把《临戎录》剪裁、润色一番写成的《正统北狩事迹》。②

现在依据这些书来考察英宗北狩的路线。英宗于八月十五日在土木被捕后，十六日在雷家站即今新保安城遇到了校尉袁彬。

---

① 按《明实录》影印国学图书馆传抄本、第百十三册、正统实录卷百八十三、第7页，"掳去军官、军旗"作"掳去官员、军旗"。又"盔甲二十余副"作"盔甲二千余副"。——译者

② 明代蒙古事迹记录最多的，是前此的永乐亲征，后此的俺答封贡和中期的正统临戎三者。

正统临戎的记录中最重要的，第一是袁彬的《北征事迹》。著者在土木之变时和英宗同时陷虏，始终随侍英宗，直到回来。这书是后来在成化元年纂修英宗实录时应征奉献的回忆录。书末有史臣尹直的题跋，《四库总目》有题解，现在已收入《金声玉振集》、《纪录汇编》、《借月山房汇钞》（泽古堂丛钞）、《明人小史八种》等丛书里。

第二是杨铭的《正统临戎录》。杨铭是回族人，曾多次出使瓦剌。十四年二月，又和他父亲杨只随同指挥使吴良来到瓦剌。开战后，被拘留。英宗北狩后，便扈从英宗。这书是用俗话详细叙述经过的情形。这书是弘治四年三月奏进的，因过于俚俗，稍欠雅驯，不知是谁把此书加以剪裁润色，改成文言，另写成了《正统临戎事迹》一卷，一并被收入《纪录汇编》。前书《四库总目》里有题解。后书还收入《广四十家小说》、《今献汇言》、《胜朝遗事》等。还传有杨御史的《使房记》和赵荣的《使房录》，今不传。

同一类的书，只有李实的《北使录》（一名《出使录》），见于《纪录汇编》、《五朝小说》和《胜朝遗事》等书里。李实是景泰元年六月，和大理寺丞罗绮一起派往被拘留在瓦剌的英宗跟前的人。这本书就是他的纪行，书末附有关奏议。另外还有所谓："记英宗北狩事，塞外无楮，以牛皮书之，故曰革书"的刘济写的《革书》，近来发现北京图书馆有一册，似乎是伪书。

刘定之的《否泰录》是当时大官刘定之的耳闻目睹的记录，并参考杨善、李实的《奉使录》、钱溥的《袁彬传》等，汇集成的，因为是一种汇编，叙述最为概括而得要领，一般读者很多，收入《纪录汇编》、《顾氏四十家小说》、《续说郛》、《再续百川学海》、《历代小史》、《胜朝遗事》、《今献遗言》、《明人小史》等书中，流传颇广。

十七日，被也先带到宣府城，守将杨洪、罗亨信等坚守不准入，便又向西走，二十日到大同的东塘坡，遣使晓谕大同城的守将郭登等。二十二日得到金帛，当晚驻跸在城西二十里处。当时，郭登派人通知一个计划，打算袭夺圣驾，但英宗生怕危险，不准。直到这里还是内地，随从英宗的袁彬手记的《北征事迹》，以及据此编纂的《实录》的记述，都几乎一样，但以后就有些不同了。袁彬手记说：

> "二十三日，也先等说：我每到猫儿庄外会议，拟送皇帝南归。是日晚到水尽头，指挥盛广等送至银三千两。二十四日送衣服。二十六日，送彩缎羊酒蜜食。二十七日到九十九个海子。二十八日下柳源县。二十九日到黑河。三十日到八宝山。"

然《实录》却说："辛未（二十四日）次威宁海子，壬申（二十五日）次九十九个海子，癸酉（二十六日）次柳源县，甲戌（二十七日）次黑河，丙子（二十九日）次八宝山。"日期不同。关于这点，《实录》不会是根据别的什么新的资料订正了前者的错误，这恐怕是《实录》采录这些资料时算错了日期。① 《临戎录》的著者杨铭是当时被瓦剌俘掳的人，是月二十六日到金山哨马处，也先因为掳获了大明皇帝，一高兴就给他解开了束缚。于是，"次日在金山，我父子二人与原看守达子，取马乳一皮袋，寻看爷爷（即英宗），朝见。"后所述，金山就是官山，可能是九十九个海子的别名。由此也可以证明《北征事迹》的记述是正确的。

日期问题并不重要，就谈这些。下面考察一下地理情况。大同猫儿庄是战役初期参将吴浩战死的地方，《读史方舆纪要》（卷四

---

① 《实录》的日期没按顺序，搞错了。这种说法虽属大胆了些，但拿《实录》和《北征事迹》仔细对照一下，就不得不这样想。后来到断头山的日期，《北征事迹》里明明记载是"本月十七日，到断头山，住五日，也先每日进诸般熟野味"，而《实录》却写作十六日，说："车驾次断头山，也先进诸品熟野味。"《北征事迹》里没有见到的威宁海子这个地名，却出现在《实录》里，这可能是从《北征事迹》的"水尽头"这句话，自然联想到了海子。

十四)《大同府》条载："府北百二十里，正统十四年，乜(也字之误)先寇大同，至猫儿庄，偏将吴法(浩字之误)战死。既而乜先挟上皇出宣府(大同之误)塞，过猫儿庄。九十(九)海子，历苏武庙、李陵碑，至黑松林，入乜先营，是也。"《大清一统志》(卷百九《大同府》)载："在高阳县北一百里。明永乐初筑。周二百四十步，高一丈五尺。其北二十里有口子，墙高一丈五尺"。[1] 在当时大边墙口子内，约在今大同边外隆盛庄附近。威宁海子在它北面。《方舆纪要》(卷四十四《大同府》)载："在府北塞下，属部驻牧处也。天顺中，石彪镇大同，请置城于威宁海，不果。成化十六年，王越袭败蒙古于此。"《大清一统志》(卷四百十之一)《正黄旗察哈尔》条载："在旗南八十里，蒙古名希尔池，纳林河、七金河并注其中。旧有威宁城，在其西南，榆林城在其东南。"就是今希尔泊(Kir Naghur)。《实录》作威宁海子，而《北征事迹》却只作水尽头。水尽头可能是指威宁海子的水的尽头。当时人可能只说水尽头，就会理解为威宁海子沿岸的某一地点。

九十九个海子，《大清一统志》作九十九泉泊。在它的《正红旗察哈尔》(卷四百十之二)条载："在旗西北五十里，蒙古伊伦伊孙泊"，正如箭内博士曾经论证过的，就是金、元以来闻名的官山。[2] 明洪武年间，置官山卫；正统初年，曾在这里建立汉蒙界碑。[3]《大明一统志》(卷二十一)《大同府·山川》条载："官山，在府城西北五百余里。古丰州境，山上有九十九泉，流为黑河。"《大清一统志》(卷四百十之四)也沿袭此文，但清钱良择的《出塞纪略》记载得最

---

[1] 顾炎武《天下郡国利病书》(卷四十九)引《大同府志》说："猫儿庄堡在阳和卫城北一百里。永乐元年筑，周围二里四十步，高一丈八尺。其北二十里有口子，墙高一丈五尺。本卫哨马营。"《清一统志》的记述，无疑是依据这本书的。但为什么把"城高一丈八尺"，改成了一丈五尺不详。或许是和墙高一丈五尺混淆而误解了。

[2] 箭内亘《元代的东蒙古》(《蒙古史研究》第653页)。

[3] 参看和田清《明初的蒙古经略》和《实录》正统三年五月庚子条。

确切。《出塞纪略》是作者钱良择随奉使内大臣索额图等赴外蒙古时的纪行。其中十五日丙戌条载：

> "一山名和硕走，华言肺也。对山名诸勒克，华言心也。盖皆状山之形。山巅有九十九泉，伏流而下，湿为长河，直达归化城。按魏书，天赐二年登武要北源，观九十九泉，武要定襄郡属县，在大同西北。宋白曰：九十九泉在幽州西北千余里。又辽志亦载盐泺、九十九泉，意即是也。"[1]

试前后参照阅读，钱良择是这月八日从张家口出发，在塞外道上往西走，八天走了五百五十多里，十五日到达这里；又走两天多，约一百六十里，同月十八日到达归化城。《出塞纪略》记述这一带古城遗址很多。据说西距九十九泉十六七里，"有土城，基址仅存，城门四向，雉堞宛然，土冈横亘城中，若十字，瓦砾布地，空无居民，围十里许。"又一百数十里，靠近归化城之东，"复见空城，基址颓坏甚于前，而大则相仿，一浮图高矗半天。云云。"并详细叙述这座塔的特点。后者就是今归化城东四十多里的白塔尔镇，也就是古丰州、辽金时代的丰州天德军的遗址，我已详细叙述过了。[2] 据何秋涛的《亲征录》所引《元一统志》载："官山在废丰州东北一百五十里，上有九十九泉，流为黑河。"从方位、距离来说，废丰州东北百数十里的和硕走的九十九泉，毫无疑问就是著名的官山九十九泉，也就是这里提到的九十九个海子。我心想它西面十余里的土城址可能是当年官山县的治所。按今地图来揣摩，九十九个海子必定在大黑河上源附近，即今平地泉西面马盖图、西营子附近。

其次，英宗所到的黑河，当然是以水而得名，想必在今归化城东南十余华里的大小黑河一带。因此，两者中间的柳源县，与其说

---

[1] 按《出塞纪略》小方壶斋舆地传抄本、第三帙、第四册、第 276 页，"湿为长河"作"汇为长河"。

  ——译者

[2] 和田清《关于丰州天德军的位置》《史林》第十六卷、第二号，昭和六年四月号、第185—202 页）。

是在它东边的九十九泉的附近,莫如说在它的西边的今土城子附近。《出塞纪略》里所以没有见到土城子,不过是因为偶然他的路线没有碰到这个地区而已。最后,八宝山究竟在黑河的哪一边不详,但据《大清一统志》(卷一百二十四)《归化城·六厅山川》条载:"七宝山,在归化城东八十里。《明统志》在大同府城北四百余里,山下有金屯兵城,或曰:即汉五原郡。"①想来八宝山或许就是这个七宝山,而山下的金代屯兵城一带或许就是也先驻屯的地方。所谓七宝出自佛教的说法,指金、银、琉璃、颇梨等七种宝物,再加一宝,就成了八宝,因此,七宝山这名字,有时或称作八宝山,也未必不可以。至少在杨铭的《正统临戎录》里,曾常常把八宝山、大青山名连起来写。表示八宝山在归化城北大青山附近,从当时驻兵的情形来说,也可知八宝山离丰州方面不远。

再回头来看袁彬的《北征事迹》。八月二十九日到黑河、三十日到八宝山的也先军,带着英宗驻在这里。九月十六日,明廷使臣季铎到这里。季铎是来报告本月六日郕王(景泰帝)即位、把英宗尊为上皇的事,带着赏赍到虏营来的明廷使臣。也先想以好的条件送还英宗,希望使他复位,因而接受使者,仿佛一度决心北还,于十七日到断头山,更向北进,但又突然推翻前议,转而南下,进逼明廷内地。《北征事迹》的原文如下:

> "本月十七日到断头山,住五日。也先每日进诸般熟野味。二十二日,又往北行二日。也先会议,复往南行一日。也先号令,着厮杀马,五更时分起营,至暮驻札。二十八日到大同。"

《实录》正统十四年九月辛丑条载宣府总兵官杨洪的话,说:"得奉

---

① 《明统志》就是《大明一统志》,该书(卷二十一)《大同府·山川》条说:"七宝山在府城北四百余里,古丰州境山下有古城,相传即汉五原郡,或云金筑此以屯兵。"但汉代的五原郡在今包头西边五原方面,因而把这个东边地区说成是"汉五原郡"显然是误传。

使瓦剌都指挥季铎报言：也先嗔赏赉物薄。又云：自送至尊赴京正位，要五府六部官出迎，约在四、五日后，即至大同。"又冬十月戊申朔包围大同条载：敌"今送上皇回京，若不得正位，虽五年十年，务要仇杀。"由此可见也先想威胁明廷，使英宗得以复位。断头山是以前洪武五年秋七月丙辰，中山侯汤和的军队防御敌人，曾在这里战败，丧失了他的将领章存道等的地方。《实录》记述存道战死事说："至是，从和守北征哈敦不剌营，遂力战死。"而这个哈敦不剌，正像我在另一篇文章里所说的，①是永乐二年九月壬寅条所说来投大同的鞑靼知院马剌沙等部落驻牧的地方。另据《实录》永乐十年春正月丙午，秋七月丁未等记录载：断头山在离宁夏边外不远的地方②。现据景泰元年三月戊辰条所载总兵官武清侯石亨说："闻房贼将犯大同，其巢穴在断头山，去宁夏不远。请调延安官军及洮岷等卫土军，往宁夏堤防。敕宁夏总兵等官，遣人觇探虚实，量率轻骑，直捣巢穴，则贼自遁。"现据《读史方舆纪要》(卷六十二)《宁夏镇》条载："断头山，镇东北三百里。明初汤和北征，败绩于此。又景泰间，石亨言：贼将犯大同，其巢穴在断头山，去宁夏不远。是也。"似乎还应该在宁夏东北、今河套套内去寻找。

然而《实录》景泰元年春正月己亥条载镇守大同左少监陈公报告也先在断头山时，兵部复议说："请令署都指挥佥事石彪领军往雁门关巡哨，探贼势多寡，相机出奇剿贼。"断头山不仅可以推测是在大同边外，而且《少保于公奏议》(卷五)叙述大同边外斥候时，有"东路哨至断头山，西路哨至七宝山"③的话。断头山显然是在前述七宝山的东边。然彼此综合起来，也不能排斥尹耕的《两镇三关通

---

① 前引《明初的蒙古经略》。
② 《大明实录》永乐十年春正月丙午条只说：宁夏中护卫都指挥毛哈喇等逃往塔滩山察罕恼儿等地。但同年秋七月丁未条却说："敕宁夏总兵官安远侯柳升，闻叛房毛哈剌等今在断头山，房穷寇无食，或来扰边。云云。"
③ 《少保于公奏议》(卷五)《兵部为声息事》。

志》(卷九《大同纪》)和严从简的《殊域周咨录》(卷十六《鞑靼》)注脚里所说:"断头山在阳和北境外。"至少,从阳和战败的记载看来,这里确是北虏南下的要冲,《读史方舆纪要》的说法,只能认为顾祖禹的臆断。因此,我认为这个地方应在大同、宁夏之间的边外、通漠北的要道上,在今归化城北边的山隘。《图书编·边类·北虏边防考》载:"说者多谓:东胜州即古东受降城所在。其地今有断头山,云云。"即断定断头山在东胜州方面,即今归化城地方。这样看来才能符合本文所说该地正在也先北归道路线上的说法。

也先经过断头山往北走了两天,又折回来向南走。折回的也先带着英宗,蹂躏了明廷的内地,最终围攻北京城。《北征事迹》的记述是:九月二十八日到达大同城下,十月一日到众乐店即今聚乐堡,三日威胁阳和(阳高);又转锋向东南,九日攻破紫荆关,十日过易州,到良乡,十一日经过卢沟桥,进逼北京。也先要挟明廷大臣订城下之盟,本想送回英宗。十二日,明使王复、赵荣出城,到北郊的土城面谒上皇(英宗),和议不成。包围北京四天以后,十五日,瓦剌军折回良乡。第二天再经过易州,十七日过紫荆关,十九日过蔚州,二十一日过顺圣川,二十三日从阳和后口回到大同猫儿庄。[1]北虏围攻北京城实是开国以来的大变故,明廷为此征调辽东、宣府兵勤王,还要求朝鲜、女真来援。[2] 这些事从略。

现在要研究的是英宗在塞外的行踪。探索行踪,就可以弄清

---

[1]《实录》和《明史本纪》所记,除到达大同的日期是十月一日外,和袁彬的《录》没有多大差别。但据杨铭的《临戎录》却说:十月五日起营,七日到大同,九日由广昌到紫荆关外,十日未明由紫荆关出发,过易州,次日到达北京。袁彬的《录》说:九月二十五日前后,由断头山附近出发,二十八日到大同,十月十一日已逼近北京,未免疑为太急,而杨铭所记十月五日起营,七日到大同,十日过易州,十一日就到了北京,很难使人相信。此外,《否泰录》把十二日的土城集会竟说成是十七日,当然是误传。关于这类事,现在就不详细论述了。

[2]《实录》正统十四年冬十月丁巳(十日)条载有听从吏科给事中姚夔的话,召集辽东精锐三万、宣府兵二万人援;又庚申(十三日)条载:"遣使赉敕,往调朝鲜及野人女真卫分军马,与辽东兵会合杀贼。"同月乙亥(二十八日)条载:"敕止所调朝鲜及野人女真各卫军马。"

虏酋也先等的根据地。问题再回到英宗出阳和以后在蒙古地方的行程。《北征事迹》对此只简单叙述说：

"二十四日北行。十一月十六日到老营。得知院妻宰羊，迎上递毕。十七日，宰马做筵席。在苏武庙驻札，凡四十日。"

而一向没有用处的杨铭的《正统临戎录》由此叙述极为精细些。他说：

"次日，西北出阳和后口，夜晚下雪，铭等将雪拨开，搭帐房，歇了一夜。次日往北行，猫儿庄里边歇一夜，出大边墙。次日往即宁海子东岸。往①二日，至达子营。夜晚铭等搭帐房了……且过一夜起营。往西北行，至地名小黄河东，到于伯颜帖木儿家小营内……住了几日。那营往西行住札。后十一月十一日过圣节……后起营往西行，到于地名牛头山，后又那营到地名闸上……又行营到于八宝山、大青山、沈塔处。"

但后者把出阳和的日期写作十月十七日，当然是错误。我想：袁彬、杨铭都是扈从英宗，各自写出了他们的亲身经历，不过，袁彬的《北征事迹》是事变后十五年的成化元年写成的，而杨铭的《临戎录》则更晚，是四十多年以后弘治四年的奏进。在这期间肯定记忆有许多差错。

然而，纵令《临戎录》的日期不足凭信，其大致的路程，对照实际情况，似乎大体还没有错。即出阳和（今阳高）后口的第二天，驻宿在猫儿庄边内。次日出大边墙，过即宁海子东岸，走了两天，到达达子营。即宁（Chi-ning）海子，从发音来说，正是集宁（Chi-ning）海子，就是今昂古里泊（Anghuli Naghur）。② 要说是在猫儿庄即今

---

① 按《正统临戎录》丛书集成影印纪录汇编本、第21—22页，"次日往即宁海子东岸，往二日"，作"行二日"。

②《大清一统志》（卷四百九之七）《正黄等四旗牧厂》条说："集宁海子，在牧厂东六十里，土人名昂古里淖尔，哈柳台河、喀喇乌苏数水，注其中。元置集宁路于此，旧有集宁城，在其西。"

隆盛庄附近,位置全然不符合,因此,必定是今威宁海子即希尔泊的误记。过这个海子的东岸再走两天路程的地方,就是叫作达子营的也先的一个根据地,后来也出现过,它的位置大概是今商都(七台)南边附近。

从这里更往西北走,到达小黄河东的伯颜帖木儿家小营内。从它的方位来推测,小黄河必定是今归化城北面、四子部落内的锡拉穆伦河。所谓锡拉穆伦(Shira Müren)按蒙古语就是黄河的意思,为了区别于大黄河,所以叫作小黄河。这条河在《大清一统志》(卷四百七之九)《四子部落·山川》条里也载有:"黄水河在旗西北五十里,蒙古名西喇木伦,自喀尔喀右翼流入境,东北流出喀伦边。"其流域是这方面首屈一指的水草地,元代曾在这里设置净州路天山县和砂井总管府等。[1] 后来又向西走,到牛头山。又转到闸上、八宝山、大青山、沈塔等处。牛头山好像就是今归化城西、萨拉齐西北九十华里的著名的牛头朝那山,但从当时兵部尚书于谦奏议里反复说"小黄河牛头山一带"这句话看来,仍然必定在小黄河附近,[2]或许就是《一统志》的同一条所说:"独牛山,在旗西北五十里,蒙古名乌克尔禄图"的独牛山。

闸上的方位不详。这个地名想是水边的意思,因此,或许是归化城南黑河河边,也未可知。至少,如上所述,八宝山、大青山是今归化城北边的山。沈塔并不是塔名,可能是《实录》正统九年十二月戊辰条记述当时也先入侵形势时所说的"瓦剌也先分遣人马于沈塔罕等处驻扎,欲俟我大同官军送彼使臣出境,谋为劫掠。云

---

① 箭内博士《元代的东蒙古》(《蒙古史研究》第 644—647、第 652—653 页)。

② 《于肃愍公奏议》(卷二)《兵部为边务事》。若是牛头朝那山的话,那么《唐书》(卷百十一)《张仁愿传》里也说:仁愿筑三受降城,大固扎塞,"又于牛头朝那山北,置烽候千三百所:自是突厥不敢逾山牧马,朔方益无寇。云云。"《大清一统志》(卷四百八之一)《乌喇特山川》条说:"牛头朝那山在旗东九十里,蒙古名鸡蓝拖罗海。"《中国古今地名大辞典》说:"牛头朝那山在绥远萨拉齐县西北九十里。云云。"叙述它的沿革颇详。

云"的沈塔罕,但不敢肯定。《北征事迹》所说的苏武庙,也是这方面一个可疑的遗迹。《大清一统志》(卷百二十四《归化城·六厅》)载:"苏武庙在归化城南,明正统末,额森挟上皇至小黄河、苏武庙,旧志在平鲁卫西北,额森旧作也先,今译改。"由此可知闸上以下各地,大概都在今归化城方面。

以上考证,如果没有太大错误的话,那么,英宗第一次是从阳高(阳和)、隆盛庄(猫儿庄)方面,经过希尔泊(威宁海子)湖畔,出平地泉西方(九十九个海子),由这里大致沿今平绥铁路线到归化城方面。第二次是从隆盛庄过希尔泊东岸后,一直向北走,又由今商都南面(达子营)向西北走,出锡拉穆伦(小黄河)流域,再南下到归化城方面的苏武庙等处。刘定之的《否泰录》把这些都写在第一次,说:是年九月二十三日后,"过猫儿庄,九十九海子,又行,见苏武庙、李陵碑。二十八日至黑松林。也先营在焉。"这是拿前引《方舆纪要·猫儿庄》那项作为典据的,恐怕是把两次行程混而为一的错误。但刘定之曾参考并使用过现在很难见到的资料,因此,不见于其他记录的李陵碑、黑松林等,或许有几分值得考虑的价值。关于李陵碑,《大清一统志》(卷百二十四《归化城·六厅》)载:"苏武城在归化城西北,《明一统志》在大同府城西北五百馀里。相传汉武帝时,武出使,被留居此,城西有李陵碑,"还是在归化城附近。关于黑松林,《实录》景泰二年八月己卯条所传虏中消息说:"也先在黑松林,造牛车三千馀辆,云云。"但它的位置不详。或者就是下面所说的瓦剌老营,也未可知。因为上引《北征事迹》载:"十一月十六日,到老营。"《实录》和《明史本纪》都据此说:是日"上皇至瓦剌"等。看来像是被领到漠北瓦剌的根据地去了。其实,仍然在归化城附近,这从以上所述看来很明确。

丙 同明朝议和

后来,《北征事迹》还只载:"至十二月初二、三,在老营起,往来驻扎……正月初一日，上自将白纸写表，宰羊一只，祝告天地，行十六拜礼"等，地点全然不详。但据《临戎录》记述这次景泰初元正旦的祭祀是在断头山，说：

> "至正月初一日，爷爷（英宗）烧表告天，烧表已毕，有也先差人来，请圣驾，到于地名断头山营里做年，同妻并大小头目递皮条庆。"

后面还载："二月内，在于地名东胜地方。"这时，还详细记载明叛臣太监喜宁在野狐岭被捕杀；三月中，也先的弟弟赛刊王袭击明廷巡边总兵石亨，没有成功；四月，又"在于丰州地方"，在那里，英宗的御帐有怪光，增加了虏人对他的敬重等情形。

太监喜宁，原来是个投降的蕃族，土木之变陷敌，从此便专为也先策划，使明廷和英宗苦于应付。因此，英宗密谋让明边将杀掉了他。①《北征事迹》把这事错记在四月下旬，其实照《实录》看来，显然是二月十五日的事。又三月八日，明廷巡边总兵官武清侯石亨打败达贼的事，《实录》记在同月壬戌（十八日）条里。此外，《实录》到处都可看到当时也先是驻在离大同山西边外不远的地方。关于这事，杨铭的记载，应该说是可信的。如果是这样，那么结论就是：英宗第二次北移后，即自正统十四年末到第二年景泰元年春夏之交，即直到返回明廷为止，并没有到漠北去，应该认为大体上没有离开今归化城方面、断头山（北方）、东胜州（东南）、丰州（东方）等地。在这期间，也先也大约在附近驻牧。

看来也先早有恢复元朝宏业的志愿，当起首生擒英宗时就高兴地说："我常告天，求大元一统天下，今果有此胜。"②但这毕竟是一场梦幻，明朝的势力还颇强大，蒙古方面除也先外，还有脱脱不花王、阿剌知院等的势力，动辄想脱离也先、结合明朝。因而也先

---

① 参看《大明实录》景泰元年二月壬辰条。
② 见《明史纪事本末》（卷三十二）《土木之变》。

的统一事业也很不容易。土木一战擒获了英宗,诚属偶然的侥幸。最初,也先对如何处理英宗也不知所措,突然部众议决,便居为奇货,希望用来在有利的条件下,对明重开交往。因此,屡次以此同明廷进行交涉,退居边外要地,也是为了姑且观望明廷的态度,所以他的驻地当然离边境不远。果然,双方不久就开始议和了。

不,和议起首就没有断绝,也先所以率领大军围攻北京城,也确是促和的一种手段,其间不断地相互交换了试探敌方意向的使节。景泰元年五月,时机终于成熟,阿刺知院亲自派出了正式媾和使臣。阿刺知院起头就不太同意侵犯明朝,据《实录》正统十四年八月乙亥(二十八日)条载,当时已派使臣来说:"我是个大头目,已年老了。如何留一个恶名。我与你讲和了罢。"于是,景泰元年五月辛未(二十八日)就派来参政完者脱劝(欢?)等正式提议媾和,六月己未(二十三日)又来督促议和。于是,明朝廷也决意响应,首先派礼部右侍郎李实、大理寺右少卿罗绮等来到蒙古。在这以前,也先也一再急于议和,令致书《北征事迹》的作者袁彬,还两次派《临戎录》的作者杨铭来到大同,进行试探性的交涉。景泰元年六月,终于亲自带着英宗逼近大同城下。但明廷守将郭登又想用诡计夺取英宗,因而协议不成,又北返了。① 总之,在这期间,单方面的和议仍在积极进行。到七月一日,明廷使臣李实等,便从北京出发了。《北征事迹》把李实之行写在五月里,显然是错误。派遣使臣的经过,充当使臣的本人李实的《北使录》的记述最为翔实可靠。

现在可以再通过研究使臣的行程来探求当时虏酋的住地。据

---

① 这事,《实录》景泰元年六月丙戌(十四日)条载:"上皇(英宗)车驾至大同。先是,虏北人既深,又议选战马,奉上皇南归,是日至大同。虏声言:送驾还。守将郭登等设计,于城月门里,具朝服以俟,潜令人伏城上,俟上皇入,即下月城闸板。既及门虏觉之。遂拥上皇退去。"《明史》(卷百七十三)《郭登传》也采取了这种说法。然《否泰录》和《北征事迹》都没有记载这事。《北征事迹》,却把此事写作去年九月二十八日英宗首次来到大同城。总之,景泰元年六月,英宗曾来到大同城。也先以前已经吃过苦头,绝没有再来的道理,这大概完全是《北征事迹》的著者记错了。

《北使录》载：一行七月一日辞别北京，取道马营、独石，六日经过独石卫，驻宿在城北五里的荒地里。以后在塞北地方的路程如下：

> "初七日，毡帽山二十里宿荒……初八日，宿兴和卫东珂边。初九日，宿昂褪冈儿即海子。初十日，宿失剌失薄秃，即也先边塞。营中送下程羊二只。十一日，至也先营中，地名失八儿秃。"

毡帽山就是洪武十四年，明将丁忠破虏之处。[①]《大清一统志》(卷二十四《宣化府》)载："毡帽山在赤城县北，独石城西北十里，圆耸卓立，远望如帽，因名。一名簪缨山。"肯定就是这座山。"兴和卫东珂边"恐怕是"兴和卫的东河一带"。兴和卫是万全边外的地方，[②]因此，这条东河可能是从这里流出而注入西北昂古里泊的黑河上游。其次，"昂褪冈儿即海子"，必定是"昂褪闹儿(Ang-kun-nao-êrh)即海子"的讹误，不外是这方面的大海子昂古里泊(Ang-ghuli Naghur)的异译。路程大体是向西走，因而可以想象此后两天路程能够到达的也先大营地失八儿秃的位置，可能是今库依斯泊以西、商都以南附近地方。

商都(七台)南方就是前述英宗在(也先——译者)围攻北京后折回来，第二次北迁时的行程"次日往北行，猫儿庄里歇一夜，出大边墙，次日往即宁海子东岸，行二日，至达子营"的达子营地方。我想达子营这个地名，肯定来自这里原来是也先的一个根据地。再者，杨铭的《临戎录》叙述当时情况说："六月内，也先哨马于分岭墩，捉获夜不收李贵，到于金山也先处。"后来又说也先移至"关山东北失把儿秃"。这个失把儿秃无疑就是上述的失八儿秃，也就是

---

① 《两镇三关通志》(卷三)《宣府纪》载：洪武"十四年夏四月，北虏寇开平，指挥使丁忠击败之。"注说："战于毡帽山，斩获数百。毡帽山，在独石北。"

② 参看箭内亘《蒙古史研究》第636—637页。其实这时兴和卫已经退居宣府城内，李实所指显然是旧兴和，即元代的兴和路地方。

达子营。因此，我想它西南方的关山（Kuan-shan），从方位和发音来说，必定是前述九十九个海子的官山（Kuan-shan）。更进一步看来，如前所述，正统十四年八月二十七日，《北征事迹》说英宗住九十九个海子，而《临戎录》却说"住金山"。由此可见，九十九个海子就是金山，而金山可能是关山或官山的音讹。《临戎录》这类史料，到处都可以看到译错的字，并不奇怪。如果真是这样，那么过去一向著名的官山地方，也曾是也先作为金山哨马处的一个根据地。

回过头来再说明使李实等于景泰元年七月十一日，平安到达也先营地，完成了他的使命。第二天谒见英宗。《北使录》原文说：

"十二日，差头目人等，赍达达可汗并瓦剌知院敕书赏赐，分头前去。同日差平章人等，引实等去三十里，朝见上皇。"

达达可汗脱脱不花、瓦剌知院阿剌等，远在别处，因而遣使送去明朝皇帝的敕书和赏赐。上皇英宗就驻在附近三十里的地方，可能立即派平章做向导。不过，李实等进谒英宗时，"惟见校尉袁彬、余丁刘浦儿、僧人夏福等三人侍左右。"可知《北征事迹》的作者当时曾侍立在侧，《临戎录》的作者并没有在场。于是，李实等约定八月五日以前派奉迎接驾的人员前来，十四日就起程回国了。《北使录》载：

"（十四日）起行，至二十里宿荒，送下程羊二只。十五日至中途过午，送下程羊一只，宰之，宿失剌失薄秃，送下程羊一只，当夜三更起行。十六日过绩麻岭，山下宿荒。十七日从酉阳口入关。至万全左卫中饭，宿宣府。"

从失八儿秃（Shibartu）驻营地走一天的路程，到失剌失薄秃，径直南下，只要两天的路程，就从酉阳口进入明廷边界，到了宣府。由此可以推测，也先的本营距离很近。从内地来，竟这么近，而李实等去的时候，所以要出马营、独石，长途跋涉，宿于塞外荒野，想必因为独石、马营方面是媾和媒介人阿剌知院的势力范围。

与李实等出使也先相左,脱脱不花王的使臣皮儿马黑麻也奉使明廷,专为劝说赶快议和而来。① 于是明廷又派都察院右都御史杨善、工部右侍郎赵荣等前去瓦剌那里。杨善等于七月十八日从北京出发,十九日在怀来遇见回来的前次使臣李实等。又向前进,二十九日进入也先营地。八月初三谒见英宗。八日,奉英宗起行,十一日过野狐岭,十六日返抵北京。现只听说有杨善的《使虏记》和赵荣的《使虏录》,无从见到,只好依照刘定之根据这些书编纂的《否泰录》来考证。它记述如下:

> "二十九日,善等至也先营。也先方出猎。八月初二日,回营,与善等相见。太上(英宗)遣袁彬来会……初三日,善等见太上于伯颜帖木儿营。初四日,也先请太上至其营饯行……初八日,太上驾行,伯颜帖木儿护送。十一日,驻跸野狐岭。伯颜帖木儿等数百骑,皆恸哭良久,既别去。"

这样,英宗被拘留在虏营满一年的生活,便以戏剧式的场面收场;明朝和蒙古的关系也恢复了正常。瓦剌好不容易获得绝好的人质,开始了交涉,而明朝国运未衰,有像于谦这样的大政治家,主张社稷为重,君为轻,始终不渝,因而蒙古终未能获得大利。

以上不厌烦冗一再论证,究竟解决了什么问题呢?这里不仅明确了当时内蒙古的地理,了解了英宗北狩的路程,并弄清了也先的地位和他的态度。最大的收获是,由此可以推测当时内蒙古势力的配备情况。那就是:也先当时已经南下,确实占据了西起归化城,东迄阳和、宣府边外的地区;他部下唯一的大酋、时常侵寇独石宣府方面的阿剌知院的根据地,肯定还在它的东面、今多伦、经棚方面。如果这些方面都已被也先、阿剌所占据,那么,他们的主子

---

① 参看《大明实录》景泰元年秋七月癸卯朔、戊申(六日)、壬子(十日)等条。

脱脱不花王的驻地，当然在这些地区以外，即只能看作是在今乌珠穆沁到呼伦贝尔一带地方。其他史料对此也给以不少补充证明，通过了解这些形势，就可以进行下面的论述了。

4.也先太师（下）

甲 脱脱不花的女真经略

从今乌珠穆沁到呼伦贝尔一带地方，是原来和宁王阿鲁台的根据地。脱脱不花王受顺宁王脱欢的拥戴，仍旧统辖故和宁王的属部，实际上驻牧在这些地区。这事另有确证。据明朝《于谦奏议》载[1]景泰二年五月由脱脱不花王送还的辽东三万卫舍人高能等的口供说：

> "脱脱将高能等带到驴驹河一带，趁草住札。说到五月间，要那去兀鲁骨河驻劄，离长安岭，只有十日。"

脱脱是脱脱不花的简称，这时他正经略满洲，这里是说要返回原来的根据地。驴驹河就是克鲁伦河（Kerülen）的古名。这里可能特别指它的下游地域。长安岭是宣府口北道龙门县东南的枪竿岭，所以离这里只十天路程的兀鲁骨河，必定是兴安岭西边的要地、自古就颇著名的乌珠穆沁部的兀鲁灰（Ulkhui）河。[2] 三月间驻扎在克鲁伦河畔的脱脱不花，五月间要移驻兀鲁灰河，而且并非临时措施，而是长达二十年之久的根据地。由下边所述可以逐步了解。

问题到此要逐渐转到兀良哈、女真方面。占据东边的脱脱不花当然是兀良哈三卫的统治者，并进而经略了东方的女真。如上

---

[1] 《少保于公奏议》（卷八）景泰二年五月十二日《兵部为关隘事》。

[2] 关于元代的兀鲁灰河，见箭内亘《蒙古史研究》第589—592页。清代准噶尔部的噶尔丹东进占据乌尔会河即兀鲁灰河事，见于《朔漠方略》（卷六）、《圣武记》（卷三）《康熙亲征准噶尔记》等书。魏源把它当作乌尔匝河，当然错了。

所述，当也先入侵时，脱脱不花率领东军侵犯辽东。《明史》（卷三百二十八）《瓦剌传》载："脱脱不花以兀良哈寇辽东。"严从简的《殊域周咨录》叙述此事说："正统十四年，北虏也先入寇，犯京师；脱脱不花王犯辽东……而辽东被杀掠尤盛。故海西建州夷人，所在皆起为乱。辽东为之弗靖者数年。"其他记录，也有不少相同的。但脱脱不花大肆蹂躏女真，并不在这时，其实是在同明和议既成以后，景泰二年春初时期。其经过情形，明《实录》略有记载，而《李朝实录》和《少保于公奏议》记述最详。

明《实录》景泰元年十二月乙亥（五日）条载有少保兼兵部尚书于谦的奏议，这时侍郎赵荣已从出使瓦剌回来，他说："荣又闻脱脱不花王欲整人马，征女真野人。"第二年春正月丙午（六日）条载赐给提督辽东军务左都御史王翱等的敕书说："得尔等奏报：脱脱不花王亲领人马，收捕野人女真，欲先到开原空城。云云。"这是明《实录》关于这次战役的全部记述。[1]《李朝实录》也转载了赵荣的话。即文宗庚午（景泰元年）十二月戊戌（二十八日）条记述辽东王大人即王翱告朝鲜通事金有礼的话，说：

> "当今别无声息，唯兵部侍郎赵燦赍领赏赐，到也先处。
> 也先谓燦曰：海西等处野人女真与高丽后门诸种野人等横逆不服，予将领军七万，征讨剿杀。朝廷勿为惊惑，以动大军。
> 朝廷恐有贼情难信，已降敕谕，严备器械。"

工部右侍郎赵荣（说成兵部侍郎赵燦，错了）出使瓦剌，是前述景泰元年八月的事。[2] 所以可能当时也先就这样说了。因为也先和脱脱不花的意思是，前年对女真的经略还不够，尤其是海西野人和朝

---

[1] 还有一条，景泰三年五月庚辰条载：建州左卫海西忽里吉山卫、童宽山卫等处女真，被脱脱不花王擒捕，脱归，来投明边云云。这是后来的事。而且是只凭推测，和这次战役可能结合起来的。

[2]《赵荣传》，除《明史》（卷百七十一）和《明史稿》（卷百五十二）以外，还见于《国朝献征录》（卷五十）等书。据记载，赵荣本是西域人的后裔。出使瓦剌只是在景泰元年八月和杨善一同去迎接英宗的时候。王翱所说："赍领赏赐，到也先处"，是对朝鲜人的饰词。

鲜后门(即咸镜道境外)的各族,也都没有屈服,①所以要去平定它。
对此,女真自不待言,连明朝和朝鲜也都加倍警戒。《李朝实录》文
宗元年(景泰二年)春正月甲辰(四日)条又传明辽东都御史王翱的
警报,说:"指挥王武到海西颁敕,闻诸野人,也先及脱脱不花王领
兵马无算,到弗剌出寨里,也先兵马不知指向,宜飞报尔国(朝
鲜)。"同月壬子(十二日)条又说:"脱脱王兵马,正月初二日,发向
东北。"从此朝鲜倍加警戒。

但传述这次侵伐真相最详的还是当时明廷派到女真去的使
臣。明朝这时仿佛为了对抗瓦剌的经略,犹在大力进行招抚,它的
使臣不断往返于满洲女真各地。前引于谦奏议里所说三万卫人高
能,就是这类使臣的随员。他们受辽东总兵官曹义之命,带着敕书
来到海西,敦促他们归顺,并让他们送还在边上抢去的人畜。于
是,景泰元年十二月二十日,进而到了塔山左卫都指挥使弗剌出的
营寨。弗剌出是当时最倾向明廷的大酋,因而想先从这里开始绥
抚。② 然而不幸的是,他们被偏巧开到这里的脱脱不花王的军队逮
住了。他们亲眼看到脱脱不花王经略满洲的状况,不久被送到蒙
古,第二年五月才获释回来。《于谦奏议》里③叙述此事时,载高能
的话说:

> "有脱脱人马到来,将弗剌出等捉去,问说朝廷有使臣在
> 此,弗剌(出)等不肯承认。脱脱将弗剌出等剥去衣服,用皮条

---

① 海西女真剌塔弗剌出等不轻易屈服于也先、脱脱不花王的威力,动辄通明以抗拒他们的侵逼。这
   事前面已经叙述过。据《大明实录》正统十四年十二月辛亥、戊午等条说:明廷虽也苦于瓦剌的威
   胁,但犹一再晓谕三卫女真,使之和瓦剌疏远。本文里已说到,当也先侵寇时,明廷曾征调朝鲜和
   女真兵入援。
② 《大明实录》正统十一年冬十月丁巳条载:"设女真塔山左卫,给印。命塔山卫都指挥弗剌出掌印管
   事。从呕罕河卫都督偎俪哈答奏请也。"同年十一月己卯条载:特下敕弗剌出,嘉其忠诚,嘉赏他历年
   的功劳。弗剌出,直到正统、景泰年代,还继续朝贡。他由都指挥同知升任都指挥使是景泰元年春
   正月癸巳的事。
③ 《少保于公奏议》(卷八)景泰二年五月十二日《兵部为关隘事》。

捆缚。弗剌出方才说出高能等在寨，至被拘去。将各人所赍
敕书开看，就将各人交与皮儿马里麻等收领。令在营内。说
我如今替朝廷收捕野人女真，你每就眼看。收了时，着人送你
每去。"

弗剌出是后来哈达部的前身塔山左卫的掌卫事，是相当著名的大
酋，犹遭受如此残酷的对待。这是因为当时满洲女真地方是明朝
和蒙古争夺的对象，而弗剌出却被看作亲明派。脱脱不花王表面
上对明颇表好感，声言："今替朝廷（明廷）收捕野人女真。"优待它
的使臣，遣送回来。《李朝实录》文宗元年（景泰二年）春正月壬戌
条所载明辽东都御史王翱的话说："脱脱凡南朝被虏者，皆不杀，遣
还。"皮儿马黑麻（Pir Mahmad?），从这个名字看来，可能是西城人，
他是脱脱不花王的外交专员，曾连年出使明朝朝贡，后来归化了明
朝。[①] 叫他收管汉儿高能等，并约定将来送还。

高能的话，接着还叙述脱脱不花王经略女真的实际情况，说：

"脱脱领人马，自松花江起，直抵恼温江，将兀者等卫一带
头目寨子，都传箭与他，着他投顺。中间投顺了的，着车辆装
去，不肯投顺的杀了。亦有走了的寨子，俱放火烧讫。有考郎
（兀）卫都指挥加哈。成讨温卫指挥娄得的女儿，都与了脱脱
儿子做媳妇。脱脱到白马儿大泊子去处，将都督剌塔、伯勒
哥、都指挥三角兀及野人头目约有三、四百人，尽数都杀了。
脱脱身上得了浮肿病症，又害脚气，乘马不得。只坐车回还。
留下五千人马，在木里火落等处喂马。要去收捕建州等卫都
督李满住、董山等。"

下面接着叙说最初引导脱脱回到驴驹河畔，而高能得到皮儿马黑

---

① 皮儿马黑麻充脱脱不花王使臣来明朝贡，可能从前述的景泰元年七月开始，后来经常来朝。天顺
初，归化明一朝。明朝赐名叫马克顺。现在又作了中国的使臣，常常出使蒙古。（参看《实录》天顺
元年二月己酉、秋七月甲子、八月戊午等条。）

麻的安慰,伴随脱脱遣明的使臣完者帖木儿等,于同年四月二十四日来到独石城外,五月十日,被送还明廷。此事见于明《实录》景泰二年夏四月丁酉、五月丁未、己酉等条,当属无误。① 被脱脱不花捕杀的刺塔、伯勒哥,是正统九、十年间大举和兀良哈作战的兀者卫都督刺塔和肥河卫都督别里格。三角兀是双城卫都指挥。② 投降、通婚的成讨温卫指挥娄得是兀者卫都督刺塔的亲弟,正统八年四月特别立卫析居。③ 考郎兀卫,前面已经谈到,是今松花、黑龙两江合流处附近的大卫。刺塔、别里格是当时女真唯一的大酋,长期没有屈从蒙古的诱胁。因而在此被杀害了。被杀害的地方白马儿(Pai-ma-êrh)大泊子,从征战地理和发音来看,或许是今扶余(伯都讷)西面、满蒙交界线上的拜布尔(Baibur)察罕泊。④ 总之,这些酋长说有三四百人,虽有些夸张,但大都被杀或投降,既然说自松花江至恼温江(嫩江)传箭而定,可见海西地方已完全被征服了。因此,上述奏议的下文概括地说:"脱脱不花今次收了野人女真等处大小人口,约有四五万,内精壮约有二万。"

又《李朝实录》文宗元年(景泰二年)春正月壬戌(二十二日)条载:朝鲜探闻脱脱不花王军队更向东进,大为恐惧,对此,明辽东都御史王翱答复说:

"脱脱兵三万,于腊月二十三、四日到海西,执不剌吹杀之。其部落降者不杀,不顺者皆杀之。指挥刺塔以下,一、二百逃奔黑龙江松林等处。建州卫李满住闻脱脱王杀掠海西人,奔窜山林,脱脱不穷追,还于海西。今海西建州等处一空,

---

① 但据《实录》景泰二年五月庚申条载,高能等原来是二十人,仅送回高能等六人,其余郎福等十四人还没有到。然据八月己巳条却说郎福等十四人已在满洲被杀害,暴尸原野。
② 参看《大明实录》天顺六年春正月壬寅条等。
③《大明实录》正统八年夏四月丙午条载:"设立女真成讨温卫,改命兀者卫指挥金事娄得掌卫事。娄得,都督刺塔弟,析居成讨温,请立卫给印以自效,故有是命。"
④ 拜布尔察罕泊(Baibur Chaghan Naghur)见清《内府图》和安维利(D'Anville)地图。

未闻向朝鲜也。所谓向东者是建州卫也。"

不剌吹(Pu-la-ch'ui)就是塔山左卫的弗剌出(Fu-la-ch'u),说是剌塔等逃往黑龙江,但从后来完全不见看来,可能确实被杀害了。据后面所引剌塔爱妾亦纳乞说,剌塔确实是在当时被射死的。脱脱不花没有穷追,是因为他从蒙古干燥地方来,遇到满洲水滨的湿气,患了脚气病的缘故。由此可见,今哈尔滨、扶余方面,过去就是满洲部族居住的地方,直到元末明初,犹继续保持这种形势。当明末满洲兴起时,这个地方就完全变成蒙古人的驻地,有势力的清朝同族并没有占据这里。这究竟说明什么呢? 我想固然不能否认这同有元一代的经略和阿鲁台、也先对这方面的经营多少有些关系。但主要是此时脱脱不花王经营的结果。由于他经略的结果,这一带平敞地方就从狩猎农耕的满洲人回到游牧的蒙古人手中了。

脱脱不花王因病西返了,但绝没有以收服海西为满足,还企图南下侵夺建州各卫地方。这从前引高能报告的末尾说"留下五千人马,在木里火落等处喂马,要去收捕建州卫等都督李满住、董山等",以及王翱的说明"所谓东向者是建州卫也"便可了解。叙述得最详细的还是下引于谦的个别奏议。当时任少保兼兵部尚书、掌握明朝政权的于谦,在景泰二年五月六日以"兵部为军务事"为题的奏议里①(前引王翱的话里也有),记载明廷招谕女真的招谕使指挥王武等的报告,说:

> "今该原差指挥王武等回还,呈称:四月十三日,到完名河等处。寻见李满住、董山、卜花秃,念文书,各人商议要来。至十五日,忽报脱脱不花人马见在罕里名河等处下营,相离一日路程。各人俱自收拾家小藏躲。有李满住又说差千户高完

① 载在《于公奏议》(卷八)。这个奏议较前引奏议还早六天,当时于谦理应还没有得到高能的报告。

帖、董山差亲弟董阳等,随后赶来回话,至今未到。王武等连夜回还。具呈得此,臣等议得:李满住、董山等又因脱脱不花人马到彼,不能前来。"

又继续载由虏中走回人杨伴叔、郭贵成等的供状,说:"脱脱不花人马见在海西灰扒江等处,寻杀野人女真,但见汉儿,指引放回,已是事实。"李满住当然是建州卫的主人,董山是建州左卫的大酋,卜花秃则是右卫酋长凡察的后嗣。明廷招抚所谓建州三卫的酋长,三卫酋长也想同意招抚,但慑于向南侵来的脱脱不花人马,事情败露了。完名河、罕里名河和前面见到的木里火落,都不详,颇为遗憾,但就文意推测,完名河大致在建州领域以内,罕里名河和木里火落是脱脱不花人马的驻地,可能就是杨伴叔等所说的灰扒(Hui-pa)江,即今辉发(Hoifa)河方面。当时疗养脚气病的脱脱不花早已退回胪朐河方面去了,所以这时蹂躏建州地方的所谓"脱脱不花人马",不外是前述高能所说的留下的五千人马。因此,建州的经营,毕竟没有像海西方面那样彻底。

总之,脱脱不花经略女真,颇为彻底。当时女真也同朝鲜不睦,苦于处境而不断投向明朝边境。例如:《殊域周咨录》在前引文句之后,继续说:此时野人女真相率投降的很多,兵部侍郎(尚书)于谦上疏决定处置办法,并说:"至景泰后,始克宁谧,而海西野人女真之有名者,率死于也先之乱,朝廷所赐玺书、尽为也先所取。其子孙以无祖父授官玺书,不复承袭,岁遣使入贡,第名曰舍人,以后在道不得乘驿传,赐宴不得上席,赏赉视昔有薄,皆忿怨思乱。辽东人咸知之,而时未有以处之也。"[1]"也先之乱",语颇含糊,但在上述也先、脱脱不花征略以后,情况大体如此。明初以来,一说到

---

[1] 这段文字恐怕是从马文升的《抚安东夷记》摘录来的。该书叙述正统十四年也先的侵寇说:"各边俱失利,而辽东被杀掠尤甚。以故,朵颜三卫并海西建州夷人,处处蜂起,辽东为之弗靖者数年。"以下"至景泰后,云云。"只有两三处字句不同。

女真的大部落,必定是指海西,建州等几乎是不足道的。但从此以后,精强的女真却移到了建州,正不是海西了。其主要原因之一,必定是受了这次讨伐打击的缘故。这次侵略,最初本是也先积极筹划,然由于地理位置的关系,脱脱不花首当其冲了,前引王翱的话里也说,也先兵马"不知指向"。这恐怕是先自撤回,不久,脱脱不花也因病西还。但此事并没有就此结束,女真全部迟早必完全陷于蒙古骑兵铁蹄蹂躏之下。而女真之所以幸免此厄运,实际是由于后来发生的脱脱不花和也先的仇杀。

乙 脱脱不花王的灭亡

蒙古皇帝脱脱不花王是元室嫡裔,名义上是也先的君主,而蒙古实权却从也先之父脱欢时起,已落入瓦剌太师手里,可汗(皇帝)不过徒有空名而已,所以明方记录往往把鞑靼脱脱不花王称作瓦剌可汗,把他的活动也看作是瓦剌的活动。关于脱脱不花王,《蒙古源流》(卷五)说:"岱总汗(即脱脱不花王)聪智必能觉察。"明朝的王翱也说:"脱脱多奇策",[1]绝不是个庸主,早对权臣也先的专横感到不快。明朝政治家知道这种情形以后便密谋离间两者。在这以前,蒙古的可汗和太师分别单独(实际是太师的名额更多)向明廷派遣贡使,明廷也同等对待,用两封敕书答复他们。由此一遇到机会就故意冷淡对待瓦剌太师的使者,优待鞑靼可汗的贡使,尽量挑起前者的怀疑。[2]纵令不这样,还当然要在拥有实力的属下和徒拥空名的长上之间容易引起猜忌,于是就造成了双方斗争的原因。

双方在上述征伐女真战役结束后立即仇杀起来。明《实录》记

---

① 见于《李朝实录》文宗元年(景泰二年)春正月壬戌条。蒙古人称脱脱不花王为岱总汗,按本文论述毫无疑义。但因为什么称岱总汗,原因不详。不过,岱总(施密特译作 Taissong,胡特译作 T'ait-sun)这个词,在蒙古语里,似乎没有什么意义。我想或者是蒙古人对复兴已绝的世系、聪明俊秀的可汗所加的庙号为太宗,讹传成了岱总。

② 参看《大明实录》景泰二年五月壬子,叶氏的《四夷考》(卷六)《北虏考》等。

述此事,最早见于景泰三年春正月丙辰(二十二日)条,首先简单叙述说:

> "少保兼兵部尚书于谦、武清侯石亨等奏:虏中脱回人口屡报,脱脱不花王与也先仇杀,而大同等处亦报烟花声息。"

接着,二月壬午(十八日)条稍微详载也先的捷报,说:

> "瓦剌太师也先遣使赍奏来言:其故父夺治阿鲁台部落。以可汗虚位,乃扶脱脱不花王立之。也先姊为其正室,有子,不立为太子,而欲以别妻之子为之。也先言之不从,乃起兵来攻也先,中道而返。于是,也先进于(与?)之战,败之。脱脱不花王领其下十人遁。也先尽收其妻妾太子人民。遣人报喜,并献良马二匹。命宴其使,赐钞币等物有差。"

《吾学编·皇明北虏考》、《名山藏·鞑靼传》、《明史·瓦剌传》等书文句,大致沿袭此记录,不过多少加以润饰。而《于公奏议》[①]记载当时由虏中脱回的宁夏中护卫余丁韩成的供状,传叙详报如下:

> "又听得也先怪恨脱脱不花王,要人马去征杀了。要着他的外甥阿八丁王的男做王子。有阿哈剌忽知院不忿(忍),领部下一支人马,又有哈剌嗔三千人马,都投顺脱脱不花王去了。有脱脱不花王整点人马,要与也先厮杀。有赛罕王得知,收拾人马,报与也先,一同前去谎忽儿孩地面躲避。"

韩成是二年十一月末由虏中逃回来的,所以这只是战争即将开始时的形势。尽管如此,也颇有参考价值。

看来脱脱不花王有好几个儿子,其中一个叫也先猛哥(可)王子的,开始出现在《实录》正统八年(1443)春正月壬午条,后来景泰元年(1550)十二月辛卯和二年春正月乙丑等条也都载有"脱脱不

---

① 《少保于公奏议》(卷二)《兵部为被虏走回人口事》。韩成于景泰元年正月十日被赛罕王部下诡力帖木儿抄掠,来到土剌河畔老营,二年十一月二十日伺隙脱逃情况。详见《奏议》。

花王男也先猛可"亲自遣使向明廷朝贡的记录。另一个叫脱谷思太子的,出现在正统四年春正月癸卯条。[1] 上引《实录》所说也先想把脱脱不花王的正室、也先太师的姐姐的儿子立为太子而没有办到,所以肯定他不是上述的脱谷思太子。而也先猛可王子似乎比太子还有人缘,那么,这个人或许就是假借舅舅也先太师的虎威的那个王子吧。

另据《李朝实录》端宗壬申(景泰三年)八月庚午条里明使尹凤说,此事的经过是:

> "脱脱王与也先相恶。王先击也先,也先败。其后,也先大举攻王,杀之。又杀其太子,而立太子之子。因北遁远去。太子之子乃其妹出也。"

如果这话不错,那么,也先之姊确是脱脱不花王的正室,而他的妹妹也嫁给了王的太子,她所生的太孙就是那个王子了。试拿这段话来和韩成的供词对照一下。即也先想让"外甥阿八丁王之男"做王子(皇嗣之意),就是说这个阿八丁王是也先姐姐的儿子即那个太子,那么,他的儿子又是也先妹妹生的。两方面所传完全吻合。但是,试更进一步分析。纠纷的直接原因是拥立太子的问题,因此,如果阿八丁王既然已经做了太子,纠纷的原因应该不存在了,这就产生了解释上的矛盾。现在为了不使理论混淆,只来分析尹凤的话。太子之子就是太孙,按当时蒙古的继承法说来.他是将来可以继承王位的人,为了立他就不会引起纠纷。何况如果这个所谓的太子是前述的脱谷思太子,那么,这个太子后来活了很久,因此说"又杀其太子",就不对了。所说打了胜仗的也先"北遁远去",

---

[1] 全都只胪列北虏大酋的名字,别无说明。尤其关于脱谷思太子,是否脱脱不花王的儿子,也不清楚。然事实上,像后面所论证的,确是这样。又《实录》正统十年春正月己亥条所列举的北虏大酋之中,在脱脱不花王、也先太师下面,第三位就是"王子也先",实在就是也先猛可(哥)的脱误,可以毫无疑问。据《黄金史》说:"岱总汗(Taisung Khaghan)即脱脱不花王,有子三人:长子 Monggholai,自杀去世。其次是 Ili, Dili 二子。(见《成吉思汗传》第76页)关于这事等以后再详述。

恐怕也不符合事实。总之，我认为《明实录》所载也先的报告，从它的性质看来，很确实，而明廷宦官尹凤随便回答朝鲜人质问的话，当然含有许多错误。韩成的供状等也是愚顽奴辈的传闻，当然很难保证确切。据《蒙古源流》（卷五）载，岱总汗即脱脱不花王有个弟弟叫阿噶巴尔济济农，他的儿子哈尔固楚克是额森即也先的爱婿。阿噶巴尔济后来加入额森一伙，攻击自己的哥哥可汗，我认为所说的阿八丁（A-pa-ting）王的名字，不仅很像阿噶巴尔济（Akbar-ji）济农（济农是汉语亲王的音讹），而且阿八丁王伙同也先追击他的哥哥可汗，[①]所以阿八丁就是阿噶巴尔济，所说也先的"外甥阿八丁王之男"，是否是额森的爱婿哈尔固楚克的讹传。关于脱脱不花王的后裔，将在另一章里详细论述。

其次，关于韩成供词里所说的阿哈剌忽知院，也出现在下面所引的明《实录》天顺元年（1457）二月己酉、五月丙寅等条里。[②] 又《于谦奏议》里评论脱脱不花投顺说："阿哈剌忽在房中人，颇知道理，略晓天道人事。必是因见也先邪谋彰露，厉阶已成，且恐不利于己，以此结连投顺。"其余的事情不详。哈剌嗔这个名字，在这以前，当瓦剌的脱欢灭掉鞑靼阿鲁台、吞并东方蒙古地方时首次出现。叶向高的《四夷考》（卷六《北虏考》）载：

> "是时，脱欢强，稍并有贤义、安乐之众，急击杀阿鲁台，悉取其部落。欲自立为可汗，众不可。乃行求元后脱脱不花王为主，以阿鲁台众归之，居漠北。哈剌嗔等部俱服属焉。"

《明史·瓦剌传》等记载也略同，已在本章开头说过。阿鲁台是代

---

① 《少保于公奏议》（卷六）《兵部为来归人马事》叙述：房中消息说："但未见传说脱脱不花王有无见在。今称哈八王杀了人马，跟也先二处去。"这个哈八王必定是哈八丁王的简称。

② 又《实录》成化六年二月壬戌条的阿剌忽知院，固很奇怪，但天顺七年五月癸丑条里的迤北马可古儿吉思王子的使臣头目阿哈剌忽，似乎就是此人。如下所述，如果字来必定是哈剌嗔部，伙同哈剌嗔部的必定是阿速部的话，那么，必定伙同这个字来的阿哈剌忽知院，可能是阿速部的代表，是前阿鲁台的遗属，也未可知。

表阿速部落的大酋，统率东蒙古各部。① 从以上引文看来，他灭亡以后，哈喇嗔部就成了东蒙古唯一最大的部落，取代了他的地位。按《元史》（卷一百二十八）《土土哈传》载：元世祖时，土土哈之父、钦察的班都察，"尝侍左右，掌尚方马畜，岁时搁马乳以进，色清而味美，号黑马乳，因目其属曰哈剌赤。"又说："初，世祖既取宋，命借建康、庐、饶租千户，为哈剌赤户，益以俘获千七百户，赐土土哈。仍官一子，以督其赋。（至元）二十八年，土土哈奏哈剌赤军以万数，足以备用。云云。"此外，关于这个部属的记载，还散见于《世祖本纪》（卷十五）、《仁宗本纪》（卷二十六）等。这部族名哈剌赤（Kharachi）即哈剌嗔（Kharachin），无疑是今喀喇沁（Kharachin）部名的来源。想到这里可知在阿鲁台的阿速部之后出现哈剌嗔部，绝不是偶然的。因为阿速部原来出自里海北方，那里是哈剌嗔部之祖土土哈的故乡钦察地方。明人的记录也说，阿速、哈剌嗔两部直到以后一向很亲近，②这大概从元代以来就是这样。因而完全可以设想：当时哈剌嗔部也必定是从阿速部的邻近兴起的。③ 总之，当景泰、天顺年间，出现了大酋孛来，代表哈剌嗔部，大肆活跃。下一章将详加叙述。

回头再看看韩成的供状。脱脱不花王增添了哈剌嗔部的三千人马和阿哈剌忽知院等，于是便以凶猛之势攻击也先。赛罕王是当时知名的也先的弟弟，得到警报后，立即报告也先，兄弟一同逃避到谎忽儿孩地方。谎忽儿孩是今乌里雅苏台东南、推和塔楚两

---

① 参看前引《兀良哈三卫的研究》上（《满鲜报告》第十二巷、第 264—275 页），原书第 240—241 页。

② 例如，郑晓的《皇明北虏考》说："应绍卜部营十：曰阿速、曰哈剌嗔，云云。"又说："南有哈剌嗔、哈连（哈速，即阿速）二部，云云。"详细情形请参看和田清的《内蒙古各部落的起源》第 189—204 页。

③ 曾经说过，哈剌嗔部的世系，后来几经变迁。（和田清《内蒙古各部落的起源》第 191—199 页，第 387—406 页）因此，当年的哈剌嗔部是否继承元代土土哈的系统不详。但由大势推断，我想这时大概还是这个系统，到达延汗时，才被汗的子孙夺去，后来又移到朵颜卫酋长（今喀喇沁王系统）的手里。

河之间的低洼地区,如前所述,是也先的根据地之一。总之,这次战争,像上述也先的报告所说:"乃起兵来攻也先,中道而返",起初是由脱脱不花王方面先动手的,这从尹凤的话里:"王先击也先,也先败"便可了解。最初似乎获得相当的胜利。至少,据房中走回的赤斤蒙古卫千户革骨儿加的传说是这样:①

> "去年十一月里,有也先同纳哈台,调领人马,和脱脱不花王厮杀去了。后听得人来说,也先着阿剌知院做前哨,遇脱脱不花王人马厮杀,把阿剌的人杀了一千多。阿剌也着伤了。回到营里。又著赛罕领三千人马去厮杀,一个也不曾回来。也先把头目俺克平章杀了。阿剌见杀了俺克,因这事上,他两个各自领他的人马,不知哪里去了。今年二月里,也先弟歹都再收拾些人马,去寻也先,寻不见。到五月间,回到本处,诈传也先言语,把头目者儿哈即袄儿札哈赤等都杀了。有也先可敦营里三万人都反着,脱脱不花王跟前去了……六月二十日,因乳偷拐马二十四,同弟并妻女脱走。"

纳哈台知院和俺克平章都是屡次出使明廷的大酋,他们都加入也先方面了。首先是东边的阿剌知院当前哨进攻,一千多人被杀死了,自己也受了伤,退了下来。其次,赛罕王的三千兵,没有一个人回来。也先一怒之下,杀了俺克,阿剌和赛罕两个人率领属下,不知哪里去了。这种传说似乎有些过于夸张。下文接着便说:今年二月,也先弟歹都王收拾残部去寻也先,没有找到。五月间回来,诈传也先的命令,杀死许多头目。也先可敦营里的三万人也都反了,投顺了脱脱不花王。果真是这样吗?如后所述,胜负已在上年十二月末决定了,到了第二年二月、五月,不可能还会有这样的事。这种传说,与其说是西陲传闻之误,毋宁说必定是为了某种目的而

---

① 《少保于公奏议》(卷十)《兵部为盘诘事》。又参看《实录》景泰七年二月庚子朔条。

捏造的。其实，传报人革骨儿加（可儿加）曾随顺也先，驻在迤北，也先失败后，逃了回来，因而他的态度受到明廷谴责，这在《实录》景泰七年二月庚子条里有记载。所以，这些话或许是为了掩饰这些人的态度而捏造的，也未可知。虽说如此，所以当时蒙古曾一时出现鼎沸混乱的局面，竟至产生这种捏造的传说，却是事实。

明廷对于这种形势也曾有所谓"是天授以复仇之机，不可失也"[①]的意见，其实，明人得到这种报告，胜负早已定了。《实录》景泰三年九月庚子条，明确记载：

> "辽东军人徐胜自虏中脱回言：景泰二年十二月二十八日，虏酋也先杀其主脱脱不花王，执其妻子，以其人马给赏诸部属。"

《于公奏议》的一节里也有大致相同的记述。[②] 这次战役从景泰二年十一月间开始，到十二月末已告结束。结果是伟大的太师取得了胜利。也先结束了这种局面之后，便在三年二月，向明廷奏报了经过。[③]

也先杀脱脱不花王，自己取而代之，是蒙古史上最重大的事件，因而蒙古史籍中当然也大书而特书。首先，据《蒙古源流》（卷五）载，托欢（脱欢）、额森（也先）都是独立的卫喇特即瓦剌部的君主，并没有另外拥戴蒙古可汗。而额森进攻大明，擒获大明汗（英宗）回来以后，日渐横暴，失了人心；接着叙述前引岱总汗即脱脱不花王兄弟三人的出生，说："岁次己未（正统四年，1439年）岱总汗年十八岁，即位。阿噶巴尔济年十七岁，令为济农。满多固勒年十四岁。弟兄三人，督率行兵四卫喇特。"立即转而叙述同卫喇特额森

---

① 《大明实录》景泰三年春正月丙辰，于谦、石亨等奏议里的话。又，奏议的全文见《于公奏议》（卷二）。

② 《少保于公奏议》（卷二）《兵部为走回人口事》里载有故兀者卫都督剌塔的遗妾亦纳乞的话，她说："去年（景泰二年），十二月内，有也先领人马，来杀散散不花人马，都收去了。"

③ 参看原书第332页。

进入了决战。但是,这样一来,就和下文所说当时阿噶巴尔济农之子哈尔固楚克已成年且已做了额森之婿等情况,互相矛盾。因此,还是应该依照《黄金史》(Altan Tobchi)的说法。这时曾和瓦剌结盟,后来又失了。① 实际是,脱脱不花(岱总)的即位,远在这事以前,好歹总算和也先(额森)和平相处,但到也先俘虏了英宗以后不久两人就失和了。

这事暂且不谈。据《源流》说:岱总汗在同卫喇特的战争里,起初军威颇盛,后来卫喇特用阿卜都拉彻辰(Abdulla Sechen)的策略欺骗愚昧的阿噶巴尔济济农,背叛他的哥哥可汗来和卫喇特合作。因为济农之子哈尔固楚克是额森的女婿,所以他说:"亲护同胞,则能发达;亲护岳父母,则人讥之。"极力谏阻他父亲的愚蠢行动,但济农不听,便和四卫喇特合兵进攻了他的哥哥可汗。于是偌大的可汗也支持不住而败走,逃到前妻之父郭尔罗斯的彻卜登那里,被杀害了。《源流》原文叙述他败走的情形说:

> "岱总汗乃骑塔奇淡黄马败走,奔往肯特汗(Kentei Khan)山,渡克呼伦(Kerülen)河,途遇郭尔罗斯(Khorlad)之彻卜登(Chabdan)。缘前曾将彻卜登之女阿勒塔噶勒沁(Altaghalchin)出离,令回母家。此行正与仇人遇。彻卜登欲杀之,女谏曰:从前我之过,若害及博尔济锦(Borjigin),罪莫大矣。今彼困顿跋涉,若加保护,将来自必有益。不听,杀之。自己未(正统四年、1439年)至壬申(景泰三年、1453年),在位一十四年,年三十一岁,终于彻卜登之手。"

这正和《大明实录》景泰四年八月甲午条所载兵部奏议所说:"来降鞑子言:虏酋也先与其主脱脱不花交战,脱脱不花为也先所败,逃

① 《成吉思汗传》第71—72页。《黄金史》是一向少见的书。近来经出村良一研究的结果,明确了满铁出版的所谓《喀喇沁本蒙古源流》、北京蒙文书社发行的蒙文《成吉思汗传》都是它的异本。我只依据出村的译稿,但该译稿尚未发表,所以引用的页数,姑且依上述《成吉思汗传》注出。

往其姻家兀良哈头目沙不丹处。遂为沙不丹所杀"完全一致。兀良哈的沙不丹无疑就是郭尔罗斯的彻卜登；这里也显然证明了岱总汗就是脱脱不花王。但脱脱不花王的即位确实在宣德八年，因此，到景泰二年是在位十九年，而不是从正统四年到景泰三年在位十四年。年龄也有问题，既然有了孙子，其弟之子已娶了妻，绝不止三十一岁。因此，当然应该从建文、永乐年代开始计算，是五十多岁。①

又，郭尔罗斯这个部名，从元代以来，就以郭儿剌思、豁啰剌思、火鲁剌思、火里剌等字样出现。② 现在，这个部落名称还保存在哈尔滨西边地方，当时既作为兀良哈的一个部落，可能要在更北面。按《源流》的文面看来，似乎在越过肯特山、渡过克呼伦河附近的地方，但从明人把它称作兀良哈来说，肯定还要偏东。据《于公奏议》载，③从也先阵中逃回的大同阳和卫猫儿庄墩人役侯敬的供状说："本役在营时，听得鞑子说称，脱脱不花领人马，与也先厮杀。也先得胜，将脱脱不花赶往东北去了。云云。"又反复叙述此事说："今侯敬又说称：脱脱不花要往北边，借毛人毛马来，与也先厮杀。有也先往西北去了。说称：脱脱不花若赶上我时，就便顺，他赶不上时，罢。"由此可以想见，也先并不曾打败脱脱不花而亲自捕杀了他，而是在他放弃了东北边毛人之地，自己退回西北瓦剌地方，等待他日进行决战时，脱脱不花已死在东北边毛人之手了。所谓东北毛人的郭尔罗斯地方大致可以想象是东北最远边境，可能是兴安岭东边、今齐齐哈尔西北的山岳地区。④ 所谓毛人毛马，可能是

---

① 参看原书第 267—269 页和本书第 222 页注②。
② 参看箭内亘《蒙古史研究》第 272 页。
③《少保于公奏议》（卷二）景泰三年四月初八日《兵部为走回人口事》。
④ 前面已经谈到，兀良哈三卫驻地在北方，自然应该有个限度。又，结合下述翁牛特的根据地看来，郭尔罗斯部也不可能这样漫无限度地远在北边。

看见寒冷地带的人们身穿毛皮服饰,才这样称呼的。① 脱脱不花王娶这极北边地区的酋长之女作正妻,可见他的势力范围已经达到这样边远地方了。他的离婚理由,在《黄金史》(Altan Tobchi)里明明说是因为与别人私通的缘故;②上引《源流》的原文也有这个女子自己说:"从前我之过。"但是,或许是由于脱脱不花有些不得不娶太师脱欢之女、也先的姐姐的情况,也未可知。总之,脱脱不花王就这样灭亡了。可汗亡后,也先太师究竟怎样了呢? 下一节里再说明。

丙 也先太师的结局

景泰二年末,也先灭掉脱脱不花王,三年二月,向明廷夸示报捷。他已经俨然当上蒙古的独裁君主,内部苅除了故元遗孽,对外加强统治属部,日益耀武扬威起来。前引《明实录》景泰四年八月甲午条所载来报告脱脱不花的结局的投降鞑子的话之后,接着说:"也先今已立为王。凡故元头目苗裔无不见杀。"叶向高的《四夷考》(卷六《北虏考》)记述这时情况如下:

> "时,脱脱不花与也先不相能,所妻也先姊生子,也先立为太子,脱脱不花不从。也先亦疑其主与中国通,害己,遂治兵相攻。不花王败走,依兀良哈,弑死。也先尽收其妻子,杀元裔几尽。都督杨俊言:也先弑逆,吞并诸部。东至女真,西至赤斤蒙古,皆受约束。不诛,为患滋大。"

前军右都督杨俊的奏文,《实录》景泰三年十一月丙戌条里有详细记载,在《国朝献征录》(卷十)所载《昌平伯赠颖国公杨公洪传》里也有。据此可知也先当时"其子孥辎重俱在哈剌莽来,去宣府才数

---

① 关于此事,可参看陈寿的《三国志》(卷三十)《魏志·东夷传》所引《魏略》里出现的马胫国等例子。参看白鸟库吉的《室韦考》(《史学杂志》第三十编第七号、第744—747页)。
②《成吉思汗传》第75页、《黄金史》叙述岱总汗灭亡的情形颇详,但并没有足以动摇本篇论文说法的重大事实。等出村译本完成以后,再详细论述。

百里。其精壮屯于沙窝,尤为至近。"因为逼近明边很危险,所以才
有这个奏议。但也先屯驻哈剌莽来却是在这以前。据《实录》景泰
三年九月辛亥(二十二日)条载福余卫指挥同知可台的奏报说:

> "虏酋也先欲于哈剌莽来等处过冬。又取三卫头目,往彼
> 议事。"

前面已经谈到,哈剌莽来在今从多伦到库伦的大道上,靠近外蒙古
南边境。也先曾在这里召集脱脱不花旧属和三卫酋长议事。福余
卫指挥同知可台是该卫唯一大酋已故的掌卫事都指挥安出之子。[①]
可见他们如何受到也先的控制。

还不仅如此。在这以前,也先还曾在东边驻牧,镇压三卫的部
众。于谦的《奏议》(卷十)景泰三年九月十日的《兵部为边情事》
里,先引朵颜卫酋朵罗干送来的奏报说:

> "听得脱脱不花王弟男无了,有帖骨思太子、脱赤知院、纳
> 哈帖木儿左丞等两起前后反出走了。说也先太师在阿剌忽马
> 乞、可兰海子、卜鱼儿海子等处地面住劄。因奏报。"

所说不花王弟男,可能就是阿噶巴尔济等,帖骨思太子就是前述的
脱谷思太子。《蒙古源流》(卷五)里详述了阿噶巴尔济父子在岱总
汗(脱脱不花)亡后不久就被杀害了的事。这些脱脱不花的余党因
为害怕也先迫害,前后分两批出走了。也先驻扎的可兰(K'o-lan)
海子,当然是呼伦(Kölön)泊;卜鱼儿(Pu-yü-êrh)海子就是捕鱼儿
(Pu-yü-êrh)海,也就是贝尔(Buir)泊。阿剌忽马乞,据箭内博士考
证,是"今乌珠穆沁境内平原"。[②] 这里本来是脱脱不花王的根据
地,也先最初驻扎在这里,以便镇压四邻。

又,《于公奏议》(卷二)景泰三年六月二十六日的《兵部为走回

①参看《大明实录》景泰三年九月壬寅等条。
②参看箭内亘《元代的东蒙古》(《蒙古史研究》第604页)。前引《兀良哈三卫的研究》上,以及本书
197页注②。

人口事》里,还载有也先在灭掉脱脱不花后,立即派使者到三卫各个角落去招降。当时投归明边的海西兀者卫都督剌塔的遗妾亦纳乞自述她的悲惨命运说:

> "审得本妇供。系海西兀者卫女真古冷哥女亦纳乞,嫁与都督剌塔为妾。脱脱不花人马到来,同夫抢去。行至中途,将夫射死,亦纳乞在达子阿哈家住。至去年十二月内,有也先领人马来,杀散脱脱不花人马,都收去了。亦纳乞与不知名达子使唤,受苦不过,寅夜走回。又撞三卫达子猛古乃,邀去为妻。同达子男妇约有一千余人,往来北山内驻劄。后见也先差使臣二人来,与猛古乃说,脱脱不花已走了,如今寻着了,你不投顺呵! 敢往那里去? 猛古乃回说:我的肠顺也先,只是没饭吃。要去寻食过话。使臣就回去。"

第一段是指脱脱不花经略海西,都督剌塔遭被捕杀时的事。第二段是叙述也先打败脱脱不花,兴安岭以东陷于混乱,亦纳乞的命运变了,成了三卫达子猛古乃的妻子。第三段是叙述也先竟招抚到猛古乃的地方。猛古乃驻牧的北山,可能是前述广宁的北山,[1]可见也先已招抚到这里,完全收服了脱脱不花的遗属。由此也约略可以想象当时兴安岭以东三卫地方的形势。

这样,也先既镇压了东边,便转向西边,景泰四年年中,开始经略赤斤、哈密、西番、回回等。因此,《明史·瓦剌传》在叙述了也先追杀脱脱不花之后,说:"遂乘胜迫胁诸番。东及建州、兀良哈,西及赤斤蒙古、哈密。"《实录》景泰四年六月甲午、九月庚午等条,也零星地记述了这些事。这里不打算叙述这些西陲的事情。

这时,也先也曾一再想与明和好。景泰三年闰九月、十一月、十二月和四年春正月也曾连续遣使通贡。据《实录》景泰四年冬十

---

① 参看本书 242 页注①。

月戊戌条载,曾向明廷送上如下的国书:

> "瓦剌也先遣使臣哈只等,赍书来朝,贡马及貂鼠、银鼠皮。其书首称大元田盛大可汗,田盛犹言天圣也。末称添元元年。中略言:往者元受天命,今已得其位,尽有其国土人民传国玉宝。宜顺天道,遣使和好,庶两家共享太平。且致殷勤意于太上皇帝(英宗)。帝命赐使臣宴,及赐彩币表里有差。"

据《李朝实录》端宗甲戌(景泰五年)二月庚寅条所传报告说:"也先弑达达皇帝,自称皇帝,建元天成,使千余人到燕京,请遣使陈贺。"瓦剌的意思不外是,对自己盛大的典礼,想要邻国明廷"遣使陈贺"。然同是这时的年号,何以前者说是添元而后者说是天成呢?我想"盛"这个字有 Ch'êng,shêng 二音,天成(T'ien-ch'êng)和田盛(T'ien-sh'êng)完全同音,所以朝鲜恐怕是把这个称号误传为年号了。而明人所说的添元(T'ien-yüan)也必定是天元(T'ien-yüan)的讹误。因为蒙古国书当然是用蒙古字写的,因而在译音上产生了差异。即便是这样,所谓田盛或添元,无疑都含有贬义。因为蒙古人非常崇敬尊重天,所以田盛(T'ien-shêng)当然是天圣(T'ien Shêng),添元也应该是天元?[①] 如果是天元,从前脱古思帖木儿汗时,也曾一度用过这个年号。元朝不顾忌使用前代的年号,这在世祖和惠宗的至元,已经有了先例。脱古思帖木儿虽最后被弑死了,但毕竟是统一蒙古的最后一代天子。也先可能是由于这个原因而袭用了他的年号。如前所述,北元历代可汗都有纪元年号,也先建元,也并不奇怪。从把这一年改称元年看来,也先的统一大业到这时已逐渐完成,于是自称大元天圣大可汗,并建年号称天元元年。总之,元朝北迁以后,断绝好久,整个蒙古又进入一个人的掌握之中,东起朝鲜,西到中亚,统一势力,到了和南方的大明

---

① 这不仅是蒙古,一般在塞外建国的民族的年号都十分爱用天字,随便翻开一卷年表,便可一目了然。

一决输赢的时候。然而，也先独立的势力没有多久，很快就被部下阿剌知院杀死了。

在这以前，也先以寻找阿鲁台的残余为名，经略三卫，把许多三卫人民迁到西边。景泰三年正月来到明朝的瓦剌使臣察赤轻把当时放回三卫达子的事告知明廷。《于公奏议》(卷二)《兵部为边务事》里①叙述这事说：

> "因为阿鲁台和宁王的根脚在三卫，来取不与，著军马来收三卫。如今放回，怕边上人惊，差我领他每来朝。见今三卫老小车辆尽在小黄河、牛头山一带住劄打围。"

这就是说："因为和宁王阿鲁台的根据地在三卫，收取了三卫，现在放还。但生怕明廷边上的人对这种移动吃惊，所以才派我(察赤轻)领他们来朝见。现在三卫老小车辆都在小黄河、牛头山一带。"小黄河牛头山，如前所述，就是今归化城北边锡拉穆伦河流域，可见掳囚的三卫达子是远从西边的地方送来的。又据前引赤斤蒙古卫千户革骨儿加的供状说，在也先妻营里的三万人都反了，逃到脱脱不花王麾下后，接着说："又听满克参政原抢兀良哈头目猛哥都领一百人马，反往亦集乃东边去了。云云。"可见至少有一部分兀良哈也被迁到亦集乃即今额济纳以西的地方了。

《实录》景泰五年六月丙申条所载如下一条，也不外说明这种情形的一个例子。它说：

> "朵颜卫都指挥阿儿乞蛮遣哈剌等来朝言：为瓦剌也先所逼，徙其部落于黄河母纳之地。昨者复召三卫头目，令尽发壮丁，随营攻战。臣等以祖父以来，世臣中国，不愿从之。遂亡

---

① 《兵部为边务事》的上奏日期是景泰三年正月十二日，试对照《实录》，则瓦剌太师也先的使臣察赤轻是前一年、景泰二年十二月乙酉(二十一日)和朵颜卫头目卜台等使臣打台等一起来的，三年正月辛丑(七日)辞去。这时，也先和脱脱不花两者正在仇杀。而瓦剌使臣当是前此数月从国内出发的，因而这次出使和战争未必有什么关联。

> 归白城。具言：也先欲分道南向，恐为边患，故来奏报。并进
> 马四。诏宴劳之。"

黄河母纳之地，前已说过，是今五原方面。① 阿儿乞蛮是该卫已故
都指挥完者帖木儿的嗣孙、今喀喇沁王的祖先。② 《明史》的《瓦剌
传》、《三卫传》等也载有此事。《三卫传》下面还接着说："三卫皆不
堪，遂阴输瓦剌情于中国，请得近边屯驻。"这大概是说：这时，泰宁
卫都督革干帖木儿、朵颜卫都督朵罗干等都相继投归明边，控诉也
先的暴虐，乞求屯驻近边。③ 也先征发三卫丁壮用来攻战，想必是
为了当时经略西陲，而如此过分的压迫，必然要引起各方面的反
抗。这么一来，强盛的也先，反而加速了他的灭亡。

也先被阿剌知院杀害的经过，首先见于《明实录》。景泰五年
冬十月甲午条所引宣府大同等处总兵官的报告说：

> "有定州卫达军可可帖木儿，自也先弟赛罕王部下脱归，
> 备言也先既杀其主，自称可汗。阿剌知院求为太师，也先不
> 许，遂生嫌隙。也先遣其子守西番，俾阿剌二子从行，因令持
> 药酒，毒死阿剌次子。阿剌诈报兀良哈盗己马，遣使请于也
> 先，取回长子，同追捕之。也先命其二弟歹都王、赛罕王，统众
> 与俱，临行，觞阿剌长子，复毒之。行至中途死。阿剌怨益深。
> 绐也先二弟先渡川，俟其既渡，阿剌统部落三万人，径趋也先
> 所居。先使人数也先之罪曰：汉儿人血在汝身上，脱脱不花王
> 血也在汝身上，兀良哈人血也在汝身上，天道好还，今日轮到

---

① 前引《兀良哈三卫的研究》上。又，关于唐代的牟那山，在《元和郡县志》（卷四）《丰州天德军》条里
　　有。这里的朵颜卫众，可能和以前驻在小黄河的，有某种关系，也未可知。

② 完者帖木儿是朵颜卫始祖脱鲁火绰儿的儿子（《实录》宣德四年二月戊寅），其子有个名叫打木乃
　　（宣德二年冬十月己未）。阿古蛮（阿儿乞蛮）是他的孙子（正统十一年十一月）。这个阿儿乞蛮的
　　后裔是今喀喇沁部的王族。

③ 参看《实录》景泰五年六月辛丑、同年秋七月乙卯等条。泰宁卫都督革干帖木儿上书说："往者，也
　　先令我三卫来扰边方。近又召我三卫，听彼驱役。切思我三卫人民，世受天朝大恩，不敢背逆，愿
　　附塞居住。云云。"

汝死矣。也先曰：我今日有灾，明日与汝战，退与其腹心伯颜
帖木儿、特知院、真孛罗平章等坐帐中会议。时，阿剌旧部曲
卜剌秃金院、秃革帖木儿掌判、阿麻火者学士，事也先日久，也
先不之疑。因共趋也先帐中，拔所佩刀剌也先，并杀特知院
等，其众遂散。赛罕王闻阿剌杀其兄，领众七千，蹑阿剌后，欲
俟其战疲，然后乘之。既而也先死，赛罕王弃其众，乘橐驼十
七只南走，为其下卜儿塔追及，射死之。歹都王领其人马西
走。"

如前所述，阿剌知院当时已年迈，似乎最爱好和平，可见这次反噬
确是由于也先残酷压迫的结果。前面已经提到，当时也先正在经
略西番。但这是从赛罕王部下逃出来的人的报告，洞悉直到该
王灭亡时的情形，但关于也先被杀的情况，却颇简略。反之，下
引郑晓的《吾学编》的《皇明北虏考》所载，完全出自不同的报
告。该文前半段所述颇不同，尤其关于也先之死的情况，大不
相同：

"天顺初，也先有平章哈剌者，欲继也先为太师，言于也先
曰：主人衣新衣，幸以故衣赐臣。也先不许，而以其弟平章阿
失帖木儿为太师。哈剌怒，欲杀也先。也先荒于酒色，又残
忍，诸部不悦，稍解散。也先益忌哈剌。闻哈剌且叛，益怒，欲
攻哈剌，恐不胜，乃召哈剌子饮酒，酒中饮之鸩，哈剌子呕吐，
觉，走出，不能行。啮指血染箭，令其仆持告哈剌。哈剌阳不
知，益敬顺也先。也先以哈剌畏己，防稍解。哈剌伏众，向也
先出猎，袭也先。也先仓皇战，败走。从数十骑遁。又恐此数
十骑通哈剌，半夜弃此数十骑，与二亲信走。道中饥窘，至一
妇人所乞浆。妇人饮之酪，遂去。夫归，妇言状，夫疑其为也
先，急追及之，果也先，杀之。诸部遂分散。"

天顺初当然是景泰五年的讹误。平章哈剌也是阿剌知院的讹误。

其弟平章阿失帖木儿也是其子阿失帖木儿的讹误。① 其余传闻疑似的地方和《实录》所传互相短长。因此,何乔远的《名山藏》大致依据前者,严从简的《殊域周咨录》根据后者,而叶向高的《四夷考》却把两者所传兼收并蓄了。

究竟哪一种对,颇难立即断定。拿来对照蒙古所传,大都和后者相同。因为前者出于赛罕王部下的报告,仅详细报导了一方面的消息;后者固然也不完全,却同时传出了另一方面的情况。《蒙古源流》(卷五)在叙述额森杀了岱总汗取而代之以后,接着说:

> "彼时,卫喇特右翼之阿拉克丞相(Alak Chingsang),左翼之特穆尔丞相(Temür Chingsang)二人前来,告于额森云:尔已为都沁(Döchin)都尔本(Dörben)二部落之汗矣。今可将尔太师之号,给与阿拉克丞相。汗答以我未计及尔等出此言,已与我子矣。二人大恚,云:尔不过仗阿卜都拉彻辰(Abdulla Sechen)之计,巴图拉巴图尔(Batula Baghatur)之谋,尼根德墨尔根(Nigentei Mergen)之力,承受蒙古之统耳。岂以尔之善乎? 试看尔父子二人承受都沁、都尔本之统。言讫而去。旋乘马来战。额森汗败走,遂掳取妻子房屋。额森汗只身逃出,被布库索尔逊(Böke Sorson)之子巴郭(Bagho)擒杀。肆诸库克汗(Kügei Khan)山上。"

---

① 也先的弟弟很多,有赛罕王、大同王、伯都王等,但没听说有名叫阿失帖木儿的。阿失帖木儿,由他以后的活动年代来看,年龄有相当差距,要说是弟弟,还不如说是儿子,比较妥当。叶氏的《四夷考》(卷六)也说:"瓦剌也先之子阿失帖木儿。"《名山藏·鞑靼传》更明确说:"瓦剌自也先死后,数岁戢。至是,其子阿失帖木儿者遣使来贡,复稍张,与毛里孩诸酋拿兵,争雄长。"《实录》景泰四年九月庚午条也说:"虏众已立也先为王,而以其子为太师。"大略和《源流》所述相同。而也先的长子另有名叫火儿忽答孙的,曾出现在《实录》景泰六年五月己酉条里。又,据《西域同文志》(卷七)和帕拉斯(Pallas)的《Samlungen Historischer Nachrichten über die Mongolischen Völkerschaften》(卷一、第34—35页)也说:额森子有名叫额斯墨特达尔汉诺颜(Oschtomoi Darchan Nojon)的,一般认为就是阿失帖木儿。(参看原田淑人先生的《明代的蒙古》,载在《东亚同文会报告》第百九期,明治四十一年十二月号、第40页)

阿拉克丞相当然就是阿剌知院。所谓都沁,蒙古语是四十之意,指所谓鞑靼部(蒙古四十部),都尔本的意思是四,指瓦剌(卫喇特四部),都沁、都尔本就是指整个蒙古。[①] 布库索尔逊曾被额森杀害,这里他的儿子巴郭是报杀父之仇。关于阿卜都拉彻辰,前面已经谈到,巴图拉巴图尔和尼根德墨尔根都不详。据《黄金史纲》(Altan Tobchi)说,这是:"Alak Temür 之勇,Khatan Temür 之计,Abdara Sechin 之术。"[②]Khatan Temür 就是特穆尔丞相,就是说:额森(也先)利用了阿拉克丞相即阿剌知院的勇敢、特穆尔丞相的智慧和阿卜都拉彻辰的权术,取得了天下。这话确和前后的记述相符合。不仅如此,《黄金史纲》还说:也先败走后,曾到 Sorson(即索尔逊)寡妇家里,乞得酸奶子,等他逃走时,寡妇发觉他是也先,便告知她的儿子 Boghon(即巴郭),把他杀了。[③] 这完全和《吾学编》的记述一样。蒙古方面的传说不真实,固然难以轻信,但这里却和明人的传述完全符合,绝不能说是偶然的。

又,关于也先灭亡的地点,很难弄清楚。但考虑当时是在经略西番的路上;从那里向东面宣府边外阿剌知院的领地走去,要渡过相当大的河流;败后,其弟赛罕王有南走和歹都王(大同王)有西走的余地;以及后来也先的弟弟和子侄中有窜居哈密的,想是在经略

---

① 西蒙古瓦剌被称作四卫喇特(Dörben Oirad),东蒙古本部则被称作四十蒙古(Döchin Mongghol)。这可能是说这些部落的概数。说东蒙古六万人,似乎是根据四十万人被明朝打得只剩下六万人的传说而来。这事见于《蒙古源流》(卷五),但记述得最清楚的还是清《太祖实录》天命五年春正月条。(参看前引《内蒙古各部落的起源》第 80 页)

②《成吉思汗传》第 88 页。所谓《喀喇沁本蒙古源流》里却作:"阿拉克特穆尔之勇略,喀丹特穆尔之壮志,阿布都拉色辰之筹策。"总之,Abdulla Sechen(阿布都拉色辰)成了 Abdara Sechen(阿布达赖彻辰),确是事实。

③《蒙古世系谱》(卷三)记述这事说:
　"其后,威勒忒(卫喇特)右营之阿拉克忒睦尔丞相、左营之哈滩忒睦尔请于厄僧(也先)曰:君今已正汗位,太师之号,当以见赐。厄僧曰:意欲得此乎?赐吾儿矣。二人出曰:破蒙古,即汗位,微我两人之才勇与阿布都塞臣之智,不及此。将唯女父子独享之乎?纠兵攻之。厄僧逃去。妻子资蓄俱被房。厄僧孤身,忍饥逃窜,过布库苏尔孙之家,求饮解渴。布库苏尔孙之妻谓其子曰:此子举动似厄僧,父仇也。女其图之。其子布衮等兄弟九人,执杀厄僧,以其骸暴于枯魁汉岭之树。"

西番的根据地、那个堆塔出晃忽儿槐附近。《蒙古源流》(卷五)说：暴额森的骸骨于库克汗山。这个库克(Kügei)可能是该书中经常出现的卫喇特的根据地、库奎札巴哈(Könggöi Jabkhan)地方，即今注入阿雅尔诺尔(Ayar Naghur)的坤桂(Künggei)、札布汗(Jabkhan)两河流域地方。总之，也先就这样灭亡了。也先被杀的年月，按明人记载无法确定，但据朝鲜谢恩使花川尉权恭于景泰六年五月三十日在辽西广宁得自被掳脱回的唐人金亮、孙刚等的传闻，[①]明确说"也先去年八月被阿剌知院杀死，车马玉帛尽为知院抢去。"可见死于景泰五年八月。明边在十月才得到这消息，就被《实录》收录了。因此，《明史·瓦剌传》把它写在六年，说："也先恃强日益骄，荒于酒食。六年，阿剌知院攻也先，杀之。"这当然是错误的。此外，关于瓦剌的大酋阿剌知院、伯颜帖木儿、特知院等，还有许多可论述的，容当另述。也先一死，瓦剌立即丧失了对全蒙古的霸权，退居西北旧巢。此后，活跃在东南蒙古明朝沿边的不是所谓鞑靼部酋，就是兀良哈三卫部众。这将在下一章里详细论述。

5.鞑靼部的复兴(上)

甲 小王子的世系

也先可汗从西蒙别部兴起以后，大施凶猛威力，控制了漠北地区。但景泰五年八月暴卒以后，瓦剌部的势力立即倾覆，失掉统驭的蒙古，又陷于骚乱的旋涡之中。而当时明廷的势力已经达不到塞北，明人完全不了解那里的局势，因而根据中国方面的记载几乎没法知道蒙古方面的事态。在这一团漆黑之中，投出一线光明的

---

① 见《李朝实录》世祖元年(景泰六年)八月辛亥条。

还是下述的《蒙古源流》和其他蒙古方面的传述。我们只能首先从这些书来探索蒙古可汗的世系，拿它同明人的记录加以对照，才能推测出当时的大概形势。

《蒙古源流》（卷五）壬申即明景泰三年，在叙述额森汗（即也先可汗）弑杀他的主子岱总汗（即脱脱不花王），他本人也被部下杀害了等经过情形之后，接着说：

"后闻额森（Esen）汗已殁，岱总（Taisong）续娶之福晋萨睦尔太后（Samur Taigho）生一子，名蒙古勒克呼青吉斯（Mergüskes），丙寅年（正统十一年、1446 年）生，年七岁，贮于皮柜，以马负之。伊母萨睦尔福晋持刀，带领骑牛乘马及步兵，出师由库奎札巴哈（Könggöi Jabkhan）往伐四卫喇特（Oirad），大有俘获，撤兵而回。即奉蒙古勒克呼青吉斯即位。维时七岁，称为乌珂克图（Ükektu）汗。抚绥所余蒙古人众。岁次癸酉（景泰四年、1453 年），年八岁，为多伦土默特（Dolonghan Tümed）之多郭朗（Dogholang）台吉所害。初，岱总汗离异阿勒塔噶勒沁（Altaghal-chin）福晋时，曾留其三岁子，系丁巳年（正统二年、1437 年）生，名摩伦（Molon）台吉。年十六岁，彻卜登（Chabdan）谓系己甥，①收养之。岁次癸酉（景泰四年、1453 年）彻卜登既殁，乃役于郭尔罗斯（Khorlad）之和巴齐尔（Khubchir）家。缘本国忽有大警，令筮人卜之，云是尔等害博尔济锦（Borjigin）之报也，因有其事。众甚畏惧，遂遣克木齐古特（Kemchigüd）之达噶泰（Dakhatai）、郭尔罗斯之摩勒泰（Multai）二人，送往翁里郭特（Ükligüd）之摩里海王（Molikhai Ong）处。于是，有人众咸云，国祚惟汝奠定之。今奉汝即汗

---

① 甥字是孙字之误。因为蒙语里甥和孙的发音都是 achi，所以弄错了。

位。遂备奎苏图黄马,插金杵,牵至上前。[①] 上是时年十七岁,即汗位。"

简单说来就是:"后来听到额森死了,岱总汗的后妻萨睦尔太后把当时只有七岁的一个儿子蒙古勒克埒青吉斯装在皮柜里,驮在马背上,带领步兵骑兵,从库奎札巴哈〔即今坤桂(Künggei)札布汗(Jabkhan)两河方面〕前去讨伐四卫喇特,大胜而回。于是就叫这个孩子即汗位,称作乌珂克图汗,抚绥蒙古的残余部众。第二年,新汗年八岁,被多伦土默特的多郭朗台吉害死了。在这以前,十四年,岱总汗和他的前妻阿勒塔噶勒沁离婚时,把当时还只有三岁的小儿子摩伦台吉也送到她娘家郭尔罗斯的彻卜登那里去抚养。彻卜登因为摩伦台吉是他女儿的儿子,便精心收养到十六岁。景泰四年,彻卜登也死了,摩伦台吉因没人照顾,就到郭尔罗斯的和巴齐尔家里去当佣人。忽然那个地方发生了变异,叫筮人占卜,说是因为虐待了博尔济锦(即成吉思汗圣裔)所致,大家都害怕起来,便找到摩伦台吉,派克木齐古特的达噶泰和郭尔罗斯的摩勒泰两个人送到翁里郭特的摩里海王那里,备礼使登汗位。当时,摩伦汗是十七岁。"《蒙古源流》还接着絮絮叨叨地说,后来有个谗人,名叫和托卜罕(Khodobogha),离间摩伦汗和摩里海王,让摩里海王杀害了摩伦汗。但不久阴谋暴露了,他自己也被摩里海王杀了。还说:"摩伦汗自癸酉(景泰四年、1453)至甲戌(景泰五年、1454),在位二载,年十八岁殁。"关于这件事,德译本也完全一样。此外,《蒙古佛

[①] 奎苏图黄是马的毛色。杵是武器名。这一节的德译本译文如下:

"岁次癸酉(1453)。遂备斑斓灰马,握金权杖在手,拥脱欢即可汗位。上时年17岁。"

〔"Sodann liessen sie ihn einen Apfelschimmel besteigen, gaben ihm ein goldenes Sceptez in die Hand, führten ihn vor das Antlitz des Herrschers, und setzten ihn auf den Thron im Küi-Hennen-Jahre(1453), da er siebzehn Jahr alt war."施密特本、第171页〕又本文中太后、福晋(夫人)当然是转用汉语的借词,这个萨睦尔福晋就是脱欢之妻、也先之母。

教史》、《黄金史》等，①也只有繁简详略之差，没有很大的差异。

再查中国方面的记载。最完备的《明史》(卷三百二十七)《鞑靼传》在记述景泰二年(四年之误)也先僭称汗号，不久被部下阿剌知院杀害之后，说：

> "鞑靼部长孛来复攻破阿剌，求脱脱不花子麻儿可儿，立之，号小王子。阿剌死，而孛来与其属毛里孩等，皆雄视部中。于是，鞑靼复炽。"

后面更叙述孛来、毛里孩等连续侵寇山西、陕西边境的事件。写在天顺六年(1462)条下的记述说：

> "时，麻儿可儿复与孛来相仇杀，麻儿可儿死。众立马古可儿吉思，亦号小王子。自是，鞑靼部长益各专擅。小王子稀通中国。传(袭)世次，多莫可考。"

更盛传孛来等寇掠边上等事。成化二年(1466)条载：

---

① 见施密特《东蒙古史》第171—175页。胡特《蒙古佛教史》卷二、第45—56页和《成吉思汗传》第90—92页。

、《蒙古世系谱》(卷三)记载如下：

墨尔古尔格斯汗 汗，太松(岱总)之子，萨睦尔太后所生。七岁即汗位。萨睦尔太后欲复仇，征威勒忒(卫喇特)国。合马步牛队为一军，太后亲配刀。汗时方幼，以匣载之，而系予驼上。军行至枯魁札布堪地，与威勒忒战，败其众，房获甚多。因汗系于驼，故号乌克克图汗。师还，方在安抚蒙古国事之际，噶初古之后七土默特部多和伦台吉弑汗。在位一年。

麻伦汗 汗，太松汗之子。先被出阿尔他噶尔津哈吞所生也。哈吞出时，汗甫三岁，随母归。及外祖车布登死。居郭尔罗斯部之库布齐尔家，给使令之役。适其部落疫灾流行。命卜之，卜者曰："其有干于溥尔济根氏欤?"众是其言，令克穆齐古忒部之他哈太台吉、郭尔罗斯部之摩罗代送至毛礼海王所。毛礼海王者，布库博尔格太之后，素有功于蒙古者也。其属下之大臣，咸欲尊之以为汗，毛礼海王不可。及汗至，即以其所乘之魁苏图黄马与之乘，而加金顶于其冠。引之至清机思汗陵寝前，叩首，即汗位。其后，鄂尔多斯之孟克和拖布哈诺于汗曰："毛礼海王将谋叛，兵即至矣。"汗勿听，使往验之。毛礼海王方行围，使者见所扬之尘，误以为兵，复命。汗率兵迎战。而孟克和托布哈先密驰报毛礼海王曰："汗欲杀汝，而并汝国，兵已发。"毛礼海王初犹未信，及登高望之，果然，乃仰天奠酒，呼太祖汗而祝曰："臣于圣裔可谓尽心，今圣裔反欲杀臣。我两人孰是孰非，神灵昭鉴。"祝毕叩首，被铠上马。念众寡不敌，分兵三百，与其弟札尔古漆伏左右，而亲与汗战。伏发，汗败北，被弑。在位二年。博尔博克部之巴颜额尔伯格尔从战被擒，众将斩之。毛礼海王曰："为主尽力，良臣也。善遇之。安必不尽力于我乎?"释之。巴颜额尔伯格尔即于汗死所，以所佩刀起士瘗之。蒙库尔德哈吞哭曰："惜哉! 大业废坠，非谗人孟克和拖布哈，讵至此乎?"毛礼海王闻之，亦为惋惜。乃执孟克和拖布哈，断其舌而杀之。

　　"未几,诸部内争,孛来弑马可古儿吉思,毛里孩杀孛来,
　更立他可汗。斡罗出者复与毛里孩相仇杀。毛里孩遂杀其所
　立可汗,逐斡罗出,而遣使入贡。"

这可以说是向来的通说,郑晓的《吾学编・皇明北虏考》和本传的
蓝本叶向高的《四夷考・北虏考》以及沿袭它的茅元仪的《武备
志・北虏考》、何乔远的《名山藏・鞑靼传》等所传,都大同小异。
只是《四夷考》等没有记载麻儿可儿的名字,作为一个没有名字的
可汗,反而叙述他的下一代马可古儿吉思的亲属,把他写作是没有
名字的可汗的哥哥(《四夷考》、《武备志》)或从兄(《吾学编》、《名山
藏》)的脱思;还有,说杀死马可古儿吉思的并不是孛来,仿佛是毛
里孩等,有显著的不同。①

　　再试和根本史料《实录》对比一下,就会碰上明显的矛盾。《实
录》在景泰六年夏四月戊戌(二十三日)条才首次见到也先可汗死
后、迤北王子即新可汗的名字。原文如下:

　　"迤北王子麻儿可儿遣正副使皮儿马黑麻、锁鲁檀、平章
　昂克、卯那孩,孛罗遣使臣可可、宛者赤、板达阿俚等,进贡马
　驼至京。"

正使皮儿马黑麻是前代脱脱不花王时代曾往来数次的蒙古使臣,
麻儿古儿王子派他来朝贡,可见麻儿可儿王子是脱脱不花王之后
的汗位继承人无疑,《明史》把第一代小王子写作麻儿可儿,似乎没
有错。但据《实录》景泰六年八月己酉条载:"虏酋卯里孩立脱脱不
花王幼子为王,卯里孩升为太师。"这里,拥立者是卯里孩(Mao-li-
hai)即毛里孩(Mao-li-hai),而不是《明史》所说的孛来。但这好像
是孛来立即承认了卯里孩的企图。因此,与其说是《明史》记载的
误传,还不妨看作是简括的叙述。

────────────

① 唯独郑晓的《皇明北虏考》里,麻儿可儿和麻可古儿吉思两个名字都没有记载,而且把孛来杀害小
　王子写在天顺元年等,略有差异。

然而据《实录》同年冬十月乙卯（十三日）条载：

"兵部奏：近得朵颜卫使臣言：北虏脱脱不花王子麻马儿可儿吉思并毛里孩、孛罗等，领四万骑，欲攻阿剌知院。"

脱脱不花王的儿子麻马儿可儿吉思（Ma-ma-êrh-k'o-êrh-chi-ssu）这个名字，既像麻儿可儿（Ma-êrh-k'o-erh），同时，又类似下一代的马可古儿吉思（Ma-K'o-ku-êrh-chi-ssu）的名字。只是这点还不成问题，更使人疑惑的，则是后来依次出现的可汗的名字。即从《实录》天顺七年五月癸丑（来朝）、六月丁亥（归国）以后，八年春正月丁丑（二十四日）、二月己丑和成化元年春正月庚申、二月庚寅等条，大都写作"迤北马可古儿吉思王子"，唯独夹在其中间的天顺八年春正月乙丑（十二日）条，却写作："迤北麦儿苦儿吉思（Mai-êrh-k'u-êrh-chi-ssu）可汗"；下面所引成化三年春正月丙子条，也称"马儿苦儿吉思（Ma-êrh-k'u-êrh-chi-ssu）可汗"，几乎完全同音。五次出现的名字，五次类似而又五次互异，互有出入。疑是同名的讹传。即使依照《明史》的说法，至少也应该承认，《实录》后段的麦儿苦儿吉思（马儿苦儿吉思）是马可古儿吉思的音讹；同时，前段的麻马儿可儿吉思是麻儿可儿的异译。

但从另一方面看来，《实录》成化三年春正月丙子（九日）毛里孩自己给明廷的奏报陈述如下，无疑这是前引《明史》成化二年条记录的出处。

"孛来太师近杀死马儿苦儿吉思可汗，毛里孩又杀死孛来。后又新立一可汗。有斡罗出少师者，与毛里孩相仇杀。毛里孩又杀死新立可汗。逐斡罗出。今国中无事，欲求通好。"

肯定是因为成化三年正月条把上述事变当作最近发生的事件叙述了，所以《明史》把它写在二年条下，并说三年正月通好而写作"而遣使入贡"了。《明史》里的马可古儿吉思王子，《实录》原本写作马儿苦儿吉思可汗。就《实录》看来,孛来所弑的是这个马儿苦儿吉思可汗,而不是《明史》所说前代的麻儿可儿王子。仅据《实录》来看,在这以前孛来根本没有弑杀过另一个可汗的痕迹,因此,孛来由于和可汗不和而弑杀的,必然只此一次。孛来弑杀的是毛里孩拥立的可汗,所以毛里孩才发怒而仇杀孛来,另立了新可汗。

看来,最后出现的马儿苦儿吉思这个名字,似乎暴露出了全部秘密。即马儿苦儿吉思就是麦儿苦儿吉思。这个名字,最初简称麻儿可儿,或误作麻马儿可儿吉思,后来变成马可古儿吉思。《明史》的编者却误认为是两个人,并在其间还错误地插入汗位交代一节,把麻儿可儿作为前代可汗的名字,把马可古儿吉思误作后代的可汗了。其实,《明史》的这种错误是引自在它以前的叶向高的《四夷考》的。

叶氏的《四夷考》(卷六)《北虏考》叙述也先死后,各部离散,瓦剌稍衰,阿剌知院又不知所终,接着说:

> "而孛来为雄长,称太师。复求故可汗脱脱不花子,尊立之,号小王子。自是,虏以小王子为尊称。而毛里孩、阿罗出诸酋相继奋,咸为边患。"

天顺六年条又说:

> "未几,小王子殁,或云孛来弑也。虏共立其兄脱思为主,称马可古儿吉思王子。遣使入贡。"

成化三年条又说:

> "先是,毛里孩已攻孛来,弑其可汗马可古儿吉思。虏更立可汗,毛里孩复弑之,并逐少师幹罗出。"

如上所述,《明史·鞑靼传》大体以此为根据,一看便知。又根据《实录》,补充最初和最后一条,从新列出麻儿可儿的名字。

上述《四夷考》三条之中,只有中间一条,《实录》全然不见,叶氏采录了传闻不确的说法,这在字面上已显露出来。不过,这时可

汗和孛来互相仇杀,并非全无根据。《实录》天顺五年九月乙巳(八日)条载这种传说:

> "兵部奏:镇守大同太监王春奏报:近获降虏言,脱脱不花王子领兵万余,将往石头城,袭杀孛来。乞敕沿边总兵等官,严兵为备。从之。"

"脱脱不花王子"应该读成脱脱不花王的儿子,也就是所称麻儿古儿。石头城不详,可能是正统三年春总兵官任礼等打败阿台、朵儿只伯的甘肃边外的石城。① 总之,《实录》的记载只有这些,像可汗和孛来之争,后来还有发展;孛来打败可汗,可汗被孛来杀了等等,都没有记载。诚然,据《实录》看来,麻儿可儿或麻马儿可儿吉思的名字,仅见于景泰六年夏四月和十月条。在这以后的十年期间,可汗虽然入贡,但并没有记录他的名字;天顺五年发生了上述骚乱,天顺七年夏四月戊寅,才看到小王子这个词。后来,到了天顺末年、成化初年,又一再看到马可古儿吉思、麦儿苦儿吉思等名称。因此,在这段时期里,设想有汗位交替,并非完全没有根据,至少,《明史》所以以《四夷考》等为根据,认为这时有了汗位交替,完全本于此。

但仅按《实录》看来,根本没有记载这时可汗的被杀。前引《四夷考》所说:"未几,小王子殁,或云孛来弑也",语很模棱。因袭这个记载的《明史》,只根据《实录》补充了"时,麻儿可儿复与孛来仇杀"一句,但下面又突然只说"麻儿可儿死",没有言明是否被弑,原因就在这里。汗位交替是朔北最重大的事件。明廷除在靖难之变期间无暇顾及北虏以外,当倾注注意力于塞北时,像可汗横死这类事,《实录》岂能遗漏不载? 如果以不见于《实录》为理由,就肯定当时并没有汗位交替的事,那么从景泰末年到成化初年,蒙古的汗位

---

① 《名山藏》的《鞑靼传》等说:正统三年,"夏,任礼破阿台、朵儿只伯于石城。"但战争其实是在三月以前。详见《实录》正统三年夏四月乙卯(二日)条。

就是由一个人继续在位,所有上述的麻儿可儿、麻马儿可儿吉思、马可古儿吉思、麦儿苦儿吉思、马儿苦儿吉思等名字,必定全都是同一个人名的讹传了。这种议论,无论怎样反复,毕竟令人不无疑惑。最后还要由前面提到的《源流》等蒙古方面的传说来决定。

蒙古方面的传说,比起中国方面的记录来,别有独自的价值。据《源流》等载:岱总汗即脱脱不花之后,到他的末弟满都古勒之间,只有蒙古勒克呼青吉斯和摩伦汗两代可汗,绝不是三代。如按《四夷考》或《明史》的记录,天顺中叶汗位有了更替,那么除了麻儿可儿和马可古儿吉思两个可汗以外,还有成化初年拥立的另一个可汗,合起来就成了三代而不是两代了。只有认为天顺年间没有汗位更替,麻儿可儿和马可古儿吉思是一个人,加上成化初年的另一个可汗,才是两代,这就和蒙古所传相符了。据《蒙古源流》说:蒙古勒克呼青吉斯是岱总汗之子,年七岁即汗位,所以明人说他是脱脱不花王的幼子,绰号小王子,并不奇怪。据《源流》说:这个小王子是下一代摩伦汗的异母弟。叶氏《四夷考》把后代小王子当作前代小王子的哥哥脱思,而郑晓的《吾学编·皇明北虏考》则在叙述初代没有名字的小王子被孛来弑杀之后,接着说:

> "是时,孛来稍衰。其大酋毛里孩、阿罗出少师、猛可,与孛来相仇杀,而立脱思为王。虏中言:脱思故小王子从兄也。"

因为是异母兄,所以才误传为他的哥哥,或者他的从兄。总之,明人和蒙古两方面所传在这一点上完全吻合,无疑是正确的。

脱思(T'o-ssŭ)恐怕是 Tögüs 的节译,必定就是前面所说的脱脱不花王的前太子脱谷思(T'o-ku-suŭ),即帖骨思(T'ieh-ku-ssŭ)太子。[①]《源流》里作摩伦,是岱总汗(脱脱不花)前妻郭尔罗斯的彻卜登即兀良哈的沙不丹之女所生。但据《实录》看来,这个名字在

[①] 参看原书第331页。《实录》景泰五年二月癸未条载:忒古系猛可等王子为瓦剌大酋。这个忒古系王子,或者就是脱谷思太子,也未可知。

从正统四年春正月起遣使明廷朝贡的各条记录里已经出现了。因此，《源流》说是在这以前两年即正统二年生的，景泰五年死的，年十八岁，当然是错误的。关于当时他的出现，虽不见于《实录》，但郑晓、叶向高补充了这一事实。这从他们叙述的字面可以看得出都从另外的史料得来。这里还应该考虑的是：这项贵重史料，恐怕是把《吾学编》所说："立脱思为王，虏中言，脱思故小王子从兄也"，或把《四夷考》的文句前后加以剪裁，只说成是"小王子殁，或云字来弑也。虏共立其兄脱思为主"的意思。因为不知道这件事究竟应该写在哪一年，《四夷考》编者就把本应该写在成化初年，竟误写在天顺六年条里，《明史》又沿袭了这一错误，于是便造成了这种难解之谜。而证实此事的还是蒙古方面的史料。

《四夷考》继上引记载之后说："虏共立其兄脱思为主，称马可古儿吉思王子。"按该书和《明史》等，都说后一代的兄可汗是马可古儿吉思，其实这是错误。据蒙古记载，前一代的弟可汗才是马可古儿吉思。《蒙古源流》把这个弟可汗的名字写作蒙古勒克呼青吉斯（Mongghol Kere Chinggis），而施密特的德译本译作"墨尔古思察思"（Mergus-chas），《蒙古佛教史》作"墨尔古尔根"（Merhur-gen），《黄金史》作"马克古儿吉思"（Makhgurkis）。[1] "蒙古勒克呼青吉斯"和"麻马儿可儿吉思"的音相近，"墨尔古思察思"却和"麻儿可儿汗"相似，"墨尔古尔根"好像是"马儿苦儿吉思"，"马克古儿吉思"和"马可古儿吉思"完全同音。这个可汗的名字，在蒙古传说中也颇有异同，很难确定。不过，一个可汗绝不会有这么含混不清的许多名字，其中必定有些错误。试查《明实录》，麻儿可儿、麻马儿可儿吉思、麦儿苦儿吉思、马儿苦儿吉思等名字，仅偶然出现一次（或来往二次），唯独马可古儿吉思却反复出现好几次，而且是

---

[1]《蒙古源流》（卷五）第二十四页至第二十五页。施密特《东蒙古史》第171页。胡特《蒙古佛教史》卷二、第46页。《成吉思汗传》第90页。

《四夷考》、《名山藏》等所记载的名字,蒙古方面唯独对此也有完全符合的译音,因此,恐怕这个马可古儿吉思是正确的名称。如果是这样,那么马可古儿吉思是最初的弟可汗,也就是从景泰末年到天顺末年的可汗乌珂克图汗的本名,而不是下一代的兄可汗的名字。下一代的可汗即乌珂克图汗之兄脱思,《蒙古源流》称作摩伦汗,他的译音,施密特、胡特、《黄金史》等都一致作"Molon Khaghan"。或许他的本名叫摩伦台吉是误解,本名叫脱思即脱谷思(Tögüs?),他的汗号是摩伦汗。

不过,《源流》的纪年荒谬百出。把额森(也先)汗之死写在景泰三年;说同年立乌珂克图汗;第二年被弑;同年摩伦汗嗣立,五年又被杀死;后来经过九年空位时期,天顺七年,满都古勒才即位,这些全都不是事实。如前所述,也先被阿剌知院杀害是在景泰五年八月,后来阿剌知院战败,才拥立小王子。据《明实录》载:明廷最初得知也先败死,是在景泰五年十月;至于孛来、毛里孩等奉戴小王子和阿剌知院抗争,是在六年春夏之交。怎么能在前此景泰三四年间会有新可汗匆匆忙忙更替呢?我想,小王子确是年纪小的可汗的意思。这时开始叫小王子,后来成了可汗的通称。① 最初,小儿可汗的治世可能相当长,不会只一年半载。这样看来,《四夷考》、《明史》等所说天顺六年间汗位有了更替,怎么也难以凭信。景泰六年即位的小儿可汗乌珂克图汗,必定是直到成化初年,在位约十年之后,才被孛来杀害的。因此,被杀死孛来的毛里孩所拥立的新可汗,才是摩伦汗脱谷思。这个壮年的可汗,不久便和毛里孩发生了冲突,又被毛里孩杀了。关于这个被毛里孩拥立、忽又被同一个毛里孩杀害的后者,可能一般印象颇深,因而就把被毛里孩拥

---

① 例如,叶氏《四夷考》(卷六)等书说:"孛来为雄长,称太师,后求故可汗脱脱不花子,尊立之,号小王子。自是,虏以小王子为尊称。"但严格说来,后世并不是代代都称小王子。马可古儿吉思汗之后,就隔过去了,直到歹颜哈(达延汗)以后,才又称小王子。

立而被孛来等杀害的前者的统治时期也误解为同样短促了。

如果作如上解释没有错的话,那么,综合明人和蒙古方面的史料,大体上可以得出如下的结论:

也先被阿剌知院杀害,瓦剌的势力就衰颓了。于是,代表鞑靼部势力的大酋孛来、毛里孩等,便和脱脱不花王正妻萨睦尔太后共同拥立了她的幼子乌珂克图马可古儿吉思。时期一定是在景泰五六年(1454—1455)之间。他们拥立乌珂克图汗和瓦剌作战。可汗在位大约十年,渐渐长大成人,在天顺、成化年间(1464—1465),被权臣孛来、多郭朗等杀害了。于是,毛里孩打败孛来,又拥立前可汗的异母兄摩伦汗脱谷思。但不久两人又失和,毛里孩又杀了摩伦。时期在成化一二年(1465—1466)之交。又,《源流》里把拥立乌珂克图汗这件事,说成只是他母亲一个人干的,这是蒙古史家仅以己见直书的一种省略笔法,这并不一定和明人记录所说是孛来、毛里孩所拥立的相矛盾。实际上可能是强有力的孛来、毛里孩等协助这个护卫孤儿的刚强太后共同拥立的。在《蒙古源流》里说,弑杀乌珂克图汗的是多伦土默特的多郭朗台吉;《蒙古世系谱》则说是"噶初古之后七土默特部多和伦台吉"。噶初古是成吉思汗之弟哈准(哈赤温),因而还是同族间的斗争。这和明人所传是孛来弑杀的似乎不同,但孛来是当时代表东蒙古的大酋,如果认为是多郭朗受孛来指使而弑杀的;或者是得到了孛来的默许,这也只是一种省略笔法。想到这里,便感到必须探讨东方大酋孛来、毛里孩的身世了。

乙 哈剌嗔的孛来

孛来的名字和杀死也先的阿剌知院的灭亡同时出现。阿剌知院一杀死也先,马上就有个名叫孛罗平章的起来袭击阿剌。《明实录》景泰六年春正月辛亥(五日)条载宣府总兵官的奏报说:

"迤北走回人云:阿剌知院杀败也先,而孛罗平章又与阿剌知院仇杀,只今了见烟火密迩边墙。"

同年夏四月戊戌(二十三日)条载上述迤北王子麻儿可儿、平章昂克、卯那孩等和上述孛罗同时遣使入贡后说:

> "孛罗以阿剌知院杀死也先,率兵攻之,杀败阿剌,夺得玉宝并也先母妻。"

以上两条,分别写在六年正月和四月,这是报告到达明廷的时间,事件必定发生在相当以前。据传到朝鲜的报导说:孛罗平章打败阿剌知院,可能在上年十一月中旬。据《李朝实录》世祖元年(景泰六年)八月辛亥条载前述被掳逃回的唐人金亮、孙刚等的话说:

> "也先去年八月,被阿剌知院杀死,车马玉帛,尽为知院抢去。其年十一月,知院亦被也先部下孛罗平章杀害。自相攻伐,无有统属。"

《明实录》景泰六年二月戊戌条载:"虏寇自去年九月以来,互相仇杀,多有漫散,逃至亦集乃地方潜住。"这是在说也先死后发生的骚乱。阿剌知院被孛罗平章打败以后,势力顿衰,但当时并没有战死,后来还活了一段时间,直到景泰七年,才被属下杀死。《明实录》景泰七年八月丁未条载:"军人曹广自虏中回,言:虏酋阿剌知院今年为部下所杀。"看来,叶氏《四夷考》所说"阿剌后亦失所终",是指困死在北边的情形,也并非毫无缘由。

总之,打败阿剌知院的是孛罗平章,而《明史·鞑靼传》却说是:"鞑靼部长孛来复攻破阿剌,求脱脱不花子麻儿可儿,立之,号小王子。阿剌死,云云",即不是孛罗而是孛来。《明史》认为孛罗不过是孛来的异译。试查《实录》,最初出现的大酋是孛罗,到景泰七年末以后,就都作孛来,可见两者是一个人,毫无疑义。孛罗可能就是孛来的略译。[①] 这个孛来拥立小王子,自己做了太师。至于

[①] 又可以作为孛罗是孛来的简译的例证还有,例如后面见到的酋长亦不剌因,就简称亦孛来或亦不剌。又泰宁酋长脱脱孛罗也称脱脱孛来。

他在北边活跃的情形,明人有详细记载,前节已略谈到。可是,孛来的出身究竟如何,明人史料无从查考,还得依靠蒙古方面的传说。

据《蒙古源流》(卷五)说:当起初额森(也先)还强盛时,岱总汗(脱脱不花)之弟阿噶巴尔济和他的儿子哈尔固楚克因投靠额森突然被杀。这个哈尔固楚克和额森之女生了一个名叫巴延蒙克(Bayan Möngke)的婴儿,当时处于敌中,很危急,他的大祖母萨睦尔公主是已故蒙古可汗额勒伯克汗的女儿,便费尽心机,挑选了大臣四人,把巴延蒙克送回到东蒙古故土。"喀喇沁蒙古之博赍太师(Bulai Taishi)"便是护送人之一。《源流》里不见这个人拥立乌珂克图汗或摩伦汗的记载,但按叶氏《四夷考》(卷六)等说:"太师者,虏握兵大酋号也",可见太师在蒙古也是无上的称号。博赍太师和孛来太师同时出现,完全是同名。不仅如此,孛来在《明史》还作鞑靼部长,是代表东蒙古的大酋,而哈喇嗔部即喀喇沁部,如前所述,又是代表东蒙古的大部。因此,认为:"喀喇沁蒙古之博赍太师"就是鞑靼部长孛来太师,并非毫无根据。在这里,我不得不赞成中岛竦的孛来即博赍的说法。[①] 喀喇沁蒙古的博赍太师或许就是已故阿鲁台太师的继承人。

前面已经说过,当哈剌嗔部在也先、脱脱不花争霸时期,投靠了后者。战争以也先获胜而结束时,哈剌嗔部的命运究竟怎样了,不得而知,但至少和哈剌嗔部一起投靠脱脱不花王的阿哈剌忽知院后来还很强盛,明天顺元年二月己酉、五月丙寅等条里,还载有伴同"迤北太师孛来"遣使来朝。《实录》原文说:

> "后军都督佥事马政奏:迤北阿哈剌忽知院、孛来等差使臣皮儿马黑麻等。"(天顺元年二月己酉)

---

① 参看中岛竦《蒙古通志》第 314 页。

"遁北太师孛来并阿哈剌忽知院以上复位(英宗),复遣皮
儿马黑麻来奏,欲将宝玺来献。"(同年五月丙寅)

既然这个形影相随的一方阿哈剌忽知院还健在,那么另一方的哈
剌嗔部也会很强盛,而这个太师孛来当然就是哈剌嗔部部长。也
先既然灭了脱脱不花,芟除了元室的裔孙,对他的党羽鞑靼部长也
就分外宽大对待了。①

更据《明史·瓦剌传》等说:也先灭脱脱不花王后,"执其妻子,
以其人畜给诸部属。"脱脱不花王灭后还在东边强盛的哈剌嗔部或
许分得了一份,也未可知。至少,孛罗(孛来)平章是代表其部落的
大酋,深得也先的信任,这从下述事实可以推测出来。据《李朝实
录》端宗癸酉(景泰四年)二月壬寅条叙述当时北虏威逼辽东,朝鲜
也传来警报,说:

"福余卫都指挥等官安出等番字奏文:见有也先王差孛来
平章人马七万前来,到羊肠河下营。"

羊肠河是今新民县西新开河的上游养息牧河。② 在这里屯集七万
大兵的孛罗平章,必定是在专门担任经营东边。又据《明实录》景
泰五年冬十月甲午条说:阿剌知院出其不意袭杀也先时,曾见有侍
立在也先座右的大酋嗔孛罗平章这个名字,这也许就是哈剌嗔的
孛罗平章即孛来。纵令这还有疑义,而最明确的是,为也先的横死
复仇的那个人,就是孛罗平章的孛来。

想来,哈剌嗔部这个名字从元代就已有所闻,但在哪里驻牧不
详。③ 但从形势推测,当时的哈剌嗔部可能在今乌珠穆沁部方面。

---

① 从这些事实再来看前述亡人韩成的供状,令人怀疑阿哈剌忽、哈喇嗔等并未投靠脱脱不花。其实
是投靠也先的误报。姑且不做这种过甚的臆测,但他们在这次战役中并未奋战,没有惹起也先的
深刻抱怨,却是事实。

② 参看《满洲历史地理》第二卷,第25、292—293页。

③ 霍渥尔特《蒙古史》(卷一、第432页)。他从音类似,认为是克鲁伦河上游的哈喇沁沙图(Kharat-
shin Shatu),当然毫无根据。

因为今喀喇沁部虽在热河方面，这是清初以后的形势；明末以前，哈喇沁部是在它的西北，今多伦、经棚方面。这已详细论述过了。[①] 这个多伦、经棚地方，当也先强盛时，是他的部下大酋阿剌知院的驻地。当时，也先自己驻在内蒙古西部；东边的今多伦、经棚方面是由阿剌知院占据着；遥远的北方呼伦贝尔地方是脱脱不花王的驻地。这些前面已经谈过。[②] 由此看来，脱脱不花王属下唯一的大部哈剌嗔部的位置，只能推测在今乌珠穆沁部左近。此后不久阿剌知院就灭亡了，他的故地不久就成了哈剌嗔部的根据地，这必然是为也先横死报仇的孛来，由背后进攻，灭了阿剌知院，结果就攫取其地而代之了。据《明实录》说：景泰六年春正月辛亥，由宣府总兵官提出了孛罗平章袭击阿剌知院的第一个报告，原因就在这里。

丙 孛来和三卫

根据地在东方的孛来侵犯明朝西北边塞，同时也和三卫颇有关系。首先，《实录》景泰七年八月丁未条在记载前述军人曹广传报阿剌知院的死讯以后，接着说："虏酋阿剌知院今年为部下所杀，朵颜三卫往迤北劫掠。"把阿剌知院的残余驱逐到迤北的三卫，想必和灭亡知院的孛来有某种联系。虽说有联系，但那毕竟是三卫的自由行动，孛来当时恐怕还没有控制三卫的实力。[③] 后来，逐渐积蓄实力，孛来遂用兵来威逼三卫了。《实录》天顺三年夏四月癸酉条载明廷给泰宁卫都督佥事革干帖木儿的诏谕，说：

> "近闻孛来率领人马，欲往尔处抢掠。朕念尔自祖父以来，世笃忠贞，敬顺朝廷，多效勤劳。闻此声息，恐被其害，特

---

① 参看和田清的《内蒙古各部落的起源》第191—199页。这种说法还有若干地方需要改正、补充，容待另找机会。

② 原书第323—324页。

③ 如后所述，这时和孛来功勋和地位相同的毛里孩，起初和三卫不和。已如前述，在这以前，也先末年，三卫已露出背叛他的迹象。《实录》景泰六年春正月乙丑条载泰宁卫都佥事革干帖木儿的话说："尝被瓦剌胁从附彼，今已得归朝廷。"从此，三卫就对明廷忠顺朝贡了。

遣都督马显等赍敕前去,谕尔等。宜会合各卫,整点部下人马堤备。如此,贼果来尔处抢掠,即便差人奏报,朝廷遣官军,出境救获。密与尔记号,并力夹攻,剿灭此贼,保尔境土人民,故谕。"

天顺三年秋七月丙午,都督马显等带着敕书前往泰宁各卫。后因抚谕夷情有功,受到赏赐。当时孛来的势力还不太强盛,所以明廷采取了这种强硬态度,了解到明廷这种坚定决心的孛来,实际上推迟了征伐三卫。尽管这样,从这时起,三卫酋长还是继续出现了使用过去元朝的官号的人。例如:同年秋七月甲申条有朵颜卫万户卜斋;同年十二月癸酉条有朵颜卫平章亦兰伯;又丙子条有朵颜卫国公斡者歹、知院帖客等名字。这些还是应该看作是当时孛来的经略在某种程度上已达到了三卫,他所拥戴的大元皇帝的威令逐渐在三卫推行起来的结果。

况且,逐渐统一东蒙古,自称太师淮王。天顺五年与明通好以后,[1]便逐渐以实力威逼三卫,终于使三卫屈服了。《实录》天顺六年冬十月戊寅条载兵部的报告说:"有自虏中逃归者,言:孛来于今年九月初三日,领胡骑万余东行,侵兀良哈地方。"十一月甲辰条又说:

"镇守独石等右监丞阮禄等奏:虏酋孛来率众二万,东掠朵颜三卫,遣使臣纳哈出等四十人来,贡马献捷,欲从独石入境。上命其猫儿庄入。既而使臣以马疲,且境外无草,不能往猫儿庄,复请从独石入。许之。"

《李朝实录》世祖九年(天顺七年)二月甲申条,在这以前,载火剌温兀狄哈即海西女真的通报说:"三卫达子三千余名来屯近境,声言北方达子来侵,故来屯耳",也必定和这事有关。总之,这样从独石

---

① 关于孛来的通好,参看《实录》天顺五年秋七月辛酉、八月己巳,又六年二月癸酉、七月壬子等条。和也先一样,称太师淮王孛来的称号,见天顺五年八月己巳条。

入境献捷的孛来,看到明朝容易对付,便就逐渐完全控制了三卫。
《实录》载天顺七年夏四月戊子敕诏,记述情况说:

> "近福余卫遣使扣关奏报:虏酋孛来于今年二月间,差人
> 纠集福余等三卫人马为前驱,意在侵扰我边。福余等卫头目
> 虽称不肯从彼,因来奏报,然孛来与三卫交通,已非一日,所奏
> 情词,实难听信。预防之道在我当然。"

又六月甲戌条载赐泰宁卫兀南帖木儿刘王等敕,嘉勉他不屈从孛
来的坚志。当然,这里所说"不肯从彼",是敷衍明朝,实际上对孛
来很恭顺。泰宁卫左都督兀南帖木儿是天顺四年右都督革干帖木
儿死后,该卫唯一的大酋。① 所谓刘王这个称号,当然是大虏赐给
的。

　　《实录》在天顺七年六月丁亥条还载有上述革干帖木儿之弟、
泰宁卫右都督兀研帖木儿和孛来所拥立的迤北马可古儿吉思王、

---

① 如本书238页注①所引《图书编》所见到的那样:泰宁卫有两个都督,右都督是革干帖木儿,左都督
是兀捏帖睦儿即兀南帖木儿。《卢龙塞略》(卷十五)《泰宁卫系谱》说:"始祖都督兀捏帖木儿生撒
因孛罗,其子曰孛来罕,曰伯牙,俱逃辽东边外大县头驻牧。久不至关,今绝。"兀捏帖木儿当然就
是兀南帖木儿的异译。
　　泰宁卫的酋系是,都督阿者罕(可能是始祖辽王阿札失里)其弟有哈剌孩(《实录》永乐十九年
春正月乙酉),儿子有脱火赤(宣德六年八月甲寅)、拙赤(宣德八年五月壬戌)即者赤(永乐十九年
春正月乙酉)、灰王纳哈出(正统元年八月甲申)和失连帖木儿(正统元年冬十月甲戌)即失南帖木
儿(正统六年春正月庚申)等。脱火赤的儿子,有讨勤(正统六年春正月庚申),颇强盛。但经也先
之乱,立即衰落,代之而起的是革干帖木儿、兀南帖木儿两家。这两家或者是从前的别酋忽剌班
胡、阿散等的子孙,也未可知。总之,革干帖木儿这个名字,开始出现在宣德九年二月壬戌,写作可
可帖木儿。同月戊辰,写作都指挥同知隔干帖木儿,后来,渐渐出名,正统六年十二月与也先联姻,
景泰五年六月请赐大宁废城,天顺三四年间死了。他的儿子脱脱孛罗代之。《实录》天顺四年五月
乙未和己亥各条,载有此事,尤其己亥条说:

> "命故泰宁卫左都督革干帖木儿子脱脱孛罗,袭为都督金事,仍旧管束三卫。初,革干
> 帖木儿死,其弟兀研帖木儿欲代总其众,三卫头目不服。朵颜卫都督朵罗干遣使奏保脱脱孛罗
> 代父职,管理三卫。上从之。故有是命。"

实际上,革干帖木儿不仅是泰宁卫的掌卫事,还总管三卫全部。但看来孛罗年纪太小,没能充分执行
这种权力。他的叔父兀研帖木儿也以右都督出现,尤其别酋兀南帖木儿出人头地。关于兀南帖木
儿,在成化元年十一月辛未、十二月丙子等条里作兀喃帖木儿出现,只是据《实录》天顺三年秋七月己
丑条载,革干帖木儿从都督金事升为左都督。《图书编》和《卢龙塞略》说是右都督,这或许是依照后
来的定制类推的错误。刘王兀南帖木儿,或许就是《源流》里的科尔沁部的乌纳博罗特王,也未可知。

孛罗乃西王等一起遣使来朝的事。十月乙巳还叙述孛来的东侵说："朵颜卫指挥兀孙帖木儿奏：孛来营所逼近本卫,乞依边城放牧。"再据十二月丁亥、戊申等条说：原应依常例从东路喜峰口入贡的三卫贡使四百多人,随着孛来的使臣,都来到大同。引起了问题。因为按明朝定制,同是朝贡,对待逃北大虏优厚,对待三卫贡夷较薄。因此,自也先之乱以后,熟悉这种情况的三卫,为了贪图厚赏,便从大同入贡了。《明史·三卫传》叙述此事说："复窃通鞑靼孛来,每为之向导,所使与孛来使臣偕,见中国待鞑靼厚,请加赏不得,大忿。遂益与牵来相结。"①孛来鉴于也先的强压政策的失败,对三卫一味采取了怀柔政策。

孛来既收抚了三卫,便进一步转而经营女真。据《实录》天顺八年冬十月乙酉(五日)载辽东巡抚滕昭的报告说："建州女真传报,孛来领众五万欲寇边。"同月己亥(十九日)辽东总兵官郑宏又报告说："谍报：孛来拥众三万余,纠合朵颜三卫残寇,欲来侵边。"接着,成化元年二月丁酉(二十日)条说：

> "巡抚辽东左佥都御史滕昭奏：虏酋孛来谋结建州三卫夷人入寇,总兵官武安侯郑宏等率师御之。至长岭山,与战败之,斩首五级,俘获贼属十人,及其牛马军器。上命降敕奖励之。"

长岭山在辽西宁远(今兴城)的东北。但据《李朝实录》世祖八年(天顺六年)八月壬午条载谢恩使金系熙等《辽东闻见事目》说："五月二十九日,还到宁远卫,指挥盛光云：达贼与建州毛怜等卫野人

---

① 三卫贡道,从洪武、永乐初年,就定为从喜峰口入。到景泰末年,忽然有人想从独石、万全等入贡,这事见于《实录》景泰七年春正月丙戌、辛卯、天顺元年十二月庚戌、二年十一月丙子、四年十一月丁丑、成化元年二月乙酉等条。《明史·三卫传》说："旧制,三卫每岁三贡。其贡使俱喜峰口验入,有急报,则许进永平。时三卫使有自独石及万全右卫来者,边臣以为言。敕止之。"这种举动,肯定是由于也先的蹂躏和迁徙引起的。

连结,今在沙河北长墙外二十里之地。"这个沙河在长岭山正西,[①]可见建州三卫的夷人当时就被招致到这里。明军幸而阻止了这次入寇。

孛来的目的并不是要入侵明边,便率军东行开到辽河河畔。《明实录》成化元年三月戊申朔条说:

> "迤北虏酋孛来构朵颜三卫苦堆等九万骑入辽河,总兵官武安侯郑宏等率兵御之,生擒虏贼男妇十一人,斩首五级。"

《李朝实录》世祖十一年(成化元年)二月甲申条载火剌温兀狄哈即海西女真酋长加下等使人的话说:

> "我辈闻鞑靼军马之来,乃与加下等,筑城于海儿,率壮士待变。有一鞑靼,呼于城外,曰:鞑靼皇帝即位,欲释旧仇,遣九万余兵,屯于巨和。我辈答云:如欲解怨,汝可入城。久之,鞑靼七人果入城。我辈从而杀之。其后,鞑靼陆续来,呼曰:何为杀我行人,不得不与汝战矣。因是,加下等使我辈来告焉。"

海儿、巨和都不详,可能在明朝辽东北边、开原北方一带。这里所说的"鞑靼皇帝即位,欲释旧仇"这句话,把也先死后,马可古儿吉思可汗继位,从此开始招抚女真的情况,说得一清二楚。[②] 正因为孛来意在经略女真,所以明将对这九万骑的大敌,只斩首五级就结束了。明人著作里都记载了这件事,叶氏的《四夷考》(卷六《北虏考》)、何氏的《名山藏》(《王享记·鞑靼传》)等,都记载了此事的概略。《明史·三卫传》则说:"成化元年,头目朵罗干等以兵

---

① 长岭山堡和沙河儿堡,见于《辽东志》(卷三)《宁远城堡墩空操守》条。又参看《满洲历史地理》第二卷、第494页和所附《明代边墙图》,本篇插图《辽东边图》等。

② "鞑靼皇帝即位"或可解释为当时拥立了新可汗的意思,但这和其他事实不符。这份报告是成化元年二月七日到达朝鲜京城的,而侵略女真地方,肯定至少在这一个月以前,新可汗即位又必定要在这以前若干时日。这样,那就成了天顺八年间的事情,和明《实录》成化元年还有马可古儿吉思王子入贡的事实相矛盾。

从孛来,大入辽河。云云。"三卫酋长里的苦堆(K'u-tui),不甚著名,推测可能是福余卫的大酋安出之子可台(K'o-t'ai)。① 此外,朵颜卫的大酋朵罗干当时也曾加入孛来军。②

总之,这时孛来和可汗发生冲突,把他杀了,他自己不久也被毛里孩灭了。因此,这次入侵辽东,并无多大进展,就这样让位给毛里孩了。就前述《实录》成化三年春正月丙子(九日)条所载敌酋毛里孩的报告,可以知道孛来灭亡的情形。即:

> "孛来太师近杀死马儿苦儿吉思可汗,毛里孩又杀死孛来。后又新立一可汗。有斡罗出少师者,与毛里孩相仇杀。毛里孩又杀死新立可汗。逐斡罗出。今国中无事,欲求通好。"

不过,这事究竟发生在何对不详。但《实录》成化元年春正月庚申(十二日)条载有迤北马可古儿吉思王子即马儿苦儿吉思可汗和他的太师孛来的贡使相偕来到大同,就他们来路的日程来考虑,可知在这稍前,两人还没有发生冲突。如果前述的传说没有错,那么,孛来在这一年的二三月以前,还奉戴这个可汗东征了。如后所述,斡罗出即阿罗出的被逐,是在成化二年九月间。因此,这些事件肯定是在元年三月到二年九月间发生的。

毛里孩和孛来原是功劳和地位相等的酋长。因此,毛里孩杀

---

① 福余卫指挥安出的名字,从永乐初年起就颇著名。四十多年以后,到正统年间,他的儿子卯歹代替父职(《实录》正统十年十二月壬戌)。景泰中,别子可台(景泰三年九月壬寅)大为显著。可台又非常长寿,据传成化十五年,九十六岁的时候,明廷还赐给他织锦麒麟衣(该年春正月己卯)。据《卢龙塞略》(卷十五)《贡酋考》说:"后来的福余卫酋如非此可台(歹)之后,就只是都指挥朵儿干之后。"

② 关于朵颜卫酋朵罗干,《实录》宣德八年秋七月乙亥条说:"朵颜卫都督金事脱儿火察儿卒,其子朵罗干遣人进马,且请袭职。遂命朵罗干为都指挥同知,云云。"这就是朵颜卫的始祖脱儿火察儿的子孙。但不是他的儿子而是孙子。这从郭造卿的《卢龙塞略》(卷十五)记述他的世系说:"右都督脱罗叉儿(脱儿火察儿)子猛革赛,其子朵儿干(朵罗干)子二,长脱火赤绝,次帖木孛罗失祖敕书,袭授都指挥,二子,曰猛革孛来,曰把秃歹,并绝。"《图书编》(卷四十四)《蓟镇抚赏长策》说:"其右都督为脱罗叉儿,三传为朵儿干,又再传而绝"便可明确。

死字来以后,没有很大骚乱就原封不动地继承了字来的势力。这种情况从前引《明史·三卫传》的"成化元年,头目朵罗干等以兵从字来,大人辽河,己,复西附毛里孩,东合海西兵,数入塞"的语气里,也可以看得出来。《实录》成化二年九月戊寅(十日)条记述此事说:

> "朵颜卫右都督朵罗干遣使臣传报夷情,且奏求印信帐房等物,更乞差来使臣,不须限定五十人。事下礼部官会议。祖宗设置朵颜、泰宁、福余三卫,为东北藩篱。每年朝贡,宴赐特厚,而乃背逆天道,随房贼毛里孩犯边。今遣人来朝,虽称奏报边情,不过挟势求索。今宜量加赏赐,仍乞降敕责以大义,用警其奸究之心。"

即朵颜卫酉朵罗干前曾追随字来,字来一旦灭亡,便立即投归敌酋毛里孩麾下去了。不仅是朵罗干,福余卫的可台也是这样。《实录》成化二年九月丁酉(二十九日)条说:

> "建州右卫女真指挥捏察等来报:木里王遣使至三卫头目苦特,令拥众六千,分掠开原、抚顺、沈阳、辽阳等处。"

冬十月丙寅条记载这件事说:"镇守辽东太监李良等奏:女真哥木列卫传报,三卫房贼欲率众分道,来开原等处抢杀。"朝鲜的《实录》里也载有当时三卫达子野人等侵犯开原方面的事。[①] 这个木里(Mu-li)王必定是木里孩(Molikhai 毛里孩)王的脱误。苦特可能是苦堆(可台)。可见前一年还是字来部下的可台等这时依照毛里孩的命令去劫掠开原地方了。

在这以前,字来的势力一达到三卫,三卫酋长里陆续出现称故元官号的人,前面已谈过。到了这时,又见天顺八年十一月壬子条有朵颜卫平章忽兰台;十二月乙巳条有泰宁卫知院忽剌百;成化元

---

① 《李朝实录》世祖十年(天顺八年)九月癸亥载《谢恩使闻见事目》说:"三卫达子人寇开原,掠五人而去。"又十二年(成化二年)冬十月癸丑载《圣节使闻见事目》说:"野人等围开原,达子又逼广宁。"

年春正月乙亥条有朵颜卫太尉朵罗干、右丞脱脱合;五月丁巳条有
泰宁卫知院纳赖;四年春正月壬子条有福余卫知院可歹等称呼。
前述泰宁大酋刘王兀南帖木儿自不待言,就是朵颜大酋太尉朵罗
干、福余大酋知院可台(歹),也都是元朝的官爵。尤其更甚的是朵
颜太尉朵罗干。他以前在天顺三年十一月丙子,自称是明朝都督,
并为部下国公斡者歹、知院帖客等,向明廷请求授与指挥千户等
官,到了这时竟自称故元太尉了。由此可见字来的怀柔政策逐渐
渗透的情况。

丁 翁牛特的毛里孩

那么,毛里孩究竟是个什么样的酋长呢? 杀死字来取而代之
的毛里孩,就是《源流》里所说"翁里郭特之摩里海王(Molikhai
Ong)",自不待言。明《实录》天顺七年六月戊寅、成化元年十二月
庚寅和二年九月丁酉各条,特别称毛里孩为毛里孩王(卯里孩王、
木里王)。《源流》汉译本作翁里郭特,德译本译作 Öklighud,可见
两者的蒙文原字大致相同。但这个部族名在别处见不到,可能出
自形肖音通的蒙文缀字的误读,倒是应该依照《黄金史》作 Ongni-
ghud。[①] Ongnighud 就是翁牛特,是现在还在东蒙古很有势力的部
落。据《钦定外藩蒙古回部王公表传》(卷三十一)和《蒙古游牧记》
(卷三)说:今翁牛特部是元太祖弟鄂楚因(斡赤斤),即乌真诺延
(斡嗔那颜)的后裔。[②] 按《蒙古源流》的例子,像乌纳博罗特王等特

[①]《蒙古源流》(卷五、第二十五页),施密特本(第 170 页),《成吉思汗传》(第 91 页)。经出村良一提
醒最近出版的《通报》里有俄国蒙古学者符拉基米尔佐夫说明 Ongnighud 的语源,介绍说是"王
位"的意思,原来是 Ongligh 的复数形 Onglighud 的讹误。《通报》第二十八卷、第 1—2 期、1931
年、第 232 页)这和我所主张的翁牛特是蒙古王族的意思,正相吻合。如果是这样,那么,施密特读
作 Öklighud 当然是误读,而汉译《源流》译作翁里郭特(Onglighud)却正是原音的古型。

[②]《蒙古王公表传》已收入清李桓的《国朝耆献类征》卷首,祁韵士的《皇朝藩部世系表》(卷一)和张穆
的《蒙古游牧记》(卷三)的记载,实际不过是由此转录而成。尤其是《游牧记》,竟把鄂楚因误作诺楚
因,非常草率。但《黄金史》里也见有把毛里孩作为成吉思汗异母弟别里古台之裔孙的语调。别里
古台的分封地在今敖嫩、克鲁伦两河之间,因此,和本文所论,毫无影响。若是这样,那么当时翁牛
特部也是别里古台的儿孙,后来被西进的斡赤斤的子孙取而代之了。但这事还需详细研究。

称为王的必定是乌济锦（谔楚因）等元代诸王的子孙称王，因此，摩里海王也是这样。据《蒙古世系谱》说："毛礼海王者，布库博尔格太之后，素有功于蒙古者也。"可见他是太祖异母弟别勒古台（博尔格太）的后裔，是当时翁牛特的部长。据《实录》成化三年三月己丑条和叶氏《四夷考》（卷六）说：毛里孩一称黄苓王。从汉字来说，这个王号似乎并没有什么意义。因此，这个黄苓（Huang-ling）或许是翁牛特（Ongnighud）的异译。①

又据《源流》说：住在郭尔罗斯部的彻卜登或和巴齐尔家里的摩伦汗，在该部摩勒泰等的护送下，来到翁里郭特的摩里海王那里，在那里即了汗位。翁里郭特即翁牛特部离郭尔罗斯部不远，从文意看来，摩里海王似乎是这个地区的盟主。现在的郭尔罗斯部在哈尔滨西南方面，但当时该部还远在北方，如上所述，可能还在今齐齐哈尔西北的山地方面。② 同样，现在的翁牛特部在热河省赤峰北面地区，但当时的翁牛特部可能和郭尔罗斯部西部毗连，在今呼伦贝尔北面海拉尔（Khailar）以北地方。支持这样推测的是所谓阿鲁蒙古的传说。据《蒙古王公表传》（卷三十）或沿袭此书的《皇朝藩部要略》（卷一）、《蒙古游牧记》（卷三）等都说：起初，散在今内蒙古各地的阿鲁科尔沁、四子部落、乌喇特、茂明安、翁牛特等各部，统称阿鲁蒙古。阿鲁（Aru），在蒙古语里是山阴的意思，因为这些部都聚居在山阴，所以称作阿鲁。张穆误解作杭爱山北的意思，但从这些部的历史看来其实应该是兴安岭北段的山阴的意思。这

---

① 其实黄苓在《四夷考》等书里作黄苓。如果是黄苓（Huang-ch'in）自当别论，若是黄苓，蒙古语里 l 和 n 极易混淆，因而，可能是：Huang-ning，这和去掉 Ongnig-hud 的复数形语尾的 Ongnighu 很相似。

② 参看原书第 339—340 页。

事我曾详细论述过。① 当时的翁牛特部其实和现在的阿巴噶、阿巴哈纳尔各部一样,都是成吉思汗异母弟别勒古台(博尔格太)的子孙,从把这个翁牛特部叫作阿鲁蒙古看来,我想可以肯定它是在兴安岭以西的。②

兴安岭以西也就是呼伦贝尔地方,继和宁王阿鲁台之后,是脱脱不花王的根据地。当年的翁牛特部可能还在这些驻地更北的地区。只是在脱脱不花王灭亡以后,才逐渐南移,占据了这些地方的。究竟翁牛特部什么时候南下的,却是个很难明确的难题。我觉得,从该部长毛里孩王的活动情况来考察,大致可以作如上的推测。按上引《游牧记》传说,阿噜科尔沁、四子部落、乌喇特、茂明安四部,在于阿噜蒙古中,尤其直到以后驻牧在呼伦贝尔地区,唯独同族的翁牛特部似乎早已南下,这又是一证明。

总之,明人所注意的毛里孩只在该部南下的时候。据《实录》载:景泰六年(1455)各条才作为小王子的拥立者稍露头角,③后来又暂时断绝不见了,到了天顺四年(1460)秋七月以后,又见他和孛来一起经常在西边活动。所以久久不见,可能是因为他驻牧北边,到了天顺四年以后才南迁的。毛里孩南下以后,立即进入河套,专在西边活动。这些事姑且不谈,现在只考察他和东边三卫的关系。

首先,《实录》景泰六年八月己酉条叙述他拥立小王子事,说:

"泰宁卫都督佥事革干帖木儿所遣指挥脱脱不花奏:虏酋卯里孩立脱脱不花王幼子为王。卯里孩升为太师。近者卯里

---

① 和田清《内蒙古各部落的起源》第283—292页。以兴安岭为界,称为山前山后,自古以来就是这样。由《元史》(卷百三十一)《伯帖木儿传》就可以看到。称今外蒙古为阿鲁蒙古,确是事实。张穆肯定是由于这类知识弄错了。

② 参看箭内亘《元代的东蒙古》(《蒙古史研究》第612页)。

③《大明实录》景泰六年夏四月戊戌(1)、同年八月己酉(2)、冬十月乙卯(3)等条。但(1)写作卯那孩,(2)写作卯里孩,(3)写作毛那孩。确定译为毛里孩,还是天顺四年以后的事。

孩领人马求我三卫，虏情难（测）。我三卫共追之，已击败其众。"①

这里已经明确，起初和三卫就有关系，但后来的经过不详。如上所述，攻杀孛来以后，立即继承他的势力，成化二年间马上号令三卫。又据《实录》成化十年春正月辛亥条叙述再次发给朵颜卫印事，说："重给朵颜卫印，从本卫署印知院脱火赤言：其印为毛里孩所掠故也。"这显然是仿效过去阿鲁台夺取三卫卫印的事例，毛里孩夺取三卫朝贡的勘合印信，垄断了朝贡的利益。脱火赤是前述朵罗干的儿子，后来联合阿罗出，共同灭掉了毛里孩。

再回头来看，毛里孩代替孛来号令三卫的第二年，成化三年，很快就结束了统一内部的工作，屡次上书明廷要求通好，这时，正是他的全盛时期。因此，这年冬十二月癸卯条载辽东女真的报警报告说："虏酋毛里孩纠合朵颜三卫头目，欲举众分寇辽东。"四年九月辛酉条载甘肃的奏报说："虏酋毛里孩控弦数万，远与兀良哈朵颜等处诸种夷人诱结，势既增大，其心可知。"这是他全盛的顶峰。不久就遭到灭亡的厄运。据《实录》成化四年冬十月辛卯条载：

"巡抚宣府左佥都御史郑宁等奏：朵颜卫千户奄可帖木儿传说：十月间，与毛里孩仇杀。上命沿边镇守巡抚官，整饬边备以防之。"

从这以后，不仅断绝不见，而且成化五年十一月乙未条还有"故毛里孩子火赤儿，云云"，这说明毛里孩已经死了。关于他的儿子火赤儿，留待以后再说。朵颜卫千户奄可帖木儿想是从来就憎恨大虏的势力，据《实录》天顺元年九月丙子条说：当时曾想伙同宣府总

① 按《明实录》影印国学图书馆传抄本、第百二十九册、英宗实录卷二百五十七、景泰附录卷七十五、第2页，"卯里孩领人马求我三卫，虏情难（测）"作"卯里孩领人马来我三卫虏掠。"——译者

兵官杨合兵夜袭孛来的营垒。① 这时,看来已灭掉了毛里孩。然而,一个小小的朵颜千户独力"与毛里孩仇杀"几乎是不可能的,必定是和其他大酋取得联系干的。这里所称的大酋,可能就是后来出现在《源流》的满都古勒汗、斡罗出锡古苏特(Oroju Shigüsütei)等,也就是明人所说的满都鲁可汗、斡罗出少师和脱火赤等。

6.鞑靼部的复兴(下)

甲 满都鲁汗和孛罗忽太子

《蒙古源流》(卷五)说:摩伦汗脱思被摩里海王即毛里孩王杀死以后,经过九年,可汗的叔父满都古勒汗才嗣位。即:

"摩伦汗无嗣,殁后,其叔阿寨(Ajai)台吉之卫喇特福晋所生一子,名满都古勒(Mandaghol)台吉者,系丙午年(宣德元年、1426)生,岁次癸未(天顺七年、1463),年三十八岁,即位。为乌珂克图汗复仇,兴兵杀哈齐金(Khajikin)之姻亲多郭朗台吉,收抚多伦土默特。适于彼处,邂逅表弟巴延蒙克(Bayan Möngke)台吉、锡吉尔拜济(Shiker Beiji)二人,与原送之四大臣及伊岳父同赍口粮而来。满都古勒汗甚为欣悦。以为此可以续博尔济锦之后矣。遂给巴延蒙克博勒呼济农(Bolkho Ji-nong)名号。满都古勒汗为与摩伦汗复仇,加兵于摩里海王时,鄂罗郭特(Urughud)巴图尔锡古苏特(Baghatur Shigüsütei)之子乌讷博罗特王(Ünebolod Ong),乘萨尔党貉皮马,引导追杀之。由是,满都古勒汗与博勒呼济农兄弟二人

---

① 《大明实录》天顺元年九月丙戌条说:"兵部奏:宣府总兵官杨能擅将信炮与兀良哈奄克帖木儿,期以夜劫孛来营垒,虽云用兵之计,然虏情叵测,设使其党附孛来,异时犯边,举以为号,岂不误事。乞正其罪。云云。"这个奄克帖木儿无疑就是朵颜卫千户奄克帖木儿。

和好，其散迭之六万人众，俱收抚矣"。①

关于阿寨台吉的三个儿子满都古勒（满多固勒）兄弟，前面已经出现过。简单说：岱总汗是他的长子，满都古勒是他的季子。因此，从岱总汗之子摩伦汗和乌珂克图汗兄弟来说，无疑是他的叔父。至于巴延蒙克，乃是满都古勒的仲兄阿噶巴尔济济农之子哈尔固楚克的遗子。因此，是摩伦汗等的从子、满都古勒汗的从孙辈。这里称为表弟（从弟），又说两人是兄弟二人，绝不是这个词的正确意义，只不过表示他们关系亲密而已。

巴延蒙克是卫喇特额森（也先）之女齐齐克（Sechek）的儿子，出生在敌人地区里，由喀喇沁蒙古的博赉太师等四个人护送到东蒙古，前面已经叙述。锡吉尔拜济是迎接他东来的鄂罗郭特的斡罗出锡古苏特（Oroju Shigüsütei）把女儿嫁给巴延蒙克的那个女儿。斡罗出锡古苏特这个名字仅出现在施密特的德译本里，汉译《源流》里没有这个名字。但从前后文意看来，想是前引《源流》本

---

① 《蒙古世系谱》（卷三）说：

满都古尔汗　汗，阿寨台吉之第三子，太松汗之异母弟也。先是，太松汗、阿巴喀尔津济农遇害。时，汗居阿苏忒山。摩伦汗被弑无嗣。汗属下大臣俱以舍汗无人嗣位，固请，允之。即位于哈忒呼兰泰山。汗有二女，一为博罗克亲公主，适威勒忒伯尔格僧；一为厄忒格公主，适蒙古车库忒部之和硕他卜囊。汗为其兄之子墨尔古尔格思汗复仇，发兵征七土默特之多和伦台吉，杀之。尽收其众。时，无量汉之呼图克少师送巴颜孟克并其从四人至，汗大悦，封巴颜孟克为博尔呼济农号，以继博尔济根之祀。汗又为摩伦汗复仇，征毛礼海王。使吴鲁忒部寿苏忒之子乌纳博罗忒，追至乌尔灰之野。先获其子弟七人。枭首以徇。因名其地为多罗忒拖罗海。毛礼海王孤身窜至空圭札布堪山峪，结茅以居。乌纳博罗忒追获，杀之。是时，汗抚有六万蒙古，与巴颜孟克博尔呼济农共治其国焉。有洪和赖者，谮于汗曰："巴颜孟克博尔呼济农欲杀汗，而娶衣克哈巴尔图中根哈吞，"汗不听，使人告济农，大惊曰："谗言出自谁口？是可诛也。"使者反命，汗怒，断洪和硕之舌，杀之。厥后，永奢布之伊思满太师，亦谗人也。谓汗曰："惜乎！枉杀洪和赖，其言也信。"复往告济农曰："洪和赖之祸发矣，汗将杀汝。"济农疑之。伊思满太师曰："探汝之使，行即至矣。犹不之信耶？"出，使者适至。济农疑其探己也。对使语颇不逊，遣之去。汗闻而大怒。令伊思满太师尽收其众。巴颜孟可博尔呼济农逃至其姑博罗克亲公主处。公主留之。秘不使其夫伯格尔僧知。微以言探之。其夫语甚严厉，言之，恐遇害，遣去。济农行至永奢布界，遣从者往探音问，竚立俟之。遇克列、察汉、忒穆尔、孟克、哈拉巴太，欲得济农金带，不与，遂杀之。济农有子，曰巴图孟克，与巴尔哈津部之巴海育之。及满都古尔汗在位五年崩，无嗣，巴图孟克即位。

文里看到的鄂罗郭特的巴图尔锡古苏特。^① 总之，照《源流》来看，巴延蒙克从卫喇特地方出发时，还是婴儿时期，而立即娶妻，当满都古勒汗为了给乌珂克图汗报仇，杀了多伦土默特的多郭朗台吉时，又来到这里邂逅，这在年代上似乎稍微有些不合理，这只是《源流》纪年照例不正确的问题，不必深究。总之，满都古勒汗和博勒呼济农巴延蒙克就这样邂逅了。"哈齐金之姻亲"，德译本译成"Abkömmling des Chadschikin"。^② 哈齐金就是成吉思汗之弟哈赤温，也就是《蒙古世系谱》里的噶初古，多郭朗台吉是他的后裔子孙。

满都古勒汗和博勒呼济农的名字，也见于明人的记录里，分别写作满都鲁汗和孛罗忽太子。但满都鲁最初并不是可汗。据《实录》成化九年五月庚子条说：

> "命来降迤北满都鲁太子平章哈失帖木儿为广州前卫正千户。"

这里才初次见到他的名字。后来便逐渐常见，成化十一年六月以后，一再记载他的通贡事。到这年冬十月己卯，给英国公张懋等的敕谕里说：

> "近闻北虏满都鲁潜立名号，吞并别部，驱散朵颜三卫。"

又，十二年夏四月丙子条载监察御史薛为学等上言里说：

> "近者，虏酋满都鲁自称可汗，癿加思兰亦自称太师。逆

---

① 《蒙古源流》（卷五）的原文说："四人送往，并有鄂罗郭特寻来助给口粮，将伊女锡吉尔许与巴延蒙克台吉为妻。公同保护遣令归宗。从此得安居矣。"（海日楼笺证本、卷五、第21页。——译者）只有鄂罗郭特部落名，没有人名。这里应该照德译本的"Orodschu Schigüssutai von den Oroghod"，补上酋名。这个人是巴延蒙克的保护人。因此，后来巴延蒙克和大敌摩里海王交战时，勇猛奋战的鄂罗郭特的巴图尔锡古苏特(Baghatur Schigüssutai von den Oroghod)之子乌纳博罗特王，必定同样是这个鄂罗郭特的锡古苏特的儿子。巴图尔是勇士之义的称号。斡罗特楚(Orodschu)也称作巴图尔。《源流》在前述岱总汗和额森（也先）交战的一条里就出现了巴图尔锡古苏特这个名字，可能是东蒙古唯一的勇士。

② 参看施密特书（第175页）。

谋已著,窃虑一旦大举入寇,仓卒之间,难于制驭。"
由此看来,号称可汗大号当距成化十一、十二年不远;统一国内即正大号,不久就向明通贡了。因此,可以认为这是在成化十年(1474)末、十一年(1475)初。所以,《源流》写在天顺七年(1463),当然是错误。如果认为摩伦汗脱谷思死在成化一二年(1465—1466)间,那么此后大约有八九年的空位时期。《源流》在这里置有九年的空位时期,完全符合事实。①

孛罗忽太子这个名字,在这以前早就出现了。《实录》成化七年五月甲午(二十二日)条说:

> "平虏将军总兵官抚宁侯朱永等奏:迤北虮加思兰同孛罗太子,共遣使臣兀马儿平章等三百三十人,备马四百三十匹,入贡到边。"

这个孛罗太子其实是孛罗忽太子的脱误。这从同年秋七月丙子(五日)条记述赏赐这些使臣时,也说:

> "迤北孛罗忽并虮加思兰遣使臣完者都贡马,赐宴并衣服彩段等物有差。其回赐在彼头目彩段表里,视旧例有减,以尝犯边也。"

也很明确。上述末句有"以尝犯边也"。不仅这样,过了六天,同月壬午(十一日)条还有"虏酋孛罗忽等上书乞还其俘获族属。云云。"这里所说的俘虏是上年七月,明军在延绥边境邀击虏寇,大败阿罗出等时俘获的;在这以前,成化六年冬十月丙午条说:"迤北孛忽等遣使臣知院扭歹该等来朝贡马。云云。"又,十一月甲午条说:"平虏将军总兵官抚宁侯朱永奏:虏酋阿罗出潜据河套,出没边境。近孛罗又率穷寇,作筏渡河,并而为一。"这里的孛忽和孛罗都是孛罗忽的脱误,也许就是孛罗忽太子。这时孛忽即孛罗忽和虏酋阿

---

① 当然《源流》的纪年依次错了下去,所以,从景泰五年(1454)到天顺七年(1463),同按《实录》推断是成化二年(1466)到十一年(1475),有很大出入。

罗出并而为一,这从上述七年二月壬午条把上述虏使扭歹该当作了阿罗出的贡使便可明确。

总之,孛罗忽这个名字,早已出现。《实录》成化七年冬十月癸酉条明白载有孛罗忽太子,此外,还散见于同年十二月癸未、八年春正月壬寅、三月庚申、九月乙卯等条,由此可见当时被大酋乩加思兰、阿罗出等拥戴的情况。但后来不久,阿罗出和乩加思兰之间发生仇隙,孛罗忽似乎也卷进到这纠纷之中。成化八年春正月癸卯条说:"虏酋乩加思兰纠合阿罗出部落,渡河犯边,已及岁余。今虽互相仇杀,分为二路。云云。"又,同年十二月丙子又传报说:"孛罗忽为小石所杀,乩加思兰顺河亡走。"小石是少师的转讹,就是阿罗出少师。不过,所传这时孛罗忽被小石杀害,显然是误传。此后孛罗忽还越发和乩加思兰勾结在一起,九年五月,满都鲁太子首次出现以后,又和他结合起来。十年十一月戊午条里就见有如下所述满都鲁、孛罗忽、乩加思兰三人共同协力经略河套地方的记述。说:

> "比者,朵颜卫使臣传报:满都鲁、孛罗忽西行进川,乩加思兰则往东胜境上。"

如果是这样,那么前引《源流》所说:摩伦汗之后,满都古勒即满都鲁继承汗位,得到从孙巴延蒙克,授给他博勒呼济农即孛罗忽太子的名号,两人合力,收抚了散亡的东蒙古全部部众六万人,[①]这大体可能是事实。不过最初所说为报乌珂克图汗之仇,杀了多伦土默特的多郭朗台吉这件事,因为明人记录里从没见过多郭朗台吉的影子,无法证明,不过,下面所说为了替摩伦汗报仇而攻灭了摩里海王即毛里孩王,必定确有其事。

乙 孛罗忽和阿罗出

关于毛里孩的灭亡,前面已经叙述过了。毛里孩亡后,蒙古好

---

① "散佚之六万人众"是四十万蒙古残余的全部,参看本书 296 页注①。

像又一时陷入分裂状态。这事见于《实录》成化五年十一月乙未条,说:

> "时,孛罗部落自相仇杀,分而为三。孛罗人马往驴驹河,哈答卜花往西北,故毛里孩子火赤儿往西路。又小石并脱火赤驻圪儿海西,俟河冻,欲寇大同。脱脱孛来欲寇辽东。"

六年五月乙酉条载福余卫酋关于这事的报告说:

> "伯革赞太师、孛罗乃王、孛罗丞相三人率万骑东行。又斡失帖木儿王率四万骑驻牧西北,阿罗出小石王率万骑,同朵颜卫都督朵罗干男脱火赤二百骑在西。"

两个报告前后相距约半年,但所述形势略同。首先,前者所说往驴驹河即克鲁伦河的孛罗的人马,肯定是后者所说的东行的孛罗乃王等三人的万骑;前者有毛里孩子火赤儿,后者没有;前者所说"小石并脱火赤",无疑就是后者所说的阿罗出小石的万骑和朵颜卫酋脱火赤的二百骑。所说他们的驻地圪儿海,必定是大同边外的希尔泊即威宁海子。所说欲寇辽东的脱脱孛来肯定是当时三卫中唯一的大酋、泰宁卫掌卫事革干帖木儿的嗣子脱脱孛罗。往西北的哈答卜花这个名字,后者没有,但后者里有驻牧西北的斡失帖木儿。斡失帖木儿当然是当时鼎鼎大名的也先遗儿瓦剌太师阿失帖木儿。[1]

现在暂且不谈西边的酋首,略谈东方各酋的来历。前者说:"时,孛罗部落自相仇杀,分而为三。孛罗人马往驴驹河,哈答卜花往西北,故毛里孩子火赤儿往西。"其中,哈答卜花和火赤儿暂时行踪不明。[2] 所说:"孛罗人马往驴驹河",因为孛罗平章那个孛来灭亡已久,这个孛来可能不是那个孛来。后者说:"伯革赞太师、孛罗

---

[1] 参看本书 295 页注①。

[2] 关于火赤儿以后再述。关于哈答不花,见于《实录》天顺七年六月丁亥、成化二年秋七月戊戌等条。尤其后一条说:"王子哈答不花",想是身份相当高。从他逃往西北销声匿迹看来,或者就是从前正统四年春正月癸卯和十年正月己亥等条的瓦剌的大酋忽秃不花,当时阿失帖木儿势力的代表,也未可知。

乃王、孛罗丞相三人率万骑东行。"关于伯革赞太师,以后再谈;孛罗丞相只出现在这一条里,好像是个不大的小酋,也不会是所说的孛罗。这样看来,所称孛罗,除了孛罗乃王以外就没有了。

关于孛罗乃王,《实录》里最初出现是在天顺七年(1463)六月丁亥条,说是和迤北马可古儿吉思王一起派使臣来朝的大酋孛罗乃西王。后来在可汗被杀以后的空位时期,成化三年(1467)三月己丑条说:"迤北齐王孛鲁乃、黄岭王毛里孩遣使臣哗勤平章等二百八十一人来朝。云云。"他的地位似乎在全盛时期的毛里孩太师以上。或许其间成化二年五月丙申条载被擒的达子木台所说:"毛里孩、小王子、阿罗出三酋部落共八、九万骑"中的小王子,就是此人。后来暂时没有听到他的名字。到这时又出现了。《实录》成化六年五月乙酉(八日),继前引那条之后,记载兵部尚书白圭说:"孛罗乃王往年为斡失帖木儿所败,已奔卜剌罕卫。[①] 近报又云:率众东来,盖此虏虽败亡之余,而部落犹多,恐实纠合丑类,收捕朵颜三卫,用为向导,谋犯边境。"同月庚寅(十三日)条竟传:战败残余的孛罗出部下投归明边。稍前,同年三月戊戌条载有河套阿罗出"又纠集孛罗出王穷寇,相为声势。"以后就再也听不到孛罗乃的名字,代他出现的是河套的新酋、上述的孛罗忽太子。看来,这个孛罗乃或许就是孛罗忽。因为孛罗乃王就是孛罗忽太子,就是毛里孩太师所拥戴的小王子,所以或许是把部落的分散说成了孛罗部落的分裂。

又,关于孛罗乃可能就是孛罗忽一节,据郑晓的《皇明北虏考》说:"成化初,阿罗出结乱加思兰,孛罗忽结毛里孩,各为党,出入河套。"叶氏的《北虏考》和《名山藏·鞑靼传》都采取这种说法,但据《实录》说,成化初和黄岑王毛里孩勾结的就是齐王孛罗乃。以孛

---

① 卜剌罕卫是永乐四年十月划出泰宁卫的一块地方设置的。参看和田清《关于兀良哈三卫的根据地》(《史学杂志》第四十编、第六号。原书第 132 页)。关于本卫的活动,当另行详论。

罗忽见称是在毛里孩灭后、入河套勾结阿罗出以后。总之,孛罗乃杳无踪影以后,才出现孛罗忽,两个名字从未同时并存。《明史·鞑靼传》写在成化六年条的"时,孛鲁乃与斡罗出合,别部乣加思兰、孛罗忽亦入据河套,"似乎恰恰可作反证,其实,绝不是这样。《明史·鞑靼传》之所以没有采用上述郑、叶等人的说法,可能因为《实录》里在毛里孩还活着时,没有出现过孛罗忽,其所以造出后者这样的歪曲说法,是由于得知成化六年时残败的孛罗乃入河套和阿罗出合作,竟把七年以后出现孛罗忽太子的事实弄混淆了,认为两者完全是两个人,似乎并没有确实的证据。反之,成化六七年间出现的孛罗,一方面看来可能是孛罗忽,另一方面看来又可能是孛罗乃。因而认为孛罗乃就是孛罗忽,是很自然的。只是两个名字的音韵不通,或者孛罗忽是孛罗乃和阿罗出合作时改的名字,也未可知。《明史·鞑靼传》在这方面也有些疏漏,这从下述的把阿罗出和斡罗出当作两个人来叙述也可以了解。

其次,阿罗出小石就是斡罗出少师,这个名字见于《实录》天顺二年八月戊辰条,很早就是孛来的党羽,占据着黄河河套。天顺五年八月己巳条明白记载:"孛来下大头目阿罗出。"成化初年,毛里孩一灭掉孛来,阿罗出立即归属毛里孩,共同和平地驻牧在河套,但不久就被毛里孩赶跑了。《实录》成化二年冬十月乙卯条载:

> "今年九月谍报:贼首阿老出等拥众入边抢掠,毛里孩率众袭其老营,尽掠其人口孳畜,阿老出同其子及头目十余人俱遁去。"

前述成化三年春正月己亥条载毛里孩上言,说:"有斡罗出少师者,与毛里孩相仇杀。毛里孩又杀死新立可汗,逐斡罗出。今国中无事。云云。"阿老出、斡罗出、阿罗出,当然是同音异译。

但是,阿罗出对毛里孩的袭击并没有屈服,还在蓄积势力,窥伺时机。从他和朵颜的大酋朵罗干之子脱火赤携手合作看来,我想和前述的朵颜卫千户奄可帖木儿相呼应夹击毛里孩的必定是此人。这样，阿罗出在毛里孩灭亡后，重又进入河套，振起威势。《实录》成化六年三月戊戌条里有如下记述。成化六年是毛里孩灭亡后的第三年。

> "兵部奏：迤北虏酋阿罗出诱朵颜三卫，自去冬乘冰渡河，寇掠延庆等处。今虽东归，而阿罗出人马尚在河套潜住。闻虏中来降达子言：阿罗出纠众欲来抢掠。有开原王者，本是汉人，欲来投顺，互相猜忌。缘此虏与开原王、斡失帖木儿素为仇隙。今潜伏河套者，外惧仇敌，恃黄河以为险阻，内怀寇窃，借河套以为巢穴。又纠集孛罗乃王穷寇，相为声势。正门庭之寇，若非大挫其势，必不肯轻退。"

阿罗出在成化五年冬纠集兀良哈寇犯延庆的事，见于叶氏的《四夷考》（卷六）和《明史·鞑靼传》等。关于开元王把哈孛罗，也见于《实录》成化七年九月丁亥条。这里所说："又纠集孛罗乃王穷寇，相为声势"，和前述同年十一月甲午条总兵官朱永所奏"虏酋阿罗出潜据河套，出没边境。近孛罗又率穷寇，作筏渡河，并而为一，贼势愈众"所指必定是一件事。看来，阿罗出和三卫发生关系，恐怕是孛来以来的事，因而这里也出现了像朵颜卫都督朵罗干、脱火赤父子等类的伙伴。阿罗出此后还暂时占据河套，帮助孛罗忽太子，大肆活跃，这在前述明人的记载里很显著。从这种关系，即阿罗出协助孛罗忽征伐毛里孩的关系来看，我认为《源流》里的博勒呼济农的岳父、征伐摩里海王的鄂罗郭特的乌讷博罗特王的父亲巴图尔锡古苏特、又名 Oroju，一定就是这个阿罗出。因为从另一方面来说，《明史》里的著名大酋，不会不出现在《源流》里，而打倒阿罗出小石取而代之的就是下述的伯革赞太师，即乜加思兰太师。

丙　乜加思兰太师

达贼乜加思兰从《实录》天顺三年春正月丁未条出现，说是当时驻在哈密西方，往来使臣颇为所苦。成化初年，渐渐来到明边，成为虏中的重要人物。所有经过情形，下引乩加思兰小传里记述最详。《实录》成化十五年五月庚午条载这时太师乩加思兰被族弟亦思马因杀害，说：

> "乩加思兰，虏酋之桀黠者。有智术，喜用兵。其初，部下三、四百人，在迤西土鲁番地面，往来抢掠，西域贡使多苦之。天顺间，遣使赍敕书，赏赐招抚，乃移其哈密城外巴儿思渴地方住扎。自是渐犯边。成化初，入黄河套，与孛鲁（罗）忽、满都鲁、猛可、斡罗出等相会。榆林边患从此起。既而同孛鲁忽将猛可并其头目，杀死斡罗出，觉而避之。乩加思兰乃与众商议，欲立孛鲁忽太子为可汗，而以己女妻之。因立己为太师。孛鲁忽不敢当，让其叔满都鲁。乩加思兰乃以女妻满都鲁，而立为可汗，己为太师。有众数万。由是调度进止，惟其所命。居数年，满都鲁部下大头目脱罗干等不分（忿），与亦思马因谋杀之。遂立亦思马因为太师。亦思马因者，其父毛那孩曾为太师，故众心归之也。"①

哈密城外的巴儿思渴是 Bars-Rul 的音译，即今镇西（巴里坤 Barkul）。② 现在暂把这些西边问题略去。这里所说"成化初，入黄河套"的"成化初"，其实不是指成化一二年，似乎是五六年间的事。这从乩加思兰在成化初年似乎还没有离开哈密附近便可了解，③由此可见从他实际东迁当在毛里孩时期以后，他和毛里孩之间已没

---

① 《明实录》影印学图书馆传抄本、第百七十四册，成化实录卷百九十、第 5 页。"乃移其哈密城外"，影印本作"乃移近哈密城外"。又"乃以女妻满都鲁"作"乃以己女妻满都鲁"。——译者

② 参看和田清《乜克力考》（《桑原博士还历纪念东洋史论丛》第 339 页）。

③ 《实录》天顺八年六月乙未条说："给哈密大小麦种子一百石。时，哈密忠顺王母累奏，为乩加思兰所侵，禾苗无种，乞赐赈济。故给之。"成化元年冬十月丙戌条再论哈密事，说："近年为乩加思兰残破其国，人民溃散，无所栖止。云云。"又，二年闰三月己亥条说："兵部奏：哈密地方被北虏乩加思兰侵掠，忠顺王母率部属避居赤斤苦峪。今北虏已退，宜敕王母复还哈密旧地，以抚其众，以卫边塞。诏可。"哈密此后不久所以被西邻土鲁番吞并了，也是积衰所致。

有深密的交往也可得知。因此，《实录》成化十三年九月庚午条载兵部右侍郎马文升等议，说："乩加思兰旧居土鲁番迤西，成化六年始入黄河套，与阿罗出各相雄长。"肯定不会错。乩加思兰的东迁，可能是趁毛里孩衰颓的机会。

新迁来的乩加思兰曾暂时和孛鲁忽、斡罗出等合作，但不久就勾结孛鲁忽的大将猛可把原先驻在这里的阿罗出赶了出去。事情发生在成化七八年间。《实录》成化七年冬十月己巳朔条载凉州副总兵赵英的奏言，说：

> "虏酋乩加思兰等拥众久居河套，冰冻之时，必渡河而西。河之外，阿罗出等余孽尚众，必先由凉州入寇。"

过了二十多天，同月丁酉（二十九日）条引延绥总兵许宁奏报说："今乩加思兰等又收并阿罗出部下残寇，岂肯安处。"这就是它的征兆。又如下述八年各条，记述得更为明显。即成化八年春正月癸卯条载当时巡抚陕西的马文升奏报，说：

> "虏酋乩加思兰纠合阿罗出部落，渡河犯边，已及岁余。今虽互相仇杀，分为二路，而乩加思兰方驻花马池定边营外。"

成化八年十一月辛丑条载宁夏总兵官范瑾的奏报，说："比闻虏酋乩加思兰外畏阿罗出仇杀，内惧我兵攻剿，待河冰一合，欲西走甘凉。云云。"又同年十二月丙子条载：

> "比者传闻：孛罗忽为小石所杀，乩加思兰顺河亡走。倘此虏渡河而西，越至镇番，则甘凉必有侵轶之患。"

花马池定边营在河套西南，今陕甘二省边境附近。镇番当在甘肃凉州（武威）北面。但孛罗忽这时候被小石即阿罗出少师杀死却是虚报，实际是阿罗出被孛罗忽、乩加思兰等赶走了。

于是乩加思兰逐渐掌握了河套实权，不久，成化十年、十一年间，拥戴满都鲁即满都古勒做可汗，自己做了太师，前面已经说过。据上引小传说，这时先想立孛鲁忽（孛罗忽）太子，因不听才拥立他的大叔满都鲁。《实录》里是先出现孛罗忽，后来才出现满都鲁。从前述事实，应该肯定这种说法。《源流》则说先立满都古勒，后来才发现博勒呼济农（即孛罗忽太子），恐怕这里有误传。没有得到拥立的孛罗忽必定是因为有某种特殊情形，不久，就被满都鲁、乩加思兰赶跑了。这事虽不见于上述小传，但《实录》成化十二年冬十月戊戌条记载被虏逃回者的传报说：

> "时有被虏还报者，北虏仇杀，及欲遣人入贡。又云：满都鲁与乩加思兰杀孛罗忽及满都知院、猛可等三人。前后事情不同。"

这个传报正像《实录》也怀疑那样，并不确实。实际上，当时孛罗忽只是被赶走，并没有被杀死。这事容当后述，但按《蒙古源流》所传，也可了解。《源流》（卷五）继上引文句之后，叙述满都古勒汗听信谗言，驱逐了博勒呼济农。这段文字是《源流》里罕见的明快文字，现不厌其烦，摘录于下：

> "满都古勒汗有福晋二人，大福晋乃卫喇特之伯格呼逊（Bekerisün）台吉之女，称伊克哈巴尔图铿金（Yeke Khabartu Jüngshin），小福晋乃恩衮（Engküd）绰罗克拜特穆尔（Chorok-bai Temür）丞相之女，称满都海彻辰（Mandughai Sechen）福晋。乃博勒呼济农之哈里古沁（Khalighochin）鸿郭赉（Khongkholai）向满都古勒汗谗间以汗弟博勒呼济农欲加恶于汗，以取伊克哈巴尔图铿金。汗不信，云：博勒呼济农断不出此恶言，似尔如此谗间我兄弟之人，须惩治之。遂削鸿郭赉之唇而杀之。迨后，永谢布（Yüngshiyebü）之伊斯满（Isama）太师奏汗，以鸿郭赉之言本真，乃无罪就戮，实属可悯。又赴济农，告以尔兄汗已信鸿郭赉前言，欲加恶于尔。济农不信。又云：尔如不信，试汝之人将来矣。遂出。汗前后闻是言，遂以为实。遣使二人往见之，曰：尔因何与我如此结仇，或曾告

我以鸿郭赍言为实。汗使言毕。济农以为遣人探我,果如人言,遂怒,不出一语。使人回告济农发怒,并无回言。汗以为实。怒云:今我除博罗克沁(Borokchin)伊锡克(Ishige)二女外,并无子嗣,将来我之仆从人众,皆为彼有。今不速发,尚何待耶。遂遣伊斯满太师,率众往擒济农,逃避未获,遂掠其产。其锡吉尔福晋,永谢布之伊斯满太师占为妻。"

关于这事,《黄金史》所传也大略相同。[1] 明人的记载里没不见谗人鸿郭赍这个人,但所说永谢布的伊斯满太师,由后述事实可以知道就是上述乩加思兰小传里的亦思马因,而卫喇特的伯格呼逊台吉,恐怕就是那个乩加思兰太师。因为满都鲁可汗的正妻是乩加思兰之女。而满都古勒汗的大福晋则正是伯格呼逊之女。乩加思兰原来起自土鲁番迤西,本是大房的别种,因而认为出身于卫喇特却是顺理成章。况且像乩加思兰这样的大酋,不会不见于《蒙古源流》,只要别无可以看作是他的人,当然只好认定是伯格呼逊。乩加思兰(Pê-kia-ssǔ-lan)可能是伯格呼逊(Be-ke-ri-sün)的语音颠倒。[2]

想到这里,还有一个问题,那就是《实录》天顺四年春正月己丑条里的如下记述:

"赐伯阿儿思兰王罟罛珠冠并衣服大锅等物,从其奏请也。"

说是"从其奏请也",但伯阿儿思兰这个名字前后从未见到,也没有看到这时有来朝通贡的事。罟罛珠冠是蒙古特有的头饰,因而可知他是蒙古酋长。按明朝定例,对东边的蒙古酋长是不给罟罛的,[3]因此可知他必定是当时受到比较优待的西域沿边的北虏别

---

[1] 《成吉思汗传》第97—99页。
[2] 乩字读音不详,但从音符从自(Pai,po)看来,可能接近 be 音。加字现读 chia,但古音近乎 kia,因而适于注作 ke。risun 变成 sulan 这种音序颠倒的例证无需列举。
[3] 关于罟罛,白鸟博士已有研究。本书237页注①。

部。这里所说的天顺四年是前一年乩加思兰的名字初次出现,因威胁西域孔道而受招抚的那一年。综合这些情形看来,阿儿思兰(Arslan)这个词本身似乎别有意义,其实伯阿儿思兰是一个词,即乩加思兰的异译。[①] 又前述《实录》成化六年五月乙酉条里,和孛罗乃同时出现的伯革赞太师,看来也不外是乩加思兰太师。因为伯革赞太师这个名字不仅音声类似,而且除此以外也没有可以设想的类似的酋名了。[②]

再回到本文来。上引《源流》接着叙述满都古勒汗的结局,《明实录》也传叙了这个事实。成化十四年秋七月辛酉条传叙当时引起满都鲁和乩加思兰两人之间的纠纷。说:"今传闻二酋有衅,固为中国之利。"不久,十五年五月庚午条说:"福余卫都指挥扭歹等奏报:迤北乩加思兰为其族弟亦思马因所杀。"继之叙述前引的乩加思兰小传。又同年秋七月庚辰条也说:"朵颜、福余、泰宁三卫虏酋各奏报:迤北满都鲁、乩加思兰已死。云云。"只是这些还很难得要领。郑晓的《吾学编》的记述,稍微传出了他们纠纷的内情。该书《皇明北虏考》成化十三年的一条记述如下:

> "当是时,虏中相猜。乩加思兰以女妻满鲁都,欲代满鲁都为可汗,恐众不己服,又欲杀满鲁都,而立斡赤来为可汗。满鲁都知之。索斡赤来,乩加思兰匿不与,遂相仇杀。十五年,满鲁都杀乩加思兰,并其众。"

叶向高的《四夷考》(卷六)的《北虏考》和何乔远的《名山藏》(王享记)的《鞑靼传》的记载,完全沿袭了这种说法,只改动了最后一句,说:"乩加思兰匿不与,攻逐满鲁都,并有孛罗忽之众。"还加上"满

[①] 阿儿思兰(Arslan)是突厥语狮子的意思,见于畏兀儿各国的王号中。伯阿儿思兰可以看作Bekerisün的译音,因为阿音一加强,就会接近 ga 音。如果是乩加思兰被称作伯阿儿思兰王而受到优待,那么岂不可以想象他出身当时的威力?

[②] 如果是这样,即便认为乩加思兰进入河套是在成化六年,而他的东迁以及和孛罗乃等的聚会,就必须看作是在这略稍以前。

鲁都部酋脱罗干、亦思马因复攻杀孔加思兰。亦思马因称太师。"
可能是根据上述孔加思兰小传之类加以订正的。

现在看来,满鲁都当然是满都鲁的倒误;①斡赤来也必定是斡
赤来的讹误。类似斡赤来的还曾出现在《实录》成化二十年九月壬
子条里,说:"有自虏中逸归者云:小王子并阿出来等议,欲近边钞
略。云云。"《皇明经世文编》(卷五十八)所载余子俊《处置边务等
事》一文里说:

> "虏酋孛忽始则与阿罗出等,同入河套,侵扰边方。次则
> 阿罗出勾引孔加思兰,聚众为患。后,阿罗出被自孔加思兰杀
> 散遁去,今孛忽又引毛里孩男阿扯来党众抢掠。前后四年,虽
> 累被官军追杀,终不退去。"

如果真是这样,那么斡赤来(A-ch'ih-lai)、阿出来(A-ch'u-lai)都是
已故毛里孩的儿子阿扯来(A-ch'eh-lai),也就是前述毛里孩之子
火赤儿(Huo-ch'ih-êrh)。这个奏疏是当时兵部尚书余子俊陈述当
前虏情的报告,②可见以前一度跑到西方的毛里孩之子火赤儿又在
这里活跃起来,孛忽即孛罗忽,他也没有灭亡而仍在奋斗。

试仅以这点材料来考察上述郑、叶两人的叙述。出身西域的
孔加思兰所以打算捆立斡赤来,想是因为赶走了孛罗忽、杀死了满
都鲁以后,除了毛里孩王的遗子斡赤来以外,就再也没有正统世系
的人了。而且斗争的结果,并不是像郑氏所说的,满都鲁杀死孔加
思兰而并其众,而是像叶氏所说的:孔加思兰攻逐满都鲁,并有了
孛罗忽之众。因为如果是满都鲁战胜而杀死了孔加思兰,那么后

---

① 满都鲁无疑就是《源流》里的满都古勒(Mandaghol,发音应该像 Mandôl),因此,当然应该写作满都
鲁。而明人的记载里,除《实录》(和《抚安东夷记》)等一二例以外,几乎全都写作满都鲁。尤其参
考了《实录》的《明史稿》《明史》竟也都写作满鲁都,真是太不像话了。

② 此疏是什么时候的奏疏不详,但这是和右都御史王越及镇守总兵官等会议的结果。右都御史王越
辞去延绥三边总制还都,是在成化十年;余子俊做兵部尚书是成化十三年十月到十七年正月间的
事。因此,这正是在这个时期。

来就不可能有满都鲁部下的大酋脱罗干、亦思马因等杀死乩加思兰取而代之的道理了。正因为是乩加思兰战胜，驱逐了满都鲁，斡赤来后来才能保持安全。而且骚乱的结果，满都鲁和乩加思兰都相继死了，整个变乱就像走马灯似地在极其短促之间就结束了。这就是对于这次急遽的变化产生了许多误传的原因之一。

前引乩加思兰传的末尾，仿佛真的似地叙述这次骚乱的结果说：

"遂立亦思马因为太师。亦思马因者，其父毛那孩曾为太师，故众心归之也。"

这恐怕也是个误会。因为毛那孩太师就是毛里孩太师，他是东蒙古的著名部族翁牛特部的部长。而在前引《实录》成化十五年五月庚午条里，曾明确说亦思马因是乩加思兰的族弟；《蒙古源流》里写作永谢布部的伊斯满太师，从这个名字来说，①也无疑是西陲地方出身的人。这两个人怎么会有父子关系呢？我想这确是和前述斡赤来混淆了的错误，误听斡赤来因是毛里孩王的儿子而将被拥戴，后来便附会成自以为是乩加思兰的族弟而做了太师的亦思马因了。由此也可以肯定斡赤来就是毛里孩的遗子的说法。

总之，满都鲁汗和乩加思兰太师都死了。《蒙古源流》（卷五）说：满都古勒汗治世"自癸未（天顺七年、1463）至丁亥（成化三年、1467），在位五年，年四十二岁殁。"这当然并非事实。满都鲁汗的统治实际是自成化十一年（1475）前后到十五年（1479），约五年间，这由上述可以明确。所谓年四十二岁，当然也不可靠。关于博勒呼济农，从满都古勒汗即位之初就已经出现，"岁次庚寅（成化六年、1470），年三十一岁"为永谢布人所杀。仅就明人的记载说，孛罗忽太子这个名字，至少在成化六七年（如果和孛罗乃是一个人的话，就是从天顺七年六月）到成化十四五年间，就已显露头角。《源

---

① 亦思马因在蒙古传记里是 Isama，然从中文译文的字面看，显然是 Ismail 的译音。像这样转译外国名称，在蒙古方面常常是不正确的，《源流》里这种例子很多。

流》的纪年本来是错的，这里似乎依次搞错，只是博勒呼济农之死比满都古勒汗之死还迟三年上下，或许是事实。

满都鲁和乩加思兰亡后，代之而起的亦思马因和脱罗干等便拥立孛鲁忽太子的遗儿做小王子，称雄一时。其间和三卫不断保持了关系。如前所述，起初，阿罗出和三卫的联系最密切，但满都鲁和乩加思兰等在巩固他们在西方的地位的同时，并没有忘记经略东方。《实录》成化十年秋七月癸亥条载抚宁侯朱永的奏报，就叙述了当时孛罗忽、乩加思兰出河套而东去，边警似乎稍缓，其实辽东方面需要警戒等。十一年秋七月庚申条载辽东总兵官欧信等奏报朵颜三卫请开马市事，兵部对此议复说：

> "此虏（三卫）为北虏满都鲁所驱，离彼巢穴，潜避近边，故欲求市易，以济其急。宜令信等谕以不可，且俾还故地。"

又，冬十月己卯条载给英国公张懋等的敕谕也像前述那样，说：

> "近闻北虏满都鲁潜立名号，吞并别部，驱散朵颜三卫。设或被其逼从，为之向导，遗患非小。"

满都鲁和乩加思兰正是在这时候经营三卫。而十二年夏四月庚辰条载兵科都给事中章镒等上言中，早已说过：

> "若乩加思兰，始而侵犯河套，既而退处沙漠，合满都鲁之众，攻破朵颜等卫。及朵颜请和，又还其所掠。慑之以威，而结之以恩，所志非小。若朵颜为彼向导，一旦突入内寇，将何以御之。"

同年秋七月癸亥条载太子少保吏部尚书商辂等的话，说："辽东并山海关一带，密迩京师，往年朵颜三卫为我篱藩，今俱被满都鲁等服属，倘为彼向导，犯我边陲，则京师不得安枕。"可见他已经完成了他的经略。《李朝实录》成宗七年（成化十二年）八月丙申条说"三卫达子近被北虏抢杀，备极艰窘。云云"想必指的是这件事。

于是，穷蹙的三卫，就在这年冬十月，要求开广宁马市。明朝怀疑它的诚意拒绝了。又，十三年秋七月甲戌条说：三卫夷人受北虏压迫，扣边逃避。到同年九月庚午，三卫夷人突然远扬。《实录》载镇守辽东太监叶达等的奏报说："朵颜三卫虏骑远去，恐从西北大虏为患"，对此曾颇加警戒。其实可能是虏中发生了内讧，结果缓和了对三卫的压迫。因此，十四年秋七月辛酉条载兵部尚书余子俊的奏报里还有"今朵颜三卫从之（满都鲁、乩加思兰）者半"的话，但第二年夏秋间，欣然传来满都鲁、乩加思兰的讣报的，如前所述，都是三卫的酋长们。《实录》成化十五年七月庚辰条载：

> "朵颜、福余、泰宁三卫虏酋各奏报：逈北满都鲁、乩加思兰已死。且请从便途入贡，并求开市。兵部言：三卫意在邀功希恩，宜令辽东守臣，即在边犒赏，仍谕以朝廷恩威，俾坚归附之心。诏从之。"

然而，代满都鲁、乩加思兰而起的亦思马因、脱罗干等，不久似乎也想制驭三卫。《实录》成化十六年九月乙未条频传谍报说："虏酋近边，追寻朵颜三卫，而三卫人马亦于近境潜住。"同年十月壬申条载：

> "朵颜卫入贡夷人歹都报：北虏亦思马因领众，东略泰宁、福余二卫。又云：虏酋脱罗干行营，去大同猫儿庄约远五程。兵部遂言：泰宁、福余二卫常贡不以时至，必有其故。亦思马因虽守臣报谓已向西北。以此报度之，必与脱罗干相合，宜通行东北二边守臣，画谋防御。报可。"

成化十八年六月己亥条也载有北虏和三卫仇杀的警报。同年闰八月乙未条载朵颜卫夷人的报告说："北虏亦思马因与三卫阿儿乞蛮等，彼此劫夺，既而互相媾和，欲至我边抄掠。"阿儿乞蛮是今喀喇沁部的远祖，是当时最强的朵颜卫都督。看来亦思马因等经略之手，前一年屈服了泰宁、福余之后，今年又伸到朵颜了。这种经略如何影响了三卫的命运是应该另行详细论述的问题。

亦思马因太师这样极为专横，但终于被俊杰的小王子打败了，全族散亡,他的幼稚被三卫掳去,卖给了海西女真做奴隶。我想三卫当时是伙同小王子而夹攻了横暴的亦思马因的。《实录》成化十九年五月壬寅条所载:

> "虏酋亦思马因为迤北小王子败走,所遗幼稚,朵颜三卫携往海西易军器,道经辽东。"

足以证明。这个小王子就是著名的达延汗,明人的记载里也以歹颜哈(答言哈)著称。从元朝灭亡以后,蒙古可汗到这时才获得了独立自主的地位,可以自由活动了。不过,这事还要另行论述。

这里概括以上繁杂的论述,试制阿寨台吉以后蒙古帝室世系表如下。数字按前篇以后的汗位顺序,称号用蒙古所传,明人的称谓放在括弧里。①

补　记

这篇论文写完的时候,著者还不知道有《蒙古世系谱》这样一本书,因此,在本篇里,除不得已处按《蒙古世系谱》改正外,其余都只添补在脚注里。又《黄金史》也还没有译本,本篇只引用了故出村良一试译的稿本。现在理应改正,但暂保存原样不动。

昭和三十三年八月补记

---

① 脱脱不花王也称不花王,见于原书第 377 页所引叶氏《四夷考》。《吾学编》称作普花可汗。《吾学编》等书里还见有瘤太子的称号,这是否就是博勒呼济农,还须另有论述。这个表只采用了它的结论。

哈尔古楚克鸿台吉 ————————— 阿寨台吉 ——
(Kharghochok)　　　　　　　　　　　(Ajai)
哈尔古察克都楞忒睦尔欢台吉　　　　阿斋

9 岱总汗 —— 宣德八年————景泰二年 —— **11** 摩伦汗 —— 成化元年————二年？
　　　　　　1433—1451　　　　　　　　　　　　　　1465—1466？

(Taisong)　　　　　　　　　　　　　(Molon)
太松汗　　　　　　　　　　　　　　(脱思、脱谷思太子、帖古思太子)
(脱脱不花王、
脱脱、不花王、　　　　　　———— (也先猛可王子)
普化可汗等)
　　　　　　　　　　　　　　　10 乌珂克图汗 —— 景泰五年————成化元年
　　　　　　　　　　　　　　　　　　　　　　　　1454—1465

　　　　　　　　　　　　　　　(Ükektü)
　　　　　　　　　　　　　　　蒙古勒克哷青吉思(Makhagurkis)墨
　　　　　　　　　　　　　　　尔古尔格思汗
　　　　　　　　　　　　　　　(小王子、马可古儿吉思王子、麻儿可
　　　　　　　　　　　　　　　儿、麻马儿可儿吉思、马儿苦儿吉思等)

—— 阿噶巴尔济济农 —— 哈尔固楚克台吉 —— 博勒呼济农 ——
　　(Akbarji)　　　　　(Kharghochok)　　　(Bolkho)
　　阿巴喀尔津　　　　　哈尔古察克　　　　　巴颜孟克、巴延蒙克
　　(阿八丁王)　　　　　　　　　　　　　　　(Bayan Möngke)
　　　　　　　　　　　　　　　　　　　　　(字罗、字忽、字罗忽太
　　　　　　　　　　　　　　　　　　　　　子、瘤太子等)

—— **12** 满都古勒汗 —— 成化十一年————十五年 —— 博罗克沁公主
　　　　　　　　　　　1475—1479　　　　　　　　(Borokchin)
　　(Mandaghol)　　　　　　　　　　　　　　　博罗克亲
　　满都古尔
　　(满都鲁、满鲁都)　　　　　　　　　　———— 伊锡克公主(Ishige)
　　　　　　　　　　　　　　　　　　　　　　　厄式格

—— **13** 达延汗(Dayan)
　　巴图孟克大衍汗
　　(把秃猛可歹颜哈)

五、论达延汗

1.达延汗的年代

蒙古达延汗(Dayan Khan)出现在明代中叶。他统一了蒙古，并把它分封给了他的子孙。后来，内外蒙古各王公所以能以成吉思汗(Chinggis Khan)的裔孙而自豪，都因为他们是这个达延汗的子孙。蒙古各王公引以为荣的，第一是太祖铁木真(Temüjin)成吉思汗；第二是世祖忽必烈(Khubilai)薛禅汗(Sechen Khan)；第三则是烈祖①巴图蒙克(Batu Möngke)达延汗。达延汗就是这样重要的人物。然而，这个达延汗的时代和事迹却模模糊糊，根本不清楚。

现在有必要把达延汗的事迹弄明确。

关于明代蒙古，本来在明人记录里一再出现，但全属片段，根本不得要领。蒙古方面的记录虽然很不完全，但总算前后贯穿着一个脉络，关于王公的世系、事迹等，能得到个要领。所谓蒙古方面所传的记录，第一是著者不详的《阿勒坦·脱卜赤》(Altan Tob-chi)(《蒙古黄金史》)；②第二是萨囊彻辰(Sanang Sechen)的关于

---

① 所谓烈祖，依据后引《汉译蒙古源流》。江(实)译《蒙古源流》也作烈祖。德译本在这些地方都译作"Elder Grossvater"(Sain ebüge)。和太祖、世祖并称烈祖，恐怕不正确。

② 《阿勒坦·脱卜赤》(《蒙古黄金史》)是涉及明代蒙古最早的史书，著者不详，且脱误随处皆是，颇难通读。原作有几种版本，现在日译本有藤冈胜二博士译的《喀喇沁本蒙古源流》〔昭和十五年(1940)，文求堂出版〕和小林高四郎博士译的《蒙古黄金史》〔昭和十六年(1941)，生活社出版〕和鲍登(C.R.Bawden)集大成的英译本《蒙古编年史——阿勒坦·脱卜赤》(威士巴顿，1955)互有补充。原书多引用《蒙古黄金史》。

《蒙古汗等起源》(《蒙古源流》);①第三是罗密(Lomi)所著《蒙古孛儿济锦家族的历史》(《蒙古世系谱》);②第四是齐格墨纳木喀('Jigs-med nam-mk'a')的《蒙古佛教史》(《蒙古喇嘛教史》);③以及《钦定蒙古王公表传》④等。其中《蒙古源流》最缜密详尽,最得要领。然此书关于年代等误谬错乱之处很多,根本不能完全凭信。因此,如果不纠正那些年代的讹误,就无从进行论述。别的事姑且不谈,先来探索一下达延汗的年代问题。例如,据《汉译蒙古源流》卷五、六,大意是:

> 达延汗系博勒呼济农(Bolkho Jinong)与锡吉尔福晋(Shiker Khatun)之子,号巴图蒙克(Batu Möngke),甲申年生。其后丁卯(实是丁亥之误)年,上代可汗满都古勒(Manda-

① 萨囊彻辰是鄂尔多斯蒙古王公,他参照《黄金史》等七种史料,写成一书,名为《蒙古源流》。书成于康熙元年(1662),后经百余年,到乾隆四十二年(1777),清高宗命史臣翻译此书,收入四库全书中。这就是《汉译蒙古源流》八卷。这个汉译本显然是从满文译出的,日本江实又从满文忠实地译成日文,对原文,加以详细研究和索引出版〔昭和十五年(1940),弘文堂出版〕,在这以前早有蒙文原本传到俄国,经施密特(I.J.Schmidt)苦心翻译,于1829年,以蒙文原文和德文译文对照并附注释出版,书名叫《Geschichte der Ost Mongolen und ihres Fürstenhause》这个德译本中有不少不见于汉译本的优点。原书也参照了这个译本。又《汉译蒙古源流》有经沈曾植研究、张尔田增补出版的《蒙古源流笺证》,这个《笺证》本也有可资参考的地方,原书也参照了此书。
② 《蒙古世系谱》是由清宗室盛昱译成汉文的,内容简约、明了,有近似《蒙古源流》之处,尤其近似《黄金史》的地方很多,但前二者年代记得不厌其烦,而《世系谱》里完全不记年代。很久只有钞本,近来始有附了张尔田跋文的刊本行世。最近得知清员外郎(Aisilakū hafan)罗密(Lomi),达延汗之孙喀喇沁的巴雅斯噶勒岱青(Bayaskhal Daiching)的八世孙,于雍正十年(1732)所著《Mongghol Borjigid oboghun teüke》(Geschichte des mongolischen Clans Bodzigid)确是这个《蒙古世系谱》的原本,由海希格(Walter Heissig)和鲍登(C.R.Bawden)把它同《蒙古世系谱》照相版同时刊行。书名叫《Göttinger Asiatische Forschungen Band 9》1957年。
③ 齐格墨纳木喀的《蒙古佛教史》是1819年根据《蒙古源流》写成,1892年由德国乔治·胡特(Georg Huth)译成德文,题为《Geschichte des Buddhismus in der Mongolei》出版,另由日本桥本光宝译成日文〔昭和十五年(1940),生活社出版〕,原书只利用了桥本的日译本。
④ 《钦定蒙古回部王公表传》是清乾嘉之际命各王公所写的汇集。因此,内容以清代为主,有时偶尔提到明代,本书仅是根据《国朝耆献类征》卷首所收传本写的。
　　又,蒙古文中还有乾隆时写成的 Rasipungsug 的博罗尔额哩克(Bolor erike),汉文的有清祁韵士的《皇朝藩部要略》十八卷,附表四卷;张穆的《蒙古游牧记》十六卷等,这里从略。《黄金史》有人说是 Blo-bzang Bstan'jin 所著。

ghul)汗死,其寡妇满都海彻辰福晋(Mandughai Sechen Kha-tun)求元室遗裔。庚寅年,与巴图蒙克结婚。因欲占据达延国,称巴图蒙克为达延汗。时,福晋三十三岁,汗年仅七岁,其后曾赫赫治世达七十四年。岁次癸卯,年八十岁殁。

试推测一下这些年代。甲申年是明英宗天顺八年(1464);丁亥年是宪宗成化三年(1467);庚寅年是成化六年(1470);岁次癸卯是世宗嘉靖二十二年(1543)。这是由满文转译的《汉译蒙古源流》的说法。据由蒙古文转译的施密特德译本《蒙古源流》,达延汗的生年就推迟了两年,他生在丙戌(成化二年,1466),(满都古勒汗殁年仍是丁亥),结婚是庚寅,年五岁,满都海福晋当时年二十三岁。因此,汗的殁年岁次癸卯,年七十八岁。无论按那种说法,都只相差二年,问题不大。问题却是和明人记载有很大矛盾。

前曾谈过,[①]只按明人记载看来,满都鲁即满都古勒的名字,是从成化九年(1473)五月出现的,他在汗位至少在成化十一年到十五年的五年间。成化三年丁亥,是满都古勒的上代小王子(麻伦汗)被弑的第二年,当时正是毛里孩(Molikhai)、阿罗出(Oroju)猖狂的时期,满都古勒的名字还没有显露头角。可能经过九年的空位,满都古勒才在成化十一年即汗位,在位到成化十五年上半年。据《明实录》载:满都鲁的下一代小王子(达延汗)的出现,是从成化十七年(1481)五月开始。怎能说是成化六年庚寅即位的呢?这一点显然是《蒙古源流》纪年的错误。

我想《源流》所说"满都古勒汗自癸未至丁亥,在位五年,年四十二岁殁"是按蒙古习惯,当初只记十二支,后来加上十干时把年代弄错了,其实应该或许是要推迟一轮的乙未至己亥。也就是成化十一年(1475)到十五年(1479)的五年间。这样就正和明人的记

---

① 和田清《兀良哈三卫的研究》(《满鲜地理历史研究报告》第十三册,第434—436页)或原书第396页。

录相符。如果是这样，那么达延汗即位必定是在下一个寅年，即壬寅，也就是成化十八年（1481）。说是正当壮年的满都海福晋和年仅七岁的达延汗结了婚，因而达延汗的生年就必须是成化十二年丙申（1478），这样就和前后的事实，尤其是达延汗的子孙们的年代都不符合了。这种说法必定是误传，达延汗的生年还应该是天顺八年甲申（1464），这时年十九岁。

不仅是生年。所说岁次癸卯、嘉靖二十二年，达延汗殁的说法，也不确实。据明人记录，在这十几年以前，蒙古的霸权毫无疑问就已经转到别酋吉囊、俺答等手中了。吉囊和俺答都是达延汗的嫡孙，但都不是汗位的继承人。何以竟能这样跋扈呢？早已察觉到这种情形的《蒙古史》编者霍渥尔特（Howorth）论述如下：

"萨囊彻辰（《蒙古源流》著者）把达延汗的卒年放在1543年（即嘉靖二十二年），这和杜迈拉（De Mailla）的书中散见的记载似乎很难一致。在这以前，俺答（Anda）吉囊（Kisiang）和其他蒙古酋长，早就独自行动起来了。早在1528年（即嘉靖七年），他们就不服从小王子而成为强悍者。这只能从假定达延汗晚年已失去驾驭右翼万户的说法，才能得到解释。"[①]

Anda 就是明人记录里的俺答（Altan），Kisiang 就是吉囊（Jinong）。杜迈拉不知根据什么说：嘉靖七年，"他们早已成为不服从小王子的强悍者"，但试看类似的例子。据明《世宗实录》嘉靖六年（1527）八月庚戌条载：

"套虏数万踏冰过河，声言大入。提督尚书王宪、督总兵郑卿、杭雄、赵瑛等，分据要害，屯兵以御之。令督指挥卜云伏兵，先断其归路。无何，虏从石臼墩入，卿等与战，败之。虏退走，至青羊岭，云等复发，又大败之。凡斩首三百余级，获胡马

---

① 霍渥尔特（H. H. Howorth）《蒙古史》卷一，第375页。

器械无算。捷闻,上嘉宪等功,赐敕奖励。"

而《明史》(卷一九九)《王宪传》里,"套虏数万"成"吉囊数万骑",又(卷一七四)《杭雄传》也作"吉囊大入,总督王宪檄雄等破之"。又(卷二一一)《周尚文传》记载嘉靖九年(1530)以前,吉囊数次踏冰入侵,说:

> "吉囊数踏冰入。尚文筑墙百二十里,浇以水,冰滑不可上。冰泮则令力士持长竿铁钩,钩杀渡者。九年,擢署都督佥事,充宁夏总兵官。"

《实录》也载,嘉靖八年间,套虏频犯宁夏边界。三月甲辰条载:"初,虏贼拥众数万人河套,乘冰渡河,犯宁夏。总兵官杭雄迎敌,为虏所败,亡失甚多。守臣以闻。云云。"十月壬午条中详述调查这次败迹的经过。于是,罢杭雄宁夏总兵官,以赵瑛继任。周尚文做宁夏总兵官当更在赵瑛之后。由此可以推测当时吉囊、俺答等该是多么猖狂。

清谷应泰的《明史纪事本末》(卷六十《俺答封贡》)里,简略记述这事如下:

> "世宗嘉靖八年冬十月,吉囊、俺答寇榆林、守夏塞。总督王琼率兵御却之。初,小王子有三子,长阿尔伦,次阿著,次满官嗔。阿尔伦既死二子皆幼。阿著称小王子,未几死。众立阿尔伦子卜赤。而阿著子二曰吉囊,曰俺答,强甚。小王子虽称君长,不相总摄也。"①

所称吉囊,当然是达延汗之孙衮必里克墨尔根济农(Gün Bilik Mergen Jinong)的别名,也就是他所拥有蒙古最高爵名"济农"的异译。衮必里克之父、达延汗的第三子巴尔斯博罗特(Bars Bolod),授任为右翼三万户的济农以后,他的家族就世袭了这个爵

---

① 《明史纪事本末》广雅书局光绪十四年重刊本、卷六十、第1页,"不相总摄也"广雅本作"不相统摄也"。——译者

名。但巴尔斯博罗特济农,明人仅知他的另一个名字叫赛那剌〔赛音阿拉克(Sain Alak)的讹转〕,衮必里克的嫡嗣诺延达喇(Noyan-dara)济农又以另一译字吉能闻于世。明人必定要把各代的济农区别开来称呼,所以吉囊必定就是衮必里克,这样看来大致无误。本来,济农的名字是在岁次己未(1439?)岱总汗即汗位,以其弟为济农时才开始出现。据《源流》的德译者施密特(Schmidt)说:所谓济农(Dschin-Ong)原是由汉语亲王(Tsin Wong)讹转的爵名,蒙古专门拿来称作统帅一方的副王,授予可汗诸弟或次子以下各子。①俺答是吉囊的弟弟阿勒坦(Altan)的另一译名。

吉囊的名字,在《实录》嘉靖十二年(1533)二月侵掠河西时才出现,《明史》的《本记》、《鞑靼传》等里,也在这一年以后一再出现。《实录》嘉靖十五年(1536)十二月条载巡抚甘肃右金都御史赵载上言,说"套虏吉囊屡犯边境,且有并吞小王子之心,其为边患不细,云云。"由此不难推测当时达延汗即小王子还活着。

据《蒙古喇嘛教史》在叙述达延汗毕生事迹以后说:"达延可汗年七十四岁即位,年八十岁癸卯年(1543)崩。"这当然是在位七十四年之误。据《蒙古黄金史》说:"达延汗四十四岁崩",②这又过于短促,并且和他的儿子们的生年也不合,恐怕是在位四十四年之误。从成化十八年(1482)往下数四十四年,应该是嘉靖四年(1525),可能略微合适。因此,《黄金史》所说"四十四岁崩",应该理解是在位四十四年的意思。

关于达延汗的子孙,容在后面详细叙述。达延汗之后,因其冢子图鲁博罗特(Törö Bolod)夭亡,嫡孙博迪阿拉克汗(Bodi Alak Khan)嗣位。这里,问题在于他的次子阿著。阿著是吉囊、俺答之

---

① 施密特(I.J.Schmidt)《东蒙古史》第405页(注17)。
②《蒙古喇嘛教史》第61页,小林高四郎译《蒙古黄金史》第179页。藤岗胜二译《喀喇沁本蒙古源流》卷四,第21页。

父,其实并非次子,无疑是第三子巴尔斯博罗特。而这个阿著竟自"称小王子,未几死,众立阿尔伦子卜赤"。《明史纪事本末》里的这段记载恐怕是根据明郑晓《吾学编》的。《吾学编》的《皇明北房考》说:"正德间,小王子三子,长阿尔伦,次阿著,次满官嗔。太师亦不剌弑阿尔伦……阿尔伦二子,长卜赤,次乜明,皆幼。阿著称小王子。未几死。众立卜赤(博迪汗),称亦克罕。"又,《吾学编·鞑靼考》和《今言》等,所记略同。另据诸葛元声的《隆万两朝平攘录》(卷一)叙述俺答的事说:"俺答即小王子赛那郎子也。"所谓赛那郎,在叶向高的《四夷考》、肖大亨的《北房世系》里作赛那剌;在王鸣鹤的《登坛必究》里作赛那浪罕;明《世宗实录》嘉靖二十年七月丁酉条里作谚阿郎相同,都是巴尔思博罗特的别号赛音阿拉克(Sain Alak)的讹转,所以这里也称巴尔思博罗特为小王子。小王子当然是从乌珂克图汗(麻儿可儿)以来可汗的别号,通常一向指可汗而言,因此,应该认为巴尔斯博罗特到这时即了汗位。尤其应该注意的是《登坛必究》所说的"赛那浪罕",所谓罕就是汗(Khan),这里也应该认为是赛音阿拉克称汗的一个旁证。

《阿勒坦·脱卜赤》更明确地记述了这事说:

> "达延汗长子图噜博罗特于即位前夭亡,其弟乌鲁斯博罗特亦死于亦不剌太师之手。其后,子博迪阿拉克因年幼,其叔巴尔斯博罗特即大汗位。后博迪阿拉克取左翼三万户,跪拜于八白室前,欲即汗位。励声谓巴尔斯博罗特曰:'吾幼时,汝非法即汗位。自今以后,需对我跪拜,倘不跪拜,吾将讨汝。'巴尔斯博罗特济农应曰:'汝言极是,我即跪拜。'博迪阿拉克汗曰:'如此甚善。'即拜于八白室前,即可汗大位。"[1]

---

[1] 鲍登的《黄金史》第191页,小林高四郎译《黄金史》第180—181页,("图噜博罗特于即位前夭亡"句后,日译本有"绝嗣"二字,又"子博迪阿拉克因年幼"句前,有"乌噜斯博罗特之"等字。——译者)《喀喇沁本蒙古源流》卷四,第21页。

这次篡位，根本不见于《蒙古源流》。倘若实有巴尔斯博罗特篡位时期，那么达延汗的统治时间要更短些。不过，对此还有另一种传说。据说达延汗在世时曾禅位于次子阿著，后来传到博迪。据瞿九思的《万历武功录》（卷七、《俺达列传》上）正德七年条载：

> "其七年冬，虏可汗伯颜猛可，禅仲子阿不亥阿著卜孙。伯颜生三子，长阿尔伦，次阿著，次满官嗔。久之，阿尔伦死，遗二子，长卜赤，次乜明，皆幼孤。伯颜乃以阿著嗣，称小王子。"

又，十六年条载：

> "时虏可汗阿著死，部人立故阿尔伦台吉之长子卜赤，号亦可罕。亦可罕者，虏言可汗也。"

如后所述，伯颜猛可当然是把秃猛可之误。[①] 阿不亥阿著卜孙就是阿著。[②] 此项记载其他著述全然不见，根据什么不详。照此说来，伯颜猛可（即达延汗）正德七年禅位于其次子阿著即巴尔斯博罗特，巴尔斯博罗特显然曾做了可汗（小王子），且在位直到正德十六年。因为说"曾禅仲子阿不亥阿著卜孙"，那就是达延汗在世时曾退位，禅位于阿著，阿著即了汗位。这和前面提到的《阿勒坦·脱卜赤》的说法恰相符合。我想这个内外一致传说的巴尔斯博罗特赛音阿拉克曾一度僭称小王子（可汗）的说法是不错的。

达延汗既做了大可汗，另外必然有护卫他的小汗。《源流》（卷六）载后来阿勒坦汗（俺答）曾向达延汗的曾孙达赉逊汗请赐小汗称号说：

> "阿拉克（赛音阿拉克）第二子阿勒坦来迎，向汗求赐号云：'今统治已平，原有获卫汗，治索多汗小汗之号，祈即将此

---

① 参看本章下节《两个达延汗》，原书第 438—440 页。
② 为什么称巴尔斯博罗特为阿著，不详，严从简的《殊域周咨录》和瞿九思的《万历武功录》都作阿著卜孙。

号赐我，我情愿获卫大统。'汗然之。遂与以索多汗之号。"

看来赛音阿拉克或者在退位的大汗之下做过这种小汗，也未可知。前引明人的记录说"卜赤号亦可罕，亦可汗者，虏言可汗也"这种解释恐怕错了。亦可罕是大汗（Yeke Khan），博迪汗（卜赤）所以特别使用这个称号，可能是因为上一代可汗赛音阿拉克被视为小汗，为了同它区别开来，才称亦可罕的。所称"阿不亥阿著卜孙"的阿不亥（Abaghai）按蒙古语，据说是叔父的意思，由此可以想象这个阿不亥阿著卜孙在卜赤（博迪）孤弱时期，作为叔父施逞权势的情形。又，明人的记录（《登坛必究》）里列举历代蒙古汗名时，在答言罕（达延汗）以下，还列有哈不害罕（阿不亥罕）之例。[①]

纵使那样，唯有这里所说的正德七年和十六年的年次，仍不能轻易凭信。如后所述因为正德七年正是达延汗打败右翼的旧势力，任命巴尔斯博罗特做右翼济农的年份，这时长子图鲁博罗特确还在世，《源流》载图鲁博罗特的年岁说："岁次癸卯（嘉靖二年，1523），年四十二岁殁"，大致可信。按当时的继承法，长兄在世时，弟弟就没有抛开长兄自己即汗位的道理。所以，说正德七年"伯颜乃以阿著嗣，称小王子"，实际可能是做右翼济农之误。说十年后的正德十六年卜赤（即博迪汗）当了亦可罕，也殊属可疑。这么一来，时间未免过早，就没有容纳达延汗的余地了。这个年次也可能有些错误。

《源流》（卷六）还载：达延汗岁次癸卯（嘉靖二十二年，1543）死后，长子"图噜博罗特于汗在时，岁次癸未（嘉靖二年，1523），年四十二岁殁。子博迪台吉生于甲子年（弘治十七年，1504），至甲辰年（嘉靖二十三年，1544），四十一岁即位。"

嘉靖二年图鲁博罗特死后，到嘉靖二十三年博迪汗嗣位之间，

---

① 参看下节《分封诸子》，原书第461页。

才是篡位的大好机会。因此,其间可能称了小王子这个称号。不过,所谓"孤幼",应该理解为十岁前后,而图鲁博罗特殁时,博迪汗应该已达二十岁成年,不当再称"孤幼"。不过,这时可能用某种手段篡了位,而其篡位期间比较短促。

《源流》载赛音阿拉克之死说:"岁次辛卯(嘉靖十年、1531),四十八岁卒",如果是这样,那么博迪汗的嗣位可能在此前后。不过,达延汗晚年征讨乌梁海(兀良罕),确是事实。《蒙古源流》也说当时达延汗"并致信于巴尔斯博罗特济农之子,带右翼三万人,前来攻入"。据明人的记录(《译语》)响应他的敦促的酋长,只有把都儿、纳林台吉、成台吉、血剌台吉、莽晦、俺答、巳宁等,巴尔斯博罗特本人并没有参加,由此可见这是巴尔斯博罗特死后的事。然而达延汗在这次征伐后,做了善后工作就死了,所以至少是嘉靖十一二年的事。博迪汗此后才即了汗位。

从另一方面来看,达延汗不愧是统一蒙古的君主,他用兵和朝贡都很有魄力。例如,成化十九年六月条载大同总兵官许宁等奏称:

> "虏酋小王子于本月十一日,率三万余骑寇边,东西连营五十余里。"①

又七月条载:"七月二十八日,虏贼复拥众,薄大同城马铺山,东西长百五十余里。"②弘治十年五月条还载:"虏人大同境,营连三十里。"弘治十二年五月镇守火同都督金事王玺等奏称:

> "谍报,虏贼五营约有数万,四营起往东行,一营欲来宣府复仇。"

又十三年五月载:"虏拥众入大同左卫境,四月十七日至二十三日,

---

① 按《明实录》影印国学图书馆传抄本、第一百八十册、成化实录二百四十二、第5页,"六月"作"七月丙辰"。——译者
② 按同上,成化实录二百四十二、第12页,"七月"作"八月乙亥"。——译者

大肆杀掠。"十七年六月载：

> "时，北虏小王子营于大同宣府边外，联络三四十里。"

到正德年间，也说："八年正月，虏拥众侵大同，三路围副总兵神周于草垛山。"又说：

> "六月，晋王知烊奏：虏数万人，寇偏头关，入雁门，遂掠五台、繁峙、崞、忻等处，深入五百余里，为害非细。"

又有："九年六月，宣府守臣奏：达虏拥众四万，入西海子剽掠。""七月，北虏小王子连营数十，近宣大边，欲寇天城、阳和。又分道万骑，入怀安。""八月，虏寇白羊口及浮图峪，连营数十里。""九月，虏五万余骑，自宣府万全卫右卫新开口入，逾怀安，趋蔚州等处劫掠，又三万余骑入平虏城南。"到十五年八月，又有："虏驻宣府西路，把儿墩、朵銮嘴、牛心山、各连营三、四十里"。又弘治元年，竟自称大元大可汗来入贡。九年、十年又来入贡。①

他的这种雄伟气魄，同后来嘉靖十三年二月被大同叛卒招到大同城来，一说"指代府曰，以此为那颜居"就高兴起来的虏酋是没法比的。后者可能是博迪汗或其党羽，不会是气宇轩昂的大元大可汗（达延汗）。达延汗和他的嗣子博迪汗的交替可能是在这个时期。如前所述，明人在嘉靖十五年前后就曾说过"套虏吉囊屡犯边境，且有并吞小王子之心"。既然这样还能设想达延汗还活着吗？不久连吉囊也死了。

据《蒙古源流》（卷六）的纪年说：

> "初，赛音阿拉克之父，②年二十九岁，于壬申年（正德七年，1512）为济农，在位二十年，岁次辛卯（嘉靖十年，1531），四十八岁卒。其后，衮必里克墨尔根济农，岁次壬辰（嘉靖十一年，1532），年二十七岁为济农……墨尔根济农，为济农十九

---

① 关于达延汗的侵寇和入贡，只按《实录》同年月条和徐日久的《五边典则》卷六、卷七。
② 赛音阿拉克之父，是蒙古独特的说法。

年,岁次庚戌(嘉靖二十九年、1550),年四十五岁卒。"
然据明人的记录,吉囊在嘉靖二十一年前后已经死了。[①] 因此,怎能认为这个右翼吉囊死了以后,达延汗还活着呢? 岷峨山人的《译语》是记述嘉靖二十二、二十三年时分守口北道的苏志皋的见闻的,其中谈到当时小王子的消息,说:"其名莫详,今年四十余矣。"没有说不久前有接替汗位的事。这显然是达延汗死去已久,是壮年的博迪汗时代。据《蒙古源流》记载,其年数也大致相符。

总之,嘉靖六七年间已经是吉囊、俺答的活跃时期,而且其间还有赛音阿拉克的篡位时期,看来无论如何达延汗既已退位,后来处于监护人的地位。如后所述,达延汗最后征讨乌梁海之战,想是在嘉靖七年或十一、十二年,因而,达延汗在这以前还在世。这样看来,达延汗的统治时期绝不会像《源流》所说从成化六年起,长达七十四年之久,实际不过只有一半,即从成化十七八年到嘉靖十一二年,仅五十余年。

2.两个达延汗

即便在这一时期内,明人记载里的所谓达延汗,也不只是一个而好像是两个。郑晓的《吾学编·皇明北虏考》叙述满都鲁以后的汗位,说:

"未几,满鲁都(满部鲁之误)衰弱,不知所终。而把秃猛可(巴图蒙克)王、太师亦思马因、知院脱罗干屡遣人贡马。弘

[①] 关于吉囊的殁年,《蒙古源流》作岁次庚戌(嘉靖二十九年),然明《实录》嘉靖二十五年四月条已有:"虏酋吉囊遗孽狼台吉等云云。"同年七月条还出现其子吉能的名字,因此,这时确已死了,又据明人的记录,《吾学编·皇明北虏考》、《叶氏四夷考》《名山藏》、《明史·鞑靼传》等,全都在嘉靖二十一年条里,说明这一年七月大侵寇之后,由其掳获的忻代妓女得病,髓竭而死。从《北虏进犯年表》看来,从此以后,再也没有以吉囊名字代表北虏侵寇的记录了。因此,不能依《源流》所记的纪年。吉囊之死,至迟应在嘉靖二十一二年间。

治初,把秃猛可死,阿歹立其弟伯颜猛可(巴延蒙克)为王。"

叶向高的《四夷考·北虏考》也记载这事说:

> "是时,满鲁都已衰弱,不知所终。其入寇者复称小王子,
> 或称把秃猛可王,即故小王子后也……小王子死,弟伯颜猛可
> 代为小王子。"

何乔远的《名山藏·王享记·鞑靼》条也有几乎同样的记载。又瞿
九思的《万历武功录》(卷七《俺答列传》上)成化十八年(1482)条
载:

> "其冬,满鲁都死。马亦思因(亦思马因之误)立把秃猛可
> 为可汗,亦曰小王子,寻遣使贡马。"

后来,弘治元年(1488)条载:

> "其冬,虏可汗把秃猛可死,弟伯颜猛可嗣。"

《武功录》是一部颇可疑的书,但总算明确记载了交替时期。我曾
按以上各种记录,怀疑达延汗是兄弟二人,但这种怀疑并不正确。①

成化中,小王子曾屡次入侵。例如,《明实录》成化二十二年
(1486)八月辛巳条载:

> "瓦剌酋长克失,以迤北小王子常为边患,且阻其入贡之
> 道,欲以今年冬,借三卫兵,往劫之。预托泰宁卫,遣徐阿劳兀
> 等,赍番文来奏。阿劳兀等又云:②小王子欲以九月中为寇,未
> 知所往。"

后来弘治元年(1488)五月乙酉条载:

---

① 余元盦果然认为有两个,说:"按史料所记的达延汗,实为二人,成化六年即位者,系指兄巴图蒙克
(明代史料作把秃猛可),弘治元年遣使至明者,系指弟巴延蒙克(明史作伯颜猛可)史料概称二人
为大元可汗,即达延汗。"(《内蒙古历史概要》第73页)
② 徐阿劳兀是汉人。《实录》的续文说:"阿劳兀自诉,本名安,为御用监银工。正统末为也先所掳,尝
奉先帝遗命,留处虏中。其后逃入泰宁随住,今乞援之职事。事下。兵部谓:六月中哈密传报,克
失已死,而今报不同者,盖安等入瓦剌,在前年故也。其云小王子欲来寇边,似亦不虚……遂升安
为泰宁卫副千户。"

> "先是，北虏小王子率部落，潜往大同近边，营亘三十余
> 里，势将入寇。至是，奉番书求贡，书辞悖慢，自称大元大可
> 汗。且期六月十五日赍圣旨来。守臣以闻。"

同年九月乙丑条载："迤北伯颜猛可王遣使臣桶哈等来贡。"夹在中间的成化二十三年（1487）三月癸卯条载：

> "巡抚辽东都御史刘潺等奏：卜兰罕卫与泰宁卫夷人传
> 报：小王子已死，且言欲从喜峰口入贡，因与泰宁卫同于马市
> 交易。"

由此推定前代小王子把秃猛可（Batu Möngke）死于成化末年，弘治初年来的小王子是伯颜猛可（Bayan Möngke）王。

其后，弘治四年（1491）二月和十一年（1498）五月各条也记述伯颜猛可王，说："迤北伯颜猛可王并瓦剌太师火儿忽力遣使臣努力等来贡。"这些总说是伯颜猛可王，不能认为他和小王子、大元大可汗是一个人。何况成化二十三年的情报里只略谈到"小王子已死"的一句传闻，很难立即认为是事实。至少据蒙古方面所传，无论《蒙古源流》、《蒙古黄金史》、《蒙古喇嘛教史》、《蒙古世系谱》或《蒙古王公表传》，都一致认为达延汗只是巴图蒙克一人，另外并没有叫伯颜猛可的人。其实，现今的《汉译蒙古源流》（卷五）载："岁次戊子（成化四年，1468），博勒呼济农年二十九岁时，生巴延蒙克。"正像巴延蒙克的弟弟有个巴图蒙克。但据江实等明确论证，[1]所说的巴延蒙克其实是博勒呼济农的名字，这一条显然是插入的错简。看来蒙古文本里并没有这样的话，这句话或许是事实，巴图蒙克有个弟弟名叫巴延蒙克，就是明人记录的伯颜猛可也未可知。更据明人所传蒙古世系的记录。王鸣鹤的《登坛必究》（卷二十三）

---

[1] 江实译《蒙古源流》卷五，第113页，注44（注25页）。《蒙古源流笺证》卷五也说："岁次戊子，博勒呼济农年二十九岁时生巴延蒙克。"注里说："尔田案：博勒呼济农即巴延蒙克之号。延乃图之误。别本后文巴图蒙克亦误作巴延蒙克。"

载，卜儿户吉囊（博勒呼济农）之子答言罕（达延汗）是一代一人；肖大亨的《北虏世系》里说歹颜哈（达延汗）只一代一人。如果成化、弘治之交达延汗是两个人，那么著名的达延汗十一子中，必定有一少半是兄把秃猛可之子，其余大半是弟伯颜猛可之子。但丝毫没看到有这种迹象。达延汗是蒙古中兴的大可汗。这件事应该怎样肯定。必定是蒙古人士刮目以待的问题。而且在蒙古总是认为达延汗只是把图蒙克一人。我不得不信。前引巡抚辽东都御史刘潺的报告是误传，应予排除。

《明史·鞑靼传》（卷三二七）毕竟记述这事时说：

> "迄成化末，无宁岁，亦思马因死。入寇者复称小王子，又有伯颜猛可王。弘治元年夏，小王子奉书求贡，自称大元大可汗，朝廷方务优容，许之。自是与伯颜猛可王等屡入贡，渐往来套中，出没为寇。"

把小王子和伯颜猛可区别开来。霍渥尔特（Howorth）在他的《蒙古史》里也不承认这种世代交替，说："所称伯颜（Bayan）代替巴图（Batu），系巴图改称达延之误。"[①]他并不认为达延（Dayan）是巴延（Bayan）的讹误，毕竟否认这一期间的世代交替。

这里还需就大元大可汗略说几句。北元衰微以后，改称鞑靼可汗之说，只是明人的误称。[②] 其实蒙古方面仍然自称蒙古（Möngol），其可汗还称为大元大可汗。所以，瓦剌的也先也自称大元天圣大可汗。[③] 弘治时期，小王子称大元大可汗，也不外此。清张穆在《蒙古游牧记》（卷七）里解释说："达延汗明人译为大元大可汗，大元即达延之讹也。察哈尔世系作跋图拖克代音汗。"认为大

---

① 霍渥尔特《蒙古史》卷一，第371页。
② 《明史·鞑靼传》所说"不复知帝号，有鬼力赤者，篡位称可汗，去国号，遂称鞑靼"是毫无根据的谬说。参看原田淑人《明代的蒙古》[《东亚同文会报告》第108页，明治四十一年（1908年）11月]。
③ 和田清《兀良哈三卫的研究》（《满鲜地理历史研究报告》第十三册，第381—382页），原书第343—344页。

元是达延之讹,这固然是弄颠倒了。察哈尔世系的跋图拖克代音汗的拖字是个讹字,可能就是巴图蒙古达延汗的同音异译。《蒙古源流》(卷五)载满都海彻辰福晋拥立年幼的达延汗说:"因欲占据达延国,遂称达延汗。"因为并没有一个达延国,所以施密特(Schmidt)德译本就译成 Der gesammte Volk(全国),[1]指蒙古大众即大元国,所称达延汗就是大元可汗。这和明人所传相符。据明人的记录,达延汗或以歹颜罕、歹颜哈、答言罕等字面出现,这些当然是失去了本义的讹转。

3.达延汗的事业

达延汗的年代既这样肯定下来,达延汗其人又是这样的人,其次就是他的事业问题了。达延汗倾注全力统一内部,并不专为侵寇明朝,因而在明人记录里传说很少。我们只能依据蒙古方面的记载,推测大略情况,然后按明人的记录来考证是否确实。

巴图蒙克父母早丧,幼年因患膈症(胃病),抚养困难,后凭唐拉噶尔(Tanglakhar)的特穆尔哈达克(Temür Khadak)夫妻精心抚育,才渐渐痊愈。后来和满都海彻辰福晋结婚,最终成为达延汗。朝鲜《李朝实录》里也常常见到有关当时小王子的记载。特别是成宗十六年(成化二十一年)二月庚辰条载正使李克墩,金伯谦的复命书说:"小王子为人贤智卓越。云云。"可见达延汗是以贤智卓越著称的。

达延汗的第一番事业是打败他的部下大酋亦思马因(Ismail),排除了他的挟制。亦思马因可能出身于哈密北山的野乜克力(Mekrin),[2]起初似乎依附在族兄太师乜加思兰(Bekerisün)的庇

---

[1] 施密特《东蒙古史》第 181 页。
[2] 和田清《乜克力考》(《桑原博士还历纪念东洋史论丛》)原书第 855—865 页。

荫之下。① 乩加思兰为人专横，以至和满都鲁（Mandaghul）可汗发生冲突，便和满都鲁部下大酋脱罗干合谋，杀掉乩加思兰，代之为太师。叶向高的《四夷考·北虏考》载：

> "（成化）十一年秋，满鲁都（满都鲁之误）乩加思兰并遣使来。未几，复相仇杀。始乩加思兰以女妻满鲁都，欲代为可汗，恐众不服，谋杀满鲁都，而立斡赤来为可汗。满鲁都知之。索斡赤来，乩加思兰匿不与，攻逐满鲁都，并有字罗忽之众，满鲁都部酋脱罗干、亦思马因复攻杀乩加思兰，亦思马因称太师。自乩加思兰死，虏数岁稀入寇。"

这里所指就是这件事。由《宪宗实录》成化十五年（1479）五月庚午条载："福余卫都指挥扭歹等报，迤北乩加思兰为其族弟亦思马因所杀"，和同年秋七月庚辰条载："朵颜、福余、泰宁三卫虏酋各奏报，迤北满都鲁，乩加思兰已死。云云。"可以看出这事起于成化十五年的上半年。后来，达延汗被拥立为汗，这几年间是亦思马因的全盛时代，侵犯明边，寇掠三卫，恣意横暴。但其专横不久铸成祸根，到成化十九年，便被可汗驱逐。《实录》成化十九年（1483）五月壬寅条载：

> "虏酋亦思马因为迤北小王子败走。所遗幼稚，朵颜三卫携往海西易军器，道经辽东。"②

所说就是此事。关于前段，叶氏《四夷考》继前段之后，一再叙述侵寇事说：

> "虏去辄复来，至成化末，迄无宁岁。而是时满鲁都已衰弱，不知所终。其入寇者复称小王子、复称把秃猛可王，即故

---

① 和田清《兀良哈三卫的研究》（《满鲜地理历史研究报告》第十三册，第446—457页），原书第389页。

② 《明实录》影印国学图书馆传抄本、第百八十册、成化实录卷二百四十、第2页，"亦思马因为迤北小王子败走"句，影印本作"亦思马因而迤北小王子败走"。——译者

  小王子后也。与太师亦思马因不协,颇相攻。二十三年,哈密
  都督罕慎报太师亦思马因死。"

按《源流》载,永谢布(Yüngshiyebu)的伊斯满太师(Isama Taishi),
曾向满都古勒汗谗间博勒呼济农,把他赶走了,说:"遂遣伊斯满太
师,率众往擒,济农逃避未获,遂掠其产,其锡吉尔福晋(Shiker
Khatun),永谢布之伊斯满太师占为妻。"后来伊斯满专权,郭尔罗
斯(Ghorlos)的托郭齐实古锡(Toghoji Shigüshi)兴起义师平定了
他。霍渥尔特(Howorth)认为这个托郭齐实古锡是后来出现在明
人记录里的火筛(Huoshai),[1]这是错误,或许是以前出现过的朵颜
的脱火赤(T'o-huo-ch'ih),也未可知。至少,这个永谢布的伊思满
太师是明人所称的亦思马因太师,是毫无疑问的。所谓永谢布,如
后所述,在宣化、大同边外,是从今察哈尔(Chakhar)到苏尼特
(Sünid)部一带地方。所遗幼稚被三卫虏众捕获,运往海西卖作奴
隶一事,和《源流》里所说遭到郭尔罗斯部酋讨伐很接近,可知他在
辽东边外打了败仗的状况。又《实录》成化二十二年(1486)七月壬
申,镇守甘肃总兵官焦俊奏称:"哈密都督罕慎遣人来报,虏酋克舍
并亦思马因已死,两部人马散处塞下。"许进的《平番始末》也说亦
思马因的残余部属盘踞在哈密北山,可能是在东边打了败仗的亦
思马因逃归故土后死了。

  《蒙古世系谱》(卷四)载:"命郭尔罗斯部托和齐少师等,将兵
征伊思满太师。即前此满都古尔汗前谗害巴颜孟可博尔呼济农者
也。托和齐少师诛伊思满太师,而纳其妻郭罗代焉。"《蒙古黄金
史》里还把参加这次讨伐的许多勇将的姓名都列举出来。

  郑晓的《皇明北虏考》等所说,"虏中以太师官最尊,王幼,恐太
师专权,遂不复设太师"可能是指这一时期的情况。不过,后来还

————————————
① 霍渥尔特《蒙古史》。

是常常设置了太师。

伊斯满（Isama）似乎并不和亦思马因完全一致。西方哈密北山出身的亦思马因必定是回教徒，他的名字无疑是 Isamail 的音译，而伊斯满（Isama）是蒙古把音译讹了。这种讹音，在《蒙古源流》和其他书籍里很多，像前面的马哈木（B.khamu 其实是 Mahmud），后面的亦不剌（Ibiri 其实是 Ibrahim）等。

达延汗第二项事业是击退瓦剌。达延汗逐渐恢复了可汗的权威，在内部铲除骄臣之后，当然要对外防御强敌。击退瓦剌势力其实是最紧要的事。据《蒙古源流》记述：汗幼时，曾由满都海彻辰福晋先后征伐四卫拉特两次。① 第一次："将国王达延汗贮于皮柜内，以马负之，加兵于四卫喇特，大战于塔斯博尔图（Tas Bürtü），胜之，掳获无算。"后来又兴兵伐四卫喇特，这次福晋坠马，赖战友援救才得以脱险。《蒙古源流》（卷五）载：

> "迨后，兴兵往征四卫拉特，时满都海彻辰福晋坠马，洪奇喇特（Khonggirad）之额色垒太保（Eselei Daibu），彻辰济古尔达尔罕（Sechen Jikhor Darkhan），巴勒噶沁（Balakchin）之巴延布库（Bayan Böke）、阿苏特（Asud）之巴图罗特（Batu Bolod）等四人保护，乘骑巴雅古特（Bayaghud）之上好黄马，卫之而出。"

塔斯博尔图位置不详，兴兵时间也不详。据《蒙古黄金史》说："赛音哈屯怀孕斡齐尔博罗特及阿勒楚博罗特九月时，征伐卫拉特。"坠马归来，"经一月，生斡齐尔博罗特、阿拉楚博罗特孪生子。"② 如后所述，《源流》（卷六）说："阿尔苏博罗特、斡齐尔博罗特二人系庚戌年生。"庚戌年应是弘治三年（1490），倘若这个记述是正确的，那

---

① 卫喇特有四部，所以叫作四卫喇特（Dörben Oirad），对此，称蒙古为四十蒙古（Döchin Mongghol）。常以都尔边（Dörben）表示瓦剌，以都沁（Döchin）表示蒙古。

② 小林高四郎《蒙古黄金史》第162页，《喀喇沁本蒙古源流》第48页，鲍登的书第184—185页。

么这件事是在弘治初年。与瓦剌的冲突,此后还没断绝。郑晓的《皇明北虏考》叙述当时形势说:

> "(成化)二十三年,西番罕慎言,瓦剌有克舍太师,革舍太师。克舍死,其弟阿沙赤为太师。革舍弟阿力古多兀与阿沙赤相仇杀,遂西走据哈密。成化间,北虏大抵瓦剌为强,小王子次之。二种反复相残。并阴结朵颜,伺我塞下,即贡马。二种亦相继往来,恐中国左右,以故虽深入,彼自相猜忌,不能久留内地。"

自从宣德、正统以来,瓦剌强盛,到成化、弘治年间,还没有衰颓。但因瓦剌有内讧,强大势力一衰颓下来,所以鞑靼部才获得了雄飞塞北的机会。前述弘治初年,小王子改称大元大可汗,来与明朝通贡,可能就是由于这个缘故。当然,《源流》也遗漏了它同瓦剌的争战,明人则因事出遥远边外,也难获知翔实情况,仅窥知二三征候而已。例如《明史》(卷一八二)《马文升传》,记述弘治初年小王子以数万骑逼近大同塞时,马文升洞察当时形势说:

> "文升谓:'彼方败于他部,无能为,请密为备,而扬声而逼之,必徙去。'已而果去。"

这里所说的他部,究竟是指哪个部落,虽没有明说,恐怕不外是指瓦剌部。又《实录》弘治六年(1495)六月戊子,甘肃镇巡等官太监傅德奏报中,明确说:"况今北虏部落被瓦剌杀散,住牧宁夏贺兰山后。"又弘治九年(1496)五月己未条说:

> "北虏遣使请入贡,引例欲偕三千人入京,大同守臣以闻。下兵部议,止许纳其一千人。未几,虏复言,瓦剌兄弟相攻,欲回兵袭之。至秋乃来贡。"①

这样,自也先以来一直很频繁的瓦剌通贡,到了弘治末年,几乎断

---

① 按《明实录》影印国学图书馆传抄本、第二百六册、弘治实录卷百十三、第4页,"下兵部议",作"下廷臣议"。——译者

绝了。《武备志》所引《职方考》记述达延汗势力的发展情形，说：
"弘治间，有小王子，因瓦剌西徙，与土鲁番相仇杀，势渐强。"

瓦剌就是卫喇特，姑且不论，暂借《明史》（卷三二八）《瓦剌传》来看看它的末路。它说：

"自也先死，瓦剌衰，部属分散，其承袭代次不可考。天顺中，瓦剌阿失帖木儿屡遣使入贡，朝廷以其为也先孙，循例厚赉之。又搐力克者，常与孛来仇杀。又拜亦撒哈者常偕哈密来朝，其长曰克舍，颇强。数纠鞑靼小王子入寇。克舍死，养罕王称雄，拥精兵数万。克舍弟阿沙为太师，成化二十三年，养罕王谋犯边，哈密罕慎来告，养罕不利去，憾哈密兵，还掠其大土剌。弘治初，瓦剌中称太师者，一曰火儿忽力，一曰火儿古例温，皆遣使朝贡。土鲁番据哈密，都御史许进以金帛，厚嗜二部，令以兵击走之。其部长卜六王者，屯驻巴思阔。正德十三年，土鲁番犯肃州，守臣陈九畴因遣卜六王彩币，使乘虚袭破土鲁番之城，杀房以万计。土鲁番畏逼，与之和。嘉靖九年，复以议婚相仇隙。土鲁番益强，瓦剌数困败。又所部辄自残，多归中国。哈密复乘间侵略，卜六王不支，亦求内附，朝廷不许，遣出关，不知所终。"

总之，从达延汗时，瓦剌日趋衰弱，确是事实。

《蒙古世系谱》（卷四）记述这次战争的结果说：

"后即位，欲报先世之仇，征威勒忒（Oirad）国，步卒牛军先三日启行，汗同满都海赛音哈吞，亲统骑兵，使克式克滕部之阿来通开道，至忒思布尔都之地，与威勒忒战，大胜之。服其四万威勒忒。下令威勒忒国将领；嗣后房舍不得称殿宅，冠缨不得过四指，居常许跪，不得坐，食肉许啮，不得割，改乌苏克（üsük）（酸奶）之名为扯格（chige）。其部众以食肉用刀跪请，许之。余悉如令。威勒忒至今，犹奉行焉。"

这段文字颇多夸张,年月也不确切。威勒忒即卫拉特,忒思布尔都就是前述《源流》里的塔斯博尔图。威勒忒遭受这样折磨是后来的事,总之,这里是说他们慑服了。

以下试引郑晓的《皇明北虏考》弘治十年(1497)条,载:

> "是年,虏火筛强,结诸部落,迭寇大同、宣府。归正人言,虏谋深入,敕侍郎许进督军,刘大夏转饷御虏。"

又弘治十二年(1500)条载:

> "五月,火筛入大同、宣府塞。火筛本小王子部落,强悍,既屡寇边,获财畜,日强盛跋扈,与小王子争雄长,数寇近边,京师戒严。"

弘治十四年(1501)条也说:"八月,火筛入花马池塞,至固原,大掠人畜,杀吏民"等。

所称火筛是谁呢?《名山藏·鞑靼传》解决了这个疑问。它说:

> "火筛者脱罗干之子,小王子部落也。狡黠善用兵,劫诸部,屡寇边,获财产,日强盛。与小王子争雄长。"

倘若是知院脱罗干,那就是曾经协助亦思马因打倒乩加思兰的那个人。火筛就是《蒙古源流》(卷五、六)里所说的土默特蒙郭勒津察库特(Tümed Monggholchin Chegud)的科赛塔布囊(Khosai Tabunang)。[①] 科赛塔布囊曾娶故可汗满都古勒的遗女伊锡克(Ishige)公主为妻,并曾养育达延汗的第三子巴尔斯博罗别,是他的儿子衮必里克济农的舅父。从《源流》来看,根本没有和达延汗争斗过,但他的领地土默特蒙郭勒津不久便归入可汗儿孙的手里了。这事后面还要叙述。《蒙古黄金史》没有出现科赛的名字,但

---

① 塔布囊是驸马的意思。蒙古语的驸马原来叫 Kürgen,从这时候起才叫塔布囊,例如:和赛塔布囊(满都古勒之婿),巴噶逊塔布囊(达延汗之婿)。《武备志》说:"官家女婿,他不浪。"据王士琦的《三边筹俎考》说:"倘不浪,是王子家女婿,即仪宾。"

记述了征伐蒙郭勒津战役,想是指这件事。据《源流》载,科赛塔布囊直到达延汗征伐右翼时还在,但据《实录》载,弘治十七年(1504)六月以后,就不见这个名字了。想是这时已经死了。

其次,达延汗的征伐是镇压右翼。乜加思兰和亦思马因相继被诛以后,野乜克力的酋长是亦不剌因(Ibrahim)王,性强悍,曾烦可汗亲征数次。野乜克力亦不剌因王的名字首次出现在《实录》是弘治五年(1490)十月乙卯条。弘治八年六月遣使通款肃州塞。为了躲避迤北大达子的劫杀,请求驻牧近边,且请入贡互市,没有得到许可便走了。但据《明史·鞑靼传》(卷三二八)条载如下:

> "北部亦卜剌因王等入套住牧。于是,小王子及脱罗干之子火筛相倚日强,为东西诸边患。"

这个北部赤卜剌因王当然就是北虏野乜克力的酋长亦卜剌因王,也就是后来的强酋亦卜剌。这点可由后来亦卜剌动辄逃往西方甘肃边外的事实来推定。尤其按《实录》嘉靖三年(1524)十一月己巳,兵科都给事中郑自璧等所说:"达贼亦卜剌、阿尔秃斯与土鲁番的速坛阿黑麻、真帖木儿兄弟乃先世亲族",①可以证明无疑。因为土鲁番与野乜克力是邻部,早就有通婚联姻的关系。亦卜剌的名字始见于《实录》正德六年(1511)六月以后,其实,在这以前,正德四年(1509)十二月,侵入延绥木瓜山等处,被总兵官马昂打败的虏酋升字来,也就是他。升字来这几个字,当然像《名山藏》、《明史·鞑靼传》等所载,是亦字来的误写,且《明史》(卷一八五)《黄珂传》也明确写作亦卜剌,无疑就是亦卜剌。想来亦卜剌或亦不剌都是亦不剌因的略译,因而有时也写作亦字来。

关于亦不剌背叛小王子的经过,前引郑晓的《皇明北虏考》载:

> "正德间,小王子三子,长阿尔伦,次阿著,次满官嗔。太

---

①《明实录》影印国学图书馆传抄本、第二百六十八册、嘉靖实录卷四十五、第5页,原文是"达贼亦卜剌、阿尔秃斯窜伏西海、尤号凶黠,与土鲁番二酋,先世亲族。"——译者

师亦不剌弑阿尔伦,遁入河西。西海之有虏,自亦不剌始也。"
叶氏的《四夷考》还记载了一些后来的事如下:

"其年(正德四年)亦不剌入西海。亦不剌者小王子丞相
也。小王子与火筛仇杀,火筛死。复以他事怒亦不剌,欲杀
之。亦不剌惧,拥万众掠凉州,攻破安定王等族,夺其诰印,诸
番苦之。西海自是始有虏。别部阿尔秃斯与亦不剌合,日与
小王子寻兵。败则掠边,破堡塞五十余,杀兵千余,杂畜粮械,
失亡无算。守臣辄以捷闻。"

在探讨这事以前,先按《蒙古源流》(卷六)摘其大意:

"伊思满太师被诛后,达延汗权威渐立。右翼诸部亦有通
者,来请置济农于彼等之上以统辖之。达延汗大悦。与众议,
封次子乌鲁斯博罗特(Ulus Bolod)为右翼济农,遣赴鄂尔多斯
(Ordos)。然右翼强酋有不悦者,以永谢布伊巴哩(Ibiri)太
师、鄂尔多斯满都赉阿固勒呼(Mandulai Aghulkhu)等为首,
弑乌鲁斯博罗特,遂兴兵叛乱。于是达延汗亲征,始则骇于牧
牛蹄声而无功退还,后复大举讨之,使喀尔喀击土默特,察哈
尔当永谢布,乌梁海当鄂尔多斯。巴尔斯博罗特奋战击敌,敌
降,右翼三万户悉从,逆杀满都赉于阿津柴达木上,使伊巴哩
败走白帽哈密城,收服其众,凯旋而归。乃以巴尔斯博罗为右
翼济农,其他有功诸将,悉予褒赏。"

这是可汗最大一次征伐,终于确立了可汗的地位。其结果,对以后
的形势影响很大。关于这事,《源流》和其他《蒙古黄金史》、《蒙古
世系谱》等所记最详,明人的记载也比较丰富,其原因可谓就在这
里。

现在看来,野乜克力太师亦卜剌无疑就是永谢布的伊巴哩太
师。鄂尔多斯的满都赉阿固勒呼当然是明人记录里出现的别酋阿
尔秃斯。但令人费解的是,说鄂尔多斯(Ordos)乃成吉思汗的八白

室灵庙所在地,说是所以才名叫鄂尔多斯,这就是所说当时已经有了这个名称。霍渥尔特(Howorth)认为满都赉即满都鲁,①《今言类编》里说:是"小王子之弟阿尔秃斯",②当然都是误解。阿尔秃斯、鄂尔多斯是同音异译,前者可能是根据地名给满都赉起的绰号。据嘉靖三年十一月己巳郑自壁的说法,阿尔秃斯似乎和亦不剌一样出身于哈密北山部落。但据明人记录,亦不剌、阿尔秃斯这时都没有死,后来,达延汗的儿孙还长期兴师讨伐过他们。因此,《源流》所说这时讨灭了满都赉,使伊巴哩走死的说法,都是附记后来的事情,并非当时的事实。

又所谓小王子三子之中,阿著是下文里吉囊、俺答之父,无疑是达延汗第三子巴尔斯博罗特;满官嗔就是蒙郭勒津,如后所述,是第四子阿尔萨博罗特(Arsu Bolod)。这样一来,阿尔伦是长子,是下文所说的卜赤、乜明之父,也就是长子图鲁博罗特。这样说来,并没有被亦不剌弑死。伊巴哩所弑的是次子乌鲁斯博罗特。看来,明人因为长子图鲁博罗特还没有显露头角就去世了,便误认次子乌鲁斯博罗特为长子;后来也被弑毙命,便把前者的两个遗孤误认为后者的遗孤了。只是为何把这两个人叫作阿尔伦和阿著不详。张天复的《皇舆考·四夷》条和严从简的《殊域周咨录·鞑靼传》都写作阿尔伦(论)台吉和阿著卜孙(孩)。

最后,关于这次战役的年月。赵时春的《北虏纪略》③写作弘治末年;叶氏的《四夷考》、《名山藏》、《今言类编》说是正德四年;清张穆的《蒙古游牧记》说是正德七年,全都错了。应该照《明史·鞑靼传》是正德五年(1570),尤其是该年下半年。《武宗实录》正德七年

① 霍渥尔特《蒙古史》卷一,第171页。
② 说是"小王子之弟阿尔秃斯",大概是把后来的鄂尔多斯部误认为是小王子的弟系的缘故。
③ 《北虏纪略》一般说是汪道昆所著,实际是赵时春著。参看和田清《北虏纪略考》(《东亚史论薮》第550—551页)。

十一月乙未,巡按陕西御史成文奏报说:

> "自六年正月以来,虏酋阿尔秃斯、亦卜剌为小王子所攻,
> 部众奔甘(州)、凉(州)、永昌、肃州等处驻牧。"

又正德九年秋七月庚午条载:

> "虏酋阿尔秃斯、亦不剌等自正德五年以来,避小王子,引
> 众至凉州、永昌、山丹、甘州及高台、镇夷、肃州,联络驻牧。"

于是,完全征服右翼已经是无可争辩的事实,不久,第三子巴尔斯
博罗特便代其亡兄任右翼济农,占据了鄂尔多斯地方。

这次战役以后,论功受奖的人们究竟是否受到赏赐,不得而
知,但从这里可以看到达延汗时代的内部情况,因而略试探讨。
《源流》本文说:

> "因巴尔斯博罗特带右翼三万人投来,即令为管右翼三万
> 人之济农,并授赛音阿拉克为管三万人之济农。其资送博勒
> 呼济农之四人,帮助满都海彻辰福晋之四人,以及效力于赛音
> 阿拉克之七人,获持达延汗被掳时之唐拉噶尔之特穆尔哈达
> 克,戕害阿巴海时,谏劝之哈尔噶坦拜音珠固尔达尔罕,给与
> 阿巴海上好沙马乘骑之洪吉喇特之巴图鲁库哩逊,给与阿巴
> 海顺刀,获卫阿巴海之格伦诺延、鄂尔多郭特太师,射穿伊巴
> 哩腹之巴雅里袞达尔罕,领头目七十人入队左翼三万人内五
> 人以下,凡有出力一切人等,俱赏给岱达尔罕名号,敕谕金印。
> 其扎噜特之巴噶逊达尔罕塔布囊,以满都海彻辰福晋所生之
> 图噜勒图公主降焉。"

巴尔斯博罗特做了右翼济农,自不必说。"其资送博勒呼济农之四
人"就是从卫拉特人手中救出达延汗之父博勒呼济农的四个人,均
见于《源流》前引条里,但多已死去已久。所说"帮助满都海彻辰福
晋之四人",是前述满都海彻辰福晋征伐卫拉特落马时,救她出险
的四个人,前面已经谈到。"效力于赛音阿拉克之七人",就是这次

战役前从敌人手里把赛音阿拉克送到达延汗那里的七个人。所称"护持达延汗被掳时之唐拉噶尔之特穆尔哈达克（Temür Khadak）"，是达延汗幼时抚育他的人们；"戕害阿巴海时谏劝之哈尔噶坦拜音珠固尔达尔罕（Bainchukhur Darkhan）"，是伊巴哩、满都赉谋叛时谏阻的人；所说"给与阿巴海上好沙马乘骑之洪吉喇特之巴图库哩逊（Baghatur Kürisün）"，和"给与阿巴海顺刀，护卫阿巴海之格伦诺延、鄂尔多郭特太师"，[①]是当时阿巴海即乌鲁斯博罗特遇弑时设法援救他的人们。其次的"射穿伊巴哩腹之巴雅里衮达尔罕"是这次战役前不久，有个图默特的名叫巴雅里衮（Bayalikun Darkhan）的人，射伤了伊巴哩腹部，因功而受赏赐。

其他一切出力的人都赐给岱达尔罕名号，并谕敕金印。所谓达尔罕是取得免除课役特权的人。这个喀尔喀札鲁特之巴噶逊达尔罕（Baghasun Darkhan），是在这次战役中勇名威震的人，达延汗便将唯一的女儿图噜勒图公主（Töröltü Günji）下嫁给了他。这些都是和这次战役有关的人们，此外，像资送过博勒呼济农、养育过达延汗以及征伐四卫拉特时援救过满都海彻辰福晋的人们，都是最有功绩的。

据《蒙古源流》说，达延汗最后一次征伐是讨灭乌梁海万户。乌梁海（Uriyangkhai）一向是可汗的属下，征伐右翼时也曾有勋劳，但到这时，它的酋首格根丞相（Gegen Chingsang）等阴谋背叛，遭到达延汗的亲征而溃灭，残余部众被分配到其他各部。《蒙古源流》（卷六）记述这事甚详，说：

> "时，乌梁海格根丞相、托噶台（Toktai）、哈喇呼拉特（kharakhula）为首，以乌梁海万人谋叛。达延汗率察哈尔、喀

---

① 汉译本"格伦诺延鄂尔多郭特太师"的"格伦诺延"并非人名，应译作"家的诺延"（江实的说法），鄂尔多郭特太师应改作鄂尔多斯特穆尔太师（《笺证》的说法）都应该照办。鄂尔多斯的特穆尔，在这以前就因功叙位太师。（参看江译《蒙古源流》卷六、注 13；《蒙古源流笺证》卷六）

尔喀两部落之兵往征之。并致信于巴尔斯博罗特济农之子，带右翼三万人，前来攻入。遂与乌梁海万人交战。左翼三万人内，则有喀尔喀札鲁特之巴噶逊达尔罕塔布囊（Baghasun Darkhan Tabunang）、察哈尔札固特赛音彻格济之子讷克贝昆都楞哈什哈（Nekebei Köndölen Khashagha）二人，右翼三万人内，则有鄂尔多斯哈尔噶坦拜音珠固尔达尔罕（Bainchukhur Darkhan）、土默特杭锦之阿勒楚赉阿固勒呼（Aljulai Aghulkhu）二人。此四人与头队之兵拒战，破乌梁海大队，收其余众，并入五万人内，称为六万人。此达延汗将六万人全行收服，致蒙古国于太平之原委也。"

又《蒙古世系谱》（卷四）也记述这事说：

"后无量汉之格寒丞相、哈拉呼拉又叛，汗复亲剿灭之。乃以无量汉之众，分附于众部落，而灭其所有图们之名。于是治定功成，修明国政，与众部落同我太平。汗在位七十四年，寿八十而崩。"

即打败乌梁海万户（Tümen 图们），把它的残余部众分配属于其他各部，是这段的要点。

所说乌梁海（无量汉），一是《明史》里有名的兀良哈，分为三卫，割据兴安岭以东的蒙古别种。依势或属于蒙古，或通中国，常处于半独立状态。但达延汗所讨伐的并不是这个兀良哈，而是另一个居于北方的兀良哈的别种。关于这个兀良哈别种，以后还要详细论述。例如：郑晓的《皇明北虏考》说："北有兀良罕营一，故小王子北部也。因隙叛去，至今相攻。"岷峨山人的《译语》说："北曰兀良哈，甚骁勇，负翰海而居，虏中呼为黄毛。"又说："西北一部落，亦曰兀良哈，性质并同，但戴红帽为号。兵合不满数万，好畜马驼，小王子辈利其所有，累岁侵夺，战死者过半，余则引与俱归"等。据《蒙古源流》说：达延汗的次妻苏密尔福晋（Sümer Khatun）是札赉尔（Jalair）的呼图克实古锡（Khutuk Shigüshi）之女，而《蒙古世系谱》（卷四）却说是"无量汉呼图克少师之女萨睦尔哈吞"。即扎贲尔部就是兀良罕。成吉思汗的名臣札剌亦儿部的速不台确是兀良罕人，但它是元初驻在外蒙古斡难河畔的部落。它什么时候南下，到内蒙古北方负瀚海而居的呢？所谓北方和西北的兀良罕，大体上想是居住在现今乌喇特（Urad）、茂明安（Maghu Mingghan）、四子部落（Dörben Keüked）和阿巴噶（Abagha）、阿巴哈纳尔（Abaghanar）的北部，当然靠近鄂尔多斯（Ordos）部。《源流》记述乌梁海和鄂尔多斯很亲密，并不是没有理由的。因而达延汗征伐了这个兀良罕（乌梁海）。至少，叶氏的《四夷考·北虏考》所说：

> "异种黄毛者凶悍，不能别生死，众少于三部（小王子和吉囊、俺答），虏或时深入，黄毛辄从后掠缴，取子女玉帛，虏苦之。因合兵急击，大破，臣黄毛。以是无内顾，得专事我。"

恐怕就是这个兀良哈。岷峨山人的《译语》说：

> "蒙古旧无诞诈，今亦不然。小王子集把都儿、纳林台吉、成台吉、血剌台吉、莽晦、俺答、己宁诸酋兵，掠西北兀良哈，杀伤殆尽，乃以结亲给其余，至则悉以分诸部。啖以酒肉，饱尽杀之，此其一事也。"①

这是用了些诡计，有失公道。《蒙古源流》也说："并致信于巴尔斯博罗特济农之子，带右翼三万人，前来攻入。"可见当时也动员了右翼的兵力，如后所述，把都儿等都是右翼酋长。其名次顺序看来颇失长幼之序，但从他们的驻地距离可汗根据地的远近顺序看来，可以得到说明。其中至少己宁（济农）、俺答、把都儿等都是巴尔斯博罗特之子，分别生于正德元年、二年和五年之间。这些酋首已在战

---

① 按《译语》丛书集成影印纪录汇编本，第50—51页，"蒙古旧无诞诈，今亦不然"作"蒙古一部落，最朴野，无书契，无文饰，无诞妄。（如云不攻某堡，信然。）近亦狡诈甚矣。"又"血剌台吉"下有注，说是"（部下着黄皮袄为号）"。又"俺答"作"俺探"，"饱尽杀之"，作"醉饱后，皆掩杀之"。——译者

场上活跃,肯定是在嘉靖十年前后的事。

又据明《实录》嘉靖七年(1528)八月癸丑条说:"近据走回军人王毛娃子称:小王子欲驱套虏东渡,击黄毛达子。云云。"那么,达延汗征讨兀良哈当在这时,也未可知。当时达延汗已经收服的地区,大体是今乌喇特、茂明安、阿巴嘎、阿巴哈纳尔等北方地区。

《蒙古黄金史》记载达延汗时代的事,第一列举进攻卫喇特;其次记述收服蒙郭勒津;第三胪列征伐伊思满;再次记载讨灭卫郭尔沁;第五记述合并伊巴来等右翼。但所称卫郭尔沁就是乩加思兰,这是前一代的事,并非达延汗的功绩。《蒙古世系谱》里也是第一记述击败威勒忒即卫喇特,第二记述诛伐伊思满太师,第三记述合并永谢布的义巴来(伊巴哩)太师、鄂尔多斯的满都赉阿噶尔固等右翼,最后记述讨灭无量汉的事。两者互有出入,本书依据《源流》加以斟酌,记述:(1)征讨永谢布;(2)击败瓦剌;(3)合并土默特;(4)合并右翼;(5)讨灭兀良哈等五次征战。这些可能是达延汗的主要征战,大体在成化六七年到嘉靖初年之间,而且这只平定了内蒙古,并没有深入到河西地方,更没有达到外蒙古。[①]

综合以上看来,最引人注意的是,这几次用兵大都是从东方出发向西进军,而且主要是扫荡别的部族而树立纯粹的蒙古势力。这种大形势,按明人的零星记载看不出来,但一参考《蒙古源流》等各种蒙古方面的记述,大致可以明确。总的说来,达延汗的势力最初起于锡林郭勒(Shilin Ghool)盟地方,后来讨伐永谢布的伊思满,平定了今察哈尔地方,通过前后几次战争,击退了瓦剌势力,不久又收服了土默特(Tümed),获得了察哈尔西邻的乌兰察布

[①] 关于达延汗的根据地,弘治十二年五月乙丑,兵部复奏说:"北房部落,往年春过河未久,即趋东北驴驹河,住牧过夏。"东北驴驹河即额鲁伦河(Kerülen),说是趋额鲁伦河河畔,是否真的如此呢?弘治十三年十二月癸未,兵部复奏说:"往年小王子部落,冰冻则西入河套,河开则东过大同,或间来朝贡,或时有侵犯。"这可能是真实情况。

(Ulanchab)盟地方。然而右翼势力一时还没有溃灭，待亦不剌、阿尔秃斯复兴，可汗便竭尽全力来平定这一地区，于是才收服了内蒙古的偏西地方。这次最后战役关系如何重大，从最后达延汗在成吉思汗大庙前对全蒙古宣布汗号，便可了解。后来兼并兀良哈一部，可能是政权确立的余波。至于他所诛除的，瓦剌固然不用说，就是亦思马因、亦不剌、阿尔秃斯和兀良哈等，全都是蒙古的别种。到此，内外仇敌悉被清除，达延汗的威力遍及内蒙古全部和外蒙古的（偏东）一部分。仅河西、青海地区还有野乜克力的残余，外蒙古大部分，还有和林（Khara Khorum）、巴里坤（Bar Kül）以及迤西地区的瓦剌部。但此后可汗的兵力除侵寇明廷外，并没有动用。倘若从他的势力范围的大小来说，毕竟还不及前一时期也先势力的一半，但它的优点在于内部统一的巩固，可汗毕生的努力可以说就专注于芟除其势力范围内的异己分子。可汗还有一项功绩，那就是最后和平地分封了诸子。正是这次分封成了后世蒙古各部落成立的起源。以下分章详细论述此事。

4.分封诸子

关于达延汗的诸子的问题，茅元仪的《武备志》（卷二〇六）《镇戍山西》条所引《职方考》里概述如下：

> "弘治间，有小王子，因瓦剌西徙，与土鲁番相仇杀，势渐强，其子歹颜罕亦称小王子，有子十一人。"

叶氏《四夷考》的《北虏考》里，还详述说：

> "是时，小王子最富强，控弦十余万。多畜黄金犀毗，稍厌兵。其连岁深入，躏西北边，皆其别部酋，曰吉囊、曰俺答。二酋亦元裔，于小王子为从父行。其大父曰歹颜哈，有十一子。次曰赛那剌，有七子，长吉囊，次俺答，皆雄黠善兵。吉囊壁河

套,名袄儿都司,直关中。俺答壁丰州滩,直代、云中。吉囊、俺答各九子,子各万骑。其弟老把都亦数万骑,壁张家口。诸昆从百十,皆有分地。率盗边自肥,日益强盛,名尊小王子,不受其约束。小王子亦徙壁东方,直蓟辽,号曰土蛮。"

这里叙述了很久以后的事,郑文彬的《筹边纂议》(卷一)《历代夷名宗派》、王鸣鹤的《登坛必究》(卷二十三)《北虏各支宗派》亦都类此。肖大亨的《北虏风俗》(《夷俗记》)所附《北虏世系》记述极详。现在拿来和《蒙古源流》所传,比较一下。

《蒙古源流》(卷五)历数达延汗诸子说:

"其后,满都海彻辰福晋一乳生图噜博罗特(Törö Bolod)、乌鲁斯博罗特(Ulus Bolod)二子。其次一乳生图噜勒图公主(Töröltü Gunji)与伯尔色博罗特(Bars Bolod)二人。次生阿尔苏博罗特(Arsu Bolod)一人,又其次一乳(生)阿勒楚博罗特(Alchu Bolod)、斡齐尔博罗特(Wachir Bolod)二子。"

这里还漏掉了阿尔博罗特(Ara Bolod),这七个儿子称作七博罗特。[①] 这也许是由于母亲体质关系,生了好多孪生子。《源流》还继续说:

"其札赉尔(Jalair)呼图克实古锡(Khutuk Shigüshi)之女苏密尔福晋(Sümer Khatun)生格呼博罗特台吉(Gere Bolod)、格呼森札台吉(Geresanja)二人,卫喇特(Oirad)巴图特巴葛尔观(Baghatud Bagharkhan)鄂托克之阿拉克丞相(Alak Chingsang)之子孟克类阿古勒呼(Manggilai Aghulkhu)之女古实福晋(Küshi Khatun)生鄂卜锡衮青台吉

---

① 博罗特,蒙古语是钢铁的意思。彻辰福晋为她的孩子们前途祝福,七个儿子都起了带博罗特的名字。据《源流》说:福晋将和达延汗结婚时,就在神前盟誓,愿储此诸子(《东蒙古史》第181—182页,注27)。

(Ubshighun Ching Taiji)，格呼图台吉(Geretü Taiji)二人，共（历）十一汗。"①

这四人是异腹子。《蒙古世系谱》和《黄金史》把这札赉尔的呼图格实古锡说成是无量汉（兀良哈）的呼图克少师。札赉尔就是兀良哈。卫喇特的阿拉克丞相恐怕就是杀也先的阿拉克丞相（阿剌知院）。满都海彻辰福晋是恩衮(Engküd)绰啰克拜特穆尔丞相(Chorokbai Temür Chingsang)之女，由此可知当时通婚的范围。关于这些儿子的长幼有些不同，但可略知一斑。后一条又说：

"其子图噜博罗特、乌鲁斯博罗特二人系壬寅年（1482）生，图噜勒图公主、巴尔斯博罗特二人系甲辰年（1484）生，阿尔楚博罗特、斡齐尔博罗特二人系庚戌年（1490）生，札拉尔福晋所生之格呼博罗特系壬寅年（1482）生，格呼图台吉系辛亥年（1491）生。"

这里遗漏了几个儿子，但仍可推算出他们的年龄。

王鸣鹤的《登坛必究》（卷二十三）《北虏各支宗派》里说《住三间房义（义）汗家达子宗派》有：

"初代哈喇哈处那言生　　二代哈利巴那见生
三代卜儿户吉囊生　　　四代答言罕生
五代哈不害罕生　　　　六代卜着罕生
七代来宋汗生三子　　　八代长子土蛮罕生一子
九代不燕台吉"②

这里错字和脱误很多。所说"住三间房义汗家达子宗派"，就是察哈尔（叉汗）家族的家谱。其七代来宋汗应是七代打来宋汗的脱

---

① 这里，汉译《源流》作"共历十一汗"，江实的译文也作"直到十一汗"，但德译本译作"in allem elf Prinzen"；《蒙古源流笺证》也作"尔田案，当作共生十一汗。当然，这是正确的。
② 按《登坛必究》万历刊本，卷二十三、第97页，"二代哈利巴那见生"作"二代哈利巴那言生"。
　　——译者

误。初代哈喇哈处那言和二代哈利巴那见是《源流》中的阿噶巴尔济济农和哈尔固楚克台吉。三代卜儿户吉囊是博罗勒呼济农。四代答言罕即达延汗。五代哈不害汗是阿不亥汗,也就是巴尔斯博罗特,但实际这里应该插进没有即汗位的图噜博罗特。六代卜着罕就是博迪汗(卜赤汗),七代来宋汗即达赉孙汗(打来孙汗),八代土蛮罕是图们汗,九代不燕台吉是布延台吉。

据《北虏世系》说:歹颜哈十一子,长曰铁力摆户,即图鲁博罗特,次曰五路士台吉(乌鲁斯博罗特)不嗣,三曰赛那剌,即巴尔斯博罗特。以下四子我折黄台吉(阿尔萨博罗特)、五子阿赤赖台吉(斡齐尔博罗特)、六子纳力不剌台吉(阿尔珠博罗特)、七子那力不赖台吉(乌巴伞察)、八子称台吉(阿尔博罗特)、九子克列兔台吉(格哷图台吉)不嗣、十子五八山只台吉(格哷博罗特)、十一子格列山只台吉(格哷森札台吉)。① 长子壬寅(成化十八年、1482)生、末子辛亥(弘治四年、1491)生。

《蒙古源流》(卷六)在达延汗之后,接着由图鲁博罗特叙述博迪汗、达赉逊汗、图们汗等可汗嫡系世代以后,还叙述了分封其他一些儿子说:

> "次子乌尔斯博罗特无子。今巴尔斯博罗特赛音阿拉克统率右翼三万人之众,阿尔斯博罗特墨尔根鸿台吉统率七土默特,阿尔珠博罗特统率内五鄂托克喀尔喀,格哷森札统率外七鄂托克喀尔喀,斡齐尔博罗特统率察哈尔之八鄂托克克什

---

① 格列山只在这个表里列为季子,清张穆在《蒙古游牧记》卷七、《喀尔喀总叙》里,假定达延汗在外蒙古有根据地,说:"独其季子格哷森札札赉尔珲台吉留故土,号所部曰喀尔喀,云云。"但当时蒙古是由长子继承,季子不与焉。何况格列山只也不是季子。此表列为季子,是依其生母来排列的,与其兄格列博罗特——兄弟中最年长的相比,格列山只可能也相当年长。《源流》里列举分封诸子处,也把他列在相当高的地位,值得参看。《蒙古世系谱》的排列是:长子图鲁博罗忒,次子乌鲁思博罗忒,三子巴尔思博罗忒,四子阿尔思博罗忒,五子鄂济尔博罗忒,六子阿尔楚博罗忒,七子阿尔博罗忒,八子格哷三札,九子格勒,十子噶鲁帝台吉,十一子五巴三察青台吉。

克腾,格呼博罗特统率察哈尔之敖罕、奈曼,阿尔博罗特统率察哈尔之浩齐特,乌巴伞察统率阿苏特、永谢布二处,其格呼图台吉无子。"

这十一个儿子里,长子图鲁博罗特的后裔世袭汗位,次子乌鲁斯博罗特和季子格呼图台吉无嗣绝后,其余八个儿子都是达延国所建的藩王。首先封巴尔斯博罗特领济农为右翼三万户之长,所据地域是河套即鄂尔多斯地方。《蒙古源流》其他条中也常提到,当不会错。所谓阿尔萨博罗特的七土默特,可能是今归化城方面;阿尔珠博罗特的五内鄂托克喀尔喀,[①]是今巴林、札鲁特两部地方。格呼森札是后代外蒙古喀尔喀四部的远祖。所谓当初外七鄂托克喀尔喀似乎只限于外蒙古的东部。斡齐尔博罗特以下的察哈尔的克什克腾、敖罕、奈曼和浩济特等都在后世同名地方附近,乌巴伞察的阿苏特、永谢布大约在苏尼特部以内。

这种形势,后来长期支配着蒙古部落的形成,但是王位血统之间也往往不免有断绝或改变。因为自达延汗死后,右翼济农的权势日益强盛,兼慑吞并的结果,动辄威胁到左翼可汗本宗。左右两翼竞争,结果便引起了可汗的东迁。关于小王子本部的东迁,当另行详述。关于右翼济农强盛,如何进行兼并,依下引《源流》中巴尔斯博罗特诸子分封地的记载,大致可以明确:

"长子衮必里克墨尔根济农占据鄂尔多斯万人而居。阿勒坦汗占据十二土默特而居,拉布克台吉占据土默特之乌古新而居,巴雅思哈勒占据永谢布之七鄂托克喀喇沁而居,巴延达喇占据察哈尔之察罕塔塔尔而居,博迪达喇占据阿苏特、永

---

① 所谓鄂托克,据符拉基米尔佐夫的《蒙古社会制度史》说:"是出自粟特语 Otâk 的蒙古语,是与地域有关的词,作为军事用语,和 Khoshighun 同样使用。"原书用作相当于明人所用部以下的营的意思。关于这时期的蒙古社会与文化,余元盦氏有极简要的叙述。(《内蒙古历史概要》第86—88页)

谢布而居之,塔喇海幼死。"

除长子衮必里克承袭他父亲巴尔斯博罗特的故地以外,次子阿勒坦汗和三子拉布克(Labuk)台吉占据着叔父阿尔萨博罗特的故地土默特,四子巴雅思哈勒(Bayaskhal)和六子博迪达喇(Bodidara)同样夺占了叔父乌巴伞察的故地阿苏特、永谢布。又四子巴延达喇(Bayandara)还新占了察哈尔的察罕塔塔尔地方。到这时,当初仅由济农管辖的右翼三万户地方自不待言,就连东边毗连的土默特、阿苏特、永谢布地方也都变成右翼一家的私领了,可见它的势力反倒延伸到了左翼察哈尔地区。从此以后,整个明代以至清初经略蒙古时期,这种形势没有多大变化。明嘉靖中叶,中原有识之士有的也看到这种事实,把它都记录下来了。

5.两种记录

明人记录里概述当时蒙古情况的有两种。我们用这些来补充、考证《蒙古源流》的传说,从而可以了解蒙古的形势。其一是《纪录汇编》(卷百六十一)所刊岷峨山人的《译语》。岷峨山人何许人也不详,但《译语》里或者说:"予嘉靖癸卯夏,奉命守口北道",或者说:"予嘉靖甲辰春,与元戎袭虏至此",又说:"已上所说,于宣府特详,以予官守所在"等等,由此可见,作者是嘉靖二十二三年间宣府口北道的守臣无疑。据茅元仪的《武备志》(卷百九十七《方舆》九)《山西督抚监司》条说:"分守口北道一员,驻扎宣府镇城,兼理兵备。"试看清康熙五十年陈坦等所修《宣化县志》,卷十八《秩官志》里列有:"明、分守口北兵备道","刘钦顺,湖广石首人,'嘉靖'二十年任。苏志皋同安人,二十二年任。辛童章邱人,二十六年任。"这里所列的道员,无疑就是苏志皋。又据明《实录》载有嘉靖二十三年春三月北虏五百余骑入寇龙门所,总兵官却永、副总兵崔天爵、参将刘环等击退的记录。这里并不见苏志皋的名字,但从《译语》说"予嘉靖甲辰春,与元戎袭虏至此"看来,可见志皋当时也曾领兵和总兵官(元戎是总兵官的雅称)一同到过这里。清陈田的《明诗纪事》(《戊签》十八)里有《苏志皋传》,说:

> "志皋字德明,固安人,嘉靖壬辰(十一年)进士,除浏阳知县,改进贤。征授刑部主事,历员外、郎中。出为庐凤佥事,历山西参议,陕西副使,谪河州知州,迁陕西佥事,历山西副使,陕西参政,山西按察使,进布政使,以佥都御史巡抚辽东,进右副都御史。有《寒邨集》四卷。"

按当时同是一个道台出任按察使的次级官员副使、佥事时,叫作分巡道,分守道只限于布政使的次级官员参政、参议。因此,志皋任分守口北兵备道可能是首次任山西参议的时期。又据《中国人名大辞典》载,志皋号寒村,是否别号岷峨山人,反而不详。但试想出身直隶固安的志皋,几次到陕西(包括现今甘肃)去做官,还曾一度做过岷山山北的河州的知州,其自负岷山峨嵋山雅号,可能会从这个缘由来的。据《千顷堂书目》说:志皋还著有《固安县志》和《益知录兵类》等。从他的嗜好来说,著述像《译语》之类的好书,当然并非偶然。

《译语》的记述颇长,因为重要,兹照录如下:

> "胡虏割据北荒,名称不一,往昔不暇数矣。今东迩密云者曰花当,其酋首名革兰台者,近袭都督,每以藩篱自负……曰呆留。东北曰把儿威,曰塔崩,曰袒希,曰莽晦,尚未纳款,各去塞数千里,务稼穑,不事摽掠。尚与大虏(虏中谓小王子一枝为大虏)略同。但塔崩、袒希,行则以桦皮为楼车。北曰兀良哈(哈一作汗),甚骁勇,而负瀚海居,虏中呼为黄毛(亦称花当为黄毛)。予尝见一降者,黄鬘鬈鬙,发如植竿,其睛亦正黄,轻锐趫健,莫与伦比。西北一部落亦曰兀良哈,性质并同,

但戴红帽为号,兵合不满数万,好畜马驼。小王子辈利其所有,累岁侵夺,战死者过半,余则引与俱归。曰把儿户,虏中呼为黑达子,好战斗,兵至数万,以镔铁为刀。曰纳(平声)逊纳不孩,亦小王子宗党。与吉囊、俺答、阿不孩辈,兵至数十万,常据河套,与榆林、固原、宁夏诸边相望。曰瓦剌答里巴,曰尾白儿丞相,与甘凉诸边相望。传闻,犬羊之性,喜怒不常,利害相争,则吞噬不已,故大虏不敢凭陵中夏者,正虞诸胡之蹑其后也。近闻,莽晦、兀良哈、尾白儿丞相诸部落,皆为小王子所兼并……或曰,别有阿骄一部落,虏中称为红帽达子,其多寡与居处,未详。喜盗,小王子辈患之。曰阿剌慎,曰莽观镇,兵各二、三万,常在宣府边外住牧,云是分地也。牛羊多于马驼,不时为患,若大举入寇,必纠套虏以恣猖狂,小王子不与也。"[1]

总之,《译语》所述,无疑是嘉靖二十二三年间分守口北道时所获的知识,其精细详密颇为可贵。正如著者所说,笔录随时见闻的结果,唯嫌缺乏严整。尤其所述邻近各部族不甚详密,记录达延汗苗裔小王子宗党部落较为简略,是它的缺点。但还偶尔谈到当时小王子一族还处在浑一融洽的状态,连同其他显然的错误看来,足以窥知当时明人的知识,饶有兴趣。

比起下引郑晓的《吾学编·皇明北虏考》的一节,互有长短,可资参考。

"众立卜赤,称亦可罕。亦可罕大营五。曰好陈察罕儿,曰召阿儿,曰把郎阿儿,曰克失旦,曰卜尔报。可五万人。卜赤居中屯牧,五营环卫之。又东有冈留、罕哈、尔填三部。冈留部营三,其酋满会王。罕哈部营三,其酋猛可不郎。尔填部营一,其酋可都留。三部可六万人。居沙漠东偏,与朵颜为

---

[1] 按《译语》丛书集成影印纪录汇编本,第31—34页,"东迤密云者"本作"东迤密云诸边者"。又"各去塞数千里"句后,还有"生齿数十万"一句,又"而负瀚海居"作"负瀚海而居"。——译者

邻。西有应绍不、阿尔秃厮、满官嗔三部。应绍不部营十。曰
阿速、曰哈剌慎、曰舍奴郎、曰孛来、曰当剌儿罕、曰失保嗔、曰
叭儿厥、曰荒花旦、曰奴母嗔、曰塔不乃麻，故属亦不剌，亦不
剌遁西海去，遂分散无几。唯哈剌嗔一营仅全。阿尔秃厮部
营七。故亦属亦不剌。今从吉囊，合为四营，曰孛合厮，曰偶
甚，曰叭哈思纳，曰打郎，众可七万。满官嗔部营八，故属火
筛，今从俺答，合为六营，曰多罗田土闷，曰畏兀儿，曰兀甚，曰
叭要，曰兀鲁，曰土吉剌。三部众可四万。吉囊、俺答皆出入
河套。二酋皆阿着子也，诸种中独强。时寇延、宁、宣、大。南
有哈剌嗔、哈连二部。哈剌嗔部营一，酋把答罕奈，众可三万。
哈连部营一，酋失剌台吉，众可二万。居宣府、大同塞外。北
有兀良罕营一，故小王子北部也。因隙叛去，至今相攻。又西
为瓦剌，可五万人，世与土鲁番为仇。诸虏虽逐水草，迁徙不
定，然营部皆有分地，不相乱。"

依此看来，真是秩序井然，可以大约看出蒙古的大势。其弊则是坐
在书斋里编纂而成，每每有不合理的混淆。著者把这项记载写在
正德末年条下，但既是卜赤罕（博迪汗）和吉囊、俺答的时代，必定
是嘉靖七八年以后的事，从它谈到西边的瓦剌，而略去其间的西海
亦不剌看来，显然是嘉靖十二年以后亦不剌亡后的形势。然其中
如说明应绍不部十营一节，却是亦不剌西奔以前即正德五年以前
的事。因为把这已经灭亡的部落列为西方三大部之一，所以说仅
阿尔秃厮（斯）一部就"众可七万"，而却有合计"三部众可四万"的
令人不解的一句话。至于所说"唯哈剌嗔一营仅全"，当然和下面
"南有哈剌嗔。云云"说的是同一个部落。但大体说来，不愧是郑
晓的名著，充分道破了当时的形势。后来，明王圻的《续文献通
考》、朱健的《古今治平略》和清谷应泰的《明史纪事本末》、《渊鉴类
函》等竞相转载这些记载，不无道理。又明魏焕的《九边考》和严从

简的《殊域周咨录·鞑靼传》末尾也载有类似本诸这项记载的史料,《说郛补逸》所载唐枢的《冀越通》里,也摘录了一些片断。其间固有若干异同,可用来补订,但现在为了避免转录的烦琐,以下各章将需要加以引用。郑晓的《吾学编·四夷考》里另有《鞑靼考》,想是因为有些疏略,所以著者才又写了《皇明北房考》。而《皇明北房考》特意附有序文,说:"嘉靖壬子(三十一年)九月九日郑晓识",因而可以肯定这项记载确是这时期加的,可能是采自明魏焕的《九边考》,但不能肯定。①

现试把上述两则记载加以对比来看,大致可以推测,中央是小王子一族的大部,西面有尾白儿、瓦剌、土鲁番等各部落,从西北到北面有兀良哈部落,东方毗连朵颜卫还有若干部落。特别有赖于明人记载之处的是记述不限于鞑靼一族、小王子宗党的事项,更广泛地谈到了邻近的各部落。此外,这两种几乎同时而各自依据完全不同的典据写成的珍贵的两则记事,结合《源流》所传,颇有启发之处。这里不只是达延汗的事业,还有其分封引起的后果,说"诸房虽逐水草,迁徙不定,然营部皆有分地,不相乱。"以下略谈这些情况。

6.东方各部落

首先来考察《译语》的记录说"今东迤密云诸边者、曰花当,其酋首名革兰台者,近袭都督,每以藩篱自负。"花当是酋长名,不是

---

① 魏焕的《九边考》一书,书成于嘉靖二十年,其中分九边(《番夷通考》),分别记载各边的事,郑晓可能汇总了各边的记载。后来,《续文献通考》和《治平略》大致沿袭了它,这在"多罗田土闷畏兀儿"一句里也很显明。但《殊域周咨录》和《冀越通》却未必沿袭了这些书,而是直接根据《九边考》的。关于亦克罕部一节,《九边考》卷六、《边夷考》说:"北房亦可罕一部常住牧此边,兵约五万,曰好城察罕儿,曰克失旦,曰卜尔报东营,曰阿儿报西营,曰把即郎阿儿,入寇无常,云云。"这和后面所引《周咨录》和《冀越考》很相似。

部落名。《明史纪事本末》(卷二十《设立三卫》)弘治十七年(1504)条说：

> "时，朵颜部益蕃，屡侵盗。而诸部独花当以完者帖木儿裔，种最贵。花当次子把儿孙骁勇，敢深入。结婚小王子，为中国患滋甚。"

后来，正德十年(1575)夏四月，把儿孙从鲇鱼关侵入马兰谷，杀死参将陈乾。嘉靖十一年(1532)条说：

> "先是，朵颜都督花当长子革列孛罗早死，其次子把儿孙谋夺嫡，不得，把儿孙寻亦死。革列孛罗子革兰台贡马请嗣，兵部令转译方许贡。"

《实录》嘉靖二十年(1541)九月，总督胡守中奏称："革兰台骁勇绝伦，今虽通贡，乃私与北虏和亲，广招达子数万，沿边抢掠。"又二十五年(1546)六月，兵科给事中扈永通等奏称："小王子结好朵颜，而辽东不得安枕矣。"成化、弘治年间，朵颜卫有著名都督阿儿乞蛮，但在正德一二年(1506—1507)间死了，起而代之的是嗣子花当，也在嘉靖九年(1530)左右死了，革兰台又代之。革兰台似乎一直活到嘉靖二十七年(1548)。又据《蒙古王公表传》(卷二十三)《喀喇沁部总传》比较来看，朵颜卫的世系如下：

和通——格呼博哩特(革列孛罗)——格呼勒泰(革兰台)

这一部落后来为喀喇沁部所取代，容待后述。

魏焕的《皇明九边考》(卷三)《蓟州镇边夷考》说：

> "朵颜三卫在外边之内，内边之外，元兀良哈之地，即古会州也。东西千里，南北倍之。洪武二十一年，元裔东夷辽王、会宁王、朵颜元帅府元帅，各差人来朝。永乐诏以其地置泰宁、朵颜、福余三卫，每卫都督二。朵颜卫左都督花当，今袭者曰革兰台，右都督朵儿干，今袭者曰拾林孛罗。泰宁都督二，今止一人曰把班。福宁(余)都督二，今无，止都指挥一曰打

都。三卫唯朵颜日众，朵颜惟花当日众。把班、打都、拾林字罗，皆为彼制驭。今考，革兰台子孙，为都指挥者二，曰脱力，曰哈哈赤。为正千户者四，曰革孛来，曰斡推，曰把儿都，曰伯革。为舍人者曰打哈等最多。每岁朝贡二次，共六百人。推斡儿、古道儿、撒只儿、他鲁浑、脱桶阿土鲁罕、脱桶阿克库、把秃剌、大同脱脱罕等诸夷，俱在墙子岭、古北口、白马关以西至黄花镇境外住牧，专肆抢掠，自不朝贡。边人谓：革兰台、把班、革孛来、打哈、脱可诸酋狡谲，而打哈之子倘孛来尤猛悍，同类畏之。生齿日繁，衣食不给，乍臣乍叛，为我边患。恐与北虏连合，势难阻御。防守之计，不可一日不讲也。"

《明史》(卷三二八)《三卫传》说："自大宁前抵喜峰口，近宣府曰朵颜。"《译语》里所说的"花当"，就在这里。又在这段末尾附记的呆留，不详。

所载东北部落如下，颇为详尽。说：

"曰把儿威、曰塔崩、曰袒希、曰莽晦，尚未纳款。各去塞数千里，生齿数十万，务稼穑，不事摽掠，尚与大虏略同。但塔崩、袒希行则以桦皮为楼车。"

这些都是驻在兴安岭东面北段的一些部族。除把儿威与巴林、塔崩与杜尔伯特音韵近似以外，根本无法理解。恐怕这些都不是部族名称而是酋长的名号。至少其中的莽晦可能是《皇明北虏考》里的"其酋满会王"。《皇明北虏考》记述这些部酋如下：

"又东有冈留、罕哈、尔填三部。冈留部营三，其酋满会王。罕哈部营三，其酋猛可不郎。尔填部营一，其酋可都留。三部可六万人，居沙漠东偏，与朵颜为邻。"

魏焕的《九边考》(卷四)《宣府镇边夷考》说：

"北虏冈留、罕哈、尔填三部，常在此边住牧，兵约六万，与朵颜诸夷为邻。同(冈)留部下，为营者三，大酋满惠王领之。罕哈部下,为营者三,大酋猛可不郎领之。尔填部下,为营者一,大酋可都留领之。入寇无常,近来套虏亦同此虏入寇。"

关于冈留部,《殊域周咨录》(卷三十二)《鞑靼传》说:"罡留部下为营者三,潘惠王领之。"满会(Mang-hui)王即潘惠王,也就是虏酋莽晦(Mang-hui),殆无疑义。《译语》说:东偏部落有莽晦。此外,还说酋首莽晦从小王子征伐西北兀良哈。最后又说"近闻莽晦、兀良哈、尾白儿丞相诸部落,皆为小王子兼并。"《蒙古源流》(卷六)记述达延汗第八子格哷博罗特的分地说:"格哷博罗特统率察哈尔之敖罕、奈曼。"当时的敖汉、奈曼在今何处不详。但达延汗经略了兴安岭以东地方却无疑问。据《武备志》(卷二二七《北虏译语》)载,明人统称"泰宁"、"朵颜"、"福余",而蒙古人则分别叫作"往流"、"五两案"、"我着"。"五两案"(Wu-liang-an)即兀良罕(Uriyangkhan),也就是兀良哈,当无问题。"往流"(Wang-liu)或即"罔留"(Wang-liu),冈留可能搞错了。"我着"(Wo-cho)即兀者(Uje),可能是海西女真的混称。如前所述,《明史·三卫传》记述三卫的位置说,"自大宁前抵喜峰口,近宣府曰朵颜。自锦义历广宁,至辽河曰泰宁。自黄泥洼逾沈阳、铁岭,至开原曰福余。"这当然是三卫大举南下以后的形势。如果是这样,那么罔留部即冈留部的位置也大体可以推测出来。

总之,冈留部位于兴安岭东面,最靠近小王子驻牧的根据地。因而自然要服从小王子节制。满会王尝随小王子征伐西北兀良哈,但可能终于自己也被小王子打败而被并吞了。

关于罕哈部,《元史》(卷一二〇)《术赤台传》里也作罕哈,亦即喀尔喀(Khalkha)。今则喀尔喀这个名称,因外蒙古喀尔喀四部而著称,似乎独占了这个名字。例如,据《钦定外藩蒙古回部王公表传》(卷四十五)所载《喀尔喀土谢图汗部总传》说:

> "元太祖十五世孙达延车臣汗游牧瀚海北杭爱山界。子
> 十一,格呼森札札赉尔晖台吉其季子也……独所部号喀尔喀,
> 留故土,析众万余。为七旗,授子七人领之。分左右翼。"

张穆的《蒙古游牧记》(卷七)《喀尔喀总叙》也沿袭了这种说法。但
达延汗是内蒙古的君长,绝没有驻牧在外蒙古杭爱(Khangghai)山
界。这只是根据后来的形势传讹了。传述当时情况的《蒙古源流》
(卷六)中,有十二鄂托克喀尔喀的说法,并分开说:

> "阿尔珠博罗特统率内五鄂托克喀尔喀,格呼森札统率外
> 七鄂托克喀尔喀。"

反之,试查清《实录》,太祖(明)万历二十二年(1594)春正月条载有
喀尔喀五部酋长老萨贝勒通贡一事。从此就五部落喀尔喀的名称
一再出现。喀尔喀五部落究竟是哪些部落,不得而知,但《实录》里
常见"喀尔喀把岳忒部落"、"喀尔喀札鲁特部落"、"喀尔喀巴林部
落"等等,所谓五部落之中,可以设想应当包括这三个部落。其中
把岳忒部落,现在不详,但札鲁特(Jarud)和巴林(Bagharin)部落,
现仍驻在兴安岭以东保持兴旺。从《蒙古源流》(卷六)所载内五鄂
托克喀尔喀的骁将"喀尔喀札鲁特之巴噶逊达尔罕塔布囊"等来
看,《清实录》里的喀尔喀五部落,无疑就是《源流》里的内五鄂托克
喀尔喀。据《蒙古王公表传》(卷二十八、二十九)说:札鲁特部的祖
先出自阿尔楚博罗特之子和尔朔齐哈萨尔的长子乌巴什伟征诺
颜,巴林部的祖先出自次子苏巴海达尔汉诺颜。现在的札鲁特、巴
林等各部原来就是内蒙古的喀尔喀,可谓极为明确。果真如此,那
么,明末清初之际,占据兴安岭以东的中央部分并扩张到遥远的辽
河左右的部落,就是这里提到的内五鄂托克喀尔喀了。

喀尔喀部落的名称,只是到达延汗时代以后,才出现在《源流》
里,但流入贝尔湖(Buir Naghur)的喀尔喀河的名称,却早自《元朝
秘史》以来就出现了。它的流域是著名的绝好牧地。所谓十二喀

尔喀部之中,外蒙古七部落是在这条河西边克鲁伦河注入处发展起来的,而内蒙古五部落则是在这条河以东、跨越兴安岭的地方繁荣起来的,因而自然可以推测,这个部落的名称可能来自同名的河流。何况据《蒙古游牧记》载,竟把喀尔喀内外札萨克列入阿噜蒙古里面了。所谓阿噜蒙古,下面还要谈到,是占据兴安岭山阴、今呼伦贝尔(Kölön Buir)地方的部落。由此可以设想喀尔喀部落的原驻地。现在暂且把外蒙古七鄂托克放下不谈,先考察一下内蒙古五鄂托克。

本来说内蒙古喀尔喀五部落,却又说"罕哈部营三"。这是和清初喀尔喀部落中,只知道有把岳忒、札鲁特、巴林三个部落,而不知道其余两部落的情况一致的。或者这时只剩下三个部落了?所称"其酋猛可不郎"也很费解。明《实录》嘉靖四十三年(1564)六月己卯条所说:"初庆云堡通事王朝用偕广宁通事李名,先后叛入房地,常为北房入犯乡导,至是,挟房酋猛磕孛罗入关索赏,为守庆云堡百户黄承思、通事张发等掩捕。"或者就是这个房酋猛磕孛罗,也未可知。但说嘉靖四十三年,时期未免太迟了,没法肯定。

至少,赵时春的《北房纪略》载:

> "又东则泰宁、福余地,直辽左矣。房之特起新酋曰虎喇
> 哈赤者,众不满千。"

另外又说:"房中大校如此,其名目可征见者,今列左方,以备参考云",所列的"房酋名目"里,还有"虎喇哈赤大房酋,在辽东边外。"这个虎喇哈赤不外就是前述阿尔楚博罗特之子和尔朔齐哈萨尔。因为《登坛必究》的《东胡夷酋号名哈儿宗派》里说,虎喇哈赤的长子,名兀把赛(乌巴什),次子名速把亥(苏巴海),可见无疑。因此,这时喀尔喀部已经成了辽东突起的酋首了。

其次是"尔填部营一,其酋可都留"。本来,蒙古语里并没有以r音开始的名词,因而这个名号显然是脱落了前面一个字母的误

传。尔填恐怕就是科尔沁（Khorchin）的讹传。科尔沁这个部名，在明代常以好尔趁、火儿慎等字来表示。科尔沁占有今哲里木盟全部地域。今天的位置显然大大南移了，往昔处在东北遥远的腹地，还没有划入达延汗势力范围的六万户之中。据《蒙古源流》说：科尔沁之名，自往昔成吉思汗时代即已著称，到了明代，洪熙、宣德年间，当脱欢、阿鲁台强盛时，乌济锦诺延即斡赤斤乃颜（Odchigin Noyan、帖木格斡赤斤）的裔孙，有个叫作科尔沁的阿岱汗（Adai Khan）者，一度在东部蒙古称雄。《蒙古游牧记》（卷一）《科尔沁》条说：

> "洪熙间，蒙古臣阿鲁台为瓦剌所破，其酋奎蒙克塔斯哈剌……走避嫩江，依兀良哈。因同族有阿噜科尔沁，故号嫩科尔沁，以自别。"

张穆想是根据《藩部要略》原文，把它当作《明史·鞑靼传》所载洪熙年间："阿鲁台日益蹙，乃率其属，东走兀良哈，驻牧辽塞"，疑惑阿鲁台是《源流》里的阿岱汗，误会奎蒙克塔斯哈剌是当时的酋首。可是，奎蒙克就是魁猛磕，乃是很久的后代酋首，而阿鲁台并不是科尔沁部酋阿岱。《明史》的阿鲁台是《源流》的右翼阿苏特的阿噜克台（Aruktai），被瓦剌打败后，反而来投科尔沁的阿岱汗。关于这点，原田淑人和中岛竦的论证没有错。[1] 阿岱汗即《明史》里的阿台，阿鲁台亡后，窜到陕西、甘肃边外，驻在今额济纳（Ejinei）河地方。正统初年，遭到脱脱不花枪杀，不久被瓦剌脱欢灭掉了。阿岱汗是乌济锦诺颜的后裔，这次灭亡后，就绝嗣了。《源流》里接着出现的科尔沁部酋乃是哈萨尔的后代乌讷博罗特（Üne Bolod）王。乌讷博罗特是蒙古著名的勇士巴图鲁锡古苏特（Baghatur Shigü-sütei）之子。他的父兄被也光杀死以后，他就继承父亲锡古苏特做

---

[1] 原田淑人《明代的蒙古》（《东亚同文会报告》第109页），中岛竦《蒙古通志》第228页和第254页。

了科尔沁部的主人。① 科尔沁地方一向属于明代内蒙古六万户之外,和所谓乌梁海万户显然有别,乌讷博罗特王也另外拥有单独的势力,立于中部蒙古混乱局面以外。满都古勒汗死后,他曾一度向满部海彻辰福晋求婚,似乎和达延汗立于竞争地位。后来,达延汗盛时,还有酋首苏尔塔该王(Surtukhaya Ong)、鄂尔多固海诺延(Ortoghokhai Noyan)、布喇海巴图尔(Borkhai Baghatur)台吉等。还有巴图尔摩罗齐(Baghatur Molojai)。科尔沁部众是左翼三万户的强有力的党羽。

关于科尔沁部的事,留待以后再谈。所谓"其酋可都留"的可都留不详,或许是后来的奎蒙克之甥、阿噜科尔沁的酋长昆都伦,也未可知。

7.北方各部落

回头来看看《译语》。《译语》里提到北方部落时说:

"北曰兀良哈(哈一作汗),甚骁勇,负瀚海而居。虏中呼为黄毛(亦呼花当为黄毛)。予尝见一降者,黄鬓髭髯,发如植竿,其睛亦正黄,轻锐趫健,莫与伦比。西北一部落亦曰兀良哈,性质并同,但戴红帽为号。兵合不满数万,好畜马驼。小王子辈则利其所有,累岁侵夺,战死者过半,余则引与俱归。"

还另附记说:

"或曰,别有阿骄一部落,虏中呼为红帽达子,其多寡与居处,未详。善盗,小王子辈患之。"

著者似乎把这个阿骄和前述的西北一个部落兀良哈是否是同一部

---

① 据《蒙古源流》卷五和《蒙古黄金史》。这个 Shigüsütei,说是蒙古鄂罗郭特(Urughud)的酋长,而他的儿子却是科尔沁的主人,这表示鄂罗郭特(Urughud,恐怕是乌喇特)和科尔沁(Khorchin)有密切关系。

落，置于疑似之间。但既说他们都叫红帽达子，又都和小王子辈相抗争，可见两者是同一个部落无疑。又《皇明北虏考》关于北方的兀良哈说：

> "北有兀良罕营一，故小王子北部也。因隙叛去，至今相攻。"

关于黄毛，王世贞的《北虏始末志》和叶氏的《四夷考》、何乔远的《名山藏》等书也说：

> "别种曰黄毛者，凶悍不能别死生。众少于三部（小王子部和吉囊、俺答），虏或时深入，黄毛辄从后掠徽，取子女玉帛，虏苦之。后合兵，逐北急击，大破，臣黄毛。以是无内顾，得并力我。"

《殊域周咨录》（卷二十二）里说："小王子居沙漠。其属有黄毛胡，畏吉囊等仇杀，不敢南向。"《明史》（卷二〇二）《胡松传》所载胡松《制虏策》中说："东胳黄毛三卫，以牵其左。"又《明史》（卷二十二）《王崇古传》载崇古招抚北虏成功时也说："归者接踵，西番、瓦剌、黄毛诸种，一岁中降者逾二千人。"此外，明《实录》里，也往往散见兀良哈、黄毛等字样。其中，胡松说的显然是指前述朵颜三卫，其余大都是说北方的兀良哈。关于黄毛，《实录》里也见有西藏种族等使用这样的名称，但那完全是另外一个种族。[①]《译语》所说"黄鬒鬈鬘，发如植竿，其睛亦正黄"，可见兀良哈的相貌和其他蒙古人完全不同，所以才称为"别种黄毛""异种黄毛"。而他们之间，无论驻牧三卫的，或北方的、西北方的同称为兀良哈，同称为黄毛，当然是同种无疑。他们究竟从哪里来的呢？

祁韵士的《皇朝藩部要略》（卷一）和张穆的《蒙古游牧记》（卷一）都说：朵颜是元太祖的功臣札尔楚泰之子济拉玛的后代乌梁罕

---

① 明《实录》正德十年十二月庚申条说："礼部尚书毛纪言……又闻自四川雅州出境，过长河西，迤西至乌思藏，约有数月程，皆黄毛野达子之地，无州县驿递，亦无市镇村落。"

氏。所谓札尔楚泰之子济拉玛就是《成吉思汗实录》里所说的札儿
赤兀歹额不坚之子者勒篾，驻在斡难河源头的兀良罕。在《元史》
和《亲征录》里，济拉玛作折里麦。他们逐渐南迁，终于来到北京背
后地方。其他兀良哈各部究竟发源何处？又如何迁到那里的呢？

据《蒙古游牧记》载，除卫喇特种外，内外蒙古十盟、二十八部、
百三十二旗之中，大半是达延汗的子孙，只有内蒙古兴安岭以东的
科尔沁五部落（科尔沁、札赉特、杜尔伯特、郭尔罗斯、阿鲁科尔
沁）、喀喇沁两部落（喀喇沁、土默特左翼）、翁牛特以及兴安岭以西
的四子部落、乌喇特、茂明安、阿巴噶两部落（阿巴噶、阿巴哈纳尔）
等十三部二十六旗，不是达延汗系统。兴安岭以东地方原是兀良
哈的巢穴，达延汗的势力也难达到，所以暂且不谈；但兴安岭以西
地方，其中尤其是在达延汗势力中心的内蒙古北部和西北部，非达
延汗子孙的这些部落能够繁衍，诚属可疑。现在来考察一下这十
三部。喀喇沁两部落已另谈了，暂且不谈，其余四子部落、乌喇特、
茂明安和科尔沁各部落，都是同祖，同出于元太祖成吉思汗之弟哈
布图哈萨尔（Khabutu Khasar），翁牛特部是其季弟帖木哥斡赤斤
（Temüge Odchigin）的后裔，两阿巴噶部则是太祖异母弟别勒古台
（Belgütei）的后裔。[1] 所谓太祖诸弟，是当太祖分封时，分别被从蒙
古东北地方向女真境界以北册封的人们。即哈布图哈萨尔占据额
尔古讷（Ergüne）、海拉尔（Khailar）两河流域和呼伦池（Kölön
Naghur）附近地方；帖木哥斡赤斤分地最广，东南接女真境，嫩
（Non）江东西、洮儿（Taor）河南北，大都是他的封疆。别勒古台的
分地，其西占斡难（Onon）、克鲁伦（Kerülen）两河之间，位于成吉思
汗大斡耳朵的东方。[2] 如果是这样，这十三部落肯定全都发祥于蒙
古东北地方。清《平定罗刹方略》里所说："鄂嫩（Onon）、尼布楚

---

[1]《蒙古游牧记》卷一、三、四。
[2] 箭内亘《元代的东蒙古》（《蒙古史研究》第 585—662 页）。

(Nibchu)系我国所属茂明安(Maghu Mingghan)诸部落旧址",正说明了此意。更以这种观点来看,该书所载康熙三十九年(1700)的上谕说:"尼布楚等处,原系布拉忒、乌梁海诸部落之地,彼皆林居,以捕貂为业,人称为树中人,后鄂罗斯强盛,遂并吞之,已五六十年矣。"树中人就是乌梁海(兀良哈)。布拉忒即乌喇特。因此,说乌喇特、茂明安等出自鄂嫩、尼布楚地方,就是说他们是哈萨尔的后裔。

又据《蒙古游牧记》载,有阿鲁蒙古的称号,这个名称的意义不足以推测出这里提到的各部落的原驻地。该书(卷三)阿噜科尔沁部条末尾说:

"所部与四子部落、乌喇特、茂明安、翁牛特、阿巴噶、阿巴哈纳儿及喀儿喀内外札萨克,统号阿噜蒙古。"

下面并附注说:

"蒙古谓山阴曰阿噜,盖是数部,先是,皆驻牧杭爱山之北也。"

这一段正文大致取自《皇朝藩部要略》,张穆的意见只限于注。但张穆这种说明可能基于臆断。当然,当北元退居漠北时,昭宗爱猷识里达腊(Ayur Śridara)驻在和林,丞相扩廓帖木儿(Kökö Temür)移居金山之阴,因此,说是杭爱山北并无不可。但是,那里不久就被瓦剌夺去,成了瓦剌的巢穴。何况阿鲁科尔沁等七个部落的祖先都发祥于蒙古东北,正像已经论证过的,喀尔喀部落原来就是占据喀尔喀河畔因而得名的。非常明显,这些部落本来都没有驻在杭爱山北。

阿鲁蒙古的阿鲁(Aru),是山阴的意思,但绝非杭爱山以北的意思。由科尔沁部的名称的起源可以论证,可能是兴安岭山阴的意思。《游牧记》(卷三)阿鲁科尔沁条说:

"元太祖弟哈布图哈萨尔,十三传图美尼雅哈赤,长子奎

蒙克塔斯哈喇游牧嫩江,号嫩科尔沁。次子巴衮诺颜游牧呼
伦贝尔。巴衮诺颜长子昆都伦岱青号所部曰阿鲁科尔沁。"

所说呼伦贝尔就是呼伦、贝尔两湖附近,乌尔顺(Urshighun)河东,
兴安岭以西地方,今龙江道西南隅。大概是在龙江道南半部发展
起来的一族,其兄驻在靠近嫩江水滨,因河取名;其弟驻在兴安岭
北段山阴,所以称作阿鲁科尔沁。兴安岭从东北走向西南。这里
称作山阴不太自然。然而泛指今呼伦贝尔地方或它的北邻地域称
为阿鲁,当然不是中央以西的蒙古所起的名称。这可能是起于跨
据嫩江东西、洮儿河南北的部族之间,本来是扩张到兴安岭左右的
兀良哈族的称呼。不过,以上只是根据《游牧记》所传的推测,据该
书的原本《藩部要略》,阿鲁蒙古之中,还要加上嫩科尔沁。我想嫩
科尔沁当初也和其他各部一样,都在曩祖哈萨尔封地兴安岭山阴
地方,因而早已获得阿鲁蒙古的名称,后来才逐渐东迁。《藩部要
略》(卷一)说:明洪熙间,科尔沁为厄鲁特(与瓦剌同)所破,避居嫩
江,以同族先有阿鲁科尔沁,乃号嫩科尔沁(以自别),足以说明这
点。

乌喇特、茂明安、四子部落等各部是从蒙古东北山地发展起来
的,已如上述。现据《蒙古游牧记》(卷五)载,张穆暗示这些部落南
迁的过程说:"四子部落、乌喇特、茂明安及阿噜科尔沁四部落之
祖,初,共游牧于呼伦贝尔地方。"呼伦贝尔地方若与曩祖哈萨尔的
分地额尔古讷、海拉尔地方相比,接连这里更靠南边。看来四子部
落、乌喇特、茂明安三部(都是哈萨儿的后裔)和阿巴噶、阿巴哈纳
尔二部(都是别勒古台的后裔)是驻牧在兴安岭以西内蒙古的非达
延汗子孙的一些部落,它们的位置正在渤海背后,在小王子驻牧地
以北或西北,这不仅完全和明人所说北边兀良哈的驻地一致,其中
又分成北和西北两个集团,更和《译语》的记述相合。当然,哈萨尔
和别勒古台的后裔并不是兀良哈,但随从他们来的部族之中可能

包括了不少兀良哈人。从前引《蒙古源流》(卷六)所载："札赉尔呼图克实古锡之女苏密尔福晋"和《蒙古世系谱》(卷四)载"无量汉呼图克少师之孙女苏睦尔哈吞"来看,这个地方的兀良哈可能是元初驻在斡难河边的札剌亦儿部的后裔。而这个兀良哈竟被达延汗灭掉了。后来出现的是乌喇特、毛明安、四子部落等。

据清人记载,成吉思汗之弟哈萨尔的十三世孙有个图美尼雅哈齐,他的长子叫奎蒙克塔斯哈喇(Küi Möngke Daskhara)。阿鲁科尔沁部的祖先出自奎蒙克塔斯哈喇的长弟巴衮诺颜。自其子昆都伦岱青经长孙达赉楚琥尔传到投归清朝的曾孙穆彰。阿噜科尔沁部自呼伦贝尔地方移到现在的驻地,可能是乘清初喀尔喀五部落动摇之机,当《太宗实录》天聪八年十一月蒙古牧地定界时,似乎已经在兴安岭东边了。

上述达赉楚琥尔之弟诺延泰有四子,都投降了清朝,因而都分领了其父的部落,不久就获得了四子部落的名称。奎蒙克塔斯哈喇的季弟名叫布尔海。布尔海的长子赖噶之孙鄂木布是乌喇特前旗的始祖;布尔海的第五子巴尔赛的五个儿子中,次子哈尼斯青台吉之孙色棱是乌喇特后旗的始祖;第五子哈尼泰冰图台吉之子图巴是乌喇特中旗的始祖。茂明安部的始祖说是出自哈萨尔的十三世孙鄂尔图萧布延图。鄂尔图萧布延图和前述图美尼雅哈齐是近亲。他的儿子锡喇奇塔特、孙子多尔济固穆巴图尔等都驻牧在呼伦贝尔地方。固穆巴图尔和多尔济的儿子车根等都是投降清朝的酋首。

阿巴噶、阿巴哈纳尔,据说最初是一个部落,都是成吉思汗的异母弟别勒古台的后裔。别勒古台的十七世孙巴雅思瑚布尔古特有二子,长子塔尔尼库图领阿巴噶,次子诺密特默克图领阿巴哈纳尔。阿巴噶、阿巴哈纳尔两部和其他呼伦贝尔蒙古不同,可能是直接从克鲁伦(Kerülen)河北边故地渡漠南下的,后来受到察哈尔部的陵丹汗的压迫,忽又避往漠北,依附喀尔喀,它所以游牧在克鲁伦河界上,原因之一就在此。

翁牛特部是唯一残存的帖木格斡赤斤的后裔。当成吉思汗分封时,季弟斡赤斤的封地最广,后来由于玄孙乃颜背叛颠覆,颇受到些打击,然似乎还拥有相当势力,到了明初,有辽王阿札失里,中叶有科尔沁部酋阿岱汗;推测泰宁、福余酋首里也有他的后裔,但今踪迹全无,不知所传。《源流》所传摩里海即著名的强酋毛里孩的本部翁里郭特这个名字,很像翁牛特,但现在也灭亡了。现在的翁牛特部不安于曩祖分地兴安岭以东地方,而从兴安岭北坡山阴出来了,这从他的本部称为阿噜蒙古里的阿鲁蒙古,可以推测出来。据《清朝实录》载:天聪四五年间,最初投降移到石拉木轮地方,不久就安居在现在的地方了。斡赤斤的远支孙子中有个叫蒙克察罕诺颜的,他的两个儿子中,长子巴颜岱洪果尔诺颜嗣翁牛特部,次子巴泰车臣诺颜另立个喀喇齐哩克部。巴颜岱之孙图兰的儿子逊杜积号称济农,做了阿噜部的酋长,和他的叔父栋岱青及巴泰的曾孙噶尔玛一同归顺了清朝。翁牛特在清初还分为两部,后来又合成了一部。逊杜积是今左翼旗的远祖,栋岱青是右翼旗的远祖。①

这些都是以后的事。

8.小王子本宗的部落

其次再谈《译语》所说:"曰把儿户。云云。"关于小王子本宗部落,《皇明北虏考》叙述得极为精细,以下以《皇明北虏考》的记载为中心,并参考《译语》及其他的记录。《北虏考》载:

---

① 这些都是依据《皇朝藩部要略·世系表》、《蒙古游牧记》、《清朝实录》、霍渥尔特的书等。

> 众立卜赤,称亦克罕。亦克罕大营五,曰好陈察罕儿、曰召阿尔、曰把郎阿儿,曰克失旦,曰卜尔报,可五万人。卜赤居中屯牧,五营环卫之。"

卜赤是达延汗的长子图鲁博罗特之子博迪阿拉克汗(Bodi Alak Khan),亦克汗(Yeke Khan)是大汗的意思。

魏焕的《皇明九边考》(卷六)《三关镇·边夷考》载:

> "北虏亦克罕一部,常驻牧此边,兵约五万。为营者五,曰好城察罕儿,曰克失旦,曰卜尔报东营,曰阿儿西营,曰把即郎阿儿,入寇无常。近年,虏在套中,以三关为出入路,直抵山西地方抢掠。"

又《殊域周咨录》(卷二十二)《鞑靼》条末尾同样说:

> "亦克剌一部近三关住牧,为营者五,察罕儿、克失旦、卜尔报领其三,阿儿、把即各领其一,在东西,五营约众五万,惟阿儿入寇无常。"

这里面脱误字很多,亦克剌当然是亦克罕的讹误。阿儿把即必定就是召阿儿和把郎阿儿的脱误。至于所说的三关,并非明代所称三关中的居庸、紫荆、倒马的内三关,必定是山西的外三关即雁门(东路)、宁武(中路)、偏头(西路)那三关。又《说郛补逸》所收《冀越通》里,把亦克罕的驻牧地作为黄河北岸唐代三受降城一带地方,这和《国朝献征录》所载《通贡传》相似,很难遽然相信,不过,下文也还列举了五营的名称,说:

> "今其为营者五:曰好陈察罕儿,曰克失旦,曰把郎郎阿儿,曰卜儿报东营,曰阿儿西营,兵约五万。"

把郎郎阿儿衍一字,其实是把郎阿儿,阿儿西营则脱一字,是召阿儿西营。

这三则记载,互有出入,但似乎可以推测其真相。第一是好陈察罕儿。所谓"好陈",蒙古语是"旧"的意思,就是原来的察罕儿部,可能是小王子的本部。或许和后来的浩齐特部有关。关于浩齐特部,《蒙古王公表传》(卷三十五)《浩齐特部总传》载:"元太祖十六世孙图鲁博罗特再传至(达赉逊)库登汗,号其部曰浩齐特。弟库克齐图墨尔根台吉,翁衮都喇尔台吉裔详乌珠穆沁、苏尼特二部传。"关于乌珠穆沁部,《蒙古王公表传》(卷三十四)《乌珠穆沁部总传》载:"元太祖十六世孙图噜博罗特由杭爱山徙牧瀚海南,子博第阿拉克继之,有子三,分牧而处。长库登汗详《浩济特部总传》,次库克齐图墨尔根台吉详《苏尼特部总传》,次翁衮都喇尔号其部曰乌珠穆沁。云云。"关于苏尼特部,《蒙古王公表传》(卷三十六)《苏尼特部总传》里说:"元太祖十六世孙图噜博罗特再传至库克齐图墨尔根台吉,号其部曰苏尼特。兄库登汗,弟翁衮都喇尔台吉裔详浩齐特、乌珠穆沁二部传。"其次,所称克失旦,据王鸣鹤的《登坛必究》(卷二十三)《北虏各支宗派·住三间房义汗(察罕儿)家达子宗派》说:"所管部落克失探官儿";在瞿九思的《万历武功录》(卷十三)和《明史·李成梁传》(卷二三八)里写作黑石炭;张鼎的《辽夷略》里写作克石炭,就是今克什克腾部的简译。按蒙古语的Keshikten,原是慈悲、恩惠之意,转而变成获得深厚君宠的亲卫兵丁的意思了。据说《元史》里写作怯薛、陡薛歹等就是这种人。① 因而克失旦即怯薛歹,也就是可汗的亲卫部队。可能从那时起就驻牧在今克什克腾部附近。关于克什克腾部,《蒙古王公表传》(卷三十三)《克什克腾部总传》载:

> "克什克腾部在古北口外,至京师八百有十里,东西距三百三十四里,南北距三百五十七里。东界翁牛特及巴林,西界浩齐特及察哈尔正蓝旗牧厂,南界翁牛特,北界乌珠穆沁。元太祖十六世孙鄂齐尔博罗特再传至沙喇勒达,称墨尔根诺颜,

---

① 箭内亘《元朝怯薛考》(《蒙古史研究》第 211—262 页)。

号所部曰克什克腾。云云。"

其次是"召阿儿"、"把郎阿儿"。蒙古语把左翼或东翼叫作 Jegün Ghar，或者 Jün Ghar；把右翼或西翼叫作 Baraghun Ghar 或者 Barun Ghar，因而可知上述记录里的阿儿（或官儿）是 ghar（翼）的对音，召阿儿是 Jün Ghar，把郎阿儿是 Barun Ghar 的音译。说营"在东西"或"卜尔报东营""阿儿西营"，所指必定就是这个。

还有，哈尔的名称，在明人记录里作插汉、插汉儿或察汗儿，这都是不完全的汉译，不如察哈尔（Chakhar）正确。很多西洋人都误解了。例如：霍渥尔特（Howorth）根据俄罗斯的海辛特（Hyacinthe）说："察哈尔（Chakhar）一名，是指上都河（Shandu Gol）以西，归化城土默特（Tumeds）以东、长城北边一带地方，是地名而非部族名。明代把这个地区叫作察汗（Tsaghan）或插汉（Chaghan）。这个词的蒙古语形是 Tsakhar 或 Chakhar。"据齐木柯夫斯基（Тимковский，Е.Ф.）《旅行记》引克拉普罗特（Klaproth）的说法："Tchakhar 在蒙古语里有接邻的意思。因为察哈尔部靠近长城驻牧。"[①]这些都是由于今察哈尔地方位于宣化大同边外而来的谬说。察哈尔原本是部族名而非地名，它原来的根据地并不是今察哈尔地方。《明史·鞑靼传》载，察哈尔的根据地是"始驻牧宣塞外"，方孔炤的《全边略记》（卷一）只说："故驻牧宣之北，大漠之地。"而《译语》的记载最详，说：

> "沙漠真旷荡，马力未穷。惟近塞则多山川林木及荒城废寺，如沿河十八村者，其丘墟尚历历可数。极北则地平如掌，黄沙白草，弥望无垠，求一卷石勺水无有也，渴则掘井而饮。虏酋号小王子者，常居于此，名曰可可的里速，犹华言大沙窝也。"

---

① 霍渥尔特《蒙古史》卷一，第 385 页。

宣府口北道边塞外的大沙漠大约起自多伦诺尔（Dologhan Na-
ghur）西方一直连到苏尼特部（Sünid）。可可的里速（库呼得列苏）
在它的南边,今张家口到库伦的大道上。然大沙窝中当然不适于
部众驻牧,因此,察哈尔部的根据地实际是跨越绵亘宣府塞外沙漠
地的彼岸,即今克什克腾部方面的地方,或许是达里泊（Dal Na-
ghur）的水滨、故元的旧都应昌府附近。王世贞的《弇州史料·北
虏始末志》里说:"小王子分地绝远,介西北间,善水草,其人甚富而
饶",大致不错。反之,《大清一统志》等所说"卜赤罕时,始来牧察
哈尔之地",这是由于误解达延汗的根据地在漠北而来的臆断。

后来,察哈尔部为了避免右翼的压迫而东迁,才驻牧辽东边
外。叶氏《四夷考》等有"小王子亦徙壁东方,直蓟辽,号曰土蛮。"
《明史·鞑靼传》有:"时,小王子最富强,控弦十余万,多畜货贝,稍
厌兵,乃徙幕东方,称土蛮"等等记述。《九边图说》的《宣府镇图
说·北路城堡之图边外》条说:

> "此边东北六七百里外,为蒙骨土蛮察罕儿驻牧,兵众多,
> 东西长二千余里,不时窥犯蓟镇及辽东等处。"

这是以后的形势。另如《明史》（卷二一二）《戚继光传》所说"独小
王子后土蛮（徙幕者达赍逊汗之嫡嗣图们汗）徙居插汉地,控弦十
余万,常为蓟门忧。"又该书（卷三二七）《鞑靼传》所说"虎墩兔（图
们汗之曾孙陵丹库图克图汗）者,居插汉儿地",也是东迁徙幕以后
的事。到了清朝康熙年间,察哈尔背叛,清军消灭了它,把察哈尔
编成八旗,迁到今察哈尔地方。这就是今天的察哈尔。因此,把当
时的察哈尔当作今天的察哈尔地方,是错误的;而认为察哈尔是地
名而非部族名,也是错误的。

察哈尔部自始就是达延汗的直属部族。试看《源流》中,郭尔
罗斯（Ghorlos）的托郭齐实古锡（Toghoji Shigüshi）讨灭永谢布的
伊思满太师条下,载有托郭齐实古锡责备改嫁给伊斯满的达延汗

的生母锡吉尔福晋(Shiker Khatun)悼惜伊斯满的话,说:

> "得毋以结发之赛音济农(达延汗之父,福晋的先夫博勒
> 呼济农)为下贱乎? 得毋以亲生之子达延汗为庸恶乎? 得毋
> 以所属之察哈尔万人为陋劣乎? 得毋以四行结仇之伊斯满为
> 嘉美乎?"

便可明确。这个察哈尔地方位于内蒙古中央,约包括今锡林郭勒
盟大部分和克什克腾部。这从达延汗经略右翼,先平定永谢布
(Yüngshiyebü),然后吞并土默特(Tümed),最后收服河套鄂尔多
斯(Ordos)部的顺序也无疑义。

又据《蒙古源流》(卷六)记述达延汗分封诸子条说:

> "斡齐尔博罗特统率察哈尔之八鄂托克克什克腾。格呼
> 博罗特统率察哈尔之敖罕、奈曼,阿尔博罗特统率察哈尔之浩
> 齐特。"

十一个儿子之中,三个儿子封在察哈尔地区之内。接着又叙述第
三子巴尔斯博罗特的儿子们的分地说:"巴延达喇占据察哈尔之察
罕塔塔尔而居。"其中,斡齐尔博罗特(阿赤赖台吉)的后裔克什克
腾部,后来永世繁荣,[①]格呼博罗特后人的敖罕、奈曼,为博迪汗之
弟纳密克的后裔所夺,[②]阿尔博罗特后人的浩齐特也是出自博迪汗
之子达赉逊库登汗(Daraisun Küdeng Khan),[③]这也都中间绝嗣
了。这事容待后面叙述。

巴延达喇是右翼济农巴尔斯博罗特的第五子巴延达喇纳琳台
吉(Bayandara Narin Taiji),对吉囊、俺答来说是弟弟。纳琳台吉
这个名字,在明人记录里也时而出现。前引《译语》里作纳林台吉,
而茅元仪的《武备志》所引《兵略》则作那林台吉,说他是繁衍在山

[①]《蒙古王公表传》卷三十三、《克什克腾部总传》。
[②]《蒙古王公表传》卷二十六、《敖汉部总传》,卷二十七、《奈曼部总传》。
[③]《蒙古王公表传》卷三十五、《浩齐特部总传》。

西镇边外一族的始祖,并列举了他的三个儿子、十一个孙子的名字。肖大亨的《北虏世系》也作那林台吉,说:"在宣府独石边外正北住牧,离边十五六日程,张家口互市。"《北虏世系》除列出三子、十一孙之外,更列出了十一个曾孙的名字。据《明史》(卷二三八)《李成梁传》万历十八年(1590)条说:是年二月,为东部小王子等所诱,深入辽、沈、海、盖地方的虏酋中有西部叉汉塔塔儿。叉汉塔塔儿(察罕塔塔尔)必定是这个纳林台吉的同族。因而这个部落直到明末前后无疑还继续繁荣,驻牧在山西镇边外土默特各部的背后,那里大致近于元初著名的汪古部白达达的位置。恐怕察罕塔塔尔这个名字是来自白达达的,它的位置在察哈尔势力的最西端。

9.西方各部落(应绍不部)

次述应绍不部。《北虏考》说:

> "西有应绍不,阿尔秃厮、满官嗔三部。应绍不部营十,曰阿速,曰哈剌嗔,曰舍奴郎,曰孛来,曰当剌儿罕,曰失保嗔,曰叭儿厥,曰荒花旦,曰奴母嗔,曰塔不乃麻。故属亦不剌。亦不剌遁西海去,遂分散无几,唯哈剌嗔一营仅全。"

这是关于已经灭亡的应绍不部营的传说。不管怎么说,却把营名全保存下来。末尾说:"唯哈剌嗔一营仅全",其实当时只剩下哈剌嗔、阿速两部,这点下边写着。

应绍不,明人记录里也作永邵卜。清《实录》里作雍谢布,就是《蒙古源流》所称的永谢布(Yüngshiyebü)。前代这个名称绝而不见,最初见于《源流》(卷五)也先掳明英宗归来时,杀了这个部的酋首布库索尔逊(Böke Sorson)的一条里。布库索尔逊之子巴郭(Baghu)是也先败走时,杀也先的下手人,后来暂时不见了。当达延汗时,请求派遣右翼济农的酋首之中,有个永谢布的布哩雅特(Buriyad)叫珠尔噶岱墨尔根(Jirghughatai Mergen)的。此外,伊思满太师(亦思马因)和伊巴哩太师(亦不剌)也原是西方出身,称作永谢布部长。明人记录里也见有亦不剌是永谢布部长的说法,好像还很兴隆。随着亦不剌败窜,其本部也就分散溃灭了。《吾学编·北虏考》的记述,关于这点有些混乱:一方面说应绍不部分散,仅剩下哈剌嗔一营,同时另一方面又叙述应绍不是西方三部落中唯一的一部,混乱的结果造成像前面所说的,仅阿尔秃斯一部就有众七万,而应绍不、阿尔秃斯、满官嗔三部合计有部众四万的矛盾。明明记载亦不剌的阿尔秃斯部被吉囊占据,火筛的满官嗔被俺答取而代之,唯独没有记载应绍不地方为亦不剌后代何人所据,这也是由于这种混乱所致。但据《源流》说:达延汗分封时,第三子巴尔斯博罗特做了右翼济农占据了鄂尔多斯万户,第四子阿尔萨博罗特占据了土默特万户,同样,第八子乌巴伞察(鄂卜锡衮)青台吉(Ubasanja〔Obshigun〕Ching Taiji)也占据了永谢布万户。

《蒙古源流》(卷六)说:

"乌巴伞察统率阿苏特、永谢布二处。"

其后不久,只被他的侄儿、巴尔斯博罗特的第四子巴雅思哈勒昆都楞汗(Bayaskhal Köndölen Khan)夺去了那个地方。

"巴雅思哈剌占据永谢布之七鄂托克喀喇沁而居。"

又《皇明北虏考》里,一面说"唯哈剌嗔一营仅全",又另说阿速、哈剌嗔两部的事,说:

"南有哈剌嗔、哈连二部。哈剌嗔部营一,酋把答罕奈,众可三万。哈连部营一,酋失剌台吉,众可二万。居宣府、大同塞外。"

另据明茅元仪的《武备志》(卷二〇五)《镇戍宣府》条所引《兵略》,叙述这个部落的世系说:

"宣府边外驻牧夷人。哈喇慎是营名。与独石相对,离独石边三百余里，在旧开平住牧，张家口互市。昆都仑哈生五子。长子黄把都儿故……二子青把都儿故……三子哈不嗔故……四子满五素存……五子马五大故……黄把都儿故。部落约一万五千有余。生四子，长子白洪大即昆都仑哈，哈即王子也，存，总掌管哈喇慎达子。"

同驻宣府边外的哈喇慎和哈剌嗔，应该同是一营，自不待言。昆都仑哈即昆都楞汗（Köndölen Khan），应绍不的哈喇嗔即永谢布的哈喇沁，驻牧在旧开平即今多伦诺尔西北地方。又《明史》（卷二二二）《吴兑传》说："昆都力子青把都"，同《郑洛传》说"昆都力子满五大（马五大）"，可见昆都仑哈又译作昆都力。但《明史·鞑靼传》说："昆都力哈即老把都也。"《明史》（卷二一四）《锺羽正传》说："哈喇慎老把都"等。巴雅思哈剌显然是《明史》里著名的老把都。老把都这个名字，在明人记录里出现得最频繁，有时作大把都、把都、把都儿等。可能是昆都楞汗的通称就简作把都，上面冠的老字或大字，并非译音，是和他的儿子黄把都儿或青把都儿等区别开来的汉称。如果是这样，那么《吾学编》所说"哈剌嗔部酋把都答罕奈"，必定是这个喀喇沁部酋把都汗无疑。

据清《口北三厅志》（卷七）所引《宣镇图说》说：

"口外哈喇慎为部中大酋。高祖阿喇哈，曾祖昆都仑，称鞑靼王子。故。祖黄把都儿承袭，故。父白洪大承袭，故。今长子打利台吉承袭，亦部中王子，统属节流枝派三十余枝，共约部夷数十万有余，强弱相半。但在独石口边外地名旧开平等处驻牧，离边二三百里不等。"

中岛竦考证：高祖阿喇哈就是高祖赛音阿拉克，曾祖昆都仑就是曾祖巴雅思哈勒昆都楞，完全正确。[1] 但高祖赛音阿拉克未必是来驻

---

① 中岛竦《蒙古通志》第314页。

于旧开平的始祖，曾祖昆都楞汗可能是移驻的始祖，而昆都楞汗这一称号也并非个人名字，可能是这个家族的世袭通称。因为所说"哈即王子也"，又说"称鞑靼王子"和"亦部中王子"，是说代代世袭汗号。《兵略》里也把祖巴雅思哈勒称为昆都仑哈，把孙洪白大也称为昆都仑哈，足以说明这点。可汗这个称号，自喇嘛教输入以后，大都由喇嘛授与，在这以前，所称可汗，是意味元室的嫡裔。达赉逊汗时，俺答请得索多汗(Sutu Khan)的称号，《源流》竟大书特书，认为是个异例。然而老把都早已称汗号，和阿勒坦(俺答)汗并列，《源流》里经常出现昆都楞汗的称号。关于这哈喇嗔部，还有许多要谈，容待以后再说。

其次谈谈"哈连部营一，酉失剌台吉，众可二万。"所称哈连，别处没有见到过这名称，可能是哈速，即阿速的讹误。据《蒙古源流》(卷六)说：阿苏特、永谢布是达延汗第六子乌巴伞察青台吉的封地，后来似乎被乌巴伞察的侄儿、巴尔斯博罗特第六子博第达喇鄂特罕台吉(Bodidara Odkhan Taiji)占夺。《源流》说：

> "博第达喇，甲戌年生。幼时曾戏作歌，有欲将阿济、实喇二人剿灭，占据阿苏特、永谢布而居之语。因乌巴伞察青台吉之子实喇兄弟相残，责阿济以杀弟之罪，而实喇无嗣被害，众议以为歌验，遂将阿苏特、永谢布二处，令博第达喇占据而居。"

蒙古内部的纠纷因为没有传到中原，明人方面不得而知也许有这种事。《北虏考》所称失剌台吉就是这个实喇台吉。前述达延汗征伐兀良哈时，《译语》里有："小王子集把都儿、纳林台吉、成台吉、血喇台吉、莽晦、俺答、己宁诸酋兵，掠西北兀良哈，杀伤殆尽。"把都儿就是喀喇沁的老把都，纳琳台吉就是他的弟弟巴延达喇纳林台吉，至于成台吉、血喇台吉就是阿苏部的青台吉和实喇台吉。莽晦是冈留部的满会，俺答、己宁即俺答和吉囊。由此可知当时动员右翼各部的情形。肖大亨的《北虏世系》也说歹颜哈（达延汗）第七子那力不赖台吉"在宣府张家口以东至独石边外住牧，张家口互市。"他的儿子里有失剌台吉和那出台吉。这是否就是这里提到的实喇、阿济兄弟呢？乌巴伞察这个名字，很像第十子五八山只，但五八山只台吉是"在蓟镇边外极北住牧"，不是他。

明末的记录里，永邵卜的名字很显著。《武备志》（卷二〇五）《镇戍宣府》条所引《兵略》载：

> "张家口大市厂边外，西北接甘肃边外，大酋永邵卜，部落四万有余。夷酋阿速等部落二万有余。七庆把都儿一万有余。俱听哈剌慎王子白洪大调遣，不听管束。"

又该书所传永邵卜一族的世系如下：

我把汗点喇台吉——恩克跌儿歹成台吉 —— 恩克七庆台吉等
　　　　　　——也辛跌儿台吉 —— 把儿勿台吉
　　　　　　——哑速火落赤把都儿台吉 —— 唐兀台吉等

据肖大亨的《北虏世系》说："我托汉卜只剌台吉，营名永邵卜，在宣府张家口边外正北，离边约二十日程，张家口互市。"这个人已故，有恩克跌儿歹成台吉、也辛跌儿台吉、哑速火落赤把都儿台吉三个儿子。恩克跌儿歹成台吉就是永邵卜大成台吉，他的儿子叫恩克七庆台吉。我把汗点喇台吉是我托汉卜只剌台吉的伪脱，也就是博迪达喇鄂特罕台吉。恩克跌儿歹成台吉则是前述大酋永邵卜，哑速火落赤把都儿即夷酋阿速等，恩克七庆台吉是七庆把都儿。这些人都受哈喇嗔王子白洪大调遣，但不听管束。由此可知永谢布、哈喇嗔部落以及哈喇嗔的邻近部落。但这是很久以后的事情，《北虏考》的记载，哈速部还是失剌台吉时代。

舍奴郎、孛来不知在什么地方，但当剌儿罕就是《源流》里出现的唐拉噶尔（Tanglakhar），失保嗔是锡巴郭沁（Shibaghuchin），叭儿厥是巴尔郭(Barghu)，荒花旦即晃豁坛。其中，关于锡巴郭沁，《明史》(卷四十一)《地理志》有失宝赤千户所，可以略知它的位置。叭儿厥这个名字，可能和贝加尔湖以东的巴儿忽真或者和呼伦贝尔的巴尔虎有联系，可能是它的一部分南下了，《译语》说"曰把儿户，虏中呼为黑达子，好战斗，兵至数万，以镔铁为刀"就是这些人。前引《兵略》里所说的把儿勿酋名，可能也和它有关联。《北虏世系》说："把儿勿台吉即八儿谷台吉。"《明史》(卷二二二)《郑洛传》说："永邵卜别部把儿户。"所说黑达子，可能是和前述叉汉塔塔儿(白达子)相对而言的。奴毋慎和塔不乃麻全然不解。

阿苏特和永谢布的区域在哪里不详。当阿尔秃斯部拥有七营、满官嗔部有八营的时候，唯独应绍不部包括十营，由此可以想象它范围的广大，大体在小王子部的西方，东起阿速、哈喇嗔，西迄土默特部，可以推测，掩有包括今察哈尔全部地域的苏尼特部地方。

10.西方各部落(阿尔秃斯部)

以下谈谈阿尔秃斯部即鄂尔多斯部。《北虏考》记述如下：

"阿尔秃厮部营七，故亦属亦不剌。今从吉囊，合为四营，曰哱合厮，曰偶甚，曰叭哈思纳，曰打郎，众可七万。"

这里谈的不是亦不剌的七营而只是吉囊的四营。这里的叭哈思纳不详，哱哈厮、偶甚、打郎分别是《源流》的布哈斯(Bukhas)、乌格新(Ügeshin)、达拉特(Dalad)。明《实录》洪武七年七月条里也见有荒忽滩(荒花旦)，同时，永乐十五年四月条里也有卜哈思的名字。

看来，现在所称鄂尔多斯是指陕西省北方河套地方的蒙古地名，是伊克昭盟鄂尔多斯七旗驻牧的地方。然而所谓鄂尔多斯原来并非地名，原地名是 Ghool-un toor，意思是"为河所限之地"(即河套）。① 据施密特（Schmidt）说："鄂尔多斯之名系由成吉思汗大庙八百室（Ordos）起的，因此部族负守卫大庙之责而得名。"②鄂尔多斯这个名称最初出现是在明中叶以后，在这个名字出现的同时，就以守卫大庙者而闻名了。由此看来，施密特的说法是可信的。以鄂尔多斯部为大庙守卫者，《蒙古源流》（卷五）达延汗自己也曾说过："鄂尔多斯者乃为汗守御八白室之人，乌梁海者乃为汗守金谷仓库之人，均属大有福者。"所说八白室、君汗之八白室或单称君汗，在《源流》里自从卫拉特托欢太师兴起以后，就屡次出现，是阿岱汗、摩伦汗和达延汗以下以至达赉逊汗世代可汗在神前即位的蒙古大庙。《源流》文字上明白记载这所大庙的位置是在鄂尔多斯部内，今鄂尔多斯七旗的盟名伊克昭（Yeke Joo），蒙古语就是大庙的意思。这是因为这里有大庙而得名。清张穆的《蒙古游牧记》（卷六）《鄂尔多斯部》注里谈到这事说：

> "穆案，鄂尔多斯盟名伊克昭，蒙古谓大曰伊克，庙曰昭。夫此大庙之名曷起乎？《理藩院则例》载：伊克昭境内有青吉斯汗园寝，鄂尔多斯七旗向设有看守园寝承办祭祀之达尔哈特五百户，每年共出银五百两，以供祭祀修理之用。于该盟内，奏派贤能札萨克一员，专司经理。然则伊克昭之名为因青吉斯汗园寝得名矣。而园寝所在无的处。"

最近塔费（Albert Tafel）在这地区调查以后，叙述如下：③

> "达尔哈特（Darhad，或称左翼后旗，在包头对岸地方）东南王贝子（左翼中旗，位于鄂尔多斯中部偏东）有称为伊克伊金霍洛（Ighe Yetschen horo），即成吉思汗大霍洛（horo）之处，系鄂尔多斯部最大的灵场，由过去鄂尔多斯族之一的达尔哈

---

① 霍渥尔特《蒙古史》卷一，第401页。
② 施密特《东蒙古史》第389页，注64。
③ 塔费《Meine Tibetreise》卷Ⅰ，第103页，注1。

特（Darhad）旗为该地世袭管理者。十七世纪后半期鄂尔多斯历史家萨囊彻辰（Sanang Sechen）所记八白室中，今尚存其二，藏成吉思汗遗骸。二白室互相密接，其一如另室之前室，入口南面，如中国宫殿然。鄂尔多斯地区尚另有达尔哈特旗守御的灵城二所，收藏成吉思汗的武器及汗第一皇后的遗物。每年六月二十一日，以骆驼车载三地灵物集于一所，举行成吉思汗大纪念祭。予据土默特人翻译所言，谓此时刑一白马，并缫列席者，以为例。此系一种祖先崇拜仪式，蒙古人从来认为最高之神是成吉思汗之灵。"

又。后来民国张慰西所记《成吉思汗园寝发见记》，①最为扼要。文稍长，兹引录全文于下：

"伊克昭盟中，有所谓埃锦赫洛者，成吉思汗之皇陵也。其地东西距神木县一百八十里，榆林府三百里，值郡王府之南，加萨府之东，新立东胜县治之东南。陵基幅员凡三十里，四周皆沙陀，近旁为游泥河，蒙人名曰忽机尔图沟。其上有庙，亦名忽几尔图招。守陵之官曰居陵掌盖。有陵户五百家，号称特尔罕。此特尔罕，对于蒙族有特权，一切徭役皆弗与，又以时持册出募，若游方僧道者。而所至蒙旗，必以牛羊布施之，不敢吝也。然必轮番而出，常以七八十户居守之。居无室庐，或韦帐，或柳圈中。成吉思汗之陵，亦无宝城，无享殿，以白质大毳幕覆之，两幕相接，前幕供特牲，后幕隔以锦帐，中供石匣，成吉思汗遗骸也。岁三月二十一日，为上陵期。先时即东北编广场，树大幄，以白马白驼，恭舁石匣出，奉安其中，前陈弓矢马蹄，设牲酪，拜奠如仪。是日也，凡近地王公台吉，皆躬亲灌降。远而漠北、河西，亦遣官赍祭物，不远千万里，跋涉

---

① 张蔚西《成吉思汗园寝发现记》（《地学丛书》乙编，一）。

而来。内而燕晋秦陇诸商人,则挟财货,驮茶布什物,以贸蒙人之马牛。露天列幪,盘亘十余里。坌涌雾积,日常数万人,历时七八日,始各交易而退,亦煌煌乎大观矣。达拉特王且引申其说曰:弓矢马跻,皆成吉思汗所亲御者,弓矢藏之神幄中,马跻遗于准噶尔境之沙阜上,届祭时,乃敬舁之往,盖以亲其手泽焉。白马白驼,则由七旗轮供之,老乃一易。易时先延喇嘛僧唪经数坛,别制银牌,结其鬣而系之。居恒纵之草地,无与牧者,先祭三日则自来,祭毕则自去。方祭之殷,则竟日植立幄外氍毹上,下栓系,不啮饮,亦自不咆嘶动走,尤神异云。"①

两条记录几乎完全相同,仅祭祀日期,前者说是六月二十一日,后者是三(恐怕是六字之误)月二十一日,是显著不同之处。张穆并没有亲自到过鄂尔多斯地方,所以说"园寝所在无的处"。但据塔费和张慰西说,成吉思汗大庙确实在鄂尔多斯济农嫡派左翼中旗、郡王府以南,由达拉特旗人守御着。

不过,这所河套的大庙始于何时? 肯定在何处? 这和成吉思汗的死地、墓地问题有关,一时还难确定。张慰西认为最初就在鄂尔多斯,而蒙古史大家屠寄曾辩驳说不是这样。② 现在根据《蒙古源流》(卷四)所说:"可汗殁于图尔默格依(Törmegei)城,即灵州……于彼处立白屋八间……在阿勒台(Altai Khan)山阴,哈岱(Kentei Khan)山阳之大谔特克(Yeke Ütek)地方建立陵寝。"张穆把这座阿勒台山作阿勒坦山,说:"阿勒坦山即此右翼中旗西北之阿尔布坦山,《康熙图》载阿尔坦山在河套外腾格里泊西北五十里

---

① 按《成吉思汗园寝发现记》南园丛稿本,第1—2页,"远而漠北河西"作"远而漠北海西"。
　——译者
② 屠寄的《成吉思汗陵寝辩证书》(《地学丛书》乙编,一)。

许,与喀尔喀接界,云云。"①默认这座大庙从元初就在河套。施密特(Schmidt)也认为死在图尔默格依城的成吉思汗,把遗骸远途运到漠北地方去,很难凭信,推测陵墓当在死所的附近,可能葬在他生前所向往的黄河河畔母纳罕(Muna Khan)山地方。② 当然,成吉思汗大庙应该认为可汗死后就已经营造。如果说明代才有,很难想象。但想象八白室自始就在河套附近,会如何呢? 据箭内亘博士研究,可汗确是死在甘肃省清水县。他的墓地似乎是在遥远的漠北克鲁伦河上游附近的所谓萨里川哈老徒行宫。③ 何况河套并不是明代蒙古始终保持的地方,明初一度落入汉人之手,到天顺,阿罗出以后,蒙古人才再度夺回,直到成化以前,并不是安全的根据地。据《源流》载,大庙逐渐著名的托欢太师、阿岱汗时,似乎还没有在河套,确实见到河套内的八白室,还是摩伦汗、达延汗以后的事。想是由于明人夺去漠南,又被瓦剌逐出西方的蒙古,暂时失掉了八白室祭场,到天顺、成化以后,又获得河套,他们根据传闻大汗死的地点仿佛在这方面,便营造了这座庙,或者是满都古勒修的也未可知。霍渥尔特(Howorth)确信达延汗的根据地在漠北,而误认为这个汗晚年以后才向内蒙古发展,因此认为鄂尔多斯部的南下,也必定在这时期。④ 这当然是错误的。在达延汗以前就在河套有了八白室,由阿尔秃斯这个名称也可以了解确有鄂尔多斯部存在,《源流》的记载也很明确。⑤

据拉施特(Rashid)说:成吉思汗死后有乌梁依特(Uriangit)一

---

① 《蒙古游牧记》卷六,《鄂尔多斯部》注。
② 施密特的书,第389页,注64。
③ 箭内亘《元初史实解疑三则》(《蒙古史研究》第53—68页)。
④ 霍渥尔特《蒙古史》卷一,第401页。
⑤ 鄂尔多斯这个名字在《源流》里从达延汗时出现,在明人记录里,除《实录》正德六年十月以后作为人名的阿尔秃斯出现以外,作为地名、部族名,到《实录》隆庆四年十月条,才见有我儿都司。《叶氏四夷考》里首次出现作袄儿都司。

千人担任陵寝守卫。①《源流》也说：乌梁海和鄂尔多斯同是君汗遗物的守卫者。在达延汗的话里称两者的关系是阿巴嘎〔abagha (Vetter)〕。②《明史》(卷三二八)《瓦剌传》也载有也先逼迫朵颜卫所部迁到黄河母纳地方的事。据明《实录》说：成化年间，朵颜卫都督朵罗干之子脱火赤常驻在西方，是河套少师阿罗出的亲信党羽。在这以前，正统初年，三卫酋长们动不动就侵入河套，寇犯延绥边境。由此看来，鄂尔多斯大众的起源或也可推测是由兀良哈一派的殖民而兴起的，但不明确。

只就明确的来说，河套之虏始于天顺年间虏酋阿罗出的入据。不久又有毛里孩、孛鲁忽等侵入，但还止于时或出没寇掠，还没构成久驻驻牧之患。可是从成化初年乱加思兰、满都鲁侵占以后，便完全变成了他们的根据地。此后，恢复河套的议论便成为明朝边防最大的问题。③ 而乱加思兰被亦思马因杀死，亦思马因又被达延汗灭掉，最后代表右翼势力的仍是西方出身的亦不剌。从《蒙古源流》里达延汗征讨右翼的记述，就可以看到亦不剌如何极端强横。《源流》里把亦不剌写作永谢布的伊巴哩太师。明郑晓的《吾学编·北虏考》里也载有"应绍不部故属亦不剌"。永谢布和应绍不当然是同音异译，指今察哈尔地方，亦不剌的势力当然也以这个地方为中心。然《吾学编》又说："阿尔秃斯部故亦属亦不剌"，并记述亦不剌的势力范围，包括与亦不剌共同谋叛的阿尔秃斯即鄂尔多斯的满都赉阿固勒呼的领地。由《蒙古源流》载"伊巴哩叛，右翼三万户悉应之"看来，可以推测永谢布的伊巴哩即亦不剌实际是右翼三万户的总盟主。而这个强悍的亦不剌也终于不免被达延汗所驱逐，黄河河套地方由可汗的爱子巴尔斯博罗特和他的儿子衮必里

---

① 《蒙古史》卷一，第389页。
② 施密特的书，第189页。
③ 谷应泰《明史纪事本末》卷五十八，《议复河套》。

克等递相世袭,前面已经谈过了。

如果我们的推测不错,那么巴尔斯博罗特曾一度篡夺汗位,到他的儿子们的时代,右翼全部领地都归于他一家的私领了。关于巴尔斯博罗特的嫡嗣衮必里克济农的强盛情形,已经屡屡谈到。明人的记录里频繁使用"套虏"这个词语,特别是在这个吉囊猖獗以后。《吾学编·北虏考》载,兴安岭以东部落,总共部众不过六万,小王子统治下的部众也不过五万,唯独吉囊一部有部众七万,由此可知他的强盛情况。当时《译语》著者所以把小王子的宗党部落也都划归河套之内,是完全由于被它的盛势迷惑了。尤其饶有兴趣地表述了这个右翼济农强盛逐渐取代了小王子势力的是小王子称呼的变迁。据明人记录,把蒙古可汗叫作小王子是从小儿可汗摩伦汗开始的,后来达延汗、博迪汗都曾称作小王子。到他的儿子打赉逊汗才开始称打来孙,但起初还每多冠以小王子打来孙,后来逐渐免去冠称,到图们汗以后才完全以名传称,废掉了小王子称号。这显然不外是表明右翼日益强盛,小王子威望日衰,明人接触的虏骑口中逐渐听不到小王子称号了。以前明人听到的是著名的小王子,后来改为吉囊或吉能,以后便是俺答等顺义王的名字。这样看来也就思过半了。

在吉囊的事业里,除了凌驾小王子而统率右翼和南下侵掠明边以外,就是征伐西海的亦不剌。起初,正德五年末,被达延汗打败而逃窜的亦不剌、阿尔秃斯等,率领余党,徘徊于西方,明甘肃边外,不久逃到西海去了。西海就是青海。《明史》(卷三三〇)《西番诸卫传》说:

> "西宁即湟中,其西四百里,有青海,又曰西海。水草丰美,番人环居之,专务畜牧。日益繁滋,素号乐土。"

窃据在这里的亦不剌等还可以要截西域通贡的道路,几次侵犯明边,频频抢掠附近诸番族(西藏人)。后来,到正德九年,明经略哈密的余兵,在总制彭泽统率下大举来伐,阿尔秃斯逃跑了,终于没有回来,但亦不剌在明军撤退后又回来了,并逐渐积蓄势力。嘉靖九年前后,同小王子所结的深怨也解开了,便常常到河西方面活动。当时别酋卜儿孩,原属小王子麾下,逃来和西海亦不剌伙并,且早有和中国通好的素愿。嘉靖十一年(1532),假托入贡的西番,秘密地和中国通款。① 吉囊征伐西海,正是这时。据明《实录》嘉靖十二年(1532)二月载,没能得到进窥延绥、榆林机会的吉囊,另遣五万骑突出,直入西海,击溃亦不剌营,收其部落大半。刚刚逃脱了的卜儿孩不久又回来休养生息。巨酋亦不剌这时死了,后来济农族党渐向西方发展。总之,由于这一战役,吉囊威力当然大为增长,和明总制唐龙说"以夷制夷,中国之利也"②相反,吉囊的名声却愈益威逼明人。此后十年间,是吉囊的全盛时代,诸弟俺答等也是他很好的帮手,明廷和小王子也只好对他表示畏惮。到嘉靖二十一二年,吉囊病殁,③诸子不相属,互分牧地而散居河套、河西等地。于是,盛势便转移到长弟俺答身上。《明史·鞑靼传》等所说"吉囊死,诸子狼台吉等散河西,势既分,俺答独盛",就是这种情形。《蒙古源流》也说,衮必里克死,九子各自割据而称九汗。其长子"诺延达喇济农占据四营"的四营,或者就是《北虏考》所说的哮哈厮、偶甚、叭哈思纳、打郎等四营。

11.西方各部落(满官嗔部)

其次,《北虏考》记述满官嗔六营说:

　　"满官嗔部营八,故属火筛,今从俺答。合为六营,曰多罗

---

① 这条大部分是依据《明史·西番诸卫传》。
② 《实录》嘉靖十五年春正月丙子条,明总制陕西三边尚书唐龙的话。
③ 本书 354 页注①。

> 田土闷畏吾儿,曰兀甚,曰叭要,曰兀鲁,曰土吉剌,三部众可
> 四万。吉囊、俺答皆出入河套,二酋皆阿著子也。诸种中独
> 强,时寇延宁宣大。"

这项记录里有误字错简。最前面的营名"曰多罗田土闷畏吾儿",
应该按中岛竦所说,改为"曰多罗土闷,曰畏吾儿"。[①]《皇明九边
考》、《殊域周咨录》、《渊鉴类函》等所载都是这样。多罗土闷这一
名称,明《实录》、《全边略记》、《明史纪事本末》等都作哆啰土蛮,就
是七土默特(Dologhan Tümed)的意思。这就是《蒙古源流》(卷
六)里所说的"阿尔萨博罗特墨尔根鸿台吉统率七土默特"。阿尔
萨博罗特是达延汗的第四子,也就是明人记录里的我折黄台吉。
据《北虏世系》说,其子不只克儿台吉"营名多罗土蛮,在山西偏关
边外六七百里住牧,水泉、得胜二处互市"。但不久这个地方似乎
被巴尔斯博罗特的二子阿勒坦汗(俺答)兄弟吞并了。《蒙古源流》
(卷六)说:

> "阿勒坦汗占据十二土默特而居,拉布克台吉占据土默特
> 之乌古新而居。"

第二营名叫畏吾儿,《实录》嘉靖三十年(1551)五月条作委兀
儿慎。《武备志》所引《兵略》作威兀慎,《北虏世系》作威武慎。总
之是俺答的子孙。

第三兀甚就是前述拉布克台吉的乌古新。肖大亨的《北虏世
系》和王士琦的《三云筹俎考》(卷二)等都称作兀慎打儿汗剌布克
台吉。说它的营:

> "在大同镇边堡正北克儿一带住牧,离边约一百七八十
> 里,大同守口堡互市,即阳和后口。"

又《北虏世系》、《三云筹俎考》、《兵略》里,都有详细的世系图谱。

---

① 中岛竦《蒙古通志》第 306 页。

414

叭要，《实录》作伯腰或摆腰。《殊域周咨录》作拔要。恐怕是起源于元代的伯要歹。《蒙古源流》也作巴雅果特。据《兵略》和《北虏世系》、《三云筹俎考》说：俺答次子不彦台吉之子称摆腰把都儿台吉。可能和这个营名有关。又，或者和兴安岭以东的喀尔喀五部落的把岳试部名称也有关系。兀鲁，元代既以兀鲁兀、兀鲁兀惕部出现。《源流》里也见有鄂罗郭特、乌喇特，这个部和科尔沁部也有关系。《明史纪事本末》（卷六十）《俺答封贡》条作兀禄。据《兵略》、《三云筹俎考》和《北虏世系》说：辛爱黄台吉的两个儿子里有一个五路把都儿台吉。兀鲁可能和他有关。

最后，土吉剌在《殊域周咨录》里作土不剌，当然不正确。《蒙古源流笺证》认为是王吉剌，可能比较正确。《蒙古源流》（卷六）《笺证》说："土吉剌者王吉剌之误。即下文之鸿吉剌特，与乌古新，皆元时旧部也。"若是这样，《源流》里频频出现的洪吉剌特、洪奇剌特，就是元代帝室通婚部落的弘吉剌了。

我想土默特这个名称可能和元代秃马惕部有关，但不详。明代，在《源流》（卷五）里，岁次癸酉（景泰四年），土默特之多郭郎台吉（Dogholang）弑乌珂克图汗时才出现。多郭郎台吉是成吉思汗之弟哈赤温的子孙，不久就被满都古勒汗所诛。但到达延汗时，率领这个地方的茂明安部的酋首中有个多郭兰阿固勒呼（Togholan Aghulkhu）。多郭兰阿固勒呼也以勇士著称，但当时土默特酋首中最著名的是蒙郭勒津察库特（Monggholchin Chegüd）的和赛塔布囊（Khosai Tabunang）。和赛是满都古勒汗同满都海彻辰福晋所生末女额锡格公主（Eshige Günji）的丈夫。曾是义弟巴尔斯博罗特的扶养者，后来做了衮必里克济农的舅父。他就是有名的强酋火筛。他的最后下场不详。总之，如上所述，这个地区被达延汗吞并以后，土默特地方就成了汗的第四子阿尔萨博罗特的分地，再后就被俺答占据。因此，《北虏考》也说"故属火筛，今从俺答"，似乎中间省略了我折黄台吉一节。后来俺答子孙里留居归化城的就把它称为归化城土默特,迁往东方的就成了辽西边外的土默特部。由这些事实可见俺答的分部无疑是属于土默特万户的。

据《蒙古喇嘛教史》说:多郭郎台吉是多伦土默特人,杀了可汗以后,[①]

> "其后,阿寨台吉第三子满都古勒台吉……岁次癸未,年三十八即位。杀多郭郎台吉。统摄多伦土默特部众。"

根据这种说法,那么,多伦土默特起初是多郭郎的领地,到这时才落入可汗之手,不久又落到和赛塔布囊手中。达延汗合并土默特以后,归汗第四子阿尔萨博罗特所有,以后便属于阿勒坦汗支配了。

然据明人记录,以郑晓《吾学编》为首,都认为俺答的分地是满官嗔,或作满官填、[②]满官正、[③]猛古振、[④]莽观镇[⑤]等。土默特这个名字全不见于明人的记录。据《吾学编·北虏考》说:"正德间,小王子三子,长阿尔伦,次阿著,次满官嗔。"所说的长子阿尔伦大体相当于达延汗的次子乌鲁斯博罗特,次子阿著相当于三子巴尔斯博罗特,这些前面已经谈过。所说末子满官嗔可以考订为是第四子阿尔萨博罗特墨尔根鸿台吉。因为达延汗的十一个儿子中,一向受到明人注意的三个人,必定是这些儿子里的年长者,长子图噜博罗特、次子乌鲁博罗特夭亡后,仅次于三子巴尔斯博罗特的,不外是四子阿尔萨博罗特。如果是这样,那么阿尔萨博罗特的分部是七土默特,它所以称作满官嗔,可能是由于这个分部的名称所起的绰号。土默特和满官嗔两部实际是同一个部,这就更明确了。

---

① 《蒙古喇嘛教史》第 59 页,《蒙古源流》卷六。
② 明《实录》嘉靖二十五年七月戊辰,总督宣大侍郎翁万达奏。
③ 《全边略记》卷三,《宣府略》万历四十四年条。
④ 《实录》万历四十四年正月壬午条。
⑤ 岷峨山人《译语》。

那么,明人为什么把土默特称作满官嗔呢?霍渥尔特说:满官嗔是人名,是它的领主墨尔根鸿台吉的讹传。[①] 这种说法不足取。中岛竦和《蒙古源流笺证》都说:"满官嗔即蒙郭勒津的异译",[②]最为可信。《北虏考》等所说:"满官嗔部故属火筛"的说法,和《源流》里把土默特旧主写作和赛塔布囊正相吻合。满官嗔的火筛无疑就是蒙郭勒津的和赛。看来蒙郭勒津原来是七土默特(或为八营)的一部,是它具有代表性的强酋本部。因此,不久,在明人中间便传为土默特全部的代名词了。还有,今辽西边外的东土默特王府,也叫作蒙古锦王府,即蒙古勒津王府,这表示土默特与满官嗔的关系不浅。有人说蒙古锦王也简称锦王,这是拘于字面,而忘了根本事实的错误。

《吾学编》中记载满官嗔的部酋,俺答之前,直接是火筛,这和说河套部从亦不剌直接传到吉囊,同是简略的笔法,应按《源流》记载,河套方面,在吉囊之前有巴尔斯博罗特,满官嗔方面,还夹有俺答之前也有阿尔萨博罗特一代。但阿尔萨博罗特以前就只有七土默特,阿勒坦分部被称十二土默特,所说七和十二,仅是属部数目之差,可能是扩大了阿勒坦全盛时代所领的领域。和赛以后是怎样传给阿尔萨博罗特的?阿尔萨博罗特又是怎样传给阿勒坦的?都不详。恐怕是因无嗣继统的关系,他们授受之间似乎并没有什么争夺。

最后,所说:"三部众可四万,吉囊、俺答皆出入河套,二酋皆阿著子也。诸子中独强,时寇延(绥)宁(夏)宣(府)大(同)。"这和《译语》所说"曰纳逊纳不孩,亦小王子宗党,与吉囊、俺答阿不孩辈,兵至数十万。常据河套,与榆林、固原、宁夏诸边相望"大同小异。所说纳逊纳不孩可能是阿速阿不孩,阿速部的酋长。同

---

① 霍渥尔特:《蒙古史》卷一。
② 中岛竦《蒙古通志》第 310 页。沈曾植、张尔田《蒙古源流笺证》。

样,《译语》里说:

> "曰阿剌慎,曰莽观镇,兵各二三万,常在宣府边外住牧,
> 云是分地也。牛羊多于马驼,不时为患,若大举入寇,必纠套
> 虏,以恣猖狂。小王子不与也。"

这是前述的哈喇嗔和满官嗔。有关吉囊和俺答,应该论述的还多,
容待以后再说。

最后,《译语》说:

> "曰瓦剌答里巴,曰尾白儿丞相,与甘(州)凉(州)诸边相
> 望。"

《北虏考》说:"又西为瓦剌,可五万人,世与土鲁番为仇。"这必
定是西方的瓦剌和土鲁番。关于尾白儿丞相,从"近闻……皆小王
子所兼并"来看,当是太师亦不剌。

魏焕的《九边考》(卷九)《甘肃镇·边夷考》说:

> "甘肃之边,北虏止二种,亦不剌盘据西海,瓦剌环绕北
> 山。其余皆西番,种类不一。洮河西宁一带附近番族,以茶马
> 羁縻而已。其余远番止令通贡。土达元万户把丹之后安置平
> 凉,今为亦不剌所据。哈密诸番卫,本中国藩屏,今为吐鲁番
> 所破。"

这事也容待另外论述。

12.六万户考

明代的蒙古制度里有所谓六万户(Jirghugban Tümen)。《源
流》里常见左翼三万户和右翼三万户等说法,也合称蒙古六万户。
只是单称六万户时,一般用作全蒙古部众的意思。把蒙古称作六万
户,最初见于《源流》(卷五)满都古勒汗条。这种说法可能根据
元代蒙古四十万户,被明军击溃后,仅剩下六万户的传说而来。

《源流》(卷五)顺帝多衮特穆尔(Toghon Temür)弃大都而逃条说：

> "时,各处转战蒙古人等四十万内,惟脱出六万,其三十四
> 万俱陷于敌。于是,先后脱出六万人,聚集于克呼伦(Kerülen)
> 河边界,起造巴尔斯和坦(Bars Khoton)城居住。"

尽管这种传说不足完全凭信,但在蒙古确有六万户的说法,就其由来做出这种说明,这点可以凭信。据清《太祖实录》载,天命五年(1620)正月,清太祖致书蒙古林丹汗(Lingdan Khan),其中有"我闻,明洪武取尔之大都,尔蒙古以四十万众,败亡殆尽,逃窜得脱者仅六万人"几句话。可见这种传说不仅流传于蒙古,满洲女真人也都知道。

这六万户分左右两翼,可汗统率全体并直辖左翼三万户,另有济农(副王)率领右翼三万户,附属于可汗,这也毋庸置疑。施密特说左右两翼分治是汉代匈奴的遗制,[1]但朔北时代的鲜卑也有同样的制度,至少可以追溯到成吉思汗时代所置的左、右、中三个万户的制度。[2]《蒙古源流》里也有早在也先时代"时,卫拉特右翼之阿拉克丞相(Baraghun Ghar-un Alak Chingsang)、左翼之特穆尔丞相(Jegün Ghar-un Temür Chingsang)二人前来,云云",可见这时已经分为左右两翼了。针对南方汉民族,塞北民族展开左右两翼是经常的。只是,汉代匈奴的左右贤王自不必说,就是成吉思汗的三万户里,单于、可汗也高居于万户之上,而明代蒙古的制度则是可汗兼摄左翼之长,这点显然不同。尤其在尚右卑左的蒙古,可汗却率领左翼,很难理解。可能是由于受到西方瓦剌部压迫的结果,造成这种不自然的变化。所谓左翼可能是蒙古势力的中心。

这六万户之中,当然各部族分别各有任务。霍渥尔特[3]叙述

---

① 施密特的书,第 405 页、注 17。
② 《成吉思汗实录》第 339—341 页和第 368 页。
③ 霍渥尔特：《蒙古史》卷一、第 374 页。

《源流》里达延汗征伐右翼一事说：

> "可汗催促左翼三万户兵及盟亲科尔沁兵，速向右翼三万户进军……可汗立于战阵前，对兵众训谕云：'鄂尔多斯为守御君汗八白室之人'幸运之民；而尔乌梁海亦守君汗宝贵遗物之人，幸福之民，尔与科尔沁合，互相知照，与鄂尔多斯一决雌雄。十二土默特抗十二部落喀尔喀，永谢布部众敌八部落察哈尔。"

鄂尔多斯、土默特、永谢布是右翼三万户；察哈尔、喀尔喀、乌梁海是左翼三万户。这种判断，根据其他记载，大致不错。关于右翼三万户，《源流》还列举它们的代表人物"鄂尔多斯哈尔噶坦（Ordos Kharaktan）之拜音珠固尔达尔罕（Bainchukhur Darkhan），永谢布之布哩雅特（Yüngshiyebü Buriyad）之珠尔噶岱墨尔根（Jirghugha-tai Mergen），土默特茂明安（Tümed Maghu Mingghan）之多郭兰阿固勒呼（Togholan Aghulkhu）"。它们的位置是，鄂尔多斯相当于今同名的河套伊克昭盟地方，永谢布大约在今察哈尔到苏尼特部地方，土默特则以归化城为中心延伸到乌兰察布盟地域，这是右翼。左翼察哈尔万户包括克什克腾部大约相当于今锡林郭勒盟境内，乌梁海万户接连鄂尔多斯北部、指永谢布万户北部地方，喀尔喀万户接连察哈尔万户北边、以喀尔喀河为中心的地区。科尔沁部的部众当然在六万户之外，当时已由呼伦贝尔地方更向嫩江水滨扩展。上引《吾学编·北虏考》里所谓部，就是指这些万户，下面有许多营即现在的部，已如上述。

再者，达延汗的这种六万户制度，后来虽然经过若干变迁，但仍保持着旧制度的面貌，直到清初，还保存着这种称呼。后述《源流》（卷六）图们札萨克图汗条下，载有全蒙古五执政理事，实际是指这六万户里除被达延汗击溃的乌梁海万户以外的五万户的代表性酋首。加上图们汗自己，仍然可以凑足六万户之数。至今内蒙古大致为伊克昭(Yeke Joo)、乌兰察布(Ulanchab)、锡林郭勒(Shi-lin Ghool)、昭乌达(Joo Uda)、卓索图(Josotu)、哲里木(Jerim)六盟制,大致可以设想是根据过去六万户的旧制的。当然,乌梁海万户已经灭亡,无踪迹可寻,喀尔喀万户已经分散,科尔沁部的哲里木盟已经南下,尤其清初的经略,统率各部的可汗和济农已被消灭,其中各部落也有所更替,旧制度颇有变更,但从所谓六盟制度,大约还能推测往时六万户的位置。①

昭和三十三年(1958 年)十月

原载国际基督教大学《亚细亚文化研究论丛》第一辑

---

① 汉字专门名词下面所缀的拉丁字,大体是依据施密特的书,也多少做些改动。